生き続ける聖典クルアーン

人類学者が見た実態イスラームと神秘力のメディア

小杉麻李亜 著
KOSUGI Maria

ナカニシヤ出版

表記法等について

1. 外国語のカタカナ表記と原綴のローマ字転写

アラビア語，インドネシア語などの日本語表記および原綴のローマ字転写は，原則として『岩波イスラーム辞典』［大塚ほか編 2002］に従う。一部，原語での発音や現地での言い方を重視し，原音に近い書き方をしている場合もある。

外国語の姓名や著作名等の原綴のローマ字転写は，文章の読みやすさのために本論中では最小限に留め，補論に記載するようにした。文献のタイトルの和訳は，辞典等で定訳がある場合はそれを用い，それ以外の場合には筆者が訳出した。

2. クルアーン

クルアーンを書物とみなすならば，『クルアーン』と表記すべきところであるが，本書ではクルアーンがさまざまな形で（声であり文字でありグッズであり，といった）発現していることを主題としているので，カギカッコは付けずにクルアーンと書く。旧約聖書や新約聖書，古事記，神話，経典等も同じように扱っている。『イーリアス』や『オデュッセイア』などの著者名が知られているものについては，カギカッコを付した。

3. クルアーンの章・節などの区分

（1）章名について

クルアーンは 114 章に分けられ，各章に固有の名称が付いている。

東洋学のクルアーン研究では，章に番号を付して，「第 4 章 164 節」のように表記するのが通例であるが，イスラーム世界の現地ではそのような呼び方はされない。本書でも，現地での表記法に従い「女性章 164 節」とし，便宜のため〔4〕のように章番号を補って表記した（なお，章名がどのように付けられ，いかなる意義を有しているかについては，第Ⅲ部を参照のこと）。

（2）節について

各章は「節（アーヤ）」に分けられている。「台座節（雌牛章 255 節）」「光の節（光章 35 節）」のようにムスリムが特定の名称で呼ぶ節も存在するが，それらは例外で，基本的には各章の何番目の節かで，番号が付されている。

なお，日本語では，複数の節や章を一般的に指す場合に「章句」と呼ぶことが通例となっている。

（3）ジュズウへの分割

朗誦のために，クルアーン全体を30ジュズウ（30巻と和訳されることが多い）に分け，さらに各ジュズウを4等分にする方式もある。たとえば，ラマダーン月（断食月）には，毎日1ジュズウを朗誦して，1か月でクルアーン全体を朗誦し終わるという儀礼が存在する。

4. クルアーンの章句の和訳

本書では，クルアーンの章句は，アラビア語原文から筆者が訳出した。なお，クルアーンの章句は多義的で翻訳も非常に多くのバージョンが出されているが，本書での翻訳にあたっては主として，これまでの日本語訳・各国語訳の歴史，それぞれの特徴を踏まえた上で，日本ムスリム協会版の『日亜対訳・注解　聖クルアーン』〔日本ムスリム協会 2018〕，英訳として Abdel Haleem〔2005〕，Nasr et al.〔2015〕を，個別の語彙の語義については Badawi & Abdel Haleem〔2008〕を参照した。

5. 表記が複数にわたる場合

「よむ」「読む」「誦む」や「御言葉」「お言葉」など，一見表記が揺れているように見えるとしても，これらの場合は，クルアーンの「イクラウ」の多義性を「よむ」「読む」「誦む」，宗教による違いを「御言葉」（キリスト教），「お言葉」（イスラーム）と表現し分けている。

また，地の文では筆者の一人称として「わたし」「わたしたち」を用いていても，クルアーンの訳文の中では，神を指し示す人称を「われ」「あなた」「かれ」とひらがなで表記し，人間を指し示す人称を「私」「汝」「彼」と漢字で表記し，文意の混乱を避けるように努めた。なお，アラビア語では，神が人間に対して「汝」と呼びかける場合も，人間が神に祈って「あなた」という場合も，「anta」という同じ語彙が用いられるという特徴があり，日本語での訳し分けには細心の工夫が必要とされる。

6. 括弧の使い方：（　）と〔　〕

丸括弧（　）は，通常の使い方に従い，補足説明や関連データ，原綴等を示すために用いている。日本語文献を直接引用している場合の引用文中に登場する（　）は，原著者が用いたものである。外国語文献の訳文中の（　）は原著者が用いたものと，本書の筆者が原綴や訳語等を示している場合の両方がある。亀甲括弧〔　〕は，筆者による訳注や補注などの表示に用いている。

はじめに

現代において，イスラーム世界は膨張している。ここで言う「イスラーム世界」は，イスラームとかかわる世界観を持つ人びとがいる場所をすべて指しているので，ムスリム（イスラーム教徒）の住むところと言ってもよいが，ムスリムたちの人口が膨張し続けている。

宗教人口はたいていの国で推計値なので，精確さには少し疑問符が付くとしても，世界人口 80 億人（2023 年国連推計）のうち 25%，20 億人がムスリムとされている。20 世紀半ばには，世界人口 25 億人の 15% がムスリムと推計されていたから，70 年ほどの間に生じたこの実数とシェアの増加を「膨張」と言うのは，あながち過言ではない。

聖典の重みは宗教によって異なるが，イスラームの場合は聖典であるクルアーン（コーラン）が，教義の中でも，本書が描こうとしている実態の中でも，信仰や宗教生活の中心にある。つまり，クルアーンは現代においても，20 億人の生活に深いかかわりを持っているのである。

しかも，聖典は，たいていの場合「書物」と考えられているが，イスラームの社会や生活実態においては，そうではない。そのことを，本書ではいろいろな形で示そうと思う。一言で言えば，クルアーンは暗誦したり，朗誦したりすることが大事な聖典となっている。つまり，口誦性（オーラリティ）が大きな重みを持っている。それが，聖典が主に書物で，そこに書かれた文字が中心となっている他の宗教との大きな違いとなっている。筆者は，その面白さに惹かれて，イスラーム世界のあちこちを訪れ，さまざまな事例を集めてきた。

その意味では，クルアーン（とそれとともに生きるムスリムたち）が本書の主人公であるが，それと同じくらいの重みをもって，本書では人類学というものを駆使し，論じようと思っている。特に，若い読者の皆さんに向けて，そうしたい。人類学はいくつか系譜があるが，どれもフィールド調査を基本として「異文化」を理解することを目指す学問である。フィールドがどこかの社会である以上，そこに住む人びとと研究者である人類学者の間に，交流や葛藤，ときに摩擦も生じる。どのような人間が人類学者をしているのかが，フィールドとの交感の中で露出せざるをえない。

その意味では，本書はクルアーンとムスリムの人びとの結び付きの実像を探求しながらも，それを描く人類学がどのようなものかということが，もうひとつの主人公となる。イスラームの研究でも，たとえば，政治に関する文献などを読むと，ほとんど著者の個人的な姿が出てこないので驚くことがある。現地の政治状況を，あくまで「客観」的に描こうとしている。本書は，それとは対照的に，文化人類学者としての「筆者」の経験的描写がそこかしこに現われることになると思う。そのことは，読者の皆さんにあらかじめお断りしておきたい。人類学という学問の性質上，これは避けて通れないし，そうありたいと強く願う。

とはいえ，本書はフィールドの話だけから成っているわけではない。文献学に基づく研究や歴史的な考察も取り入れている。というのは，西暦 7 世紀のアラビア半島で成立したクルアーンを論じる以上，現代のフィールドだけを素材とするわけにはいかないからである。そもそも，現地のムスリムたちも，クルアーンには 1400 年を超える歴史があると考え，それと同時に，クルアーンの章句を口にする時はいつでも，その歴史を超えて，最初にクルアーンを朗誦した預言者ムハンマドと自分たちが直接的につながっていると感じている。その感覚が何なのか，ということも，本書の中では考えてみたい。

本書の題名で「実態イスラーム」と言っているのは，現代の日常の暮らしにしても，彼らが自分たちの宗教の歴史をどう考えているかにしても，それぞれの社会で触れることのできる実態をとらえようという本書の姿勢を意味している。特に，聖典研究というものは，社会の実態よりも聖典の中のテクストを対象とする傾向があるので，人類学者として，このことは強調しておきたい。もうひとつ，題名には「神秘力のメディア」とあるが，「神秘」とは本来「神の秘密」，すなわち目に見えない超越的な神や神の創造の「真理／真義」を指す。その「神秘力」をムスリムたちの生活世界に埋め込む実践の連関が，クルアーンという「メディア装置」を形成するというのが筆者の立場であるが，これについては，本文でゆっくりと説明したい。

筆者は，ある意味では，たまたまイスラーム社会の中のクルアーンを主なテーマとして研究をしてきたが，何をテーマにするにしても，人類学の考え方と方法にこだわってきた（量的には少ないが，他の宗教・文化における身体観の研究もしている）。筆者にとって人類学的な研究は「出会いをめぐる冒険」であり，その冒険を続けるために，研究者となったと言ってもいい気がする。

本書を通して，読者の皆さんにも，出会いと冒険の一端を味わっていただきたいと願っている。それでは，冒険の旅をご一緒してください。

目　　次

第Ⅳ部 音としてのクルアーン

生き続ける聖典クルアーン

——人類学者が見た実態イスラームと神秘力のメディア——

序章

今を生きる

1　異なるものは同一である

人は，自分を取り囲む「自分ではないもの」について，知ることを欲する。知覚することのできる「自分ではないもの」の中で，モノや現象ではなく，自分と同じような姿形の存在を「他者」と呼ぶ。人類学（[英] anthropology，[仏] anthropologie，つまり anthropos＝ヒトについての，logy＝学）は，そのような他者について知ろうとする学問のひとつである。つまりそれは，特定の文化の中で，ヒトがいかなる心的な動きや，集団的な行動をとっているかを研究対象とする。誰かを自分と同じくらいか，それに近いくらい尊重し，その人に見えている情景をその人が見ているのと近い形で見たい，同じ情景を見ることで相手のことをわかりたい，もっと言えば，そうすることで「通じ合えた」という実感を味わいたい，という衝動が人類学には絶えず存在するように思える[(1)]。

その衝動のままに，人類学者は，フィールドとして前人未到の地へ赴き，人様の住居に居座り，生活をともにする。目の前の「普通の人びと」のしていることのすべてが謎めいていて，一つひとつの行為や仕草から目が離せず，惹かれるままに質問を繰り返し，自分の全身の感覚を頼りに「誰かの生活」を体感する。どの他者（村や文化）に心を摑まれるかは偶発的であり，単に人類学者本人の経験の順番の問題に過ぎないこともある。人類学者は，同時に，また時を置いて，いろんな相手に心を奪われる。

その場合に，原則的に自分とは隔たりのある文化，つまり「異文化」「未知な文化」「未開の文化」を対象とする人類学が，実は他者である「誰か」の研究である一方で，その実，研究者である「わたし」の研究であることは，やや転倒しているように見える。人類学者は自文化・生活圏から遠く離れた他者の文化・生活圏に身を置く中で，以下のような心理的変遷過程をたどる。

発見のよろこび，暗中模索の困難，疎外感と衝突の辛苦を繰り返す，そこそこ長い年月の中で，それまで省みたことさえなかった自分の価値観や自分が何者であるかというアイデンティティが激しく揺さぶられ，そのことが多大な苦痛をもたらす。他者の文化を他者と同じようなレベルで理解する，少なくともそのように試みる，とは，自分の耳目と頭と心に貼り付いたバイアス，すなわち「無自覚でものを知らない傲慢な自己」に気付き，それらの欠点をひとつずつこそげ落として行く作業を伴う。それは別の角度から見れば，自文化（無自覚な集合体）から物理的にも心理的にも距離を取ることで，自文化に対して客観的な視線を研ぎ澄ませること（自分が属する集団に，あたかも属さないかのような思考的・心理的操作を自分におこなうこと）でもある。

他者にどうしようもなく惹かれ，他者から目が離せなくなるのは，自己と他者の間に横たわる異質性が魅惑的かつもどかしいからであり，その一方で，異質性の背後に隠れた真の姿が自分と同一であるという確信じみた期待が大きいからではないだろうか。人間である以上，異なって見えるものも，真には同一のもの（のはず）である。その確信めいた予感が人を他者理解へと駆り立てる。人類学は，異文化との出会いを通じて，自分という者と，自分に似た者の集合＝自文化を再発見する学問でもある。

ひとつの文化（環境，価値体系，表現方法）の中に身を置き続けているとわからないことが，文化をずらすことで鮮明に見えてくる。ヒトという種に属する個体に備わっている機能や感情は普遍的であっても，それが個別に発現する際に異なった表出となり，そのことが逆に普遍の部分を余すところなく露わにする。文化差があるからこそ，ヒトというものが見えてくる。

この逆説が成立する理由は，他者も自己も，ヒトという同一の種の変種に過ぎない，という前提があるためである。つまり，他者と自己は同型の変種で，その変化を引き起こすのが「文化」という変数である。米国の人類学者クラックホーンは「人類学は人間に向って大きな鏡を差し出し，無限の変化を示す己れの姿をそこに見てとらせる」という名言を残した［クラックホーン 1971：13］。言い換えれば，他者はわたし（ヒトという種）の鏡である(2)。

2　対極にある2つの社会

今，わたしたちが生きる現代の日本社会は，ノンポリ（非政治的）で，無宗教で，虚無的で，無関心が流行しているように見える。この空気感は，一方で「生活規範として宗教をほとんど気にしない社会」「国民のほとんどが無宗教（と思っている）」＝支配的な信仰体系への強いコミットメントが存在しないがゆえに，宗教を理由とした争いがないことを誇りとしており，もう一方では他者に対する関心や愛情の希薄さに対する危機感として自覚されている。

確かに，筆者から見ても，長い間この社会で過ごし，人びとを見続けた中で，生きることにも死ぬことにも意味がなくなっており，人としての生の無意味さを感じる場面や出来事に数多く出会ってきた[(3)]。真剣さや一生懸命さが結果として報われるという前提が成り立たず，人として真っ当な生き方についての共通了解が霧散してしまった世代の一員として生きるのは，つらい。教義化・組織化された宗教的世界観への帰依（成立宗教的な神への信仰）や自然や四季から取り出すことのできる無尽蔵の価値（民族宗教的カミとのつながり）がないということは，すべての事象と存在が相対的でしかなく，無数の相対的な幻影と幻聴から構成される幻想に，その場その場で振り回され続ける，脆弱で不安定な生しか成立しないということではないだろうか[(4)]。

その一方で，地球上では大量生産の「生の意味」の貼り付けが大規模に進行している。イスラーム世界の中で見れば，そのひとつの例は，サウディアラビア発のワッハーブ派に代表されるような近代原理主義的イスラームである。近現代のイスラームは，20世紀の脱植民地化の闘争を経て，政治化し，ラベル化した面を強く持っている。各地域や文化の持つ固有の歴史や特性を否定し，均一的で表面的なラベルを他者に押し付けることができると思い込んだ人びとが，同胞に対して言葉と物理による暴力をミクロからマクロなレベルで振るっている[(5)]。グローバル化の中でワッハーブ的イスラームは各地に影響を広げており，それに染まろうが抵抗しようが，いずれのムスリム社会も無関係ではいられない時代となっている。

本書では，現代日本社会に生きる読者の皆さんが，一見対極にあるかのような世界に生きるイスラームの人びとを，その歴史的背景を踏まえつつ，現代的な文脈の中で理解できるための補助線を提示したい。社会生活における人びとと宗教の距離の点において著しく異なる2つの社会の比較は，好奇心を掻き立てるだけではなく，他者の姿を鏡の中に見た時に，自分自身の真の姿が少しずつ立ち現われてくることも期待している。

さらに言えば，本書が映し出そうとする現代のイスラームが，ムスリム自身にとっても真の姿を突きつける，よりよい鏡像であることを願っている。美しいものは美しいと，醜いものは醜いと，現代イスラーム世界の人びとに伝えることができるならば，一層嬉しい。かつては西欧宗主国に支配され，独立しても後進国で，差別や誤解，悪意に満ちた表象の被害者だった彼らが，いまや世界人口の25％を占め，単一の宗派としては最大となるや否や，一部のムスリムたちは，他者を平然と押しのけ否定しようとする，非友好的で独善的な「多数派」のメンタリティを発揮し始めたように見える。彼ら自身も，自分たちに何が起こり，どこへ向かおうとしているのか，たった今の瞬間の姿を鏡で見る必要があるだろう(6)。

3　近代がすべてを溶かす

地球全体が近代化したことのひとつの側面は，非精神化・非神聖化である。これは日本でも，ムスリム社会でも，すべての社会に共通している。かつて地球上は，聖なる場＝超越存在（ここではないどこか）へのチャンネルに満ちていた。原初の社の樹々の間や岩の上に，超越者を呼び降ろす秘密の場所が隠されていた。ここと彼方とを結ぶのは，聖なる場とそこに満ちる祈りの言葉である。フランス人類学の父マルセル・モース（1872－1950）はかつて，地域・文化を横断して祈り＝場と言葉を収集し，分類を試みて，「祈り」の遍在性を示した［Mauss 1968］。

近代に至るまでの精神世界の豊かさは，多くの研究によって，わたしたちにも知られるところとなっている。具体的には，筆者自身が学んできた著作から，次のような名を挙げることができる――フランスの歴史家ジュール・ミシュレ（1798－1874）は，キリスト教とは異なる東方の世界，特にインドやペルシアへの関心が高まった時代に古代オリエントの神話たちを『人類の聖書』（1864年刊）として集めた［ミシュレ 2001］。彼はインド，ペルシア，ギリシア，エジプト，ローマ，ユダヤの精神世界を再発見・再評価することで，キリスト教の相対化を図ろうとした。

最後のアームチェア・アンソロポロジスト（安楽椅子の人類学者(7)）とされるイギリスの社会人類学者ジェームズ・フレイザー（1854－1941）には重要な著作が2つある。1890年に刊行された『金枝篇』と1923年に刊行された『旧約聖書のフォークロア』である［フレイザー 1966, 2003, 1975］[(8)]。フレイザーは，『金枝篇』の中で，近代の理性的な思考に対比される神話的な思考，呪術的な思考の世界を描き出し，すでに近代化の中にあった西洋社会に大きな影響と刺激を与えた。『旧約聖書のフォークロア』は，キリスト教にとって聖書のひとつである旧約聖書を，『金枝篇』で追跡した未開社会の神話群との構造的な類似性のもとに置きなおして分析したものである。

実際の現地滞在に基づいて，非西洋的な未開社会の神話世界の解明も徐々になされるようになってきた。デュルケーム，モースらとともにフランスにおける社会学，民族学（人類学）の草創期を担ったフランスの宣教師・民族学者モーリス・レーナルト（1878－1954）は，現地での長期滞在に基づいてメラネシアの神話世界を描き出した『ド・カモ――メラネシア世界の人格と神話』を 1947 年に刊行した［レーナルト 1990］。フランスの民族学者マルセル・グリオール（1898－1956）は，アフリカでの複数回にわたる調査団の集団調査に基づいて『水の神――ドゴン族の神話的世界』［グリオール 1997］[(9)]と『青い狐――ドゴンの宇宙哲学』［グリオール＆ディテルラン 1986］で西アフリカのドゴン族の神話世界を描き出した。

学問の世界内外に大きな影響を与え，20 世紀最大の人類学者と呼んでも過言ではないフランスの人類学者クロード・レヴィ＝ストロース（1908－2009）[(10)]は，北南米に広がるアマゾニア先住民の神話世界を大著の中で鳴り響かせた［レヴィ＝ストロース 1977, 1990, 2006–2010, 2011, 2016］。レヴィ＝ストロースを追って神話の構造分析の分野に入ったイギリスの人類学者エドマンド・リーチ（1910－1989）は，『神話としての創世記』（1969 年刊）と『聖書の構造分析』（1983 年刊）で大胆にも旧約・新約聖書の両方を人類学的な神話分析の対象にした［リーチ 1984, 2002］。

これらのさまざまなスタイル，さまざまなスタンスの試みから共通して浮かび上がってくるのは，かつて各地に存在していたチャンネルの痕跡を留めおきたいという願いではないだろうか。そこには，かつて聖なる場で神と人が交わった記憶があり，そのことを語り継いだ言葉が引用されている。そして，現代人にとってもそれらが何らかの意味を内包しているはずだという確信が見える。

このリストに，人類学の外に範囲を広げて，同じような前近代的な物語／神話世界についてのユニークな試みを加えることもできる。文学研究の中からは，民話研究者のウラジーミル・プロップ（1895－1970）が先駆的にも『魔法昔話の起源』『昔話の形態学』などの中でロシアの民間伝承の構造分析をおこなった

［プロップ 1983, 1987］。詩人のウィリアム・ブレイク，T. S. エリオット，シェイクスピアなどの研究で著名なカナダの文学者ノースロップ・フライ（1912－1991）の著作の中にも聖書の象徴世界（イメージ，物語）の分析がある［フライ 1995, 2001, 2012；フライほか 2004］。

古代ギリシアの著名な作品群について，イギリス（のちに米国で教鞭を執った）の古典学者（ギリシア語・ラテン語）エリック・A. ハヴロック（1903－1988）と，米国の古典学・英語学者ウォルター・J. オング（1912－2003）はそれらの作品が口誦的な世界の中で成立していることを論じ，「口誦文化の中で成立したテクスト」を文字で執筆された作品とは区別して研究の俎上に上げることで，それまでの文学研究に大きな一石を投じた［ハヴロック 1997；オング 1991］[(11)]。

古事記研究者の西郷信綱（1916－2008）と三浦佑之（1946－）はレヴィ＝ストロース的な視点や手法を古事記研究に導入した［西郷 1967, 1993, 2008, 2010, 2012；三浦 2002, 2010, 2012, 2020］。宗教学の中から，神学者の宮本久雄（1945－）による新約聖書と教父の詩歌研究［宮本 1992, 1999, 2004］，市川裕（1953－）によるユダヤ教聖典（ミシュナとタルムード）研究［市川 2004, 2022］，磯前順一（1961－）による記紀神話を含む日本の土着的宗教の研究［磯前 1994, 1998, 2009］などが現われ，哲学・思想史研究の井上忠（1926－2014）は古代ギリシアの精神構造を日本語の著作の中で蘇らせた［井上 1974, 1980, 1985a, 1985b, 1986a, 1986b, 1988, 1992, 1998, 2004］。加地伸行（1936－）による論語と儒教の研究［加地 1984, 1994, 2009a, 2009b］，言語学の中から井筒俊彦（1914－1993）によるクルアーン研究［井筒 1972, 1991, 2013, 2017］，黒澤直道（1970－）による雲南ナシ族の経典の分析［黒澤 2007, 2011］などを加えることもできる。さまざまな神話的・宗教的世界に関する以上の研究からわかることは，かつて諸文化の中で，ヒトは非日常言語（象徴言語）を用いて神とつながるような生活世界を持っていたということである。

現代では，そのような精神性・神聖性の表象は，むしろ小説や映画の世界で大いに使用されている。アメリカの神話学者ジョーゼフ・キャンベル（1904－1987）は，1949 年の『千の顔をもつ英雄』［キャンベル 2015］や 1964 年の『神の仮面』［キャンベル 1995］で，古今東西の神話（英雄譚）を精神分析を用いて 20 世紀を生きる現代人の心にも響く形で提示し，古くて新しい英雄譚で観客を魅了した大ヒット映画シリーズ『スター・ウォーズ』に影響を与えた[(12)]。彼は，世界各地の有名な神話が共通のプロットを持っているとし，そのプロットの原型を「モノミス」（monomyth，単一神話，神話の原形）と名付けた。

しかし，映画のような例外的な分野を除くと，近代の到来によって，チャンネルの場所を人びとは忘れた。場所が残っていても使い方を忘れ，その心性を失った。近代が神聖なアンビエンス（周囲を取り巻く空気感）をすべて溶かしたと言える。前近代の社会には当たり前のように存在したその空気感を，米国を代表するイスラーム哲学者のサイイド・ホセイン・ナスル（1933－）は職業倫理に関する議論の中で，次のように述べている――「農業や工芸といった活動について言えば，〔伝統的イスラーム社会では〕クルアーンの啓示と関連する形而上学的・宇宙論的原則に基づいた科学と芸術，イスラームの教えと結びついた象徴言語が，仕事の基盤を提供する。それゆえ，仕事の環境そのもの，用いられる素材，実践される行為，生み出される関係性は，聖化された宇宙において展開される。そこでは，すべてのものが宗教的で倫理的側面を有しており，「世俗的」な仕事や宗教的な意義のない仕事は存在しない。イスラームが，聖性の「概念」と「現存」が完全に優位に立つ統合的な文明を生み出したために，その仕事の風土の中では，実際問題として，倫理性が経済と分離されることはありえないのである」［Nasr 2010 : 57］(13)。

日常言語とは異なる言語で語られた不可解な筋立てと非科学的なディテールは，神聖な空間と神聖さを感じることのできる心性があって初めて「神話＝神についての語り」として機能する。チャンネルがなくなった時，人びとはわかりやすいチャンネルに集中することになる。近代化以降，何らかの権威や力の源へのチャンネルが何に収斂したかは地域や社会によって異なり，それがかつての宗教的なものの残存だった場合でも，どのように展開したかはひとつの宗教の中でも宗派や地域によって大きく異なっている（近代的な生の在り方については，303－304頁も参照されたい）。

たとえば，イスラームに関して言えば，近代化以前には生活世界の中で血肉化され，牧歌的で温度のある総合的な生活知として生きられたクルアーンが，人間の生活態度に埋め込まれた知識であることをやめ，人間集団の単なる外的規範となり，人間を振り回すことも起こり，他者に対する暴力の道具として使われる現象も生じた。かつても，歴史の中でクルアーンが他者に対する力の行使の媒体となったこともあったであろう。しかし，それは今日のような世界規模のテロ行為を誘発する媒体ではなかった。また，現代においても，クルアーンがかつてのように温かで親密な経験や記憶をもたらさないわけではない。しかし，それはかつてのような社会的で包括的なあり方では使われていないのではないだろうか。

4　生まれ変わる言葉

デジタル時代を生きているわたしたち若い世代は，自分を取り巻く環境や状況に，生の（フレッシュな，未加工の）状態で触れることが少ない。文物や事象は，タブレットや掌に収まる小さなスマートフォンの画面にデジタル化されて表示されるもののことで，モノそのものに触れたり，誰かの肉声が空気の振動となって伝わってきたりすることは以前のようには起きないし，起きてもその質はあまり意味を持たない。

そのような世界であっても，デジタルな情報の氾濫の中で，ひときわ力強く響く言葉は存在する。モーターバイクに扮した歌手レディ・ガガ（1986－）が発信する「I was born this way（わたしはこのように生まれたの）」というフレーズは，わたしたちのデジタルなハートに突き刺さって，わたしたちをメロウでいい気分にさせ，デジタル・デバイスにつながれたわたしたちの漂流するアイデンティティを力強く示すひとつのスローガンとなった。

現代の若者世代にとっては，前の時代の解釈（考え方）は信用ができない。古臭い頭の人たちの言うことを聞いても，人生はうまくいかない。そのような時代に，誰が神話を解釈するのか。幸か不幸か，かつて力を振るった言葉たちは，今の時代にも陰に陽に，時には形を変えて伝わっている。レディ・ガガのメッセージも，実は，イエス・キリストのメッセージなしでは成立しない。

力を獲得する言葉は，音（響き），音の連鎖（聴覚的なつながり），語やフレーズの反復（耳に残る言葉），メタファー（斬新なたとえ），含意（人びとが想起する考え方）などの要素を持つ。さらに，ある時代ごとに特有の表出形態を取り，そのことでさまざまな物質的形態や，言語上の切り取り方が展開する。それは，時代を反映した形で流通し，時代ごとに異なる質の経験を構成するのである。記号は似通ったように見えていても，時代や社会によって多彩な生のあり方に結び付く。

そのようなデジタル時代というもののあり方も，本書の重要な背景として設定して，議論を進めていきたい。

5　本書の狙いと目的

本書はイスラームの聖典であるクルアーン（コーラン[14]）の生（ナマ）の実態を，

世界各地での人類学的なフィールドワークを土台として，そこにテクスト研究の成果を導きとしながら追いかけていく試みである。人類学は，これまでほとんど宗教の聖典を扱わずにきた。イスラームやキリスト教の社会を対象にしている場合であっても，聖典を中心に成立している宗教の核の部分には触れずに，そこは文献学的な宗教学に任せてきた。俗なる生活は人類学が研究対象とし，聖なる宗教は宗教学が担当するという分業（棲み分け）が成立し，互いに得意分野に専念してきた。とりわけ，確固たる聖典が書物として社会を席巻し，絶大な権威を誇ると考えられてきたセム的一神教の聖典（聖書とクルアーン）や，あるいはヒンドゥー教のヴェーダや仏教の経典にも，人類学は手を出さずにいた。

そのような背景があって，元来人類学は聖典を中心とする大文字の宗教（いわゆる大伝統）があまり得意ではない。ムスリム社会を対象としていても，その社会全体を覆う宗教自体には触れないことがほとんどであった。宗教の王道と言うべき正統的な信仰を扱うのは人類学者らしからぬことであるし，かつ非常に困難がつきまとうと考えられてきた。

しかし，これからの人類学は成立宗教の聖典をも自らの対象として積極的に取り組んでいく必要があるし，そのことには大きな意義がある。なぜなら，テクストだけを対象とする研究者が，いくらテクストを読み込んでその宗教の教義や思想を抽出しようとも，そのテクストの本当の意味，すなわちそのテクストが現実の中で，その宗教を信仰する人びとの社会において実際にどのような意味を持って，どのように人びとの生活の中で活躍の場を獲得し，豊かで個別的で多角的な言葉として再生され，飛び回っているかは，決してわからないからである。フィールドにおける生（ナマ）の実態に迫るのは，人類学の本来的な特技であり責務である。

本書は次のように問う。従来「権威的で人を縛る戒律に満ちた一冊のルールブック」として通り一遍の理解を受けてきたクルアーンの，本当の姿とはどのようなものであろうか。それはムスリムの社会において，いかなる文脈で使われ，いかなる役割を果たしているのであろうか。

クルアーンは，「聖典」という言葉を聞いた時にわたしたちが普通に思い浮かべるイメージとは非常に異なる姿を持っている。その実際の生（ナマ）の姿に肉迫しその不可思議な姿の全貌を解明していくことが，本書のねらいであり目的である。

聖典と聞けば，現代人は大抵「書物」を頭の中に描く。たとえば，キリスト教の聖書が目に浮かぶ。ホテルに泊まった時，引き出しを開くと分厚い聖書が入っていたのを思い出す読者もいるであろう。直に目にする機会は日本ではあまりないが，アメリカの映画では，神父がミサで信者たちに向かって説教をする際に，手元に開いた大判の聖書を置いている光景をよく目にする。

しかし，クルアーンも聖書と同じように「書物」と言っていいのであろうか。確かに，印刷された書物としてのクルアーンは存在している。わたし自身，クルアーン研究を始めて以来クルアーンは書物であるとの前提を持つ欧米の研究書を読み，それらの共通認識に触れてきた。しかし，その一方で各地のムスリム社会で出会うクルアーンは，学問の世界で認識されているような形や姿をしていない。この亀裂は，どう解消したらいいのだろうかという疑問に苛まれた。

それだけではなく，もし，聖典としてのクルアーンが「書物」という枠組みを大きくはみ出るような性質を持っているのであれば，そもそも，諸宗教の聖典についても書物偏重の考えには無理があるのではないだろうか。わたしたちは現代人の思い込みを古い時代に誕生・成立したテクストに対して押し付けるという大きな勘違いをしているのではないだろうか——そのような大胆な疑問までが，心に浮かぶようになった。このような問いから，クルアーンをめぐるわたしの研究は本格化した。もし，それを「知の冒険」と呼んでよいのであれば，わたしの冒険の旅は，フィールドでの驚きの数々から生まれた。

クルアーンは，確かにイスラームの聖典である。そして，そうである以上，世界中に現在20億人に上ると言われるムスリムが，日々それを目にし，手にし，耳にしている。彼らは，その中に含まれている教えを信じ，暮らしの中でさまざまな場面でそれに従っている。その時に，次のように想定することができる——たぶん，信徒たちは，キリスト教徒が聖書を読むのと同じように，本の形のクルアーンを手に取り，それを読んで学び，教えを身につけるのだろう，と。

ところが，現実はまったく違っている。イスラーム世界を実際に訪れてみるとしよう。イスラームの国々は多いが，たとえば筆者のフィールドのひとつ，エジプトのカイロでは，次のような情景に出会う。

暁前の旧市街の中心部では，薄暗い空の下，2つの大きなモスクがそそり立っている。スンナ派イスラームの最高学府であるアズハル機構のモスクと，地域を超えて庶民の崇敬を集めるフサイン・モスクである。大通りをはさんで向かい合う2つのモスクの間に，美しく涼やかな男性の声が鳴り響く。人びとの安らかな眠りを妨げぬよう落ち着いたメロディで，夜明けの礼拝までの一時を満たし続ける聖典の声。その声の主の姿を探してみるならば，モスクの中のカーリウ（朗誦者）に出会う。彼はゆったりと身体を揺らしながら，クルアーンを朗誦しているが，彼の手元には一冊の本もない。朗誦者は何も見ずに，小一時間ものあいだ聖典の言葉を奏で続けていたのである。

あるいは，別のフィールドであるインドネシア。そこで，スラウェシ島の田舎町クンダリを訪れる。平素は閑散とした町であるが，その時ばかりは連日連夜の大騒ぎが繰り広げられていた。そこでは，2年に1回全国各地で順番に開催され，この町では初めてとなるクルアーン朗誦全国大会が開かれていた。朗誦大会と言っても，朗誦だけを競うわけではない。町中に設けられた会場で聖典クルアーンに関する各種競技が競われる。ある会場ではテレビのクイズ番組さながら，クルアーンにまつわるあらゆる知識がクイズ形式で出題され，各州代表のチームが対抗戦で競う。試合を見守る観客席はぎゅうぎゅう詰めで，一問一答の行く末に歓声を上げる。別の会場では，書道の腕前が競われている。黒一色で仕上げる作品，多彩なインクを使用した装飾用の大きなパネル作品など，それぞれの種目ごとに選手たちは限られた時間の中で一心に筆を走らせる。静まりかえった会場ではロープの外側から観客たちが息をひそめて見守っている。

あるいはまた，アジア大陸の西端に位置するヨルダンを訪れ，オリーブの木が連なる広大な村で過ごす。そこでは，狭い部屋に同族の女性たちと幼い子どもたちがひしめき合って眠る。暁の刻限に，まだ暗い中，祈りに立つためにそっと布団を抜け出す女性。彼女が祈りを終えて，再び布団に身体をもぐり込ませる時につぶやくクルアーンの章句。午後になると，オリーブの木が果てしなく続く緩やかな丘の上で，遠くパレスチナの地を目にしながら，たそがれ時に乳母車を押して散歩する。遠くからかすかな声で聞こえ始めた夕刻の礼拝の知らせに重ねて，彼女たちが穏やかにつぶやく聖典の言葉。

あるいは，どこの国でも，女性の胸元を飾る銀のペンダントトップ。スカーフの首元を止めるバッジ。数珠型の腕輪の粒。屋台の手押し車にペタペタと貼られた色とりどりのステッカー。自動車のバックミラーに貼られた浮き彫りのシール。民間治療に使う小さな椀の内側に刻まれた模様。それらには，いずれも聖典の言葉が書き込まれている。

書かれた言葉だけではない。乗り合いのミニバスに乗り込む時のかけ声。身内の離婚話を泣きわめく嘆き。慰めのあいづち。非難の合いの手。テレビを見ながらのつぶやき。野菜を刻みながらの鼻唄。書き殴られた海辺の塀の落書き。すすけた歩道橋の壁のほこりの上の指跡。それらの中に，クルアーンの言葉があった。

イスラーム世界の各地で目にし，耳にした聖典は，そのような雑多で多種多様な姿をしていた。これを一体何とするべきであろうか。残念ながら，さまざまな宗教の聖典を扱う聖典研究には，このようなクルアーンの多様な姿を記述する方法もそれを的確に分析する枠組みもなかった。もちろん，まったくなかったと言えば誇張になる。ヒントを与えてくれる先行研究もあるし，新しい聖典研究を開拓しようとする先達たちの業績もある。しかし，総体として見ると，これまでの聖典研究はどの宗教が対象でも「聖典とは書物である」という前提に基づくものであった。フィールドの中のクルアーンは，それとはまったく異なる次元の存在であった。そこから，わたしの苦闘が始まった。

その意味では，本書は，イスラームの聖典の実態を現地でのフィールドの中から捕捉しようとする努力と，それをより広い聖典研究の視野の中で位置付け，理解しようとする営為の記録であり，その結果たどりついた成果をまとめたものと言うことができる。

本書の基本的な枠組みを説明したい。本書の方法論には，大きく分けて２つの立脚点がある。ひとつは古典的な聖典研究であり，もうひとつは人類学である。なぜこの２つであるのかと言えば，まず，クルアーンはもともと難解なアラビア語で構成されており，その言葉の意味を知るためには厳密なテクスト研究が必要となる。それを扱うのが，古典的な聖典研究である。

一方，現実に存在しているクルアーンを見てみると，それは紙の上に書かれた文字には留まっていない。朗誦家の身体から発せられるメロディアスな音として，あるいは人びとの日々の何気ない会話として活き活きと飛び回っている。また，プラスチックや木片，貴金属，天然石などの物質の形をとって，金，銀，緑，青，などのカラフルな色彩を帯びて，生活空間のそこここに現われる。このような，人びとの行為およびモノとして現実に存在するクルアーンを対象とするのが，人類学である。

クルアーンのテクストが，何を意味し，ムスリムによってどのように理解されてきたのかを探る聖典研究と，実際に世界各地のムスリム社会の一つひとつに赴き，フィールドワークをおこない，観察と聞き取り調査によって今を生きるムスリムの人びとの生活と，そこにおいてクルアーンがどのように使われ，どのように現実に活かされているのかを目の当たりにする人類学とを組み合わせたものが，本書の主たる方法論である。これがクルアーンの全体を過不足なく射程に入れるための，基本的な枠組みである。

たとえば，ある国のある村で，ある日，ある一人の人が，食事中の会話の中でクルアーンの言葉をつぶやいたとする。その情景を，フィールドワークをおこなっていた人類学者が目撃した。しかし，人類学者がフィールドに身を置いたまま，いくら耳を澄ましてみても，その発された言葉が何であるのかは判然としない。一体どのような位置付けにある章句で，何を意味し，なぜその時，その言葉が，その人によってつぶやかれたのか。それを理解し，目の前の現象を正しくとらえるためにはテクストについての知識が不可欠で，それをフィールドで培った体験知と組み合わせる必要がある。

このように，人類学と聖典研究は互いに補完的な関係を持ち，クルアーンの実態解明のためには相互の密接な結び付きが肝要である。聖典研究は，元来は多くの場合にきわめてテクスト偏重であった。現実のムスリム社会には関心が乏しく，机上の学問に終始することが多かった。一方の人類学は，初期においては無文字社会の調査を中心に成立した。フィールドにおける観察一辺倒で事足れりとし，有文字の大文明であったイスラームをしばしば「外来」のものとして対象外に置くなど，ムスリム社会におけるイスラーム的要素，特に聖典に立脚する成立宗教としての側面を捕捉することに積極的ではなかった。

異なるベクトルを持ち，互いに非常にかけ離れた2つの分野が，歩み寄りの兆しを見せ始めたのは，ここ30年ほどのことである。近代的なクルアーン研究が成立してから100年以上の時間が経っている。具体的な局面での困難や齟齬，方法論的な接合の難しさは数多く残っているにしても，現在，まさに橋が架かる段階に差しかかっていると言ってもよいだろう。重大かつ新しい時代が始まっており，その潮流の中で，本書はその架橋に真っ向から取り組むものである。

6　3群の基本概念

次に，本書の特徴的な基本概念を3群に分けて紹介したい。テクストの学問である聖典研究と，フィールドの学問である人類学を組み合わせるために，本書では，具体的な諸問題の細部において往還をおこなうと同時に，土台となる理論的枠組みの創出を試みた。

(1) テクスト性と口誦性

この2つの用語は，クルアーンの主要な二側面を表わしている。「テクスト性（textuality）」は，クルアーンが文字によって書き留められていることと，そのことによって結果として生じた性質を指す。「口誦性（orality）」は，クルアーンが人間の音声によって再現され，その際に文面の音読ではないこと，すなわち，口頭による伝達と暗記に基づく暗誦であることと，そのことによって結果として生じた性質を指す。

そのため，本書の言うテクスト性は，もっぱら書物として流布するような聖典のテクスト性とは，ずれがある。同様に，口誦性は，口づてで伝承され，無数のヴァリアントを生み出し続けるような口承文芸の口承性とは異なっている。言いかえると，クルアーンにおいては「テクスト性と口誦性」は相補的な対概念であり，それぞれを単独で考えるべきものではない。そのため本書では，これらの対概念を，クルアーンをめぐる諸事例を勘案して新しい概念として設定し，厳密に内実を与えていくよう努めている。既存の概念との違いや，どのようにクルアーンのテクスト性と口誦性が従来の認識からはみ出すのかは，本論の中で詳細に描いて行きたい。

なお，最新の研究動向を紐解くと，イスラーム以外の宗教を対象とした研究，特に宗教建造物や図像を扱う美術分野の研究者たちは，この「文字」と「音」という2つのあり方の間に横たわる亀裂を緩和する枠組みを組み立てつつある。それは，聖なる空間を形成する空間デザインとそこに安置される聖具，その中に満ちる儀礼や祈りの全部を総体として「宗教遺産テクスト」とみなす試みである［木俣・近本編 2022］。近本謙介によると，「宗教遺産テクスト学とは，さまざまな専門分野で個別に研究されてきた人類のあらゆる宗教の所産を，多様な「記号」によって織りなされたテクストとみなすことで，その構造と機能を統合的に解明し，人類知として再定義することを目的とする新たな文理融合型の学問領域である」［近本 2022：(1)］。このプロジェクトや，このプロジェクトにも貢献の大きい日本中世の宗教的テクスト研究の阿部泰郎［2013, 2018］による「テクスト」概念の拡張は，最大限に包括的である。

このプロジェクトは21世紀COEプログラム「統合テクスト科学の構築」（2002－2006年度），グローバルCOEプログラム「テクスト布置の解釈学的研究と教育」（2007－2011年度）を継承し，2014年には人類文化遺産テクスト学研究センターが名古屋大学人文学研究科に設置された［木俣 2022b : 686］。成果の途中経過をまとめた大判の著作を見ると，仏教圏とキリスト教圏を対象とする研究者がほとんどであり，それらの宗教にこの概念がなじみやすいのは，うなずける。この枠組みの中にイスラームがはまり難いのは，イスラームの聖なる空間（祈りの場）があくまでもクルアーンを中心とした言語表現（詩的な言葉で構成される神のモノローグと，神と人間のダイアローグ）をメディアとしており，物への依存が低かったためであろう(15)。

木俣元一は自身の論考の中で「中世のキリスト教徒にとって最大の関心事は，これらの芸術作品ではなく典礼，儀式，黙想，祈りといった日常的に執り行われる活動そのものであり，建築や美術はそれを支える要素であった。美術の中でも，近代的な美術の価値体系で上位に置かれる絵画や彫刻ではなく，教会宝物に多大なリソースが傾注された。この宝物には，ダチョウの卵，ココナツの実，「巨人の骨」，「一角獣の角」，「ドラゴン」といった自然界に由来し驚異を喚起するモノ，そして聖遺物などのように，私たちの美術の概念ではとらえられない多様な事物が含まれている」［木俣 2022a : 374］と重要な指摘をおこなっている。この指摘は，今のわたしたちがかつてその空間を満たしていた世界観の総体を見ないままに研究を進めていることを思い出させてくれる。

第三部の導入部分で，日本中世絵画史の山本聡美は以下のように書いている。

> 今日，我々が過去の宗教美術を通じて「人類知」を再定義し，未来を構想し得る宗教遺産学の創成を目指そうとする時，ある造形の図像・様式・技法・材料といった物質的側面に加え，儀礼空間，音声，音楽，また言葉の領域と結びついて構想され，どのような技法・材料が選択され，どのような環境において使用され，その後の長い伝来過程を経て今日に至るのか。造形の生命誌とも言うべき総体を記述し，個々の作品に付属するメタデータとして蓄積することで，個別の作品研究を深化させるだけでなく，宗教美術の社会的機能・技術史・精神史の解明，ひいては現代と未来の社会における宗教的人類知の効果的活用に寄与するものとなるであろう。［山本 2022 : 306］

まさに，ここに記された広大な領域に，クルアーンはたったひとつのコンテンツで横たわっており，物質・空間・音・儀礼・言葉がクルアーンというひとつのものを表現し，その総体が「精神」のあり方を形作っている，と言うことができる。広大な領域を大きな予算と豊富な専門家で攻略しようとするこの先駆的なプロジェクトに比べて，本書の試みはいかにも小さく，頼りないが，逆に，その広大な領域がクルアーンという中心軸に貫かれ，確固とした統合性を有するところにイスラームの特色があり，ある種の研究のしやすさがあるのではないだろうか。

加えて，プロジェクトのメンバーの中でも特に，キリストのイメージに関する重厚な単著を持つ水野千依［2011］と，聖遺物（聖人の遺骸）を巡る中世の世界観を再現する秋山聰［2018］が，クルアーン研究に示唆を与えてくれる点で重要であり，今は失われた祈りに満ちた民衆の生活が物証の狭間に立ち現われてくるようで，きわめて刺激的である。(16)

(2) プラチック，メディア装置，ソースコード

前項で述べた相補的な「テクスト性と口誦性」を大きな特徴とするクルアーンを，何とみなすか，どのように位置付けうるかという根本的な問題がある。「机の上の書物」では不十分であることは，フィールドでの数々の発見からすでに明らかである。「現地の人びとが毎日口にする意味不明のつぶやき」でも同様に不十分である。

ここで「テクスト性と口誦性」の両極の間にさまざまな形態のスペクトラムとして現実に存在しているクルアーンを正確に記述するための理論的枠組が必要とされる。本書では，これを「メディア装置」と呼びたい。この用語は従来の聖典研究からすると少し唐突な響きを持っているので，その来歴を簡単に説明したい。

この概念は，まず初めに，フィールドにおいて小さなモノや会話の一部の形で飛び交っているクルアーンをどのように考えればよいのかという疑問から出発した。ほとんど先例がない中，手探りの試行錯誤を続け，ヒントとなる視角を人類学の遺産の中に見つけた。まず，ポスト構造主義人類学の理論の中からフランスの社会学者ピエール・ブルデュー（1930－2002）の「プラチック（pratique）」概念を借り［ブルデュー 2001］(17)，さまざまなモノ（音も含む）の形で断片となって生活の細部に埋め込まれている状態のクルアーンを指すことにした。一方，プラチックの源となる社会に共有された，いわば見えないクルアーンも，プラチックとして現われていない状態で存在している。そのため，次に，プラチックとして生成する仕組みを指し示す用語が必要となる。

そこで，2つの事例研究，すなわちイギリスの社会人類学者エヴァンズ＝プリチャード（1902－1973）によるヌエル族の牡牛の模様をめぐる研究［エヴァンズ＝プリチャード 1978, 1982］と，渡辺公三（1949－2017）によるクバ王国の布の文様の研究［渡辺・福田 2000；渡辺 2009a］を参照し，見えないクルアーンから多様なプラチックが生成する仕組みの全体を理論化する上で役に立つ理論的視角を抽出した。それは以下のようにまとめることができる。自然物であれ人工物であれ，ある文化において，日常の中に存在するある事物が，一人ひとりの生活の中で多様な生き方と結び付いて，その生を織り上げることに使われる一方，他方では，それが価値体系の土台となるような形で参照項として働き，共通言語として機能していることが観察される。そのような事物への着眼がその文化を解明する鍵となる。

このような，ある特権的な事物（モノ）を媒体として成立している日常世界を構築する仕組みを，「メディア装置」と呼ぶことにした。その上で，今度はこの

概念の調整，精緻化のために，特に成立宗教についての人類学の理論［モース&ユベール 1983；レヴィ＝ストロース 1976］や，他宗教の立場からの宗教論［落合 2001；田辺 2010］を参照して，すり合わせをおこなった。

以上のような研磨を通じて考案されたのが，本書が提唱するメディア装置という概念である。この概念が，複雑で多様な形で現出するクルアーンという現象を捉えるのに役立つであろうということを，本書では提起し，検証していきたい。

メディア装置が機能する仕組みについては，フランスの哲学者レジス・ドブレ（1940－）のメディオロジーに多くを負っている［ドブレ 1999, 2000, 2001］。それについては後述する。また，メディア装置としてのクルアーンが，信徒に帰依や信仰実践を求める際の「ソースコード」のあり方についても，第 3 章で詳しく述べる。ソースコードそのものは，コンピュータ・サイエンスからの借用語であって，筆者が独自性を主張するものではない。ただし，聖典にソースコードが埋め込まれていて，メディア装置として起動するという捉え方は，筆者独自の提起となっている。

(3) 地域横断性

以上のように，本書は，フィールドにおいてテクスト性と口誦性の両方を持って，雑多に多種多様に展開するクルアーンを「発見した」後で，「メディア装置」という補助線を引いて，さらに調査をおこない，本書での記述に至っている。その際に具体的な調査地としてどこを選んだのかについて説明したい。そのことに本書の 3 つ目の特徴が表われているからである。

本書は，調査地を一国の一地域に限定していない。そのことによって，地域横断的な研究を試みた。これは従来の人類学的なフィールドワークが，一地域，一村に限定して掘り下げる傾向を強く持っていることからすると，きわめて例外的なことと言える。

まず，イスラーム世界が現在，57 の国にまたがって広がり，北米やヨーロッパ，中国，インドなどにおいても大きなプレゼンスが注目されている状況においては，一国での調査のみではイスラームの実態を理解することはできない。さらに，長く伝統的にイスラームの地域であったアラブ，トルコ，イランは，それぞれに際立って異なる文化に属しているし，アラブの中でも，エジプトと，サウディアラビア，湾岸諸国，ヨルダン・パレスチナ，シリア・レバノン，さらにマグリブ地方のアルジェリア，モロッコは，互いに大きく異なっている。

ましてやインド，パキスタン，バングラデシュなどの南アジア諸国，スーダン，マリなどのアフリカの国々，ウズベキスタン，クルグスタン（キルギス），カザフスタン，中国へと続く中央アジア，アラビア半島からインド洋を渡ったインドネシア，マレーシアなどの東南アジアは，いずれもイスラームが発生したアラビア半島からはより遠方にあり，漸次的にイスラーム化が進んでいった地域である。これらの地域においては，土着の文化との融合の中で，いずれも独自色の強いイスラームが開花した。

さらに，イギリス，フランス，ドイツなどのヨーロッパの国では，移民によってムスリム人口が急増した。さらに現在では，ヨーロッパ生まれヨーロッパ育ちの2世，3世の時代になっており，一層新しい段階を迎えている。北米のムスリムのプレゼンスの大きさも目を引く。20－21世紀を通じてアメリカ社会のマイノリティとして増加し続けているし，また，近年では在米ムスリムがラディカルな解釈に基づいておこなった宗教行為が事件として，アラブ圏を含めた他のイスラーム世界で話題に上るなど（たとえば，ある女性がイマームとして，男性を含めた集団の礼拝を率いたことは大きな話題となった），新奇なことが起こる地域として耳目を集めている。

おおまかに言えば，イスラーム世界は次の3つに大別できる。①古くからイスラーム化がおこなわれた地域（アラブ，トルコ，イラン，中央アジアの一部），②相対的にイスラーム化が新しい地域（南アジア，アフリカ，中央アジア，東南アジア），③イスラームが非イスラーム社会のマイノリティとして新たに登場した地域（北米・南米，ヨーロッパ）である。これらはいずれも，社会におけるクルアーンのあり方を調査する上では有効な調査地となる。①と②に含まれる地域はいずれもイスラームの伝統的で個別な実態を示すし，③はそれらに対する例外状況を示し，反例となる。本書において実際に調査をおこなった具体的な地域については次節の後半に記したい。

7　本書の主題と構成

本書は，第Ⅰ部から第Ⅵ部に分けられた主題群を扱っている。

第Ⅰ部では，クルアーンとは何か，クルアーンは一体どのような実態をしているのか，それに対して，これまでの研究はクルアーンをどのようにとらえてきたのか，そして，これからのクルアーン研究はどのような土台の上におこなわれるべきであるのか，という方法論的な検討をおこなう。

第Ⅱ部では，口誦性に満ちた聖典を，「記譜」（音楽からのメタファーを利用）

する「書物のクルアーン」として時の流れに沿って記述し，その意味を論じる。クルアーンの歴史的な形態が，わたしたちの手に入るのは，ほぼ写本の形をしたクルアーンを通してだけである。しかし，朗誦と書物というクルアーンの2つの形態を，写真用語の「ネガ」と「ポジ」で表現するならば，朗誦がポジで，書物がネガと言うことができる。ネガは実物とは明暗が逆になっており，それを焼き付けてポジとなったものが実物と一致する。ネガは実物を再現する手がかりにはなるが，それ自体は実物とは裏返しの姿をしている。書きつけられたものを手がかりとして，音としてストックされ管理されていたクルアーンの姿を，一方では精密に，また大胆に復元して，その意義を論じる。

第Ⅲ部では，「テクスト性と口誦性」が初期イスラームの原型の時代から現代に至るまでにどのように変遷したのかという問いに取り組んだ苦闘の末，「章名」，つまりクルアーンの114の章のそれぞれに付けられた題名という素材を見つけ，その研究をおこなった結果を報告する。世界には多くのクルアーン研究者がいるが，「章名」に特化した研究は，ごくわずかしかなく，筆者の研究は国際的にも貴重な知見を示している。

第Ⅳ部では，口誦性の要である「音」としてのクルアーンを，フィールドの事例から考察する。つまり，現代におけるクルアーンの考察であり，わたしたちが生きるこの同時代に，クルアーンが世界の各地で，どのような形をし，どのような流行が生まれ，どのような変遷があり，どのように生活の中に浸みわたっているのか，詳細な事例研究から検討する。特に，「朗誦」の技や実態に，焦点を当てる。さらに，中東やアラブ世界には，プロの朗誦家は男性しかいないのに対して，東南アジアでは女性の朗誦家がたくさんいることを，日本では初めて紹介し，その実態だけではなく，ジェンダー論から見た意味をも検討する。

第Ⅴ部では，サラー（礼拝）というクルアーンの口誦性ともっとも縁の深い信仰行為を取り上げ，クルアーンの章句が日々の礼拝でどのような役割を果たしているのかを明らかにする。さらに，口誦性が，日常生活における語りや，グッズ，アクセサリーなどの形になっていることを，その実態とともに論じる。

改めて述べるまでもなく，クルアーンの言葉はアラビア語である。しかも，7世紀の古典正則アラビア語であるから，現代の人びとにとっては，アラビア語を母語とするアラブ人にとっても，非アラビア語圏の人びとにとっても，専門の勉強をしなければ使うことのできない非日常語である。それをなぜ，各地の信徒が，アラビア語の専門学習をすることなしに，日常生活の中で誦んだり，つぶやいたり，貼ったり，飾ったりできるのか。そのことを，サラー（礼拝）を通して解明する。メディア装置の議論にとっても，サラーは非常に重要な役割を果たしている。

第Ⅵ部では，第Ⅰ部で述べた理論的な枠組みと，第Ⅱ部から第Ⅴ部で扱う歴史の中の実態と現代における実態の事例群の考察から，何が言えるのか，結論と今後の展望を述べる。

さらに，補論として，3つの付録を付した。

最後に，本書の中に登場する具体的な地域と事例について紹介したい。

本書は，主として2002年から2015年までの間に断続的におこなったフィールドワークに基づいている。最初の調査地はエジプトで，カイロ，アレキサンドリア，さらに地中海岸の小さな村で本書のための最初のフィールドワークを始めた。その後，カイロとアレキサンドリアでは継続して調査を続け，アラブ圏では新たに，エジプトのナイル・デルタにあるタンター市近郊の農村，ヨルダンの首都アンマン，マダバ，パレスチナのエルサレム，ヘブロンを加えた。

一方，エジプトでの調査を始めた同じ年にはマレーシア，翌年にはインドネシアを訪れ，東南アジアでの調査も開始した。両国での調査は現在に至るまで継続しており，主として首都のジャカルタ，クアラルンプールを拠点とし，中央ジャワの地方都市，農村やスラウィシ島などにも出先を広げている。また，シンガポールでも調査をおこない，追加的に非イスラーム圏のムスリム・コミュニティについても，フランスのエクサンプロヴァンス，アヴィニョン，モンペリエで調査をした。2009年以降に加わった新たな地域にはアメリカ（ニューヨーク，ワシントンDC），イギリス（ロンドン），スイスがある。東南アジアではブルネイ，中央アジアではキルギスも足した（最近では，ムスリム移民の研究として，日本の事例も加えている）。

既存の調査地を，また，未知の土地を訪れるたびに，クルアーンの新たな事例が待ち受けている。地域ごとに異なる多彩さ，めまぐるしい変化，年々増え続ける量と種類，未知の文化圏での予想を超えた珍奇な形態，浮かび上がってくる地域と地域の意外なつながりに，圧倒されながら，毎年毎回のフィールドワークごとに，事例の豊富さと奥行きをアップデートするよう努めた。

具体的には，まずプロの朗誦家たちの口から自由自在にメロディアスに奏でられる朗誦としてのクルアーンがある。彼らは師匠からの口伝によって，クルアーンを暗記し，メロディを体得する。そのようなプロたちのリサイタル活動やスタジオ録音，朗誦大会やその強化合宿，寄宿塾における訓練生，また一般の人びとによる朗誦の日常的な鑑賞や消費を対象とした。同時に，クルアーンの暗記・暗誦は一般の人びとにとっても必須である。日常会話でのフレーズ，イディオムの使用や引用，毎日の儀礼の中での朗誦，学習会や毎日の通勤電車の中での練習風景などが重要な事例となった。さらに，口頭で頻出するポピュラーな断片は，キーホルダーやポスター，ステッカー，アクセサリーなどのモノの形で氾濫している。もちろん書物の形をしたクルアーンについても調査をおこなっており，写本や刊本の事例が登場する。

以上，本書の内容を概観した。大まかな地図は思い描いていただけたであろうか。それでは，いざ，ともに冒険の旅に出かけ，クルアーンの姿を追いかけて行こう。

第Ⅰ部
生き方のソースコードとしてのクルアーン

第Ⅰ部では，まず，聖典であるクルアーンが実際の社会の中でどのようなものであるのかを素描し，それが姿を決して見ることのできない超越的な神の言葉であるということがどのような意味を持つのかを論じる。続いて，クルアーンの研究史を瞥見し，イスラームという特定の成立宗教の聖典を理解するということが，これまでどのようになされてきて，そこにはいかなる問題があったのか，それを克服するために，どのような認識論や方法論が必要なのかを論じる。そして，クルアーンを「メディア装置」という概念でとらえる本書の立論を展開する。特に，最初期のクルアーンの章句を用いて，クルアーンが信徒に指示を与える「ソースコード」「命令コード」がどのように作られているのかを明らかにしたい。

第 1 章

ムスリム社会のリアル（実態イスラーム）

1　フィールドで出会う

クルアーンを探究するために，どこかのフィールドを訪れ，路傍の誰かに「クルアーンを見たい」と言う。すると，まずは最寄りのモスクへ連れて行かれる。モスクは身体動作を伴う礼拝をする場所なので，絨毯が敷き詰められ，がらんとした壮麗な広間の奥に，胸の高さほどの本棚が見える。壁際に並べられた本棚の中には，ぎっしりとクルアーンばかりが詰まっている。大抵はハードカバーの装丁で，まったく同じ出版社による同じ大きさの同一デザインのものが幾重にも積まれ，また，少しサイズの小さな別の色の表紙のものや，サイズが大きくやや薄い作りになっているものも少しあったりする。

使い込まれて表紙のよれたものもあれば，最近新たに追加されたピカピカのものもある。誰でも手に取って読んで／誦んでよいため，そのモスクに通う常連に使われるだけではなく行きずりの信徒が使うこともあって，モスクにあるクルアーンはいつも消耗が激しい。持ち寄りや寄付によって新しいものが加わったり，その中には頑丈な表紙で値の張るものもあったりして，使い込まれた古株たちと少しの新人がいつも同居している。新人たちはすぐにまた使い込まれてしまうが，また次の新参者が誰かからの贈り物としてやってくる。

このようなクルアーンの詰まった本棚は，ムスリム社会において日常の風景となっている。筆者も各地のモスクで幾度となく目にしてきた。たとえば，エジプトの新興住宅地ナスル・シティの町のモスク。1990 年代の終わりに，ある女性によって建てられた新しいモスクで，彼女の名を冠した名称で呼ばれている。平日はわずかに町内の人が来るばかりで閑散としている。敷地内には木々の緑が美しく，当モスクのムアッズィン（礼拝の呼びかけ人）にしてイマーム（礼拝の導師）である初老の男性と彼の息子，友人たちがガラビーヤ（長衣）姿でのんびり過ごしている。

砂色の石造りの外装から一転して，内部に入ると広間は真っ白の真新しい壁と緑を基調にした内装で，華麗なシャンデリアが下がっている。大きな広間の上方にはロフトがついており，中二階があることがわかる。細い階段を静かに上がって行くと，女性や子どもたちのためのスペースにたどり着く。天井が低くこぢんまりとしたその空間は，下の階からの視線を完全に逃れており，くつろいだ雰囲気である。華美な装飾はなく，クルアーン用の本棚の他に宗教的な勉強のための小冊子も積まれており，鍵付きのガラス棚の中には学習用のクルアーン朗誦カセットテープが詰められている。カレンダーやステッカー，クルアーンの言葉をあしらった作品が壁を埋め，その雰囲気はどこか個人宅の居間にも似ている。

あるいは，ヨルダン川西岸にあるパレスチナの古都ヘブロンにはハラム・イブラーヒーミー（イブラーヒーム禁域）と呼ばれる著名なモスクと廟がある。イブラーヒームとは旧約聖書で言う大族長アブラハムのことで，西暦前2000年頃の人物とされる。モスクへと続く門前町はイスラエルによって営業を禁止され，閑散としている。わずかに店が残る細い路地を抜けると，モスクの前に設けられた検問所にたどり着く。石造りのトンネルの下，金属製の柵が幾重にもジグザグに張られ，人びとは一人ずつ兵士の指示に従ってそこを通って行く。トンネルの出口では両側から，兵士たちの銃口が休むことなく人びとを狙っている。そこを抜けると，鞄の中のチェックと金属探知機，IDの検査へと進む。ここでも兵士全員が実弾の入った銃を持っている。最後にようやくモスクの建物自体の入り口にたどり着くと階段があり，その上には再び金属探知機と銃を持った兵士が待っている。

このモスクの中は薄暗い。天井から吊るされたガラス製のランプの灯りが，緑色の内装をほのかに照らし出し，まるで深く鮮やかな緑色の海の中にいるようである。幻惑的な室内にはアブラハムの廟があり，覗き込むと深い深い地下にむき出しの岩があるのがわかる。薄暗い中に，人びとが祈っている姿がちらほらと見える。入口の近くでは，長身の老爺が巨大なクルアーンを繰りながら，のんびりとクルアーンの章句をつぶやいている。このような苛酷な状況下にあるモスクでも老爺は，男性用の白いスカーフを頭に巻き黒い長衣をまとった身ぎれいな姿で，ゆったりと穏やかにクルアーンを口ずさんでいる。その手元には小さな書見台に乗せられた1メートル近くもある大きな薄作りの写本が置かれている。

あるいは，エルサレムの旧市街。地上に輝く黄金のドーム。ドームの下には青色の華麗な装飾があり，建物全体は「岩のドーム」と呼ばれている。地元民と，アラブ諸国からの訪問者，さらには南アジアや東南アジアの巡礼団まで，海外からの参詣者たちが押し合い圧し合いしている。息苦しいほどの人で埋め尽くされた金曜礼拝が終わると，建物の中にある預言者ムハンマドゆかりの岩を一目見ようと並ぶ人びとの列ができ，また，広間ではたくさんの女性たちのグループがそこここで，クルアーンを手に学習会を始める。太陽の光が注ぎ，さまざまな服装と肌の色をした各国の巡礼団が目を惹く。このようににぎわいに満ちた地上に対し，古い石造りのアクサー・モスクの下に広がっている地下空間。延々と続く廃墟のような地下道と広間。ひたすら薄灰色の石の壁が目に入る。幽寂さの続く空間の片隅には，木製の小さな書見台が数多く転がっている。

どんな土地でもモスクに行けば，本の形をしたクルアーンに出会える。もちろん地域のモスクだけに限らず，人びとが自分の所有するクルアーンを見せてくれることもある。毎日持ち歩く学習用のポケットサイズの黒いチャック付きのもの。友人から贈られた少し立派な作りの色鮮やかなもの。ある行事の記念にもらった参加者全員おそろいのもの。娘が最初に持つクルアーンとして与えようと思って，自ら選んだもの。親の使っていたもの。自分の家にもともとあった古いもの。個人や家族の所有するクルアーンは，モスクに集まったクルアーン以上にさらに来歴と姿形が色とりどりである。

2　分量と種類の有無

これらのクルアーンを見ていると，確かにクルアーンは書物の形をしている。確かに，イスラーム世界中で本の形で存在している。本書ではこの点，すなわち，クルアーンは本なのかどうか，ということについて突きつめて論じて行くが，ここではまず，イスラーム世界中で出会うことのできる本としてのクルアーンのことを知ろう。

各地のモスクで出会う時，または人びとが家に置いている，あるいは手に持っているクルアーンを見せてもらう時，クルアーンは一冊の形をしている。頁のデザインによって異なるが，大体400頁から，500頁，600頁くらいである。おおむねキリスト教の聖書と同じようなボリュームの一冊の本をイメージすることができる。ただし，400頁の聖書と言うと，字がびっしり詰まったものであるが，その点は違っている。クルアーンは朗誦に使うものであるので，字はそれほど詰まっていない。文字のサイズも小さくはなく，行数もさほど多くない。1頁あたり20数行程度が一般的である。

では次に，クルアーンは果たして1冊で済むのか。所収するものがエディションによって異なっていたりしないのだろうか。また，外典や偽典などがあるなどして，実は1冊ではなかったりしないのだろうか。聖書の外典や偽典は[(1)]，もともとは聖典やそれに類する文書群が歴史上のある時点の正典化の過程で「正典」に含まれたりそこから外されたりしたものを指すので，正典の範囲にはかなりの幅がある。従って，正典化以後もどの文書を正典に含めるかは教会によって異なっており，場合によっては聖書は必ずしも「1冊」と言い切れない。外縁はもっとフレキシブルで，聖書の周辺に位置付けられる文書の種類は可変的である。

さらに歴史の長い仏教の経典となると，種類も分量も豊富で，どれを重要とみなすかは宗派によって多岐にわたる。メジャーなもので，小乗仏教の阿含経，大乗仏教の般若経，法華経，維摩経，阿弥陀経，華厳経，楞伽経，大日経，金剛頂経などがあるが，阿弥陀経などの小品を除けばそれぞれが複数の出自の文書を含む膨大な文書群となっている[(2)]。経典の全体を大蔵経（一切経）と総称し，その分量は冊数にして100冊前後にもなる。宗派によって採用する経典は異なり，互いに使用する経典群が被っていないことも多い。従って，仏教においては「単一の正典」という概念自体が成立せず，その外縁は何通りにも設定することができ，文書の成立時期にも大きな幅があり，種類，分量ともに膨大である。

これに対してクルアーンは，1冊しかない。結集（正典化）の過程で採用されなかった文書は現存していない[(3)]。ムスリムは，現在では多数派であるスンナ派と主要な少数派であるシーア派に分かれ，それぞれの人口比はおおむね全体の9割と1割となっている。このスンナ派とシーア派でも，使用するクルアーンは同じものである。

実のところクルアーンの正典化の経緯は，シーア派にとって嬉しいものではない。シーア派は，ムハンマドの死後すぐにアリーがその後継者となるべきだったという主張を持っている。アリーは第4代正統カリフとなったが，シーア派はその前の3代を認めないことが多い。

その一方，クルアーンの結集は第1代正統カリフであるアブー・バクルの指揮下でおこなわれ，第2代正統カリフであるウマルの娘ハフサ（預言者ムハンマドの妻の一人）の手元で原版が保管され，さらに第3代正統カリフであるウスマーンのもとで大々的に編纂がおこなわれた[4]。ウスマーン治下のこの結集の結果，「単一の正典」を成立させ，それを各地に送り，各地で生じていた発音の異同の判別基準とさせるとともに，他の直弟子たちの私家版クルアーン（順序や所収されている章句に若干の異同がある）をすべて廃棄させるという徹底した正典化事業をおこなった。その結果，クルアーンは 1 冊の形をした唯一のバージョンとして確立され，現代まで引き継がれていくことになるが，これを「ウスマーン版クルアーン（ラスム・ウスマーン）」と呼ぶ。それを正しく表記する方法を論じる「ラスム論」も後に成立した［竹田 2014 : 57–64］。つまり，クルアーンとは，3人の正統カリフの治世下に正典化したのであり，実はシーア派がカリフ位の簒奪者として非難するところの人間の名が冠されたバージョンなのである。

それでもやはり，イランで刊行されたクルアーンを入手しても，内容は同じクルアーンが使われている。しばしば「シーア派はアリー側だから，ウスマーン版をいやがるだろう」という想定をするわたしたちからすると，少し不思議な気もするが，シーア派のクルアーンももちろんウスマーン版であって，やはりクルアーンは 1 冊しかないのであった。

3　音として流れる

現地では，1 冊の本の形をしたクルアーンに出会う機会がいくらでもある。中東へ行っても，東南アジアへ行っても，シーア派の地域へ行っても同じ内容の本がクルアーンと呼ばれている。クルアーンは本の形をしている。それは確かなことなのだが，実はもっとよく出会うのは，町を流れる声に乗ったクルアーンである。

イスラームの国々，町々，村々を訪れた旅行者の手で綴られた旅行記には，何度も次のような同じ記述が繰り返されている。いわく，「明け方，モスクからクルアーンが聴こえてきて，叩き起こされてしまう」，「しょっちゅうモスクからクルアーンが聴こえてきて，それが異国情緒に溢れ，心地よい」。実は，これは礼拝の時刻を知らせるアザーン（礼拝の呼びかけ）を，間違えてクルアーンと呼んでいる例がほとんどである。慣れたフィールドワーカーとなると，当然アザーンとクルアーンは聴き分けられるし，日に 5 回，大体礼拝の前頃の時刻に，決まった短いセンテンスの繰り返しで大々的に流されるものがアザーンであることはすでに常識である。

しかし，実はさらに深く現地に身を置いてみると，やはりモスクからクルアーンが流れてくることも，日常の風景であることがわかってくる。それはアザーンに比べて1回1回の流される時間が長く，朗々として，穏やかで，人びとに聴かせるための大声ではなく，背景を流れる基調音のように紡がれているため，外部の人間にとってアザーンのようには気付きやすくない。同じようにモスクから流れていても，アザーンがはっきりと人びとへのアナウンスメント（お知らせ，告知）であるのに対して，クルアーンはある人の集中した静寂の中にある孤独な独誦がたまたま外へ流されてしまい，それを盗み聴いているような感じがする。その声は人びとに供されているが，公然と人びとに向かってはいるわけではない。

試しに，インドネシアはジャワ島，バンテン州タングランのある町内の道端に座って耳を傾けてみよう。常夏の国で日中の気温は30度近いが，湿気がないため日陰に入れば涼しい。家々は平屋で，どの家にも，垣根に囲われたひさしの下にくたびれたガーデンチェアが並んでいる。舗装されていない砂道の脇の崩れたコンクリートに腰をかける。だるんとした七分丈のパンツにTシャツ姿のイブイブ（おばさんたち）が行き交い，木陰でたむろするバパッ（おじさん）たちの姿も見える。

夕刻が近づいてくると，空が少しずつ薄灰色になってくる。日の入りの1時間ほど前，スピーカーの電源が入る音がして，マイクが雑音を拾い始める。ほどなくすると，静かに男性の声でクルアーンが誦まれ始める。声は穏やかで，メロディに乗って聖典の言葉が町の路地を流れて行く。町の人びとは誰も動きを止めない。音はそっと空気に溶けて辺りに浸み通って行く。1時間ほどの間，音は流れ続け，始まった時と同様に穏やかに終わりを迎える。数分を置いて，今度はありったけの音量で華々しいメロディに乗って，礼拝の時刻を知らせるアザーンが人びとの耳に叩きつけられる。

あるいは，この町にはクルアーンの朗誦を学ぶ子どもたちが寄宿する全寮制の塾がある。夜明け前の暗闇の中，道へ出るとまだ家々は寝静まっている。寄宿塾に併設されたモスクのスピーカーの電源が入り，雑音に子どもらしい柔らかなささめきが混じる。音が静まると，一呼吸を置いてクルアーンを誦む声が流れ出す。子どもらしくまだ固い声で，緊張と生真面目さが伝わってくる。抑揚を自在に発揮するゆとりは少なく，集中と弛緩のバランスはまだ成熟していない。しかし，発音の正確さとメロディの美しさは群を抜いて，町民とは比べようもない。人びとの眠りを妨げないまま，声は未明に向かって小一時間続いて行く……。

モスクには大小あって，収容人数は数十人規模から数千人規模までさまざまである。主要部分は基本的にがらんとした広間で，ここには礼拝の方角を示す壁のくぼみのほかは何もない。椅子もステージもないし，神像の類も何もない。開けた大きな空間が確保されていれば，皆が並んで列になっておこなう礼拝には事足りるので，モスクは根本的に単なる収容力のあるシンプルで巨大な箱である。

そこに誰が駐在しているのか。大きいところだと門番，下足番が付いたりもするが，主要な人は，(1) イマーム，(2) ムアッズィン，(3) カーリウの3役である。イマーム（導師）は礼拝を先導する仕事で，ムアッズィン（礼拝呼びかけ人）は礼拝の時刻を知らせるためのアザーン（呼びかけ）をおこなう仕事である。カーリウ（朗誦家）はクルアーンを誦む係である。小さいモスクではひとりで3役の場合もあるが，そうだとしても，要するにモスクには，礼拝を先導する人と，礼拝の時刻を知らせる人と，クルアーンを朗誦する人しか居ないのである。それは僧侶や神父などの聖職者のような総合職ではまったくない(5)。

クルアーンを朗誦するカーリウは，クルアーンを暗記して，クルアーンの正しい誦み方を習得して，クルアーンを人の耳に聴こえるように声に出して誦み上げる。カーリウはクルアーンの全文（つまり本にして約500頁分）を暗記していることが多い。クルアーンを丸ごと暗記している人のことを「ハーフィズ（保持する人)」と呼ぶが，ハーフィズは巷にいくらでも居る。彼らは人びとから尊敬されているが，クルアーンを全文覚えているという以上の特徴はない。特定の職業でもないし，特にリーダー的な役割を果たすわけでもない。要するに，「ただクルアーンを覚えて，それを誦むだけの人」がイスラーム世界中に存在していて，モスク付きのカーリウになった場合はモスクに駐在して，決まった時間に毎日毎日人びとのために密やかにクルアーンを誦み続けるのである。

4　不在の語り手

現地で出会うクルアーンは，モスクに置かれた1冊の本であったり，クルアーン誦み係の口から町中に静かに流される声であったりする。その時に重要なのは，これらの形でクルアーンを受容している町の人びとが「唯一絶対の神の言葉が，天から地上のムハンマドに下されたんだ。それをムハンマドが皆に教え，皆が覚えたり記録したりして今に伝わったんだ。それがクルアーンなんだ」と誰もが思っている，ということである。彼らにとって，クルアーンは人間の創作物ではない。

そこに著者性の問題が生じる。たとえば，経典を介して伝わるブッダの言葉は，ブッダを「悟りを開いた人」と考えるにしろ「永遠不滅の真理の応現」と考えるにしろ，いずれにせよ紀元前 5 世紀頃に実在した人間が語った言葉であることに間違いない[6]。新約聖書に記されたイエスの言葉も，イエスが「神の子」であったとしてもそうでなかったとしても，紀元頃にこの世に実際に存在した人間が語った言葉であることに異論は起きない[7]。

経典や聖書が，その語り手がいかなる存在であったのか（神性・仏性と人性の配分の問題）については議論の余地があったとしても，その語り手がこの物質世界に歴史上のある時点で実在しており，その人物によって紡がれたものであると考えられているのに対して，クルアーンが特異なのは語り手自体が「この世には一切姿を現わさない不在の存在」とされている点である。クルアーンはこの世には姿を一切現わさない絶対神の言葉であるという設定が基底として共有されている。

このことをさらに詳しく観察してみると，ムスリムたちの誰もが（1）語ったのは超越者である神で，ムハンマド自身が「わたしは単なる受け取り手である」（つまり，今生の世に生きる人間たちに対して永遠の次元にいる神が天使を通じて降下させたお言葉を，特定の人間が人類の代表として受け取った）という態度を貫き続けたことを事実として受け入れているということであり，（2）ムハンマドが自分の口から発せられる言葉のうち，自分の言葉と「神の言葉」とを厳密に区別し続け，クルアーンの章句については「これは自分の言葉ではない」と主張し続け，「これらは神の言葉であるゆえ，これこれこういうしかたで記憶しなさい」といった指示をその都度に出し続けたことに，共鳴して従い続けた結果であり，（3）なおかつ現代でも世界中のムスリムたちがそれにまったく呼応し続けているということである。ちなみに，ムハンマドは自分自身の言葉については，「神の言葉」とは区別して語り，クルアーンとは違ってそれを記録しないよう指示した（特に初期において）と伝えられている。

神性・仏性と人性の問題に比して言うならば，ムハンマドは神とのコンタクト能力がある点では常人ではないが，人性のみを持つ人間で，神性は有していない。イスラームにおいて神性を担っているのは，ただ神と，神とは不可分の，神自身からの流出物である神の言葉（クルアーン）のみである。そのため，クルアーンは全面的に神性を有するとみなされている。

クルアーンがこの世に不在の語り手（姿を一切現わさない絶対神）の言葉であるということは，外部の人間にとっては信じがたいことであるかもしれないし，「その信じがたいことを信じているムスリムが大勢いるが，それはムスリムたちの信仰的な信条に過ぎない」と考えても別にかまわない。しかし，その場合でも，なぜそのようなことがただ心の中で信じられているだけではなく，社会的な実態として皆に受け入れられているのか，という問いは残る。皆が本の形で触り，カーリウ（朗誦家）の朗誦を通じて聴き取られるクルアーンが，ここには居ない，この世には現われたことのない超越存在の言葉だ，ということが皆に当然のこととして受け入れられていること。皆がその本を触り，手に持って開きながら，その重みを感じながら文字を視線でなぞりながら，これこそが「絶対神のお言葉である」と実感しているという社会的な実態は不思議な現象であり，その不思議を解明する必要がある。

さらに言えば，社会の総員がある言葉群を「不可視で絶対の神のお言葉」として受け入れ，その言葉の中に登場するさまざまな命令に従うこと。しかし，その上で送られている生活はわたしたちが「宗教的な生活」と言った時にイメージするような，盲目的で禁欲的で現世否定の戒律にがんじがらめの生活ではなく，神の命令に従いながらそれとまったく同時に，個々人が自分の生を活き活きと送り，自分たちの日常の中でそれぞれが欲することを追求しているさまが，そこかしこで目撃される。つまり，人びとが絶対者の命令に従っていることと，一人ひとりの現実の生活がそれぞれの悲喜こもごもに満ちた個別的で生の発揮に満ちた多様なものに見えること，この矛盾するはずの２つのことが成り立っていることの不思議，それを考えていくために，本書は「メディアとしての聖典」という新しい概念を考案した。以下に，順次，詳しく説明していきたい。

第２章

クルアーン研究の今日の地平

1　クルアーンの成立

ここで最初に，クルアーンの成立を瞥見して，イスラームにおけるその位置付けを確認しておこう。クルアーンは今からおよそ14世紀前[(1)]のアラビア半島で成立したテクストである。西暦7世紀の当時にその場所で新しく興った宗教の世界観と教えが，創造主（＝神）から人類への語りかけの形をしたテクストの中に凝縮されている。

この宗教はのちに「イスラーム（〔唯一神への〕絶対帰依）」という名称で広まる。この宗教においては，唯一絶対にして不可視の超越神（アッラー）を主（あるじ）とし，その神が人類に向けて語った奇跡の言葉（クルアーン）を聖典として戴き，その言葉の受け取り手（ムハンマド）を共同体のリーダーとし，自分たちを神への帰依者（ムスリム）と呼ぶ集団が形成された。単一の神，単一の聖典，単一のリーダー（預言者／使徒）のもとに集った宗教集団は，数百人から始まり21世紀初頭の今日では20億人に達し，世界中に広がっている。14世紀の長きにわたり，イスラームが浸透したいずれの地域においても，クルアーンは彼らの唯一の聖典であり続けた。

聖典としてのクルアーンは，人間生活に関するあらゆる規範の源泉として位置付けられると同時に，人びとの日常の中で一句一句が繰り返し朗誦または発話されてきた。毎日の信仰行為として暗誦され，あるいは祈りの中でつぶやかれ，慣用句として唱えられ，年中行事や冠婚葬祭の際にメロディを伴ったアーティスティックな独誦として奏でられ，護符や贈り物として小さな紙切れに書き付けられ，装飾された書道作品として飾られるなど，日常のさまざまな細部に引き出され続けた。

クルアーンの受け取り手／伝達者であったムハンマドの死後20年足らずのうちに，彼の高弟らによって正典化の大事業が敢行され，アラビア語のクルアーンは一冊の書物にまとめられた。時のマディーナ政府主導の下，広大な版図内に発生していた細かなヴァリアントや，結集の委員会に入っていない高弟らが書き付けた私家版が徹底して焼かれ，その結果，同時代の不一致は払拭されたとされる。それだけではなく，それ以後現在に至るまでクルアーンの本文に異同は存在しないと考えられている。現在，正典化を命じたカリフの名を冠して，正統な「ウスマーン版」として各国で印刷されているクルアーンの本文は，7万7000語強から成り，650年頃の正典化の時点で取り揃えられた通りの語彙，語順，語数であるとみなされている［cf. al-Suyūṭī 1974 vol. 1 : 242］。

それがムスリムたちの共通した信仰であるし，また，外部のクルアーン研究（西欧の東洋学）の成果がおおむね一致して示すところでもある。しかし，実際のクルアーンの物質的な形は，時代や地域ごとに異なっていた。大きく2つの形として，口伝され暗誦される朗誦（キラーア／ティラーワ）と，朗誦すべき文言を文字化して書き付けた手稿本／刊行（ムスハフ）がある。朗誦がメロディやリフレイン，ポーズなど，音の芸術としての様式を地域や時代ごとに発展させたのに対して，写本もまた書体や装飾画，装丁，ヘッダーなど，書物としての体裁を地域や時代ごとに発展させていった。ムスハフにしても，王朝の君主が作らせた豪奢なものから，一般信徒が護符として携帯する小さなものまでさまざまな形があり，多様である。

それ自体の物質的な形が異なれば，流通の形態も変わり，クルアーンが持ちえた力（影響力，支配力）の質や範囲も変容した。つまり，クルアーンはテクストとしては一貫している（変化していない）ように見えるが，メディアとしては変化しており，そのメディアが各時代・各社会に持ちえた質や力こそが重要な意味を持つ。このようなクルアーンを，筆者は「テクストとしてのクルアーン」（聖典研究の対象とされる教義・思想文書）と区別して，「メディアとしてのクルアーン」と表現したい。

この語は人類学的な象徴論やメディオロジー(2)の議論を前提としており，象徴的な形式（媒体）によって物理的な力（人間社会を動かす力）が生成されるシステムの全体を指す。メディア（媒体）とは，個々人を一定の慣習的な行為に促し，社会を組織化する象徴的で，かつ物質的な形式である。すなわち，これは象徴（媒体）の記号的意味ではなく，文化的なシステムとしての力に注目する概念である。

これまで，クルアーンをめぐってどのような知の体系なり学問なりが存在したであろうか。クルアーンの一つひとつの文が何を語っているのか，あるいはクルアーンは全体として何を語ろうとしているのか。クルアーンを通じて創造主が人類に伝えようとしたメッセージが何であるのか。それをムスリムにひとつずつ教えたのはムハンマドであるとされる。イスラームにおいて，ムハンマドは「大地を歩くクルアーン」とも表現され(3)，彼こそがクルアーンの意味を十全に体得した第一の解説者とされた。ムハンマドが赴けない遠方の版図では派遣された弟子たちが，あるいはムハンマドが世を去った直後には高弟たちや孫弟子たちがムハンマドから教わった知識を使いながら，クルアーンの意味や意義を人びとに説いた。

その知識の伝承がやがて専門の学者たちを生み，ムハンマドがクルアーンをどのように読誦／朗誦したかをめぐって，10世紀頃までに読誦学（キラーア）／朗誦学（ティラーワ）の分野が確立された［Nasser 2012］。それと並行して，ムハンマドが語ったことやおこなったことは，口伝で保持され，10世紀までにはハディース（預言者言行録）学という学問分野が形成された［Brown 2018］。一方，クルアーンの意味をめぐって，ムハンマドや高弟たちがどのような解釈をおこなっていたかを網羅しながら，字義をひとつずつ精査し，その上で学者自身の解釈を展開するタフスィール（啓典解釈）学が興った。10世紀初めには最初の網羅的なタフスィールとされるタバリー（839－923）による啓典解釈が完成した［al-Ṭabarī 1968］。さらに，クルアーンの文のそれぞれがいつ，どのような出来事の中で下されたのか，個別の節がどの章に収録されるに至ったのかなどをハディースや啓典解釈書を使いながら解明する分野は「クルアーン諸学（ウルーム・アル＝クルアーン）」として体系化された。その最高傑作とされているのは，啓典解釈の発展と比べるとやや時代が下がった14世紀のザルカシー（1344－1392）による『明証（ブルハーン）』［al-Zarkasī 2006］と15世紀のスユーティー（1445－1505）による『大全（イトゥカーン）』［al-Suyūṭī 1974］であった。

このように，イスラームでは，どのような出来事の中で神がムハンマドに自らの言葉を渡したのか，その言葉はどのように発音され，どこからどこまでがひとまとまりとなるのか，その言葉に込められた神から人類に対するメッセージは何であるのかを，先人たちの膨大な成果にのっとりながら探究する諸学問が発展した。つまり，イスラームにおいて，クルアーンをめぐる学問はすべて「クルアーンに込められた創造主アッラーのメッセージは何か」という問いを解くことを共通の目的として持っていると言える。

2　東洋学による解体

クルアーンに対する文献学的な聖典研究の研究史は，主として人類学に興味をお持ちの読者には冗漫と思われるかもしれないので，ここでは，本書の議論に必要な点を概観するに留めたい（詳しい解説は，巻末に補論1として収録した。なお，参照文献についても補論に付したので，ここではほぼ省略する）。

クルアーンをめぐるイスラーム内部の諸学が信仰的な動機付けを持っていたのと同様に，イスラームの外部で始まったクルアーン研究も，キリスト教に基づく信仰的な動機付けに牽引されていた。イスラームは，成立当初からアラビア半島および地中海東岸や北アフリカの諸都市で教父時代のキリスト教圏と隣接しており，7世紀以降の王朝時代には辺境地域であるイベリア半島や小アジアで，キリスト教との間で活発な交流と大きな衝突が見られるようになった。

11世紀から始まった十字軍の時代には，フランス東部に位置するクリュニー修道院においてクルアーンの内容を吟味するためのラテン語訳事業が始まった。これは，イスラームの信仰が正統なキリスト教教義（カトリック）に照らし合わせていかに異端であるかを説くことを明示的な目的としていた。キリスト教圏にとって，イスラーム圏は常に隣接する他者であり続け，ヨーロッパでのクルアーン研究はムハンマドが神や預言者について，どのような誤りを語ったかをクルアーンの研究を通じて明らかにすることなど，キリスト教側の護教的な動機付けに支えられていた［Burman 2007］。

アフリカ，中央アジア，南アジア，東南アジア，中国などの他の隣接地域においてはイスラーム化が起こったため，それらの地域ではクルアーンをめぐっておこなわれた知的営為はムスリムが担い手であり，前述のクルアーン諸学に含まれる。従って，前近代において，イスラーム圏の外部からクルアーンに対しておこなわれた研究は，主としてキリスト教圏，特に西欧のものを指す。

そのような状況は19世紀まで続いた。イスラーム圏のクルアーンをめぐる諸学が，19世紀以降方法論の変化を経ながらも枠組みが大きく変わっていないのに対し，西洋においては，18世紀から19世紀にかけて近代的な科学が成立する中で近代的な学問としてのクルアーン研究が東洋学の一環として成立し，大きな変化がもたらされた。かつてのキリスト教的な枠組みの中では，クルアーンは新約・旧約聖書からの距離によって位置付けられた。前提として，天上には父なる神がいて，神は人類の中から預言者を選び，そして救世主（メシア）を遣わす。イエス・キリスト以前の預言者の記録が旧約聖書であり，救世主であるイエス・キリストの記録が新約聖書とされ，それに対してクルアーンはその両方と重複する内容を持っているため，共通の絶対神から下された啓示の繰り返し，あるいは模倣とみなされるか，悪ければ剽窃か預言の詐称と論じられていた。

東洋学では，この前提そのものが刷新された。学問的な立場としては――実際の研究者にはキリスト教の信仰者が含まれていたにしても――もはや「神」という超越存在は前提とされない。実在するのは，人間によって作成された記録だけである。紀元1世紀に生きたナザレのイエス（いわゆる歴史的イエス）の生涯について，福音書記者たちが書いた記録としての新約聖書，7世紀にムハンマドが口頭で著わした詩的な散文であるクルアーン。どちらの場合でも，文書の外に存在するのは神の意図ではなく，福音書記者の意図であり，ムハンマドの意図であるとされた。そのため，「その文書を作成することで書き手は何をしようとしたのか」を探ることが目的となった。

クルアーンに関しては，1860年のドイツのテオドール・ネルデケ（1836－1930）の『コーランの歴史』［Nöldeke 2000；Nöldeke et al. 2013］から1970年代のイギリスのベル（1876－1952）とワット（1909－2006）の『ベルのクルアーン入門』（ベルの著書をワットが校訂・拡張）［Bell 1970；ベル 2003］まで，基本的には次のような方法が採用されている。ムハンマドがどのようにしてクルアーンを作成しえたかを明らかにするために，①クルアーンの本文を細分化して，②年代順に並べ替える。③その上で，ムハンマドは「われ〔神〕は～した」（啓示の形をした語り）と述べることで何をしようとしたかを，ムハンマドの生涯に照らし合わせて分析する。④敵対者（マディーナに在住していたユダヤ教徒など）との関係を想定しながら，どのように概念を借用したり変更したりしたかを推測するなどである。

そこでは，クルアーンに元来存在する章（スーラ）や節（アーヤ）の区切りは解体されており，また，クルアーン諸学の中で使われるムスリムにとって有意な主題分類（たとえばRahman［1989］）も問題とされない。クルアーンの本文はバラバラにされ，全体としてのまとまりは失われることになった。東洋学において「章」のまとまりに着目する研究が登場するのは，ようやく1990年代になって，それまでの手法の限界が明らかになってからである［Mir 1993］。確かに，クルアーンの本文の章分けと配列は編年体ではなく主題別でもないため，歴史的な資料としては非常に使いにくい。それゆえ，ネルデケやベル，彼らに連なる系譜の東洋学的な研究が，クルアーンを歴史資料として再構成したことには，それ自体としての意義は認められる。しかし，「聖典」としてのクルアーンを理解する上では，大きなマイナス面もあったと言わざるをえない。

大きな問題のひとつは，このような東洋学の展開によって歴史学的なアプローチが強くなり，宗教現象を宗教として把握する面が弱くなったことである。しかも，その歴史理解には，西洋人による東洋学（オリエンタリズム）としてのイデオロギー性が内包され，パレスチナ出身で米国で活躍した文学批評の大家エドワード・サイード（1935－2003）が『オリエンタリズム』［サイード 1986］で論じたような「オリエンタリズム」の側面――西洋の覇権あるいは植民地支配を支える言説としての東洋学や人文学――が含まれるようになった。その結果，クルアーン諸学と東洋学は互いに知的な交流をおこなうどころか，20 世紀半ばには，両者の断絶は対話が成り立たないほど深いものとなった。東洋学に対する内外両方からの批判もあり，ヨーロッパにおけるクルアーン研究は，しばらく一種の膠着状態に陥っていた。

3　現象学的／意味論的ブレイクスルー

そこに一人の東洋人が登場し，新しい方法論によって，学界の配置を完全に塗り替えるほどのインパクトを与えた。井筒俊彦（1914－1993）の現象学的／意味論的クルアーン分析である。井筒は，欧米でも 20 世紀におけるもっとも優れたイスラーム研究者の一人とみなされており，彼ほど国際的な知名度が高い日本人のイスラーム研究者はいない[(4)]。そのような学者が日本から生まれたのは，必ずしも偶然ではなかったであろう。欧米とイスラーム圏との知的な断絶を架橋するには，双方を等しく理解することのできる知的な伝統が必要とされるからである。

井筒の方法論は，クルアーン研究における 20 世紀最大のブレイクスルーであった。井筒の方法論が画期的であったのは，クルアーンをひとつの独立した統一的な「テクスト世界」とみなし，その上で，テクストに内在するロジックが何を語っているかを抽出しようとした点である。これによって，クルアーンを細分化して歴史資料に組み替える東洋学的な方法は退けられ，初めて，クルアーン研究に「テクストは何を語っているか」という記号論的視角が持ち込まれた。井筒自身はこの方法論を「現象学的／意味論的」と呼んだ。

井筒は多くの著作を残したが，1959 年の *The Structure of the Ethical Terms in the Koran*（コーランにおける倫理的用語の構造）（改訂版の題名は *Ethico-Religious Concepts in the Qur'an* クルアーンにおける倫理宗教的概念）がクルアーン研究におけるブレイクスルーとして，重要な意義を持っている[(5)]。井筒は，米国の言語学者のエドワード・サピア（1884－1939）やベンジャミン・リー・ウォーフ（1897－1941），ドイツの新フンボルト学派の言語学者レオ・ヴァイスゲルバー（1899－1985），ナバホ族の道徳コードの構造分析をおこなったジョン・ラッド（1917－2011）［Ladd 2004］らの影響を受け，言語（哲）学の立場から[(6)]，クルアーンの中には固有のアラビア語の言語世界があると考えた。各言語は言語の意味が成立するための構造をそれぞれ固有に持っており，その構造の中で一つひとつの語の意味が可能になる。

たとえば，「イーマーン īmān（信仰，英語では faith と訳されている）」という語の意味は，実際の社会における使用に先んじては決まらない。イーマーンという語の意味は，その社会において何が「イーマーン」であるかという言語習慣に依存し，それゆえ時代や場所によって異なり，異なる他の言語の中には「イーマーン」とまったく同じ意味内容を持つ語は存在しえない。

7世紀のアラビア半島では社会の価値体系の大転換が起こり，新たな道徳コードがアラビア語という言語を通じて生成されていった。井筒はその瞬間のリアルな言語状況がクルアーンのテクストに封じ込められ保存されていると考え，クルアーンの中の倫理宗教的用語に着目することで，新たな意味構造が生成される瞬間の貴重な事例を取り出すことができると企図した。その具体的な方法は，他の言語への訳し換えを徹底して排し，対象の語が使われている文をクルアーンの中ですべて集め，また，類似語，対立語，対応語を集積していくことで，その語の真の定義を抽出することである［井筒 1972 : 36, 50[(7)]］。

井筒の分析によると，クルアーンにおける道徳コードは①神の倫理的（美的）属性，②人間の神に対する倫理，③人間同士の倫理に大別され，これらは人間の倫理が神の属性に基本的に依存する（神の属性の模倣である）という相互関係によって緊密に結び付く構造を持っている。道徳コードを表わす用語の一部は前時代との強い対立によって意味が成立しており，一部は前時代のコードの継続（肯定）＝イスラーム化によって成立している。それらから成るクルアーンにおける道徳コードの体系とは，「イーマーン（信仰）」と「クフル（不信仰）」の二項対立を基本とした重層的な対立構造である。

以上が井筒によるクルアーンの現象学的／意味論的分析の要点である。井筒の手法は，一見すると東洋学者のアーサー・ジェフリー（1892－1959）［Jeffery

1938］などのヨーロッパのセム学的な語源研究と似ているが，井筒は外在的な基準で用語の意味内容を判断することを退けており，まったく異なる方法である(8)。もっぱら他のセム諸語や古代オリエントの諸語に語源を探究する研究に見られた還元主義は，井筒には見られない。井筒がおこなった現象学的／意味論的分析は，それまでにないクルアーン分析の地平を拓くものとして，欧米にもイスラーム世界にも大きな影響を与えた。

4　記号論的分析の意義

井筒が『意味の構造――コーランにおける宗教道徳概念の分析』をはじめとするいくつかの著作において試みた現象学的／意味論的クルアーン分析は，当時のクルアーン研究者らにとって2つの点で新鮮であったであろう。ひとつは，テクストに内在するロジックに沿って主題を抽出することが可能になった点（井筒の場合は，主要な倫理概念全般）である。

それまで，どのような主題に沿ってクルアーンを分析するかには，苦渋がつきまとっていた。ヨーロッパの研究者にとって，ユダヤ教やキリスト教からの外来の概念や儀礼がイスラームの中でどのように受容・定着されていったかの推移を，クルアーンのテクストから証明してみせることは，19世紀ドイツのアーブラハム・ガイガー（1810－1874）やグスタフ・ヴァイル（1808－1889）以降，主題設定の主要な方法であった。しかし，そのようにして選択された主題（クルアーンに見られる礼拝の変遷など）は，ムスリムたちにとっては違和感が大きく，常に反発を引き起こし，一方のムスリムらが選択する主題（クルアーンにおける人間の義務など）は，東洋学者からは先人の項目立ての踏襲に過ぎず，ドグマの再生産以上の意義は薄いとみなされた。

2000年代に入ってからの現在では，毎年数多くの論考が井筒の方法にならって，内在するロジックに沿ってクルアーンの中から主題を抽出する自由を謳歌している。この手法は，抽出されたテクストの中からどれを選ぶかは自らの選好次第であるが，何が抽出されうるかの部分に恣意性を働かせる必要がない点に利がある。以上のように，井筒が確立した研究方法に依拠して，テクストによってテクストを語らしめるという共通の縛りの上で，欧米とムスリムの双方が自由に主題を選択できるようになった。

欧米の研究者であれば，「クルアーンに見られるイエス」「クルアーンに見られるマリア」「クルアーンに見られるキリスト教徒」などのキリスト教関連の主題を選択する傾向がやや見られ，ムスリムの研究者は信仰・倫理上の重要概念やクルアーン独自のエピソード（洞窟の人びと，シェバの女王など）など，幅は比較的広い。いずれの場合も，互いに主題選択の方法を共有していることを了解しており，なぜその概念・用語やテーマ，エピソード，人物が主題となりえるのかという点については，批判が出ない。少なくとも互いに嫌悪感を表出するような対立はなく，クルアーン研究の中では珍しく部分的にであれ欧米の研究者とムスリムの研究者の対話が成り立ちうる分野である。共通の手法をまったく持たなかった敵対の1世紀を思えば，井筒の手法が可能にした小さな中立地帯の存在はきわめて貴重である。

井筒の現象学的／意味論的クルアーン分析が斬新であったもうひとつの点は，構造主義的な言語理論や社会言語学を念頭に置き，「言語が社会の中でどのように使われているか（言語によってどのように人びとが生活を構成しているか）」という視点をクルアーン研究に盛り込もうとした点である。この視点は，象徴（特権的な記号＝神話や聖典）が社会の中で果たす役割について分析をおこなう象徴人類学や構造主義の中ではいまや馴染み深い視点であるが，それらの分野の発展は1950年代からのことであり，井筒が英語で『コーランにおける倫理的用語の構造』を刊行した1959年頃にはまだ，同時代のアメリカで始まったばかりであった。

現在から振り返ってみれば，井筒の方法論が画期的だったうちの後者の点は，クルアーン研究の中では継承されなかった。社会がクルアーンとどのようにかかわるかについては，1980年代以降カナダのイスラーム研究者アンドリュー・リッピン（1950－2016）らによってタフスィール（啓典解釈書）研究がおこなわれるようになり［Rippin（ed）1988］，社会とクルアーンの接点として（専門的な）解釈営為が集中して取り上げられ，90年代以降のクルアーン研究の主要な分野となった。啓典解釈研究は当初は，啓典解釈書を個別の著者による現代的な思想書として扱う傾向が強く，それが象徴を取り込んだ二次言説であり，象徴自体とどのような関係にあるか，また，象徴と社会とはどのように関係してきたかといった社会的な機能については，主要な関心にはなりにくかった。

1999年に国際的なクルアーン学会がロンドンにおいて設立され，現在に至るまで人類学を含めた多角的な学問分野の参加が呼びかけられている(9)。この学会で，クルアーンのテクストの中身以外のことを扱う分野に門戸が開かれるようになって，すでに四半世紀に及ぶ。井筒による現象学的／意味論的クルアーン分析は，1950年代末時点で時代の先端を行くものであったが，それだけではなくクルアーン研究の多角化が進んでいる現在においても，今一度の再評価が可能である。
井筒の現象学的／意味論的クルアーン分析によって，「テクストとしてのクルアーン」の研究（クルアーンの記号論的研究）がようやく明確な形で成立したと筆者は評価する。従来井筒に対してそのような評価が一般的であったわけではないので，筆者の意図するところを説明したい。クルアーンや神話などの象徴言語は，その中に命令コードを多数含み持っている。井筒はラッド［Ladd 2004］に従って「道徳コード（moral code）」という用語を用いているが，本書はそのようなコードが信徒の行動を引き起こす点に着目しているので，「命令コード（instruction code）」と呼びたい(10)。それは，人びとに対して，ある振る舞いや動作，心性などを引き起こすように働きかける記号のことである。このコードを，テクスト（言語）の中から読み解くのが，「テクストとしてのクルアーン」の分析（クルアーンの記号論的分析）と言える。
当然，コードをテクスト（言語）の中から見つけ出すためには，実際の社会の中で人びとがどのような振る舞いをしたり，どのような言葉を用いて価値判断を実践したりしているかが手がかりとして不可欠である。ラッドは，同時代に北米の南西部に居住していたナバホ族を対象にしているため，観察データの入手が可能であった。それに対し，井筒の場合は事情が異なる。井筒にとって，クルアーンは7世紀当時の小集団のテクスト（言語）であって，現代のムスリムは彼らとはまったく別の集団であると考えるため，観察しうる現代のムスリムたちの振る舞いは意味を持たない。それゆえ，手がかりは限定的にならざるをえなかった。
その上で井筒は，道徳コードの読解を試みた。それのひとつが「イーマーン（信仰）」と「クフル（不信仰）」の二項対立を基本とした重層的な対立構造から成る道徳コードの体系である。この分析が，クルアーンのテクスト研究が記号論的な地平にまで引き上げられたことによる成果であった。そのように井筒を評価したい。しかし，筆者の狙いは，クルアーンの記号論的分析だけでは終わらない。その成果を包摂して，さらにメディア装置論の立場からクルアーンを位置付けることである。
メディア装置論は，象徴言語が媒体としてモノの形をとり，人びとに働きかける仕組みを対象とする。筆者の用法では，クルアーンのテクストの中の命令コードを読み解くのが記号論であるのに対して，クルアーンのテクストが具体的な媒体の形で社会の中で機能する仕組みを分析するのがメディア装置論である。象徴言語が，社会の中でどのような力を生むのか。メディアの働きを理解するためには，象徴言語の言葉の意味を記号論的に理解することも必要である。井筒による研究がなければ，テクストが全体として統合性を持っているという記号論的前提も，その内部の整合性の上で何かを指示しているという視角も，具体的な主張を洗い出す手法も確立しなかったと言えよう[11]。次章では，象徴論やメディオロジーの立場から，メディア装置としてのクルアーンについて詳しく分析する。

第 3 章

メディアとしてのクルアーンとソースコードの社会的作用

1　力を生み出す代理システム

成立宗教において，神（超越存在）はこの世，すなわちわたしたちの生きる物質的で可視的なこの世界には属さない存在である。この世にいない者，この世界に属さず，この世界から超越した大なる者を成立宗教では神と呼ぶ[(1)]。

宗教研究に存在する「多神教／一神教」という区分に対してラディカルな批判を投げかけるギリシア正教研究の落合仁司は，ギリシア正教を東の宗教と西の宗教の両方の性質を併せ持つものとして，ギリシア正教研究の立場から新たな宗教論を構築した。その中に，本書にとって有益な議論が見られる。落合は，決して交わらないはずの二世界，すなわち相対世界（生活世界）と絶対存在をどうつなぐかがすべての宗教が延々と持ち続けてきたもっとも根本的な問題であり，それを問題としていない宗教には普遍性はないと主張した［落合 2001 : 76–92］。それゆえ宗教には「多神」と「一神」の区別はなく，すべて「多一論」に帰結する。

落合の議論が重要であるのは，「交わらないはずの二世界を結び付けるのが宗教である」と喝破した点であり，この観点はヒンドゥーを対象とする人類学者である田辺明生によってさらに焦点化され，人類学的な個別宗教研究に活かされている［田辺 2010］。人類学的な宗教研究にとって，ここで重要なことは，すべての宗教を「多一論」として統合できるかどうかということではない。問題とされるべきは，二世界の結び付けの仕組みであり，かつ，この仕組みの現実的なあり方が各宗教によって異なっており，それが各宗教の独自の手法をまざまざと示しているという点である。

ある社会において，平行する二者，つまり交わりようのない断絶する別個の二者というものが成立するのは，その社会においてその二者関係を媒介するモノ＝代理が作られるからである。媒体なしには神は存在しない（存在することにならない)。この世界に不在の存在は，この世界に存在する何モノかによって媒介され代理されることで成立している。それが宗教である。そして，何を媒体，代理として設定するのか，どのようなロジックによってその代理が正当化されるのか，それが各宗教の違いとなる。成立宗教にとっての媒体の本質性を指摘したのは，レヴィ＝ストロースであった［レヴィ＝ストロース 1976］。

レヴィ＝ストロースの関心は民俗宗教（北米インディアンのトーテミスム）にあり，彼はそれとの対比のために成立宗教における媒体の重要性を指摘したのであるが，ここではその観点をさらに掘り下げたい。レヴィ＝ストロースによると，トーテミスムは並列的な 2 系列（自然と人間）の間に仮定される相同性に基礎を置く体系である。その体系では，人間存在とその社会集団は自然種の語彙によって語られ，この 2 つ（人間と自然）を結び付けるために働いている原理は，類似性である。

それに対して，成立宗教は供犠(2)によって隔絶した二者（神と人間）を結び付ける体系である。人間は，神との関係を媒介しうる何らかのモノ（第三者）を使った行為を遂行することで，初めて神との関係を設定することができる。そこで人間が神と関係を持てるのは，二者が似ているから（類似性）ではなく，間にモノ（媒体）を立てて連続性（隣接性）を確保しているからである。媒体への働きかけによって，そこにはいない不在の神との関係を作り出し（再現し)，その関係によって自らが生きる世界を再定義する。これが，成立宗教が持つシステムである［レヴィ＝ストロース 1976 : 269］。

この世界の中にいない，見えない神。ここではない遠い隔絶した次元，絶対次元にある超越存在。そのような存在があるとしても，この世界に属する人間にとって，知覚できるものはこの世界に存在する物質だけであって，この世界に属さない超越存在はこの世界に存在する何モノかによって代理，媒介されることで表現されなければならない。必ず神は何かによって媒介，代理されているのである。ある宗教に属する人びとにとって超越存在が存在するということは，その社会の中にその超越存在を代理する何かが機能しているということである。これらの，各宗教に存在する超越存在と人びとの日常世界を結び付ける仕組み，あるモノを重要な媒介物として成立している代理システムを，「メディア装置」と呼ぶことにしたい。

「メディア（媒体)」とは何か。メディアはある特定の二者の間の関係を媒介するものである。かつて，カナダ出身の社会学者マーシャル・マクルーハン（1911－1980）以前には，メディアとはメッセージを伝えるものであった。まず初めに発信者が存在し，メッセージが発される。メッセージはメディアに乗って，受け取り手へと運ばれる。メッセージを入れる乗り物がメディアであり，メッセージはメディアから独立して存在すると考えられていた［浜 2009 : 3]。

マクルーハンは，この三者モデル（「発信者・メッセージ・受け取り手」）自体が概念的な把握に過ぎないものであるとして退け，「メディアはメッセージである（The medium is the message)」という有名な一文によって現代コミュニケーション論の重心をメッセージ（意図された情報伝達）からメディア（媒体の物質性）へと変位させた［マクルーハン 1987]。マクルーハン以後のメディア論では，メッセージ（情報）とメディア（媒体）を別個のものとみなす考え方はすでに克服されている。

マクルーハンのメディア論は，一方ではドイツのフランクフルト学派の政治哲学者・社会学者テオドール・アドルノ（1903－1969）やユルゲン・ハーバマース（1929－）らの大衆社会論と結び付く形で大きなインパクトを持った(3)。他方，宗教におけるメディア（媒体）とその力の研究にとって重要であるのはレジス・ドブレのメディオロジーである。ドブレはマクルーハンの拓いた地平を批判的に踏襲しながら研究の射程を拡張して，ドブレの言うところの象徴，あるいはイデオロギーがいかにして具体的な力となるのかを分析することに重点を移した。

ドブレの主要な仕事のひとつに，キリスト教における権力の仕組みをめぐる歴史全体を眺望する分析がある。ドブレは社会の安定性（負のものとしての権力と支配の仕組み）を支えるシステムとしての宗教に関心を持っており，そのシステムの中で象徴（神のロゴスとしてのイエス・キリスト）から具体的な権力が生成される過程全体を「メディア」と名付けた。ドブレによれば，キリスト教におけるメディア，すなわち「制度化された中間体」は実際には教会制度の形をとった。

ドブレの分析を参考にしながら，力を生み出す代理システムがイスラームではどのようになっているか，概要をまとめたい。

①ドブレによると，宗教は「象徴的な形式（記号)」によって「物理的な力（権力)」［ドブレ 1999 : 11］を生成するシステムを持つ。別の言い方をすれば，「非物質的な与件（言葉，記号，イメージ)」から「具体的な効果（政治

的，領土的，行政的)」を産出する仕組みである［ドブレ 2000 : 28］。キリスト教における福音による教会制度の生成がそれに当たるとドブレは指摘するが，イスラームの場合は「非物質的／物質的」という二分法は適さない。「具体的な効果」が教会という物理の形（人的組織が権力を行使する制度を独占する様態）をとったのは西洋特有の問題であり，教会的な位階秩序が生まれなかったイスラームにおいては，「象徴的な形式」と「より広範囲な力(精神的な力を含む)」と読み替える必要がある。その上で，イスラームではクルアーンによって朗誦家・読誦学者のネットワークが形成され，それによって聖典としてのクルアーンが担保される空間と共同体が生成されたと考えることができる。

②生成は常に過程（プロセス）であり，具体的な「経路」と「手段」を含む［ドブレ 1999 : 10］。それらの「信仰と集合体にまつわる諸技術」［ドブレ 1999 : 12］の一つひとつをメディアと呼ぶ。イスラームでも，クルアーンの朗誦の口伝や暗記の技法，工房における写本の作製と保存・流通などがこれに相当する。

③メディアは「膨張してはいても，全体的かつ不変的なひとつの原理的問題から派生したものでしかない」［ドブレ 1999 : 16］。つまり，メディアはひとつの体系を持つ。この「装置・媒体・プロセスの体系」の全体をメディア装置と呼ぶことができる(4)。

④宗教においてメディアは神（象徴世界）と人間（物質世界）とを媒介している。そのメディアが集まって形成される「中間的な手続きの集合体の，力学的な全体」［ドブレ 1999 : 21］がメディア装置であり，この装置が駆動することで人間世界の中に神の実在が実現する。

⑤しかし，この二世界は本来は交わらないものであるため，メディア装置には奇跡（物質世界には存在しないはずのもの）を体現する「インターフェース」，すなわち「カリスマ性の交換機」［ドブレ 2001 : 150］が必要となる。「現世と霊的世界」，「世俗と神」という「異質な２つのネットワーク」が結び付くためには，「御言葉でもある人間キリスト」という矛盾が必須なのである（それゆえキリストの神性の保護が重要であった）［ドブレ 2001 : 150］。この矛盾＝奇跡は，イスラームでは，人間ムハンマドの口から誦んじられながら神の言葉であるというクルアーンが中心的に担っている。

⑥新しいメディアの登場は，それ以前に機能していたメディアの影響力を低下させ，メディア装置全体にも変化を与える。活版印刷の発明のように，それ

以前の「記号の生態系」を質，量ともに大きく揺さぶるメディアの登場は重要な「メディオロジー的革命」である［ドブレ 1999 : 18–20］。クルアーンは，イスラーム圏においていくつかのメディオロジー的革命を経て変容してきたが，変容しつつも現代に至るまで聖典としての力を保持しているところに，メディア装置としてのクルアーンの大きな特徴ないしは力を認めることができる。

⑦新たなメディアとは，純粋に技術のみを指すのではない。技術的な発明であると同時に，ある技術を利用して記号が製造され，流通し，使用[(5)]されていくための「ロジスティックス（logistique[(6)]）」が不可欠である［Debray 1994 : 31］。クルアーンについてもこの概念を適用することで，⑧に述べる段階に対応するロジスティックスを認めることができる。

⑧いつ，どのメディアが，その社会に既存の「記号の生態系」，すなわち象徴言語によって作られた価値体系の質や量を大きく変化させたかは，それぞれの宗教によって異なる。あるメディアが支配的に機能する時代・領域を「メディオスペース（médiospaces）」と呼ぶならば［Debray 1994 : 31］，イスラームにおける「メディオスペース」は，記録装置がなく記憶術に基づいた口頭伝達が主流であった「記憶圏（アナログ時代の朗誦圏）」から始まり，「筆耕圏」，「活字学習圏」，「デジタル再生圏（デジタル時代の朗誦圏）」へ推移した[(7)]。

以上，宗教におけるメディア装置の性質と，特にそれがイスラームにおいてどのようになっているかを概観した[(8)]。次にメディア装置としてのクルアーンの特徴を詳しく考えてみたい。

2 イスラームのメディア装置の特徴

イスラームやキリスト教などの一神教においては，絶対存在と相対世界との間には断絶がある。絶対存在（神）とこの世界とはつながっていない。理念的には両者がつながることは不可能であるから（絶対と相対の別がなくなったら，それは同一の次元になってもはや絶対と相対ではなくなる。それは一神教においては相対世界の終末を意味する），交わりえない二者が交わりえない二者のまま，つながる方法が必要となる。さもなければ，この相対世界で神なきままに神の愛を知らずに，つまり「神的介入（divine intervention）」なしに生きなければならない。従って，たとえ例外的な非常回路がひとつでもよいから確保されなければならないのである。

その方法は2つ存在しうるであろう。秘教の水準でのつながりと，一般信徒の日常でのつながりである。前者は神秘主義，イスラームで言えばスーフィズムと呼ばれる分野における神との合一がこれにあたる。落合はこの水準における二世界のつながり（スーフィズムにおける神との合一やイブン・アラビーの存在一性論）を，イスラームが「多一論」であることの根拠として挙げている［落合 2001 : 151］。スーフィズムにおける神との合一の修行や理論はミクロコスモスにおいて相対と絶対とを分けているバリアを消滅させる訓練であるが，多くの一般信徒はこのバリアの存在を前提に，「主」と「しもべ」の二元性を自明視して，日々神との関係を取り結んでいる。一般信徒の日常においては，神との関係構築は，主として「しもべ（自分たち）」から「主（神）」への祈りという形でなされており，二者を隔てるバリアの存在は支障とはなっていない。

多くの信徒に直接的にかかわっているのは，後者の，日常世界でのつながりの仕組み，マクロコスモスでいかにして人びとは神的介入を示す装置（絶対存在を代理するシステム）を運用し，生活の一部とするかである。たとえば，キリスト教におけるイエス・キリストである（日常世界ではイエス・キリストを象徴する十字架像など）。イエス・キリストは神のロゴスの受肉であって，たったひとつこの世界に降臨した神の代理（媒体），すなわち神的介入を指し示すことのできる物証である。言い換えれば，①相対世界に存在する以上，それは相対世界に属する物質の形をとる必要があるし，②それとは矛盾するが，相対世界にありながら，絶対存在を指し示すことのできる唯一の特別な記号（象徴）でなくてはならない。記号体系の中に埋没する一般的な記号では，絶対存在を指し示す記号にはならない。

それゆえ，イエスは人間としてある時代に生きていながら，神性を保ち（三位一体論），相対世界に神のロゴスが具現するという矛盾を解消するための奇跡（処女降誕説）を伴っているのである。相対世界への神的介入を指し示す装置は難しく，その装置の駆動力が高く有効期間が長くなるようにしようとすればするほど，巧妙かつ大がかりであらざるをえない。それゆえ，たったひとつの架け橋（かろうじてひとつ程度確保できれば十分）となる。三位一体論も処女降誕説も，神のロゴスがなぜここにありえるのかという矛盾の説明には絶対に不可欠で，それがあって初めて「ありえないはずの神的介入」を示す装置が駆動する。

神的介入の大がかりな装置が長く駆動したキリスト教同様に，イスラームにも日常の中に神的介入を実現するメディア装置が存在する。ここではイスラームのメディア装置の根本的な特徴を次のように確認しておきたい。①神（または神の代理）がこの世に顕現したことがない（ブッダやイエスのような存在者の不在），②それゆえ神がこの世に顕現した際の姿をかたどった像がない（仏像，イエス像や十字架の不在），③その神性を宿した代理制度がない（教会の不在）。④神の代理として唯一あるのが「神の言葉」であるクルアーンで，⑤それは元来，音として表出されるため，伝達や暗記が容易で，特定の資格やそれほど高度な技術なしで誰でも再現しうる（ただし，再現には記憶もしくは書写の能力が必要である），⑥言葉であるがゆえにモノ化しても原文が表出し続ける特徴を持っており（文字のデザイン化はあっても，図像化されるほどのデフォルメはない），⑦言葉であるがゆえに，そのもの自体が膨大なディテールを含んでおり情報量が多い。

つまり，イスラームにおいて神は人としての臨在をおこなったことがなく，人として降臨したことによるいかなる痕跡や残り香も残していない。ただ降って湧いた「お言葉」が伝達されているだけである。人として人びとの眼前に，ある時に顕れ，言葉を残したのではない。神は顕われずに，言葉だけが，ある時に突如顕われたのである。

ここにクルアーンがイスラームのメディア装置として成立する上で重要なポイントがある。イスラームにおいて，神の痕跡はただクルアーンしかなく，しかもそれは人間の姿をとった神の口から発せられたものではないがゆえに，先に見た超越存在と現実世界を架橋するための解釈的サポートは著しく脆弱である。イスラームでは，神を思い起こさせるためのモノも，神の裁量を代理する制度も発生しなかった。しかも，神が人間として顕現していないのであるから，その言葉が「神の言葉」であることを確約できる人間はおらず，ただ言葉自身が自らの素性を語るだけとなっている。

そもそも，神が地上に言葉を残す時のパターンはおおむね3つ考えられる。第一のパターンは，まず神が人の姿をとって人びとの目の前に降臨する。人はその後光に満ちた姿を自分の全身で体感し，その奇跡的な言動に随行する。そして，自分の見聞きした神のすべてを語り伝える。そして，その光輪の神々しさ，全身からほとばしる光，高貴な香り，自分たちの知らないことを神が今まさに自分たちの目の前で語っていることの興奮などがそこに伴われる。これに対して，第二のパターンでは，誰も神を目撃した者がいない。あくまでもこの世界には登場しない神について，誰も実際にそれを体感しないままに，神が自分について描写したセンテンスだけが渡される。つまり，第三者による体感もなく，物証もない。

証言者不在のまま，証言内容だけが残っている，といったものであろう。

これら第一・第二のパターンがともに一回性という点で共通しているのに対して，第三のパターンは，神が人の形をとって顕現したり憑依したりするが，霊媒は複数おり，神の言葉が異なる人物によって再生され，どんどん増殖し続ける。それゆえ，神の言葉が文字化によって固定されない特徴を持つ。一回性を持つ第一のパターンは，イエス・キリスト的あり方によって代表されるであろう。一回性の限定を持たない第三のパターンは，シャーマン的な，あるいはヒンドゥー的な用語で言えばグル的なあり方と言える（この場合も文字化して記録することがないわけではない)。一回性の限定性を持ち，第一・第三のような顕現性やそれに対する体感性を伴わない第二のパターンに，クルアーンが当てはまる[(9)]。

イスラームにおいて，神は徹底してこの世界にいかなる形であれ自ら顕現することを拒んでいる。ただ，自身の代理として自身の雄弁な言葉のみを，天上から物質世界へと天使に運ばせ，物質世界の入り口として一人の人間を選び，天使からその人間に渡させ，さらにその人間に命じて人間世界に広めさせている。自分では決してこの世界に直接触れようとしないように見える。

これは絶対神が人間世界に接する時のルールとして，非常に特殊な形をしている。イスラームという宗教においてだけ神が用いるこだわりのルールと言うべきであろう。なぜなら，クルアーンにはイスラームに先行する諸宗教（旧約聖書の諸宗教と，キリスト教）についての語りが非常に多く登場し，それらの預言者たち（アブラハムやモーセ，ノア，イエス・キリスト，その母マリア，その養育者ザカリヤなど）と神とのやりとりが具体的な会話に至るまで描かれている。そこから神が人類の中から自ら選んだ特別な人間たちに対してどのように接するかが読み取れるが，その際に神は，必ずしも直接的な接触を避けてはいないからである。

モーセ（ムーサー）は，預言者の中で唯一神と直接言葉を交わした人物である。神は炎の中からモーセに親しく話しかけ，対話をおこなった（女性〔4〕章 164 節，ターハー〔20〕章 9－48 節)。それゆえイスラームでは，ただ一人モーセを「神と語りし者（カリームッラー)」という尊称で呼ぶ[(10)]。

また，イエス（イーサー）も破格の扱いで，彼はマリア（マルヤム）の母胎に直接注ぎ込まれた神の「お言葉」であり「霊（ルーフ)」であるとされている（女性〔4〕章 171 節，禁止〔66〕章 12 節)。揺り籠の中でも語り，泥の鳥を本物の鳥に変え，盲目者を晴眼者にし，重篤な皮膚病患者を治癒し，死者を蘇らせた（イムラーン家〔3〕章 46・49 節，食卓〔5〕章 110 節)。さらに，預言者の中でも例外的に人としての死を免れ，死なないままに神の御許に召されているとされる（女性〔4〕章 157－158 節）。つまり，イエスは人であって人ではなく，神の恩寵がそのまま処女聖母の胎内を通って具現化しているケースなのである。

それに対して，ムハンマドは徹底してメッセージ（お言葉）の受け取り手として描写されている。イスラームにおけるムハンマドの位置付けを，キリスト教におけるキリストと比べることは適切ではない。神との接触方法について，誰と共通点が見られるかと言えば，マリアである。両者ともに神との直接的な接触はなく，大天使ガブリエル（ジブリール）の訪問を受け，彼の口から神の言葉を伝達されている（マルヤム〔19〕章 16－21 節，詩人たち〔26〕章 192－194 節，包み隠し〔81〕章 19－25 節）。受け取ったメッセージは，ムハンマドではクルアーンであるし，マリアでは処女懐胎とその子がメシア（マスィーフ）であることの告知である。

ムハンマドについての特異性はその内容だけではなく，クルアーンの記述様式にもある。ムハンマドについては，他の預言者たちの描写が物語形式である（セリフとト書きのそろったシナリオになっている）のと異なり，神とのやりとりやセリフ，事件，エピソードなどはクルアーンには収録されていない。ムハンマドに関する記述は，①ムハンマドが何者であるか（神の使徒，預言者，人間，しもべ，警告者など）を神が三人称（「彼は」「ムハンマドは」）もしくは二人称（「汝は」）で繰り返しているか，②何らかのムハンマドの言動への神からのレスポンス（怯えるムハンマドを叱咤する，ムハンマドの好ましくない行為を咎める，中傷に晒されるムハンマドを励ます），③ムハンマドに神が与えた種々の恩寵に言及してそれを思い出させる，④ムハンマドの周囲の批判者（多神教徒，ユダヤ教徒）に対する神からのレスポンスから成っており，神側からの語りかけ，もしくは返答だけが収録された一方的なセリフの断片の集合となっている。

3　イスラームの多神教的側面

イスラームの長い歴史の中で，神はクルアーン以外では一切物質世界に介入しなかったというのは本当であろうか。超越次元にいる神が姿を変化させ物質的な身体を得て，この世に現われることをヒンドゥー的な概念を借りて顕現（アヴァターラ）と呼ぶならば，父なる神（超越次元）が子なるイエス（物質的次元）になり，ヴィシュヌ（超越次元）がクリシュナ（超越次元もしくは中間次元）になり，さらに宗教的指導者のグル（物質的次元）になるように[(11)]，多くの宗教にはアヴァターラ現象が見られる。

このように，超越次元にいる神が姿を変化させ，物質化のプロセスを経てこの世に現われることを，インドでは顕現（アヴァターラ）と言い，ここで論じている神性／人性の問題は，この「顕現」という主題群の一部としても考察することができる（なお，アヴァターラは，仮想空間における「アバター」として，デジタル化時代の日常語ともなっている）。キリスト教における顕現が「父なる神（超越次元／形而上的存在）→子なるイエス（物質／形而下的存在）」，ヒンドゥーにおける顕現が「ヴィシュヌ（超越次元／形而上的存在）→クリシュナ（超越次元もしくは中間次元）→グル（物質／形而下的存在）」のように表現できるとすれば，イスラームでも同様の顕現の側面が存在する。ヴィシュヌに複数のアヴァターラ（化身）があるように，神（アッラー）には複数の属性「神の美しき御名」が存在しているからである。「神の御名」は，99あるとされるアッラーの呼び名のことで（「99」は元来は具体的な数値ではなく，無限数を表わす語であった。実際には200以上の「御名」が確認される），その一部はクルアーンの中で明言された名称であるが，多くはクルアーン以外（預言者言行録など）に由来する。クルアーン以外から使われたものが伝達され，一部は人口に膾炙し一部は廃れた。口頭の使用では地域差が大きい一方，現代までに体系化される中で標準が作られていった（よって，現代のバージョンでは，数える時はおおむね同一の99個に言及する）。

「神の（多くの）御名」には2つの着目すべき性質が含まれている。①神の諸名のうちには絶対次元における名（絶対存在だけが存在する次元での，絶対存在の属性を示す名）と，それとは対比的に世界創造と被造物を前提とした相対的な名との両方がある(12)。たとえば前者がアル＝ハイユ（永遠に生きる者），アル＝ハック（真理），後者がアル＝ハーリク（創造する方），アル＝ムフイー（生を与える方），アル＝ムヒート（すべてを取り囲む方），アル＝ムミート（死を与える方），アル＝ムイード（復活させる方）など。前者しか存在しないならば，絶対世界と相対世界の2つの世界は永遠につながらないが，神の諸名のもう一方の群が示しているのは，神だけが絶対者として存在している次元とは異なる，神が世界の創造に着手する次元が存在していることである。

つまり，被造物の存在を前提とした諸性質を表わす名は，次元が階層化し，神が超越次元から相対次元へと近づく動きがあることを示している。②後者の群のうち，もっとも主要なものに「アッ＝ラフマーン（慈愛者）」「アッ＝ラヒーム（慈悲者）」がある。この2つの名は，クルアーンのすべての章の冒頭に付された誓言の中にも登場している。その慈悲は，地上へと流出する。クルアーンには次のように述べられている――「われ〔神〕が汝〔ムハンマド〕を遣わしたのは，ただ諸世界に対する慈悲として（ラフマタン）である（≒慈悲の体現として送った）」（預言者〔21〕章107節）。この文の中で，絶対的慈悲者である神が，その慈悲の具現化として地上に慈悲（ムハンマド）を送ったことが含意されている。もし，イスラームにアヴァターラ（化身）の概念があるならば，ムハンマドは慈悲のアヴァターラであると言われるかもしれない。

言い換えると，「アッラー（超越次元）→アッ＝ラフマーン／アッ＝ラヒーム（超越次元もしくは中間次元）→ラフマ（物質界）」という階層化のプロセスを描くことが可能なことがわかる。ただし，ここで注意したいのは，ここで比較宗教的に表現した階層化ないしは顕現を概念化する教義が，イスラームには一切ないことである。キリスト教における三位一体，ヒンドゥーにおけるアヴァターラに当たる概念がない。この違いは，実は大きい。なぜなら，このことが顕現の図像化・多様化を阻み，クルアーンへの一極集中を成立させることに大きな役割を果たしているからである。

「神の言葉を聴きたい時にはクルアーンを誦みなさい。神に語りかけたい時にはドゥアー（祈願）をしなさい」（預言者言行録）とあるように，イスラームにおいて神にたどり着きたい時に許された方法は，①クルアーンの文言を人間自身が，一般信徒の一人ひとりが自分の口で声に出すことであり，②それはいつでもテクストが同じで，神の語りそのままの形をしている。また，上記の命令の後半部分について言えば，ドゥアーとはクルアーンに還元されない個々人の好みを反映したフリースタイルの祈願だとも言えるが，実際にはドゥアーの原型自体と，現在に至ってももっとも多用され続けているドゥアーの文言はクルアーンの中にあるものそのままのものである。その章句の典型は「クル〔言え〕＋祈りの言葉」で，つまり「「神よ，どうか〜してください」と言いなさい」という形で，神が人間に祈願の仕方を教えるクルアーンの文言である。これをそのままに発話したならば，神の言葉を聴くことになり，「言え」の部分をとりさって言うならば神に語りかける人間の祈りの言葉となる。

そこにはいつも「神の言葉」がそのままに発話されているだけで，間接性がない。目の前の肉体的媒体（グル）を経る方法が存在しない。ヒンドゥーにおいて，新しいグルが出現しその都度新たな神の言葉が出現し，その言葉同士の間で多様性が起こるのに対し，クルアーンは7世紀に成立したテクストが，音と文字によって声となりモノとなって日常世界を埋めるだけなので，いつも，いつまでも同じ言葉が何度も繰り返されるだけである。絶対存在と日常世界を結びつけるリンケージでありながら，ヒンドゥーやキリスト教の場合と異なって，たった1回の歴史的出来事によって出現したひとつのテクストが，それ以上増えることもなく多様化することもなく間接化することもなく立ち現われ続ける。プラチック（実践）としてのモノ化，物質化，具体化を通じて，繰り返し繰り返し日常の中に，すべての普通の人びとの喉と口の振動によって出続けるところに，「神秘力のメディア」としてのイスラームにおける聖典の特徴がある。

4 「ソースコード」「命令コード」としてのクルアーンの登場

メディア装置の中では，記号によって具体的な力が生成される。つまり，クルアーンの文言によって特定の作用（影響力）が生じ，人びとの行動がある一定の方向へと収斂する。各地域，各時代で主要なメディアは異なり，生成される具体的な力の質や量もメディアごとに異なる。ここでは，イスラームにおいてメディア空間が前近代の「記憶圏（アナログ時代の朗誦圏）」，「筆耕圏」から，近代の「活字学習圏」，現代の「デジタル再生圏（デジタル時代の朗誦圏）」と推移する中で，メディア装置が変わらず持ち続けたもっとも根本的な3つの命令コードについて考察してみたい。すなわち，メディア装置としてのクルアーンが正常に駆動する限り，必ず具体的な力となって信徒のある行動（その命令コードと呼応する心情と身振り）を引き起こす大きな象徴言語（クルアーンの文言）についてである。

井筒的なクルアーン分析を用いるならば，自己完結的なクルアーンのテクストは「（内部で相互参照され，しかしテクストの外部からの介入を必要としない）ソースコード（命令コードを含む）の集積」として理解することができる[(13)]。クルアーンには数多くの命令コードが含まれているが，すべてのテクストが命令コードであるわけではない。ソースコード（クルアーンのテクスト全体）があって，その中に命令コードが含まれている。

以下に取り上げる3つの命令コードは，ソースコードの中に含まれる命令コードでありながら，同時にメディア装置のソースコードとしての「クルアーン」全体を駆動するという意味でもっとも重要なものである。装置の起動によって命令コードが実行され，その実行が同時にそれ以外のソースコードの再生を引き起こし，そこに含まれている命令コードも次々に実行されていく。主要な命令コードによってメディア装置として起動したクルアーンは，メディアとして機能すると同時に，そう機能することでそれ自体のメディア装置としての位置付けを自己強化する。その相補的な仕組みは，あらかじめメディアが管のようなものとして存在し，その中をメッセージが流れていくという古いイメージでは理解できない。

ソースコード（クルアーンのテクスト）がどのような命令コードとその実行に帰結するかは，メディアの形によって変わる。ソースコードの断片は字句として変わらなくとも，特定のメディアとして再現された時にそれを聴いた／見た人間がそこにどのような命令コードを聴き取る／読み取るか，すなわち，メディア環境に規定される文脈に依存する形で，命令コードの受け取り方は変わる。

3つの重要な命令コードは，すべて以下の物語に含まれる。すなわち，クルアーンをめぐって起こったイスラームのはじまりの物語である。なお，以下の説明は，歴史的な「事件」を述べているのではなく，記号論的なテクスト解釈に立脚したものである（以下の描写は，ブハーリー［1993−1994］，ibn Kathīr［1998−2000］，Haykal［1976］，Salahi［2002］，Motzki（ed）［2000］，Brockopp（ed）［2010］による[14]）。

第一の事件：啓示のはじまり（大天使ジブリールの初めての来訪，恐慌状態に陥るムハンマド）

時は西暦610年頃，場所はアラビア半島の商業都市マッカであった。世の中の不正と腐敗を嘆き，郊外の山の洞窟に籠って瞑想するムハンマド。その時，40歳。裕福で愛情に満ちた年上の妻ハディージャのおかげで彼の生活そのものは安定し，子宝にも恵まれていた。

ある夜，突然洞窟に来訪者があった。その者はムハンマドに，

iqra’（よめ）

と命令し，ムハンマドが「わたしはよむ者ではありません」と拒絶すると，強い力でムハンマドを羽交い締めにして苦しめた。同じやりとりが3度繰り返されたあと，ムハンマドが男の言葉を復唱すると，男はさらに

iqra’ bismi rabbika-lladhī khalaqa（よめ，創造なされた汝の主の御名によって）
khalaqa-l-insāna min ‘alaqin（かれは，凝血から人間を創られた）
iqra’ wa rabbuka-l-akramu（よめ，汝の主はもっとも尊貴なお方）
alladhī ‘allama bi-l-qalami（かれは筆によってお教えになったお方）

'allama-l-insāna mā lam ya'lam（人間に未知なることをお教えになった）

という言葉を告げて，ムハンマドはそれをわけもわからないままに復唱した。

ムハンマドが洞窟から逃げ出すと，来訪者は巨大な姿で空を覆ったまま，ムハンマドが「神の使徒」であることと自身の名を告げ，ムハンマドの行く手を何度も遮り，困惑させる。逃げ帰ったあと，妻のハディージャに衣で覆って守ってもらいながら，恐慌状態で震えるムハンマド。

ハディージャは夫に起こった出来事について老齢の従兄でキリスト教徒のワラカに相談し，来訪者が神から遣わされた大天使ジブリールであると確信した。そして，自分は何かに取り憑かれたのではないかと怯える夫を強く諭し励ました。

第二の事件：啓示の再開（大天使ジブリールの2度目の来訪，迷いを払われるムハンマド）

洞窟での事件から，6か月あるいは1年以上が経った。再び大天使ジブリールが訪れる。彼が告げた言葉は，

Nūn wa-l-qalami wa mā yasṭurūna（ヌーン。筆と彼らが書くものにかけて）
mā anta bi-ni'mati rabbika bi-majnūnin（汝の主の恩寵によって，けっして汝はとりつかれたのではない）

であった。妻の励ましによって，洞窟での恐ろしい出来事を理解し，受け入れたあと，神からの音沙汰がないことにムハンマドの中に戸惑いが生じていた。彼の迷いを払うかのように「汝はとりつかれたのではない」と神の力強い断定が与えられる。これ以降，啓示は途切れず継続的にやってくるようになる。

第三の事件：啓示の継続（大天使ジブリールの3度目の来訪，使命を負わされるムハンマド）

2度目の訪れと同時期，間を置かずに3度目の大天使ジブリールの訪れがあった。今度の言葉は，

yā ayyuha-l-muzzammilu（衣をかぶる者よ）
qumi-l-layla illā qalīlan（夜は〔礼拝に〕立て，わずかな時を除いて）
niṣfahu awi-nquṣ minhu qalīlan（夜の半分，あるいはそれより少しだけ少なく）
aw zid 'alayhi wa-rattili-l-qur'āna tartīlan（あるいはそれより少しだけ多く，そ

してクルアーンをタルティールで〔ゆっくりと〕よめ）
innā sanulqī ‘alayka qawlan thaqīlan（われは汝に重き言葉を下すであろう）

また，すぐに4度目の訪れがあり，

yā ayyuha-l-muddathiru（衣にくるまる者よ）
qum fa-andhir（立ち上がって，警告せよ）
wa rabbaka fa-kabbir（汝の主は，これを称えよ）
wa thiyābaka fa-ṭahhir（汝の衣は，これを清めよ）
wa-r-rujza fa-hjur（けがれは，これを避けよ）
wa lā tamnun tastakthiru（〔利得を〕増やそうとして，施すなかれ）
wa li-rabbika fa-ṣbir（汝の主のためには，忍耐せよ）
fa-idhā nuqira fī-n-nāqūri（そしてラッパが吹かれる時，）
fa-dhālika yawma'idhin yawmun ‘aṣīrun（それは苦難の日である）
‘alā-l-kāfirīna ghayru yasīrin（不信仰者にとって，容易ではない〔日である〕）

との次なる啓示が伝えられた。いずれも，神は大天使ジブリールに預けた自らの言葉の中で，ムハンマドを「衣をかぶる者よ」「衣にくるまる者よ」と名指しながら呼びかけている。これらは，ムハンマドが大天使ジブリールとの邂逅によって恐慌状態に陥った際に，家の中で妻のもとで怯えていた時の彼の様子を描写したものである。

以上が，クルアーンのはじまり，それまで何もなかった610年頃のマッカに，突如ひとりの男が預言者として立ち上がり，神の言葉を伝え始めた出来事のあらましである。イスラームのはじまりはこのような出来事として伝承されてきた。それらによると，半年ないし1年ほどの間にわずか数センテンス，頁にすればわずか半頁か1頁ほどの神の言葉が集まった。

5　3つの命令コード

上記の物語のうち，場面の説明や登場人物（ムハンマドやハディージャ）のセリフを一切取り払い，神の言葉のみが抽出されたものがクルアーンに納められ，現在に至るまで保持・伝達された。従って，610年頃に成立したとされるクルアーンの本文は以下の通りになっている（文中の区切りは現行の標準版に依る）。

（凝血〔96〕章1－5節）
①よめ，創造なされた汝の主の御名によって。
②かれは，凝血から人間を創られた。
③よめ，汝の主はもっとも尊貴なお方，
④かれは筆によってお教えになったお方，
⑤人間に未知なることをお教えになった。

（筆〔68〕章1－2節）
①ヌーン。筆と彼らが書くものにかけて。
②汝の主の恩寵によって，けっして汝はとりつかれたのではない。

（衣をかぶる者〔73〕章1－5節）
①衣をかぶる者よ，
②夜は〔礼拝に〕立て，わずかな時を除いて。
③夜の半分，あるいはそれより少しだけ少なく。
④あるいはそれより少しだけ多く，そしてクルアーンをタルティールで〔ゆっくりと〕よめ。
⑤われは汝に重き言葉を下すであろう。

（衣にくるまる者〔74〕章1－10節）
①衣にくるまる者よ，
②立ち上がって，警告せよ。
③汝の主は，これを称えよ。
④汝の衣は，これを清めよ。
⑤けがれは，これを避けよ。
⑥〔利得を〕増やそうとして，施すなかれ。
⑦汝の主のためには，忍耐せよ。
⑧そしてラッパが吹かれる時，
⑨それは苦難の日である。
⑩不信仰者にとって，容易ではない〔日である〕

（A）第一の命令コード：クルアーンは神の言葉（クルアーン）を復唱（再現）することを人間に命じる

突然何の前置きもなく始まった神の言葉の受け渡し，その言葉の第一声，第一の単語は「よめ（イクラア）」であった。クルアーンの第一声は「よめ！」という簡潔で明瞭な命令語であり，その語は2度繰り返される（凝血〔96〕章1節と3節）。この語は，実は啓示の瞬間には語の意味するところが明白ではなかったと伝えられる。伝承にはムハンマドと大天使ジブリールとの間に齟齬が生じた様子が描写されている。

ジブリールが再現した神の言葉，「イクラア」という命令の意味をムハンマドは彼ら（神とジブリール）が意図した通りには受け取っていない。「イクラア」という命令に対して，ムハンマドは「マー・アナ・ビカーリイン（わたしはよむ者ではありません）」と言って拒絶した。これは，ムハンマドが読み書き能力を持っていなかったことを意味する。「よめ！」という神の命令に対して，ムハンマドは自分は読み書きができないから，「よめ」という命令を遂行することはできませんと答えているのである。それに対してジブリールはムハンマドの返答に満足せず，殺さんばかりの力で羽交い締めすることで不正解である意を示した。この実力行使に対して，ムハンマドがとっさにたどり着くことのできた正解は，「よめ＝言われた言葉自体をそのまま復唱する」であった。ここで，神の言葉（クルアーン）は信徒が原文をそのままに声に出して復唱することで再現されるという原則が決まった。

さらに，衣をかぶる者〔73〕章の4節には，復唱する際に従うべき時間帯と誦み方（調子と速度）の具体的な指示がある(15)。「ラッティリ・（ア）ル＝クルアーナ・タルティーラン」は，クルアーンをタルティールでよめという命令文で，「タルティール」はゆっくりとした調子，という誦み方の方法を表わしている。

「よめ！」という語は神から人間に対して与えられた最初のメッセージであり，その命令が実行されるとその瞬間に神の言葉が再現されるという循環型の命令コードである。信徒たちが神の第一の命令に従い続ける限り，神の命令語が永遠に再現される。「よめ」という命令コードは，命令形の対象となる二人称＝「復唱するわたし」をすでに含んでおり(16)，しかも，命令を実行する担い手を特定していない。従って，一人ひとりの信徒の肉声を媒体とし，刹那的であり（音は残らない），無限に繰り返される。担い手が限定されない（神の言葉を口に出すために特別な資格がいらない）ということは，逆に言えば誰ひとりその命令を免れられない，特定の専門家に押し付けて逃れることができないということにもなる。

(B) 第二の命令コード：クルアーンは人間と神との間の主従関係を言い渡し，人間はその関係の中で授受される神の言葉（クルアーン）の主体的受け取りを求められる

「よめ！」という第一声のあとには，何が語られているか。人間と神の関係である。凝血〔96〕章1節と2節の中には「ラッビカ（汝の主）」という語と，それに関係代名詞でかかる「ハラカ・（ア）ル＝インサーン（人間を創造した）」という句があり，人間と神は主従関係にあり，しかもその主従関係は創造主と被造物という大きな主従関係であることが頭ごなしに断言されている。そこには人間を説得しようという態度は一切見られない。神にとっては自明の（人間にとっては初耳の）間柄についての一方的で決定的な力強い宣告である。

さらに畳みかけるように，「汝の主」（凝血〔96〕章3節），「汝の主」（筆〔68〕章2節），「汝の主」（衣にくるまる者〔74〕章3節），「汝の主」（同章7節）と繰り返す。神は自らを指す言葉として，二者の間柄が端的に表われる一語（名詞＋代名詞所有格）を繰り返し用いている。「ラッブ（主）」という語はしもべ（人間）の存在を前提として含んだ語であり，「カ（汝の）」という語は「わたし＝発話者（神）」の存在が前提になっている。つまり，「ラッブカ」という語は循環的に二者を指し示し続ける。

では次に，二者関係において，神と人間はそれぞれどのような行動をとったか。次の6つが言及されている。(1) 創造した／創造された（凝血〔96〕章1節），(2) 筆によって人間に未知のことを教えた／教えられた（同章4，5節），(3) 崇拝の対象となる／祈りを捧げる（衣をかぶる者〔73〕章2－4節），(4) クルアーンをよまれる／よむ（同章4節），(5) 重き言葉を下す／受け取る（同章5節），(6) 称えられる／称える（衣にくるまる者〔74〕章3節）。

(1) と (2) は完了形（≒過去形）が用いられており，すでに成されたことであることがわかる。ともに神から人間への働きかけである（神は人間を造り，世界の秘密を教えた）。(3)，(4)，(6) は神からの働きかけを受けたあとに人間がおこなう今後の予定のことである（神に向かって礼拝をし，神の言葉を復唱し，神を称える）。(5) は再び神から人間に対しての働きかけであり，未完了形に未来を示す接頭辞が付いているので今後おこなう予定の行動である（重き言葉＝クルアーンを下す／受け取る）。

これらの中に記された命令コードは，神と人間の間には親密性を伴う上下関係（主従関係で，象徴的にも天地の上下に位置している）があり，今まさに発されている言葉が神から人間に下されたところのものであり，この言葉がここに存在しているということは神が下して／人間が受け取った，という相補的な命令コードである。

(C) 第三の命令コード：クルアーンが神と宇宙の真実を言明し，クルアーンの受け取り手（人間）は言明内容の受容を求められる

「よめ！」という最初の命令の少しあとに，ある特徴的な語が登場している。「かれは筆によってお教えになったお方，人間に未知なることをお教えになった」という句の中の，「カラム（筆）」である（凝血〔96〕章4－5節）。さらに，第二の事件（啓示の再開）も「ヌーン。筆と彼らが書くものにかけて」（筆〔68〕章1節）という句で始まっており，「カラム（筆）」の語が印象的な形で再出している。これらの句で神は何を述べているのであろうか。

前者の文の中には2回「アッラマ（教えた）」という語が使われており，この過去形の動詞は三人称単数の主語を含意する。この句は関係代名詞で直前の「もっとも尊貴なお方」にかかっているため，主語「かれ」はもっとも尊貴なお方（神）を指す。従ってこの句が表わしているのは，神が人間に教えた未知のこととはクルアーンのことで，神はクルアーンを人間に与える以前に筆を使ってそれを書き記したということである。そこに表われている時系列は，①神が書いた→②人間に書いたことを教えた（その内容は人間が知らないことである），である。

では，最初に起こった行為である「神が筆を使って書いた」とは，どういうことか。それは，物質的な文字を書くことではありえない。そうではなく，神が自ら定めた，もしくは自らの意思を決定事項として確定したことのメタファーだと考えるべきであろう。

また，神はまったく外部からの制約なしに，望みのままを望み，造り，好む対象を定め，愛する。しかし，自らが創造したところの人間に対し，神は特別な行為をなす。それは自らの行為を言葉として書き記すことで外在化し，約束として人間に与えるということである。これは，あるがままに永存している神が，人間に対してのみおこなう特定の意思行為である。

さらに，筆によっておこなわれる行為，すなわち，書き付けるところの相手（平面）が何であれ，ある棒によって実現されるところの痕跡は，刻まれた溝にしろ塗りつけられた墨の跡にしろ，一回限りで，修正が効かない。「書く」とは本源的に一回性を持った行為なのである。しかも，書かれたものは永続する。音

のように消えてはいかない。

従って，そのような行為を神がなしたということは，神が，あることを永続のこととして原初的に定め，定めたことを自分のもとにのみ置くのではなく，人間に伝えることにしたということを表わしている。つまり，「よめ！」という開闢の言葉の前には「書いた（定めた）」という神の行為があり，この命令は厳密には「神が書いたものがある。それを声の形で再現せよ」という命令なのである。「よめ」という命令に従って人間が声に出して復唱するところのものは，人間が触れる（口に出す）はるか以前に人間の手の及ばない次元において，神が決定し作成したものであり，つまり全面的に神に由来する，ということをこの命令コードは含意している。

次に，「筆と彼らが書くものにかけて。汝の主の恩寵によって，けっして汝はとりつかれたのではない」という文を読み解いていきたい。前半の「筆と，彼らが書くものにかけて」の句では，「カラム（筆）」と「マー・ヤストゥルーン（彼らが行を作るもの）」という2つのモノを媒体にして，誓いが立てられていることがわかる。「ヤストゥルーン」は動詞「サタラ（行を作る＝書く）」の三人称複数であるから，「彼らが書く」という意味になる。主語は明示されていないので，筆を使って書く者（たとえば書く役目を負った天使）を指すことになる。ここで，「書く」の文法上の主語は「彼ら（書き手たち）」であるが，筆は神が自らの意思を書き付けるための道具であり，書き手たちは神の命令を遂行する者であるので，書く内容を決める（決めた）のは神である。

続いて，後半の「汝の主の恩寵によって，けっして汝はとりつかれたのではない」という文を読解するために，クルアーンにおける神の人称の問題を整理しておきたい。クルアーンの中で神の人称が頻繁に切り替わることは「イルティファート（切り替え）」と呼ばれる［Abdel Haleem 1992, 1999］。人称の切り替えは，連続する数文の間に起こるだけではなく同一文中でも起こり，同一文内でも神の2種類の主語が錯綜することがある。

ひとつ目の種類は，ムハンマドを「汝」，人間を「汝ら」と呼び，自らを「われ」と称する一人称で，2つ目は自らを三人称で語る方法である。注意しなければいけないのは，(1) 前者と後者では語られている内容の次元が変わる（「われ」の場合は人間との二者関係が発生する物質世界の次元が前提となり，「かれ」の場合は人間の存在しない絶対次元を示唆することも多い），(2) 同一文中の神の人称は一致するとは限らない，ということである。

以上を踏まえて前出の句に戻ると，この文中の明示的な人称は二人称「アンタ

（汝＝ムハンマド）」と，第三者を示唆する「ラッビカ（汝の主＝神）」の２つであることがわかる。この２つの人称は次元がずれている。文頭に「マー・アンタ（汝は～ではない）」という宣言の呼びかけがあり，明らかに神は一人称「われ」の立場から語っているように思えるが，その直後には「ビ・ニアマティ・ラッビカ（汝の主の恩寵によって）」という第三者を指す名詞が出てきている。

この箇所に明示されている人称を前半の句に波及させると，神の人称を一人称と三人称のどちらで解釈するかによって，以下の２通りの可能性があることになる。すなわち，①神の人称は一人称「われ」（二者関係の中で語る）。よって，誓言媒体（筆と彼らが書くもの）と行為者（書かせた者）の関係が強調される。②神の人称は三人称「かれ」（超越的な真理を語る）。よって，誓言媒体（筆と彼らが書くもの）と誓言の聞き手（人間）の関係が強調される。

①の二者関係だとみなすならば，誓言は破綻する。誓言の要点は，実は誓言媒体が話者（誓い手）にとって大きいものかどうかではない。話者と聞き手の双方にとって，共通項として「自分たちよりも大きなもの」として成立し，知覚されている必要があるのである。そうであるとすると，同じ地平に立つ人間同士の間に誓言は成立しても，大きさの異なる神と人間とは共通項となりうる媒体を持たない。

それに対して，②の超越的な真理を語る透明な存在としての三人称，言い換えれば，語り手が自らを三人称で名指し，人間との間に当事者性を持たない文体の中であればどうであろうか。神はもはや当事者ではなく，ただ人間だけがその誓言の聞き手として残ることになる。そして，誓言は人間にとって，はるか上に見上げるところにある大きなものを媒体に誓われているのであり，さらにその誓言は三人称であるがゆえに，超越的な真理（神の御許での決定事項）として強力な確定性を持って聞き手に迫ってくるのである。

この句は「筆と書き手たちが書くものにかけて誓って言う。ムハンマドは神の恩寵を受けたのであり，（ジンなどに）とりつかれたのではない」と（おそらく）三人称で語られたものである。そこでの時系列は，①神は筆を用いて特別なことを書かせた→②神はそれをムハンマドに与えた→③ムハンマドがそれを誦み上げることができたのは（ジンなどに）とりつかれたゆえではないことを今，ここで誓言する，となる。この句でも，クルアーンが神由来の神の言葉であるという命令コードが確認されており，さらに，神がクルアーンを作成した際の具体的なプロセス（筆を使って，書き手に命じて書かせた）を開示し，誓言というレトリックを用いて強調を重ねている[(17)]。

6　メディア装置論の構成

クルアーンがメディア装置として駆動する社会，すなわち，クルアーンを「神の言葉として人間の言葉からは厳密に区別して保持せよ」という命令コードが伝えられ実行される社会では，クルアーンの本文を神の言葉として特別に扱うことと，それを正確に保管し伝達していくことに多くのエネルギーが割かれる。そして，その結果，クルアーンのテクストのすべてが抜け落ちることなく時代から時代へ，地域から地域へ持ちこされる。同時に，それは聖典としてガラスケースの中に安置されるのではなく，毎日一般信徒の口の端に上り，指でなぞられ，断片として再生され，何度も使われる。総体から取り出されては繰り返し使われ，ある部分だけがひたすら使い回され，社会にその刻印を残す。

14 世紀間に，クルアーンはいくつもの社会において複数の形で保持され，そして人びとは社会に保持したクルアーンの全体，あるいは数限りなく繰り返された断片の中から，大小さまざまな命令コードを受け取り，それを実行してきた。「神が人類に与えた神の言葉（クルアーン）を，原文のそのままに再現せよ！」というソースコードによってメディア装置が起動すると，神の命令としてのクルアーンの断片が社会の中にまき散らされる。その中には大小さまざまな命令コードが含まれており，マイナーなコードであっても伝達はされる。

それぞれの時代や地域において，実行されるコードは異なり，また，コードは伝達されても実行されないことも多々ある。しかし，ソースコードによってシステム自体が成立している時点で，その社会はムスリム社会となる。その社会の中で一部の成員が一部の命令コードを実行しないとか，時には怠けるといったことが実際には起こるからといって，その社会がムスリム社会でなくなるわけではない。人びとがクルアーンに含まれる命令コードを受容することでクルアーンがメディア装置として機能するような社会を，人びとは生きている。

本研究の土台となる理論的枠組みは，すでに述べたメディア装置論である。クルアーンをメディア装置とみなすことでクルアーンの包括的な研究が可能となると，筆者は考えている。筆者は最初，2002 年 7 月から 2003 年 9 月におこなった予備調査の結果から，この枠組みをクルアーンに適用することが適切であると判断した。従って，本調査ではフィールドからの反照によって，2 つの仮説を検証することが課題として設定された。すなわち，①クルアーンはメディア装置として機能していると判断することが妥当であるか，②クルアーンというメディア装置の内部の構造はどのようになっており，いかにして存在しており，いかにして機能しうるものとなっているのか，である。

クルアーンを中心に構成されるメディア装置の構造と機能の仕組みを解明するために，第Ⅱ部以降の事例研究をおこなった。第Ⅱ－Ⅴ部において記述する事例研究のそれぞれを通じて，メディア装置の構造と機能の仕組みが段階的に解明されていくが，それらの前提となる，予備的なフィールドワークを通じて抽出された基礎的な設定についてここで述べておきたい。

(1) フィールドの中の断片

クルアーンは各地のムスリム社会，すなわちフィールドにおいて，断片として存在している。人びとの日常生活の中の個別具体的なさまざまな文脈において，クルアーンの言葉の断片がさまざまな用途で，さまざまな形（声やモノ）で，用いられている[18]。たとえば，手書きや印刷物，携帯用，分冊版，装飾本，豆本，朗誦や集団儀礼，会話での引用，挨拶やあいづちの言葉，カセットテープ，ステッカーや護符，ポスター，装身具などがある。

通常の枠組みであればこれらは，別々のものとして分断されている。「書物は聖典（原典）」，「朗誦は儀礼であり儀式であり芸術」，「装飾本は美術」，「護符は民間信仰」，「カセットやステッカーは俗用」といった区分けが事前になされ，聖典研究であれば「書物」のみを選別し，人類学的な研究であれば民間信仰の一部としてせいぜい護符や呪文が対象として取り上げられ，それがクルアーンであることはほとんど問題として認識されない。

しかし，クルアーンというひとつのテクスト，ひとつの対象が恣意的な分断線によってバラバラに分断されているのは，それぞれの学問領域の内的な要請によるものであり，対象自体がその必然性を持っているわけではない。「あるテクストが，人びとの行為やモノを媒体として，具体的に存在している」という点では，いずれも共通しており，従って本書の枠組みでは，それを分断せずに「プラチック」と総称してみることが適当であると考えた。

「プラチック」の語が，第一に含意しているのは「プラチック」と呼びうるものが，全体として研究の対象となることである。第二にそれは日常の中に埋め込まれ，身体を介して体得，経験されるものであり，上位に位置する明文としての規則や規範が適用されているわけではないということである。この点について有効な見方を提供しうるのが，この概念を確立したブルデューである［Bourdieu 1980 : 115；ブルデュー 2001 : 109–110[19]］。

(2)〈全体〉〈総体〉を示唆する断片

さまざまな断片が存在していることが観察されたあと，次の焦点はそれらの断片が「断片化されたままであるか，そうではないか」という問題である。元が単一のテクストであったとしても，その部分部分が断片化して表出している以上，可能性は2つあることになる。

①「戻ることができないテクスト」――それらの断片はすでに個別の文脈を獲得し，別の出自の言葉と組み合わされ，あるいは別の出自の言葉によってコーティングされ，元のテクストとは別な，新たな言葉となってしまっている。たとえば，小説などの文章の一部が引用された場合，引用された断片は引用者が意図する文脈にはめ込まれ，引用者の文章の一部となる。引用者が引用元を知っていても，聞き手や読み手は多くの場合それを知る術がない。出典が書いてある場合もあるが，その情報を見ただけで「どのような文章の，どのような一部なのか」はわからないことが多い。あるいは，その出典の表示が真実であるかは容易には確かめられない。以上の場合，引用された一節は，自らが属していたところの元の文章に戻ることができない，もしくは戻ることが難しいと言える。

②「戻ることができるテクスト」――個別の文脈の中で使われていても，引用者と，聞き手や読み手の両方がその断片を「特定のテクストの一部」であると知っている。同時に「どのような文章の，どのような一部なのか」が判明しているため，断片と化してしまわない。

クルアーンの場合，フィールドでの調査の結果から考えると，後者である可能性が非常に高い。そのように判断した根拠は，2つある。第一に，クルアーンの章句がモノや発話の一部となって発現された時，それを発現せしめた人間だけではなく，見た人びとや聞いた人びとがそれを「何かの文章」ではなく，すぐに「クルアーンの節／章句（āya Qur’ānīya）」であると知覚することと，第二に，「ハーフィズ」と呼ばれる全文の保持者（全文を暗記した人びと）が社会的な存在として，いずれのムスリム社会でも一定の社会的ステイタスを獲得し，認知されていることが観察されるからである。

1点目のことを判定するために，個別の事例について，逐一「これは何？」と質問し，人びとが「アーヤ・クルアーニーヤだよ」「これはハディースだ。アーヤじゃない」「これはドゥアー（祈り）だ」など，どのように認知しているかの確認作業をおこなった。モノ（文面）の事例の場合は，識字能力がある人はそれを実際に誦んでみせ（ただし，誦む時は文字を見ていない），クルアーンの何章（の何節，あるいは節の固有名）であるかを答えることが多いが，それがされるのは全体の中では限られている。識字のない一般の人びとは，その内容を文字によって判別せずに，「アーヤだ」「んー，イフラース（純正〔章〕）だ」といった回答をおこない，間違っている場合もあるが，おおむねクルアーンの章句は「アーヤだ」と答えられ，ハディースやドゥアーなどとはおおむね混同されていないことがわかった。

しかもそこには，以下のような前提が存在していることが推測された。①「アーヤ・クルアーニーヤ[20]」は特別な文言であり，ほかの文言とは違う。②「アーヤ・クルアーニーヤ」は「アーヤ・クルアーニーヤ」という共通名で名指されることで充足する（どの部分，どの細部であるかは参照のための付加された派生的情報であり，それが何であるかを名指すための必要条件には含まれていない）。以上から，クルアーンは，発現主体と，聞き手・受け取り手がともに，断片を全体に帰属させる形で認識していることが推定される。

(3) 全体と断片の関係性

部分と全体とが存在することが仮定されたら，次はその二者の関係性について考察しておきたい。二者の関係性はいかにして記述可能であろうか。

クルアーンの全体と断片の関係は，あえてジグソーパズルにたとえるならば，次のように言える。ピースの集合が総体であるが，ピースは一つひとつが異なる固有のピースであり，単なる同形の集合ではない。総体における位置付けもピースによって異なり，ピースがバラバラに存在している時でも全体の像を想像させるものである。一方，ジグソーパズルのメタファーに収まらない性質もあり，それは部分で存在しているときも独立して像を描き，全体として眺めた場合には，均一的な色合いではなく，部分ごとに異なった色彩を放ち，特定の部分が特定の輝きを放つというあり方をしている。部分に全体の像がたたみこまれているという点ではホログラムのようであると表現できるだろうか。

クルアーンの第1章である「開扉章」の全節がムスリムによって非常に重要視されていることは，テクスト研究においても言及されてきたし，人類学的な観察の中で発見することも可能ではあるだろう。しかし，この章句がなぜ，どのように重要視されているのか，愛好されているのか，あるいは距離を持って接されているのかは，上述のような断片間の差異と全体における位置付けを考慮してはじめて考察することができる。

この章は，部分においては一日5回の礼拝の中で，合計17回唱えられ，任意の祈祷（ドゥアー）の中でも多く唱えられる。また，グリーティングカードやパッチワークには使用されているのに，現代のエジプトのアクセサリー市場ではなぜか使用されることがない，といった発現状態がある。一方，全体においては，「クルアーンの母（ウンム・アル＝クルアーン）」「啓典の母（ウンム・アル＝キターブ）」という別名を与えられ，その価値と意味内容の広がりがもっとも議論されている章である。同様に重視されている章に，「クルアーンの心臓（カルブ・アル＝クルアーン）」と呼ばれる「ヤースィーン章」があるが，全体における価値付けが一見似ているものの，葬儀においてしばしば誦まれることや，日常生活の中で愛唱され，愛好されている様などプラチックとしての展開は非常に異なっており，そのことを理解することによって全体における位置付けの相違が明らかになる。全体における位置付けを含んだ章句の価値付けは，部分におけるプラチックの展開に影響を与えているし，また価値付けの議論そのものがプラチックとして展開しており，同時に総体としてのクルアーンを構築する。

(4)「テクストが具体的な力となるための媒体作用」——メディオロジーからの示唆

新たな学問領域としてメディオロジーを提唱したレジス・ドブレは，キリスト教の脱構築，解体を希求した現代の思想家のうちのひとりであった。それゆえ，その方法論には，大文字のテクストを持つ宗教（キリスト教，ユダヤ教，イスラーム，仏教，ヒンドゥーなど）を分析する上での示唆が十分に含まれている。

クルアーンに関して言えば，ドブレ自身が，キリスト教との対比・類推のために繰り返し論究している［ドブレ 2001 : 68–69, 95, 132, 138, 157, 197–199 など］。それらは典型的な西欧的な外在的視点であり，見るべきところは特にないが，彼がキリスト教に対しておこなった大胆で過激，かつ包括的で全貌的，対応できるタイムスパンの長い全歴史的な分析と，その具体的な手法や視角は非常に有用で，他の宗教の分析への示唆に富む[(21)]。

たとえば次の箇所を見てみると，①社会において人びとの生活の構築に致命的に関与する媒体を研究対象としており，②それが常に物質であることに注意を喚起している。さらに，③媒体（イエス・キリスト）によって成立する二世界（神と人間世界）をつなぐ仕組みを「装置」のアナロジーで語っている（条件がそろえば有効に駆動するが，条件を欠けば日常構築のシステムとして有効に機能しなくなる）点で本書のメディア装置論と強く共振している。ただし，ニュアンスの違いとしては，④ドブレがそのような装置によって可能となった教会とヒエラルキーをポスト・マルクス主義的な前提からアプリオリに悪としており，一般の人びとが日常生活を構築するための仕組みであったことには重点を置いていない点である。本書が対象とする現代のムスリム社会では教会のような権力組織がそもそも不在であるため，その点は異なっている。以下では，本書の理論的枠組みにとって非常に重要なため，ドブレの指摘を，やや長めとなるが直接に引用する。

> 書記，知識人，マスメディアなど，それぞれの対象物は当時，それらを通じて「カメラ・オブスキュラ」を覗くための単なる鍵穴として用いられたのであり，われわれは今やその鍵の方を，鍵束の一つを探しているのである。〔中略〕思想において思惟しえない部分，つまり思想の作用について考察できるようになること，それこそが理想となるだろう。作用とはいわば干渉，交換，規制である。メディオロジーの目標は，思想という操作を支える補給体制を通じて，作家か，民族学者か，モラリストかによって，それぞれ「語の力」，「表象の有効性」，あるいは「歴史における思想の役割」などと称される，いらだたしくも確定不能な決定的問題の解明に貢献することにある。エドガー・ポーをして切望せしめた「言葉の具体的な力」である。メディオロジーは，「思想が具体的な力となる」ための「媒介作用」の学でありたいと願うのだ。そうした媒介作用にとって，われわれのいわゆる「メディア」は，後から生じながら広く浸透した特殊な延長形態にすぎない。［ドブレ 2001 : 8–9］

> テクスト分析における形式と意味の分割（まるでページ構成やフォント，図の配置などは，それ自体で意味を担ってはいないかのようであろう）もあれば，表層と内実，メッセージと媒体などの分割もある［ドブレ 2001：77］。

> 文化とその物質性とを和解させるには，学問的な仕切りや文化の継承に見られる壁を取り払い，パリの国立図書館の常連がリヨンの印刷博物館にもおもむくことができるよう，またルーブル美術館の愛好家が国立工芸院にも足を運ぶよう仕向けなければならない。〔中略〕あたかも劇場やミュージックホール，一般向けの舞踏会，書籍などが，文化的な技術ではないかのように，

また常に文化的な技術であったわけでもなかったかのように，あるいはテクノロジーがテレビとマイクロシリコンをもって始まったかのように扱うわけにはいかないのだ。［ドブレ 2001 : 77］

すなわち，あらゆる権力は媒質によって維持されるのであり，中間に位置する要素は常に最も脆弱なのである。天空と地上とのコミュニケーション装置の場合，御言葉でもある人間キリストは，現世と霊的世界，世俗と神という異質な二つのネットワークを相互に結んでいる。神のインターフェースは，カリスマ性の交換機として機能するのだ。ヒューズが飛んでしまえば，恩寵のネットワーク全体が遮断されてしまう。〔中略〕それらの神学者〔ヴァチカンによる糾弾を受けた者たち〕に対して旧検邪聖省（かつての異端審問聖省）が行った裁判には，ある共通点が見られた。すなわち，「神の子，そして先在する位格」としてのキリストの神性を保護することである。というのも，そこから演繹されうるのは，些細なことなどではないからである。［ドブレ 2001 : 149–150］

ドブレの慧眼によるこれらの指摘は，彼自身の文化的背景がもたらす限界性を超えて，多くの示唆を与えてくれる。それをできるだけ援用して，本書の「メディア装置」論の構築に役立てた。

第Ⅱ部

「記譜」された音としての書物

すでに繰り返し述べてきたように，クルアーンは「聖典」という言葉から予想されるような書物ではなく，朗誦や発話の音や生活に埋め込まれたグッズとしてムスリム社会の中で立ち現われてくる。しかし，その一方で，クルアーンの章句の中で「キターブ（書かれたもの）」と繰り返し言及されている。それは，創造のはじめにおいて天板に書かれたもの，という意味が優先しているとはいえ，ムスリム社会はムハンマド没後まもなくして，実際にクルアーンを「書物」の形にすることもおこなった。

同じテクストがムスリム社会の中で連綿と維持されるのに，書物としてのクルアーンがあることが大きな意味を持った面も否定しがたい。そして，それは手稿本・写本の時代から活版印刷の時代を経て，現代のデジタル時代へと続いている，以下では，それについて考察したい。

第 4 章

音の補助具としての「書物」の形成

1　クルアーンの書物化

ヒジュラ暦 30 年（西暦 650 年）頃，ムハンマドの死後から 18 年ほど経った第 3 代正統カリフ・ウスマーンの治世下で，最初のクルアーン写本が完成した。それまでは口頭で伝達され流通していたクルアーンが，この時初めて全文すべて文字で書き下された。1 冊の簡素な書物の形で束ねられ，時のマディーナ政府が公定した原本となった。

この写本の完成には，同時に政府主導の大がかりで苛烈な正典化事業が伴った。当時すでに西は北アフリカ（現在のチュニジア），東は中央アジア（現在のウズベキスタン，アフガニスタン）にまで到達し広大な領域に広がりつつあったイスラーム圏全土において，この時成立したたったひとつの原本とその副本を基準として，クルアーンの誦み方（音）と書き方（文字）が判定され，基準に合致しないものの廃止と焼却が命じられた。

その結果，ムハンマドの主要な高弟たちの幾人かが保持していたバージョン（章句の配列や発音が異なる[(1)]）や地域的なバリエーション（方言が異なるため発音に幅が出る）は，ほとんど消えてしまったのである。正典化事業は全土に対して徹底しておこなわれ，ごく短期間に「正典＝ウスマーン版」の権威が確立し，公共知として流通するような大きな世界が出現したことは驚きに値する。

この最初の写本以降，完成度の高い刊本が出現する 20 世紀初頭まで，さまざまな時代・地域・文化の中でクルアーンの写本は多彩に発展したが，約 13 世紀もの間に生産されたクルアーン写本のすべてがこの「ウスマーン版」の権威の確立した領域の中での出来事であった。つまり，7世紀半ばまでに並存していたあらゆるクルアーンが，徹底した正典化事業の中で「ウスマーン版」に回収され，集約され，合致するものは生き残り，合致しないものは消えることを決定付けられた。それ以降は「ウスマーン版」の範囲内でしかクルアーンが再現・生産されなくなったのである。

これほど広大な領域と時間の中で，多種多様なクルアーン写本が制作されていながらも，そのすべてが「ウスマーン版」の範囲内であるという尋常ならざる均一さが，クルアーン写本の世界には浸透していくことになった。本章では，ウスマーン版の成立以降にクルアーン写本の書物としての体裁が整備され，さらに朗誦性の再現と美的水準を兼ね備えた完璧な写本が完成していった時代までを追ってみたい。時代範囲としては初期のウマイヤ朝，アッバース朝（7－9世紀頃）から始まり，精巧な彩色写本が成立するマムルーク朝，イル・ハーン朝（13－15世紀頃）までが中心となり，地域としてはそれらの時期にクルアーン写本が製作された主要な地域であるアラビア半島，イラク，イラン，エジプトが含まれる。(2)

2　ウスマーン版の成立と初期写本

クルアーンの正典化・書物化を命じたウスマーン・イブン・アッファーン（在位644－656年）は，政治的にはアブー・バクル，ウマルの後を継いだ第3代正統カリフとして知られ，為政者とみなされることが多いが，クルアーン研究の観点から言えば，実は彼自身が卓越した才能を持ったクルアーンの朗誦者（カーリウ）であり，ムハンマドから朗誦の真髄を継承され，共同体に読誦の伝達と教育を行き渡らせることを命じられたもっとも重要な読誦学者（ムクリウ）の一人であった点が重要である。(3)正典化事業が彼の治世に，彼の監督下でおこなわれたことはこのことと無関係ではない。

ウスマーン治世下の640年代，正典化のための編纂委員会が組織された。主要な朗誦者らが記憶に保持した音のクルアーンと，書き留められた文字列とを照らし合わせながら，最終的には全文が獣皮紙を綴じた簡素な書物の形にまとめられた。

当然，この時に成立した「書物」としてのクルアーンは，「読む（黙読する）」ためのものではない。ムハンマドの存命中から7世紀半ばまでは，クルアーンは口頭の伝達によって人から人へと伝えられ，人びとは口伝えに習うことでクルアーンを誦んずることができた。多くの教友（ムハンマドの弟子）たちがクルアーンの全文を暗記した全文保持者（ハーフィズ）であった。口頭の伝達は以下のような特性を持っている。

すなわち，①識字者に占有されず多くの人に開かれているため，一般の人びとがこぞって口ずさみ，まねぶ。②口頭での再現は常にその時その時で変化し，また誰が誦んだかに大きく依存する。そのため，ムハンマドは自分の代理として読誦の教師たちを各地に送ったが，各地で人びとが実際に聴き惚れたのはムハンマドの肉声ではなく，「イブン・マスウード師の朗誦」や「アシュアリー師の朗誦」など，自分が接した朗誦者・読誦学者の披露した誦み方や発音が，現地の人びとが触れることのできた唯一のクルアーンだった。

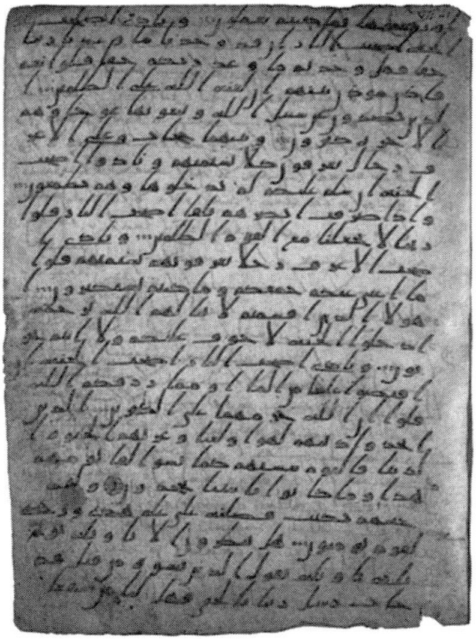

図 4-1　初期写本（ヒジャーズィー体）の例
［Déroche & Noseda 1998 : 139］

ウスマーンが正典化事業を決心した直接的なきっかけには，一部の地域で一般の人びとの発音に開きが生じていたことがあったとされる。つまり，ウスマーンおよびマディーナ政府が制限し，歯止めをかけようと考えたのは，「音＝誦み上げられるクルアーン」の逸脱・劣化である。当時は若干の文字化がすでになされていたが，一般の人びとの間には文字としては流通しておらず，規制の必要は生じていなかった。

録音手段のない時代に，遠く離れた土地の音を訂正し正しく発音させようとした時に，その手段として逆に「書物」が用いられたことは面白い。この「書物」はそれがあるだけでは役に立たず，それ使いこなせる人間が付属していなければならない。**図 4-1** は現存しているもっとも初期の写本の例であるが，本文を前もって知っていなければ，誦み起こすことができないことがわかる。文字識別点が一切なく，また母音は長母音以外が記されていない。しかも長母音自体の表記法もまだ統一されておらず，文の切れ目も判別できない。

特殊かつ未整備な書記法で記された「ウスマーン版」のコピーから，「正しい誦み方」として公認される範囲を読み取ることができるのは，師匠からの対面の相伝によってクルアーンの全文をそもそも暗記・体得しており，しかも識字能力がある者だけである。そのような人物が，この「書物」を使うためには不可欠であった。そのことは「ウスマーン版」の写本が朗誦者とセットで各地に送られていたことがよく表わしている。

逆に言えば，クルアーンは確かに朗誦者によって担われるものであったが，彼らを補強するために書き文字が必要であり，彼らを助けるものとしてクルアーンの写本は生み出された。それは非常に有用な手段であったため，写本の製作は増加の一途をたどり，朗誦と写本が相補的に深く結び付きながら展開する巨大な写本クルアーンの世界が形成されていった。

初期の写本にはそのほかにいくつかの特徴がある。時期的には 7 世紀半ばから 9 世紀初頭までの写本が似通っており，ウスマーン治世下からウマイヤ朝（661－750 年），およびアッバース朝（749－1258 年）の最初期に当たる。おおむね①ヒジャーズィー体か，②ヒジャーズィー体から初期クーフィー体への移行書体，③初期クーフィー体のいずれかで書かれており[(4)]，①では垂直方向に長い文字が右側に傾斜しているのが特徴的であるのに対し，③では傾斜が見られない。

いずれも主として獣皮紙に書かれ，中近東に広がっていたキリスト教文書の影響を受けた縦長の 33 センチ×24 センチ前後（現在の A4 用紙より少し大きい）のものがいくつか発見されているが，この形態はすぐに廃れ，のちの写本には使われていないためごく初期に特有のものである。本文が茶色インクで簡素に記されているのみで[(5)]，本文以外の記号や装飾はなく，わずかに罫線がうっすらと刻まれている。

「ヒジャーズィー」というのは「ヒジャーズ地方の」という意味で，アラビア半島のマッカ，マディーナ近辺を指す。ただし，その地域がイスラーム共同体の中心地であったのは，ムハンマド時代および正統カリフ時代のみで，正統カリフ時代の末期にはシリア総督の力が強大となり，その陣営との戦いのために第 4 代正統カリフ・アリーが首都をイラクのクーファに遷都したこともあって，政治の中心も文化の中心もアラビア半島の北方，現在のシリアおよびイラク方面へと移っていった。「クーフィー」は「クーファの」という意味である。しかし，ヒジャーズィー体で書かれている写本がアラビア半島で書かれたわけではなく，クーフィー体も都市としてのクーファの創建よりも起源が古いと考えられる。

3 「神の言葉」を記す技術と二大書体

写本クルアーンは，音としてのクルアーンを制御し，正しく伝達させるための補助具として生み出された。当初の写本はマディーナ政府の見解を凝縮し体現した「物的証拠」であり，各地にはソフトであるところの朗誦者とハードであるところの原本の写本とが送られた。各地でさらに複製が進められたため，まさに道具として同型のものが大量生産されたと考えられるだろう。

残念なことにこの「ウスマーン版」の原本（マディーナに保管され，ウスマーン自身が所有したと言われる）も，そこから各重要都市（マッカ，クーファ，バスラ，ダマスカスなど）に送られた写本の実物も残っていない[(6)]。

現存するクルアーンが出現し始めるのは，9－10 世紀以降のクーフィー体が整い始めてからである。時代はアッバース朝前期以降に当たり，帝国の首都はバグダードであった。さらに，アッバース朝後期の 11 世紀初頭までには，クーフィー体を追いかけるようにしてナスヒー体が写本クルアーンの世界に登場するようになり，クルアーン写本のための根幹的な 2 つの書体が出揃うことになった。

これらの時期の写本が面白いのは，①一旦「書物」として成立したならば，もはや朗誦のための単なる補助具としてだけではなく，書物，すなわち視覚的に働きかけるものとしての側面が発達し，視覚的な効果を存分に増していったことが読み取れるからである。同時に，②初期写本においては拙い形で表現されていた朗誦性（読誦規則やクルアーン特有の発音法など）が，技術の発展によって朗誦家らの思惑通りに十全に「記譜」できるようになったことで［竹田 2014］，そもそも「写本としてのクルアーン」は何を盛り込むために作られたのか，何のための「書物」であったのかという根本的なニーズが紙面の上に露わになって，読み取れるようになったことが関心を引く。

図 4–2 はクーフィー体で書かれた比較的初期の写本である。クーフィー体の特徴として共通しているのは，①文字が肉厚で，②文字同士の連結がゆるやかで，③文字識別点も母音の表記もないことである。④依然として獣皮紙が使用されており，⑤用紙は横長である。よく見かけられるのは，**図 4–2** に出ているように濃茶色で書かれた文字に，赤い点がところどころ打たれている様式のものである。

ほどなくして緑や黄色などの点も併用されるようになり[(7)]，本文自体に金色が使われる例も登場した。用紙自体が鮮やかな紺に染色された上に，金色で本文が書かれた 9 世紀の写本[(8)]や，全文が金色で書かれた 9 世紀の写本（ヌールオスマニ

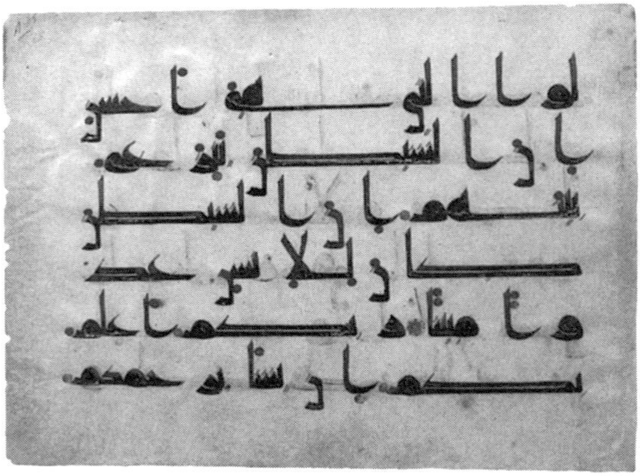

図 4–2　クーフィー体の写本の例　9 世紀。［Déroche 1992 : 69］

エ・モスク図書館所蔵）は，彩色の付された例としてごく最初のものである。

さらにクーフィー体から，2 つの書体が派生した。クーフィー体がイランに継承され洗練された「東方クーフィー体」と，マグリブ地方に伝播し独自の発展を遂げた「西方クーフィー体」である。11，12 世紀以降にクーフィー体は東方クーフィー体へと発展していった。この頃，頁内の体裁も飛躍的に形を整え始めるが，その背景には当時の先進文明圏であったイランの技術・美術がクルアーン写本の世界に流入したことが大きいと考えられる。王朝はアラブ系のアッバース朝が存続していたが，10 世紀末には衰退の気配が色濃く，実権はイラク・イラン地方のブワイフ朝に移っていた。また，エジプトがファーティマ朝の樹立によって独立するなど，政治・文化の中心が東西の両方で外側へと移動した。

東方クーフィー体の写本の大きな特徴は，①版型が縦長となり，②紙が使われるようになった点である[(9)]。この頃までにはイスラーム圏の中で上質の紙が大量に生産されるようになっており，この時期以後のクルアーン写本は紙製のものが主流である。

また，③頁内の体裁も整い，本文と欄外を分ける枠が導入され始めた。枠が明示的に表示されていない場合でも，頁の上下左右にしっかりと余白をとった上で，頁中央の正方形の領域内に収まるように本文が配置されている。本文と欄外というコンセプトがここではっきりと登場していることがわかる。

さらに，④黒インクで書かれた本文に対して，子音識別点や原初的な母音符号が赤，黄，青，緑などの彩色で記入されるようになった[(10)]。**図 4–3** は 11 世紀後半

図 4-3　東方クーフィー体の写本の例　1073/74 年，イラクかイラン。［Lings 2005 : 15］

にイラクもしくはイランで書かれた東方クーフィー体である（イマーム・レザー廟図書館所蔵）。⑤欄外の飾りや，⑥枠内の本文の字間を埋める形で背景的な文様が描き込まれている点は，この頃から多く見られるようになった新しい様式である。**図 4-3** にはないが，この頃から⑦本文に息継ぎの箇所を示す読誦記号や節の切れ目が付されるようになっていった。

書体自体も，⑧文字同士の連結が自然になり，⑨デザイン化が進み，書体として完成した。前の時代のクーフィー体写本と比べて，書体も頁の体裁も文様も飛躍的に洗練されており，それまでの書体に慣れていた当時のアラブ人から見ると，かなりエキゾチックで目新しい印象であったのではないだろうか。

時期は少しさかのぼり，10－11 世紀以降，「西方クーフィー体」と呼ばれるマグリブ地方独自の書体で書かれた写本が登場し始めた。マシュリク（地中海東岸以東）の写本とは一見して違っており，①用紙の縦横の比率が同一に近いことが多く，② W や，語末の M，L，N などの後方（左側）に大きくはらう文字の書き方に特徴があり，下弦状の半円が紙面上にいくつも連なっているのが目に付く。③徐々に線の太さもより細くなっていき（マシュリクのペン先の断面が線状であるのに対して，円形をしている），④多色の母音符号の振り方も特徴的で，色彩の明るさにも独自色が見られるようになっていく。⑤中心地ではすでに紙への移

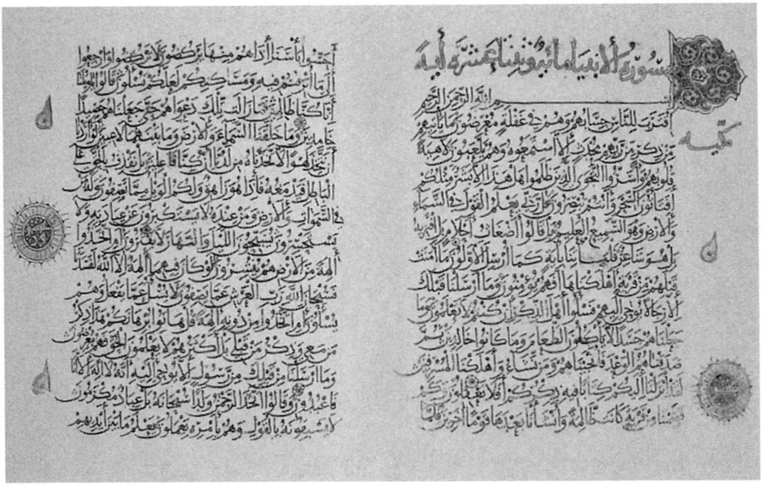

図 4-4　ナスヒー体で書かれた最初のクルアーン写本（イブン・バウワーブ筆） 1000/01年，バグダード。［Lings 2005：28］

行がなされていたが，それに対してこの地域では獣皮紙が使われていた期間が長く，14 世紀になっても獣皮紙の写本が見られる点も特徴的である。(11)

クーフィー体（東方クーフィー体）と並んで，クルアーン写本の双璧を成すのはアッバース朝の官僚制度の中から生まれた「ナスヒー体」である。この語は「書写」を意味する。ナスヒー体は①線が細く字が小さく，流れるような筆記体で，②一行の文字数も一頁の行数も格段に増えた。ナスヒー体写本の特徴は，③母音符号が完備されている点であり，文字列からそのまま誦み起こすことができる。この時代から，④もはや母音符号は本文に後から別の色で追加する付加的情報ではなく，本文とともに同色で書かれる本文の一部となった。⑤この時期から製本も発達し，バラバラの紙片ではなく，書物の形を保ったまま現存しているものが出始めるようになった。⑥書物自体もかなり小ぶりなものが多い。

図 4-4 は 1000/01 年に完成したイブン・バウワーブの手跡によるナスヒー体の写本で，黒インクで流暢に書かれる文章は，漢字圏の書道にも印象が似ている。枠がないことを除けば，書体や体裁，文字数・行数は現在の刊本のフォーマットにかなり近い。やや字間・行間が狭いが，時代が下った 13 世紀後半頃のヤークート・ムスタアスィミーの作のナスヒー体写本を見ると，書体としての円熟と字間・行間の適切さによって見やすさは完全に達成されていることがわかる。

ヤークート・ムスタアスィミー（？－1298年）は，史上最高のクルアーン写本の書家と称えられ，多くの弟子を育成した。その系譜はオスマン朝にまで続き，さらに現代の書道家の系譜へとつながっている。王朝の変わり目を生き抜いた人物で，アッバース朝末期に最後のカリフ・ムスタアスィムに仕え，王朝がモンゴル軍によって滅ぼされた後はイルハーン朝に仕えた。

彼と彼の弟子たちによって製作された写本クルアーンは，書体が完成され頂点に達しており，クルアーンの原音を正確に再現するための「記譜」技術が完全に備わっている。同時に，神の言葉を書き記すために追求された美が精巧な書物の中に実現しており，息を飲むほど美しい。彼らの写本を探し出すことは，クルアーン写本研究者によって切望されてきたが，その背景にはアッバース朝期の写本が13世紀中葉のモンゴル侵攻によって焼かれ，あまり現存していないことが挙げられる。

本節で見てきたように，クルアーン写本にとって重要な時期は二大書体であるクーフィー体（東方クーフィー体）とナスヒー体が形成されていったアッバース朝期で，その末期にはヤークート・ムスタアスィミーの活躍によって書体が円熟を迎えた。それ以降は装飾や視覚効果に比重が移って行くことになり，クルアーンの写本研究上の重要度は下がるが，それに反して，エジプトに興ったマムルーク朝やイランに建ったモンゴル系のイル・ハーン朝（特に君主がムスリムに改宗した14世紀以降）の写本は多く現存しており，研究が充実している。次節ではこれらの時期の写本クルアーンについて考えてみたい。

4　共有される威信財としての書物

声が社会の中で支配的なメディアとして機能している文化を，書き文字が主要なメディアとなった近代の文化から明確に区別したのはオングである［オング1991；Ong 2002］。彼の議論に立脚して表現するならば，写本クルアーンは，フォノセントリックな（言語において音が重きをなす）文化圏における「書物」であり，ロゴセントリックな（言語において文字が重きをなす）文化圏における書物の存在が知識の伝達を意味していたのとは異なり，元来は必ずしも知識の伝達を意味してはいなかった。もともと，クルアーンのテクストは一種類しかなく（内容や語彙にヴァリアントがほとんど存在しない），その単一のテクストが朗誦家たちの間で音として伝達され，社会の中で流通していた。クルアーンを担う朗誦家やイスラーム諸学者（ウラマー）の世界では，クルアーンだけではなく知識全般が口頭で伝達されるものであった。

そのようなフォノセントリックな環境で生まれた当初の写本クルアーンは，クルアーンの完全な形（音声によって再現されるもの）の手がかりをわずかに書き付けたに過ぎない。内容には写本間で有意となる差異がないから，一つひとつの写本の内容は研究の対象にならず（内容がまったく問題にならない写本群というのはきわめて珍しい），いかに口頭の言語を書き文字によって表記していったかという書記法が主たる分析対象となっていた。

また「神の言葉を正確に表現する」という至上命題は大きな制約を生んでおり，西洋の彩色写本で見られるような挿画スペースを設けて本文の理解を助けるための視覚的表現を加えるといったことがほとんど起きず，写本クルアーンが視覚的な伝達媒体として発達することを妨げていた。

それに大きな変化が現われたのは，ナスヒー体の導入であったであろう。これはもともとアッバース朝の官僚に使われていた書き文字であり，官僚とは書記（カーティブ）階層である。彼らの領域では知識の伝達は文書によっており，彼らの世界は口誦をベースに成り立っているわけではなかった。そのようないわばロゴセントリックな領域で生まれた技術が写本クルアーンの世界に導入されることによって，写本クルアーンは一気に視覚的なものへと変貌した。フォノセントリックな文化であったイスラームは，明らかに元来は視覚表現が弱くて拙い（造形芸術も非常に限定的であった）。そこにどちらかと言えば視覚的な技術であるナスヒー体やイランの書物様式が導入されることで，視覚的な芸術性を発展させる端が開かれた。

ヤークート・ムスタアスィミーのナスヒー体写本は，厳格で正統的な朗誦をほぼ正確に平面に再現してみせた正しい「正典」であると言えるだろう。それは非常にバランスが取れており，クルアーンの内容（神のメッセージ）の美的表現でありながら，余分な解釈や説明が含まれておらず，書き手自身の高度な技術や才能を披露したいという自我の発露も文字の上に現われていない。

それが変化するのが，マムルーク朝（1250－1517年），イル・ハーン朝（1256－1335年以降に滅亡）治下でのムハッカク体，ライハーニー体の多用である。この頃には，神命の表現（神性）と芸術的表現（人性）との間のバランスが崩れ始めたとも言えるし，写本クルアーンの視覚芸術が大いに発展したとも言える。さらに，ティムール朝，オスマン朝，サファヴィー朝，ムガル朝下では装飾の比重が非常に高くなっていく。

ムハッカク体は，もともとはナスヒー体を創出した10世紀の書家イブン・ム

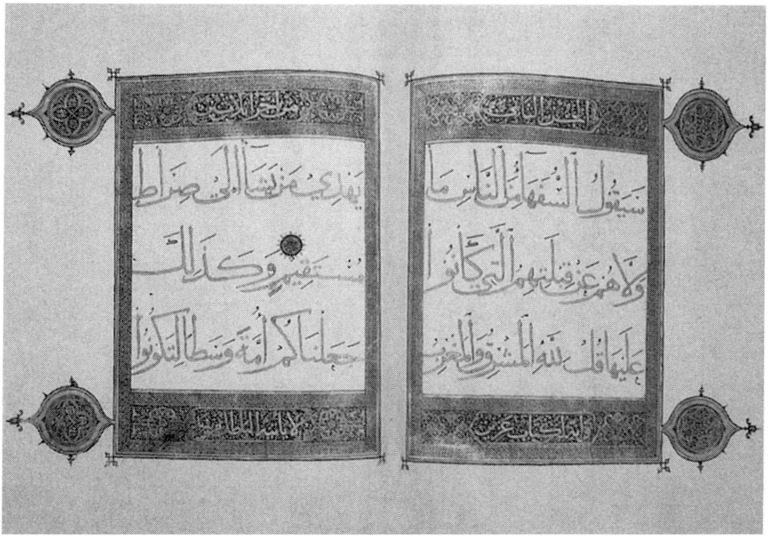

図 4-5　ムハッカク体のイル・ハーン朝写本の例　第 8 代君主オルジェイトゥのために作られた。1310 年，モースル。［Lings 2005：65］

クラによって整備された書体で，ナスヒー体と同じく流暢な筆記体で，ナスヒー体よりも太くて力強い。「ムハッカク」は「実現された（転じて，頂点が極まった）」の意で，「ライハーニー」は「植物のバジルのように香り高い」を意味し，ムハッカクをより繊細に華美にした書体である。これらの書体がマムルーク朝期，イル・ハーン朝期の写本では好んで多用されており，視覚効果の増大に重要な役割を果たしている。

この時期の写本の特徴は，①文字自体が大きく，②一頁の行数が少ないことが挙げられる。**図 4-5** は有名な「スルターン・オルジェイトゥのクルアーン」で，1310 年に完成したイル・ハーン朝写本である。縦 57 センチ，横 40 センチの大判な紙面であるにもかかわらず，本文が装飾の入った頁では 3 行，通常の頁でも 5 行しかない。

マムルーク朝，イル・ハーン朝の写本が面白いのは，③奥付に製作についての詳細な経緯等が記されており，④王侯貴族が著名な工房に命じて，墓廟に捧げたり学院に寄進したりする目的で作らせた様子が克明に判明する点である。⑤当然これらの写本は豪奢で，高価な素材を使っており，⑥サイズも大きい（縦が 50 から 70 センチ前後）。

同時期にマムルーク朝第14代君主バイバルス2世の命で作られた「スルターン・バイバルスのクルアーン」（大英図書館所蔵）も有名である［Anonymous 2002］。バイバルス2世が当代随一のアブーバクル・サンダルの工房に命じて作らせたもので，1305/06年に完成されたことが奥付からわかる。美術品として価値が高いだけではなく，7分冊のすべてが現存しており，完本の状態で所蔵されている点でも珍しい。大英図書館が力を入れて紹介しているためもあって，現在世界でもっとも知名度が高い写本のひとつである。

マムルーク朝期，イル・ハーン朝期の写本の本文も精密で過不足がなく，朗誦を再現することが可能である。しかし，ワクフ化（所有権を停止して，共同体への寄進財とすること）されていることからもわかるように，これらの写本は公共の財産である。初期写本のように音としてのクルアーンを判別するための補助具というよりも，あるいはナスヒー体の小ぶりな写本のように音としてのクルアーンを正確に採録した蓄音メディアというよりも，むしろ，天上の神と地上の王権の権威を表わす威信財である。ワクフは売り買いができないから，それは共同体の所有物となり，常に社会の成員に対して神的・王権的レジティマシーを提供する働きをする。図録などに掲載されることはほとんどないが，各地の所蔵館には1，2メートル前後の巨大なクルアーン写本がいくつも残されており，威信財としてのクルアーンが各地のムスリム社会で果たしていた役割をうかがうことができる。

5　信仰共同体の2つの「ウスマーン本」

現在，イスラーム圏には2冊の「ウスマーン本」（ウスマーン版の原本とされるもの）が存在しており，旧オスマン朝都市のイスタンブルと，旧ティムール朝版図の都市のタシュケントに保管されている［Altıkulaç 2007，大川 2010］。民衆によってウスマーンが実際に使っていた「聖遺物」として信仰されていたものが，19世紀に入り外部の研究者に知られるようになったものである。これらの「ウスマーン本」は，写本クルアーンの書承経路に疑いを挟みたい東洋学者と，ウスマーン版のレジティマシーを信じるムスリムとの間で争点になることが多く，時に激しい論争が続いてきた。

この写本について重要なのは，彼らが争っているように正典化事業時に書き留められた原本，あるいはそこから直接複写された写本かどうかが問題なのではない。本章で見てきたように，クルアーンの写本はそもそもの作られた目的からしても，クルアーンのテクストの伝承には直接は寄与していない。その時その時に一過的に朗誦の伝達を補強するために活用された補助具であったから，たとえウスマーン本につながる写本が隙間なく見つかっていたとしても伝達経路の裏付けにはならない。

クルアーンのテクストは基本的に書承ではなく口頭伝承であるため，ウスマーンから現代にまでテクストが正確に伝達されてきたかどうかは，口頭の伝達経路を確認する以外に方法はなく，そしてそのことは音が保存されていないことから当然不可能である。ムスリムたちが，東洋学者と「ウスマーン本」の信憑性をめぐって論争していながらも，実は大してそのことを気にしていない（後代のものであることが東洋学者から指摘されても，困っていない）のは，おそらくこのためであろう。

2冊の「ウスマーン本」の存在が指し示す事実で重要なのは，いずれの王朝も非アラブの後発の王朝であり，つまりイスラームの継承者としての正統性が弱い所に「ウスマーン本」が出現した点である。それぞれの写本には，いかにしてそれがマディーナからその地に運ばれてきたかを示す「経歴」が付されている。それは実際の移動ルートの可能性を示しているのではなく，むしろイスラームがアラビア半島から自分たちの王朝へと正しく伝わってきたという正統性の物語であり，その中で写本クルアーンが共同体にレジティマシーを与える存在として機能していることが読み取れる。

イスタンブルとタシュケントの「ウスマーン本」を含め，ウスマーン版の実在の有無を左右する最初期の写本について，ほとんど来歴や年代が明らかにならないのは，アッバース朝末やイル・ハーン朝，マムルーク朝以降の写本が奥付を持っているのに対し，ごく簡素な本文以外の情報を一切持っておらず（そのため，書かれた年代は類似の書体・書記法を持つ碑文等との比較から推定される），本自体が来歴を保有できなかったことによるであろう。

つまり，紙面に記されていない情報については，その時点その時点での所有者が何と説明しているか（「父から受け継いだ」など）しか残らず，せいぜいさかのぼれてもその時点から1，2経路程度である。それらの情報は，書き留められていないため常に一過性で，次の所有者に移れば来歴もまた上書きされて消える性質を持っている。そうでなければ，ウスマーン版の原本やその複製などといった当事者たちにとって計り知れない重要さを持つ写本が，跡形もなく消え失せた（仮にサヌア写本群に紛れ込んでいたとしても人びとには知る由がない）ことが説明しがたい。いかに来歴が保存されないかは，イブン・ナディームの『目録』

［清水 2014］に記されているアリー版写本などのエピソードからも想像ができる。

1991年，クルアーン写本研究の業界に驚きが走った。チェスター・ビーティー図書館に20年間勤めクルアーン写本研究を主導したデヴィッド・ジェイムズが，数年にわたってチェスター・ビーティー図書館の貴重な写本から頁を抜き取り，不正に持ち出してディーラーに売却していたことが発覚し，逮捕されたからである。責任ある立場を悪用し，職業倫理にもとるおこないを繰り返したジェイムズに対し，研究者らは衝撃を隠せず，図書館は地元ダブリンでの信用の回復と流失したコレクションの捜索に苦労することになった[(12)]。

この事件は，かつてイスラーム圏では王侯貴族の威信財であったクルアーン写本が，今や稀覯本として高値で売り買いされる私的な「商品」に変わってしまった状況をよく表わしている。クルアーン写本は，他の美術品と同じようにオークションに出され，闇マーケットでの取引の対象となった。

前述したように，特に豪奢で貴重なクルアーン写本はその写本が存在していた社会の中では，所有権が停止され共有財化しているため，特定の個人が所有したり持ち出したりすることはできないはずであった。だが実際には，それらの多くがイスラーム圏外に持ち出され，欧米の図書館等に所蔵され，さらにはそこからイスラーム圏や欧米の顧客（個人や図書館・博物館）に向けて売りさばかれてしまうような事態が起こっている。

イスラーム圏でもこういった事態は存在し，たとえば，大英図書館に長年勤め，クルアーン写本研究の世界的な権威とされたマーティン・リングスは，晩年に集大成として世界最高水準の写本クルアーンを選定し直し，世界中の所蔵館を回って再調査・再撮影をおこなうという大がかりなプロジェクトを敢行した（その成果がLings［2005］）。リングスの亡き後，リングスの助手を務めていた人物から聞き取ったところによると，リングスの調査チームはさまざまな所蔵館を回る中で，替えが効かない貴重な遺産である写本クルアーンが内部の人間によって不正に流出させられてしまったり，オークションに出品されて行方がわからなくなってしまったりしたケースを目の当たりにすることがあったという。

クルアーン写本はきわめて数が多く，その全貌はまだ明らかになっていない。本章で取り上げた美術品として価値の高い写本だけではなく，どちらかと言えば美術的には拙く実用的な側面が強い写本についてはまだほとんど発見・発掘が進められておらず，大量の写本がイスラーム圏の各地に埋蔵していることであろう。

今後，クルアーン写本の管理や保存は一層進めていかなければならない課題であるが，保存状態の悪さや管理の甘さによる紛失だけではなく，共有財であったものが私的な「商品」となったことで，盗まれ，あるいは取引のためにバラされて，散逸にしていってしまうという状況も考えていかなければいけない問題のひとつである。

次章では，写本の時代を経た近現代を見てみよう。

第5章

20世紀の「ウスマーン版」へ

時は20世紀に入ったオスマン朝末期，イスラーム世界は西洋列強の侵略を受け，さらにはカリフ制の終焉を迎えていた。伝統的なイスラーム帝国の体制が崩壊し，次の時代への胎動に揺れていた。1923年，勃興するエジプトのムハンマド・アリー朝第9代君主フアード1世の命によって，クルアーン学の権威の指揮下にイスラーム世界初の完成された刊本（印刷された本）クルアーンが出版された。この版はその後，20世紀を通じて世界中に巻き起こった刊本クルアーンの大隆盛の行方を決定付けたものであった。

イスラーム世界において，クルアーンを印刷する試みは19世紀後半以降にオスマン朝下で繰り返しおこなわれてきた。しかし，文字間の連結が複雑なアラビア語の章句を印刷するのに印刷技術は十分ではなく，さらに出版に関する学者らの合意，校訂の精密さ，紙面の簡素ながらの美しさといった条件が十全に揃うことはなく，いずれも権威ある刊本として流通することはなかった。

この条件の厳しい刊本化のプロジェクトに他に先駆けて成功し，長きにわたる名声を独占したのが，イギリスによる植民地支配から独立したばかりのエジプトのフアード1世と，クルアーン朗誦家の長であったムハンマド・アリー・フサイニー師に率いられたアズハル学院の委員会のメンバーらである。彼らが世に問うた「フアード版（カイロ版，アミーリーヤ版）」は，12世紀続いたクルアーン写本時代を終わらせ，20世紀からの刊本の時代への幕を開いた。

本章では，19世紀末から現在までの1世紀余に焦点を当てる。19世紀末から20世紀初頭に起こった刊本時代の幕開けからスタートし，20世紀後半の刊本クルアーンの流布・大衆化，そして1980年代以降のデジタル化，1990年代以降のオンライン化まで，20 世紀を通じてクルアーンが多様な形態で展開し，より現代的で大衆的なメディアになっていった姿を追ってみたい。

1　刊本時代の幕開けとアズハル・レジーム

時代は少しさかのぼるが，イスラーム世界においてクルアーンに印刷技術（石版もしくは活字組版）の導入が試みられるようになったのは，1870 年代のことである[(1)]。当時はオスマン朝の時代で，その首都イスタンブルにおいて金属や石版印刷のクルアーンが刷られていた。

Albin［2004］はイスラーム世界各地でのクルアーン出版記録のリストを挙げながら，19 世紀半ばまでにはほとんどすべてのイスラーム地域で局地的にクルアーンが印刷されていたと結論付けている。彼はこれまでの研究がイスラーム圏では印刷技術そのものやイスラーム関連の書物，中でもクルアーンを印刷することに対して根強い反感があったと勝手に想定していたことを批判している。

このことは，興味深い事実を示している。実際にイスラーム世界ではクルアーンを印刷することに対して慎重であり，その結果 20 世紀初頭まで写本時代が継続されたことと，同時にすでに 19 世紀には各地で民間の動きとしてクルアーンを安価で早く大量にコンパクトな大きさで製作する試みが同時多発的におこなわれていたということである。

こうした，「クルアーンは美しく正確でなければならない」というニーズと，「安くて便利なクルアーンが欲しい／作りたい」というニーズが合致したのが，まさに 20 世紀初頭のフアード版であった。

エジプトでは，1805 年にムハンマド・アリーがオスマン朝下のエジプト総督となり，自らの王朝を開いた。富国強兵を推し進めた彼は，その政策の一環として 1821 年にカイロの郊外にブーラーク王立印刷所を建てた。この印刷所で 1830 年代以降，クルアーンを印刷しようとする試みが始まっていく。一説によると，この時ムハンマド・アリーは時のムフティー（法学裁定官）であったタミーミー師の協力を得られたと言われている。ただし，数百部刷られたこの時期の刊本はいずれも現存しておらず，完本であったのか抄本であったのかも不明である。その後，1840－50 年代に，1830 年代に刷られたものが回収されたり修正されるなどしながら，挑戦が続いた。1880 年代にはようやく，クルアーンを印刷することに対するウラマー（イスラーム学者）たちの反対がなくなってきていた［Albin 2004］。

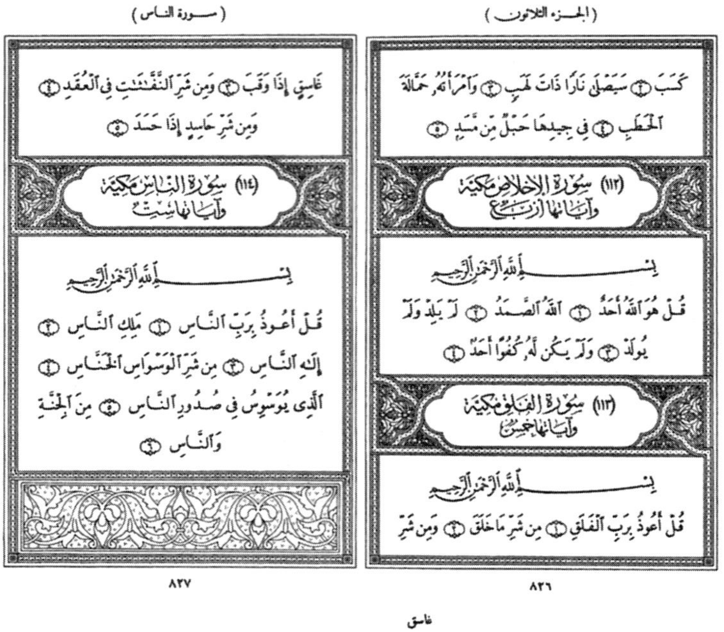

(الجزء الثلاثون)

كسب (٢) سيصلى نارا ذات لهب (٣) وامرأته حمالة

الحطب (٤) في جيدها حبل من مسد (٥)

(١١٢) سورة الإخلاص مكية وآياتها أربع

بسم الله الرحمن الرحيم

قل هو الله أحد (١) الله الصمد (٢) لم يلد ولم

يولد (٣) ولم يكن له كفوا أحد (٤)

(١١٣) سورة الفلق مكية وآياتها خمس

بسم الله الرحمن الرحيم

قل أعوذ برب الفلق (١) من شر ما خلق (٢) ومن شر

٨٢٦

(سورة الناس)

غاسق إذا وقب (٣) ومن شر النفاثات في العقد (٤)

ومن شر حاسد إذا حسد (٥)

(١١٤) سورة الناس مكية وآياتها ست

بسم الله الرحمن الرحيم

قل أعوذ برب الناس (١) ملك الناس (٢)

إله الناس (٣) من شر الوسواس الخناس (٤)

الذي يوسوس في صدور الناس (٥) من الجنة

والناس (٦)

٨٢٧

غاسق

図 5-1　ファールーク版の実物　1952 年に刊行された第 2 刷。筆者蔵。

1923 年，ついに時の国王フアード 1 世の命で，クルアーンの刊本が出版された[(2)]。刊行に際して組織された委員会には，ムハンマド・アリー・フサイニー（エジプト朗誦家総代），ハナフィー・ナースィフ（教育省アラビア語監査官），ムスタファー・アナーニー（ナースィリーヤ師範校の教師），アフマド・イスカンダラーニー（同校教師）が名を連ねていた［Albin 2004］。

フアード版はさらに，1936 年，ファールーク国王即位の年に一部修正された上で再版されることになる。このファールーク版が俗に「カイロ標準版」と呼ばれる現代の刊本クルアーンの原型である（**図 5-1**）。実物を見てみると，黒一色の活版印刷である。最初の見開き頁（開扉章と雌牛章冒頭）にもカラーはなく，全巻通じて書体は 2 種類であり，各章の見出し部分以外には異なる書体は使用されていない。本体の大きさは約 27 センチ×19 センチで，本文の文字は 20 級（16 ポイント）相当のサイズで，行間が 4 ミリ，一頁当たり 12 行で 827 頁ある。このムスハフの大きな特徴のひとつは，節（アーヤ）が頁をまたいでいることである。

Albin［2004］には，1960 年代にアズハル機構（学院やウラマー組織を総括）の監督の下で，刊本クルアーンが民間の出版社から次々に出版され，出版点数が上昇していくと同時に，アズハル学院を中心とするウラマーの監督力が増していったさまが紹介されている。言うなれば「アズハル・レジーム」の成立である。この時期はちょうど，1950 年代にムハンマド・アリー朝がナセルら自由将校団のクーデターによって倒れ，ナセル体制が確立していった時期に重なる。アズハル機構も 19 世紀末以降数度の改革を経験していたが(3)，この時期に最終的な改革がおこなわれ国家体制の中に位置付けられるようになった［Hatina 2003 : 59；小杉 1986 : 34］。

この頃から徐々に平版印刷に代わって活版（凸版）印刷が主流になっていった。また生産数は年当たり 20 万冊程度の規模になっていた。

この時期にエジプトで出版された実際のムスハフを見てみよう（96－97 頁の**表 5-1** 参照）。1960 年代から 70 年代の刊本ムスハフは，基本的には黒一色の活版印刷であり，極彩色の写本や現代のものに比べて，驚くほど地味で簡素である。表紙も無地のものが少なくない。

それらはいずれも民間の出版社がそれぞれ作成したものであり，すべてアズハル機構のムスハフ校訂監督委員会の許可を得て出版されている。エジプトにおけるクルアーンの印刷は，ムハンマド・アリーの時代（1830 年代）から一貫してアズハル学院のウラマーらの協力が不可欠であった。

1920 年代から 50 年代にかけて刊行されたフアード版，ファールーク版が王命による国王版であり，前の版を形ごと踏襲しながら修正をおこなったのに対して，1952 年のエジプト革命以降の共和制時代にはムスハフには国王版というコンセプト自体が消滅してしまっている。民間の出版社によって作られるムスハフには，統一された規格がない。版の元となる書道家の書もそれぞれ異なっており，行数や枠のデザイン，ヘッダーや欄外の記号もさまざまである。ただし，**表 5-1** からも明らかなように，1960 年代から 80 年代初頭のもののほとんどは何らかの形でファールーク版の版型を再利用している。

さらに，1980 年代以降にはサウディアラビアのファハド版が登場し，大きく形を変えて行くことになる。一番大きな変化は節が頁をまたがなくなったことである。豪奢な写本や威信財としての巨大なムスハフ，お守りとして身につけるミニチュアなどを除けば，一般の人びとが使用する単行本や文庫本サイズの刊本ムスハフは，主として読誦や朗誦の練習(4)，クルアーンの章句を暗記するための道具である。クルアーンを声に出して誦み上げる時，単語と単語は連結してつなげて

表 5-1　1960 年代 - 1990 年代の刊本の例

	年号	タイトル	出版社	記載情報	備考
1	1968 年（許可）	『聖なるクルアーン――「清められた者のほか，触れることはできない。諸世界の主からの啓示である〔来るべき日〔56〕章：79–80 節〕」』	ダール・トゥラース・アラビー	アズハルの委員会の許可（委員長アブドゥルファッターフ・カーディー師，副委員長マフムード・ハリール・フサリー師）	黒，15 行
2	1969 年（許可）	『聖なるクルアーン――「清められた者のほか，触れることはできない。諸世界の主からの啓示である〔来るべき日〔56〕章：79–80 節〕／二聖都ムスハフ』	シャリカ・シャムフリー	アズハル総長の許可とムスハフ校訂監督委員会の監督（フサリー師が平委員），ムハンマド・サアド・イブラーヒームの書体	黒，15 行。巻とその半分の区分けの名前リストが載っている。
3	1969 年刊	『聖なるクルアーン』	エジプト印刷所	アズハルの委員会の許可（委員長カーディー師，副委員長フサリー師）	黒，16 行。枠とヘッダーがファールーク版と同じ（本文，巻のマークは違う），最初の見開きページはカラー（黒，赤，青，金）。
4	1970 年刊	『聖なるクルアーン』	アフラーム印刷所		黒，12 行。中はファールーク版とまったく同じ。ただし，タイトルの記載された中表紙が追加されている。
5	1972 年（許可）	（4 と同じ版型）		アズハルの委員会の許可（委員長カーディー師，副委員長フサリー師）	本文ページの枠が異なっている。最初の見開きはカラー（黒，緑，青，茶色，オレンジ）で，本文ページの枠は緑。
6	1973 年（許可）	『聖なるクルアーン』	ダール・ムスハフ	アズハル機構イスラーム研究アカデミーの許可	黒，15 行。枠はファールーク版と同じ（巻のマーク，ヘッダー，ページ番号は異なっている）。装丁の遊び部分にカラーの装飾（紺，オレンジ，金）がある。最初の見開きページはファールーク版と同じ（ただし，カラーになっており，枠内の地の部分に植物文様の追加がある。使用されているインクの色は黄緑，ピンク，金）。

	1977年（許可）	『二聖都ムスハフ／聖なるクルアーン――「これは人びとに対する伝言で，これによって彼らは警告される〔イブラーヒーム〔14〕章52節〕」』		ベイルートで出版，レバノンのファトワー事務所の許可	黒，17行。枠内の地の部分が黄緑（模様が入っている），最初の見開きページはカラー（黄緑，グレー）。
8	1978年刊	（7の修正版）	ダール・ルブナーン印刷	1960年にアズハルの委員会の許可（カーディー師が委員長，フサリー師は平委員）が出たとの記載が追加された。	版型は7と同じ。ただし，カラーなし。
9	n.d.	（7と同じ版型）		アズハルの許可証が付いており，レバノンのファトワー事務所の許可はない。	
10	1978年（許可）	『聖なるクルアーン――「これは人びとに対する伝言で，これによって彼らは警告される〔イブラーヒーム〔14〕章52節〕」』	ダール・マアーリフ	アズハル機構のムスハフ校訂監督委員会が監督（フサリー師が委員長）	黒，17行。
11	1984/85年刊	『聖なるクルアーン』	ダール・クトゥブ・イルミーヤ	ウスマーン・ターハーの書体。シャーム地方の大ウラマー組織，シリアのファトワー局・情報省，アズハル機構のイスラーム研究アカデミー，サウディアラビアのファトワー庁，ヨルダンのワクフ省による監督	内表紙から最初の見開きページまでの7ページがフルカラー，本文は黒と赤で，枠が金。
12	1987年刊	『聖なるクルアーン』	マクタバ・シュルビジー	シリアのファトワー宗教教育総庁の許可，アズハルの委員会（委員長カーディー師，副委員長フサリー師），シリアのワクフ省のムスハフ監査官のチェック	黒，緑，15行。
13	1991年刊	『聖なるクルアーン』	ダール・ムスハフ		黒，15行。枠内の地はペパーミントグリーン，最初の見開きページはファールーク版と同じ（ただし，枠はワインレッド，枠内の地はペパーミントグリーン）。

小杉［2014 : 394–395］より。

発音され，単語の最後の音は次の単語の影響によって転音する。原則として音が切れる（息継ぎをする）のは節と節の間であり，節の中では単語同士は常に連音している。そのため，節が頁をまたがって表示されていると，次に来る単語の予測が遅れ連音に支障が出てしまう。

クルアーンは黙読される習慣がほとんどないため，節は頁をまたいでいない方がよいが，7 世紀以降の写本時代からフアード版，ファールーク版に至るまで，節が頁をまたぐのを避けることは技術的に困難であった。これを実現したのがファハド版（今日では通称マディーナ版とされている）である。マディーナ版クルアーンは，すべての頁が節の終わりで終わっており，ひとつとして節が頁をまたいでいる箇所がない。人びとがその便利さと均一的な美しさに心を奪われたことは想像にかたくない。

頁をまたがないというファハド版の画期的な発明のあとしばらくは，「頁をまたいでいなければマディーナ版」，「頁をまたげばエジプト版」と一般の人びとが認識していたほどに「頁をまたぐこと」がエジプト産ムスハフの特徴とされてきた。しかし，21 世紀の現在ではエジプトで出版されるムスハフもすべて節が頁をまたぐことはなくなった。

以上から明らかになるのは，「カイロ標準版」とは，①アズハル機構のウラマーらによって承認されたもの，② 1950 年頃まではフアード版とそれを修正したファールーク版を指し，50 年代以降はファールーク版を利用しながら任意の様式がとられたもののことである。80 年代以降にはさらに様式の上ではサウディアラビアのマディーナ版の影響も受けている。

要するに，現代でも刊本クルアーンのスタンダードとして認識されている「カイロ標準版」とは，実は形（版型）としてはもはや存在していない。標準・基準となるような刊本を確立した名誉とアズハルのウラマーらによる校訂・監督システムが権威を持ち続けているということが，「カイロ標準版」の実態なのである。

2　サウディアラビアによる大量配布と刊本の検品

1979 年 11 月 20 日，サウディアラビアのマッカにおいて聖モスク占拠事件が起こった。これは武装集団がマッカのカアバ聖殿のある聖モスクを占拠し，政府によって鎮圧された事件である。この時，政府は鎮圧に放水を使った。

実は，前節で紹介したエジプト版刊本の実例のうち**表 5-1** の 1 は，1979 年のこの事件の際に実際にカアバ聖殿に置かれており，放水の被害にあったものである。政府は放水によって傷んだ刊本ムスハフをすべて廃棄することに決めたが，廃棄を免れた一冊が筆者の手元にある[(5)]。ムスハフ自体に残る物理的な痕跡（水にぬれたことによって表紙がボロボロになっている）によって，ある特定の時期に特定の場所に存在していたことが確証できる珍しい例である。

このムスハフはたまたま，1979年にマッカで起こった歴史的事件に立ち会っているが，そのことが刊本の歴史を扱う本章にとって面白いのは，この事件がサウディアラビアのファハド国王クルアーン印刷所の創業の，わずか手前の時期に起こったことだからである。

マディーナに建てられたファハド国王クルアーン印刷所は，1982年の設立以来年間1000万冊（最大その3倍）の生産力を誇る世界最大のクルアーン印刷所として，世界中にきわめて美しく正確な刊本ムスハフを供給し続けている。それらは多くの場合，無料で配布され，また，巨大な翻訳プロジェクトによってマディーナ版刊本ムスハフと同じ版型を使用した各国語の翻訳も世界中に流通している。それだけではなく，刊本のクルアーンを出版しようとする各国の委員会や出版社にとって，マディーナ版は見本の最たるものと言える。

1980年代から現在までの40年は，刊本クルアーンの業界はマディーナ版色に染め上げられていると言っても過言ではない。ひとつの統一された版型で流通しているものとしては，他の追随を許さない流通量であるし，各国での刊本の制作に与えている影響も大きい。公式発表によれば現在の同印刷所の生産能力は年間1800万冊で，2019年までに生産・流通させた量は3億1700万冊に上る[(6)]。

先ほどのカアバ聖殿で水浸しになった小さなムスハフは，サウディアラビアがそのような怒涛の時代を切り拓く一歩手前の時期の，マッカに国産の刊本がなかった時代，カアバ聖殿にエジプト産の刊本ムスハフが置かれていたことを偲ばせる，小さな痕跡なのである。カアバ聖殿にサウディアラビア産のムスハフが溢れかえるようになるとは，当時はまったく想像がつかないことだったに違いない。

このマディーナ版はカイロ版と異なり，厳密に統一された規格が存在する。24センチ×17センチほどの大判で，茶色い皮の表紙に金の箔押しがしてある。写本の形態を引き継いで左部分に折り返しの覆いがついており，天地と小口は金色に塗られている。最初の見開き頁は写本黄金期の装飾を模した豪華なカラー印刷となっており（紺，水色，緑，オレンジ，金），本文頁の枠はすっきりとした控えめなデザインながらも水色，オレンジ，金の3色で刷られている。端正で過不足なく美しい本文の書体は書道家ウスマーン・ターハーによるもので，各頁15行，全604頁ある。

図 5-2　検品の押印　右下の長方形の部分。サウディアラビア，筆者蔵。

15 センチ×11 センチほどのミニ判もあり，表紙の色にもバリエーションがあって，見開き頁や枠の配色，装飾の文様なども変わってくる。各言語の翻訳版（アラビア語との対訳）となると，22 センチ×15 センチ程度の大きさのものが多く，表紙の色も紺，赤，茶，緑などがあり，折り返しの覆いは付いていない。天地・小口も金色には塗られていない。

このようなサイズ違いや色違いは存在していても，すべて外装は単色にほぼ同一デザインの金色の箔押し，本文はまったく同じ書体で同じレイアウト，必ず 15 行，604 頁，同一の版型である。中も外も一見して，マディーナ版だとわかる。

マディーナ版は，版自体の作製も印刷も検閲もすべて自分たちの印刷所でおこなっており，厳密に統一された規格をまったく崩さない。民間の出版社はかかわっていない。カイロ版が「無形のスタンダード」であったのに対して，マディーナ版はまさに「有形のスタンダード」であると言えよう。

マディーナ版の裏表紙を開くと，遊び紙にそのムスハフが宗務省の監督下に印刷された旨を記した奥付があり，その上に検品済を示すスタンプが押されている（**図 5-2**）。このスタンプはアズハル機構などの直筆サイン入りの許可証が刷版自体に組み込まれて各ムスハフに掲載されているのとは異なり，印刷・製本の済んだ完成したムスハフに 1 冊ずつ，後から手で押したものである。2 センチ×5 センチに満たない長方形のスタンプで青色のインクが使用されている。

クルアーンを印刷するためには，まず本文（子音と長母音からなる文字列）を一文字の誤りもなく書く必要がある。その上で，本文は章に分けられ，各章の見出しが付けられる。見出しにはその章の名前が書かれ，場合によってはその章が成立した時期（預言者ムハンマドの活動時期の前半である「マッカ期」であるか，後半である「マディーナ期」であるか）と，章に含まれる節の数などが加えられる。次に，本文には節と節の句切りを示す印が挿入され（多くの場合円形で，植物文様などの装飾が加わる），その印の中には節の番号がふられる。なお，マッカ期・マディーナ期の判別は解釈行為の一部であり，本来のムスハフの内容ではないので，近年では各国でこれを書かない版も普及している。

これらの行程は，写本時代および刊本成立の初期にはその一つひとつが大変な「イジュティハード（解釈の営為）」であった。発音される音をどのような文字で表記するのが正しいのか，本文以外の要素をムスハフの中に記載することが許されるのかといったことは必ずしも自明のことではなかったからである。章の名前も決まってはいなかった[(7)]。

現代ではそのすべてがカイロ版（フアード版，ファールーク版）に則しているため，新たに刊本を作ろうとした国などの学者集団が，改めて「イジュティハード」をおこなう必要がほとんどなくなっている。次に，大きな難題となるのが，本文に付す母音記号や，読誦・朗誦の際にどこで息継ぎをしてよいか等を示す読誦規則上の記号を加えること。あるいは，巻（クルアーンの全文を章や意味のまとまりに関係なく，長さによって30等分したまとまりのこと。また，その半分や4分の1に区切ることもある）の切れ目を確定すること，さらに東南アジアであれば，朗誦の際にひとまとまりにできるような意味上の切れ目の印を加えることなどがある。

先の行程に比べると，これらの行程は解釈の余地が残っており，現在でも学者らの真剣な解釈の営為が要求されている。もちろん，カイロ版やマディーナ版など，先行する刊本の中でも権威が確立し，信頼性が高いと評価されているものは参照の対象となる。

ここまで済めば製版のもっとも重要な部分は終わる。あとは，最初の見開き頁の装飾や，各頁の枠のデザイン，表紙の装丁など，アーティスティックな作業になる。現在ではこの部分にカラーインクが使われることも増えてきたが，アラブ（カイロ，マディーナ）の刊本は概して簡素である。特に，本文を囲む枠の部分はきわめて禁欲的で，直線の縁の中にわずかに幾何学文様や植物文様が描かれているだけである。

この部分に新たな試みを盛り込んでいるのは，東南アジア，特にマレーシアである。マレーシアで現在もっともポピュラーな刊本のひとつとなっているのが，ルストゥ財団のムスハフである。この財団は独自の育成センターを持ち，国際水準に達することを目指す書道家・装飾家を擁するとともに，校訂・検閲部門も設けており，ここの校訂・検閲技術は政府にも供給されている[(8)]。

このムスハフは，本文および諸記号等についてはマディーナ版に依拠しており，オーセンティックで洗練された仕上がりとなっている。それに対して，斬新なのが本文を囲む枠の部分である。あくまでも先例から外れない直線の縁を採用していながら，その縁の中に南洋の花々や果実をかたどった文様が盛り込まれている。それらはややデフォルメされたデザインが規則的で調和的に並べられ，やさしいタッチで彩色されている。その地域に固有の生態環境が独特の色彩感覚で表現されており，ムスハフとしては異彩を放っている。

以上，黒字のテクストの周囲に彩色の装飾を加えれば，製版は終わる。その後，印刷機にかけて印刷され，さらに製本されて，刊本ができ上がる。最後に重要となるのが，刷り上がった後に，本文にかすれや印刷ミスがないかを確かめる作業である。後付けの枠や枠外のヘッダーなどに多少の疵があっても問題がないのに対し，本文がわずかでも損なわれていた場合には，その本は人目に触れることが禁止され廃棄の対象となる。

サウディアラビアの検品スタンプはこれを手作業で確認していることを意味する。写本と異なり，大量生産される刊本は最終チェックが現実的には難しい。学者，アーティスト，技術者合わせて1500人を抱えるとされる巨大印刷所ならではの行き届いたケアと言えよう。

3　現代における刊本の校閲と読誦学者

以上のような刊本製作には，書道家，装飾家，印刷技術者，ウラマーらがかかわっているが，その中でもそれぞれの刊本が誤りなく，正しいものであることを担保し，確証する役目を担っているのは果たして誰であろうか。つまり，その人物がいなければ，本文を確定することができず（母音表記や文の切れ目の校訂ができない），かつ，でき上がった新たな刊本が正しいバージョンのひとつであることも保証されなければ，さらに，ミスによる誤表記がないかどうかを校閲することもできないような人物である。

答えは読誦学者（ムクリウ）である。刊本が，確かに「正しいクルアーン（預言者ムハンマドから伝えられた通りの，あるいは第3代正統カリフ・ウスマーンが正典として制定した通りの，さらにはカイロ版を通じてアズハルのウラマーらが合意した通りのテクスト）」であることは，根本的に読誦学者による検証に依存している。読誦学者とは，7世紀以来伝承され続けてきた通りにクルアーンを正確に諳んじることのできる（とみなされている）人物のことで，口頭の相伝によって師匠から読誦規則のすべてを引き継いだ読誦のプロフェッショナルである。彼らは皆，預言者ムハンマドから自分に至るまでの師匠の名前の連なった「鎖

（スィルスィラ。伝承経路のこと）」を持っており，これがその学者が正統的な伝承者であることを保証する。

本文の校訂にも，印刷の許可を出すのにも読誦学者が不可欠である。それは，現代でも変わっていない。現場では，読誦学者らの指揮の下，クルアーンの全文を暗誦できる校閲スタッフらが自らの記憶の中のクルアーンに照らし合わせながら，新たな刊本のゲラ刷りに誤表記がないかチェックし，訂正を加える。

もちろん，カイロ版，マディーナ版が流通している現代では，多くの校閲者たち，特に年若い世代は自分自身がクルアーンの読誦を学習し暗記をおこなった際に，刊本を補助具として使っている。また，校閲の作業中でもすぐに確認できるように手元に先行する正統的な刊本を置いている。かつての読誦学者らがムスハフにまったく依存せず（読誦学者には盲目の人が少なくなかった），現在でも特にアラブ圏の年配の師匠たちがムスハフをほとんど使わないのとは対照的である。

いずれにせよ，クルアーンの本文はムスハフだけでは再現することはできない。刊本のムスハフが音をかなりの程度正確に文字表記に落とし込んでいるといっても，師子相伝で音としてのクルアーンを習ったことのない人間には，楽譜を読めない人間が楽譜を眺めるのと同じ程度の意味しかない。その観点で，刊本がどれほど有効な補助手段だとしても，あくまでも音の習得があってのことなのである。

もう一度**表 5-1** を見てみよう。それぞれの刊本に許可を与えたアズハルの委員会のメンバーを時代ごとに追って行くと，面白いことが見えてくる。1960 年時点では委員会の平委員であったフサリー師が，60 年代を通じてカーディー師の下で副委員長を務め，ついに 70 年代後半には委員長になっていることがわかる。

実は，このフサリー師とは有名なマフムード・ハリール・フサリー師，つまり 1950 年代から 70 年代にかけてエジプト国内外にその名をとどろかせた不世出の大朗誦家のことである。朗誦家として最初にレコード録音が出回ったのも彼であり，ハスキーな声と正確で力強く確信的でそれでいて温かみのある読誦で広く愛された。死後すでに 40 年以上経過した現在でも，もっとも多く出回っている録音のひとつは彼のものである(9)。

4　刊本時代の特徴とデジタル化

ここで，クルアーンが写本から刊本へと変わったことで生じた変化についてまとめてみたい。刊本のクルアーンには次のような特徴がある。①インクの数（黒

1色，2色，3色以上，フルカラー），②紙の種類（1980年代まではゴワゴワの分厚いもの，80年代後半から現在は薄くてツルツルのものが主流になっている），③書体（カイロ版が数種，マディーナのウスマーン・ターハーによるもの，それを利用したもの，南アジアや東南アジアに特有のもの），④行数（15行から17行が主流），⑤節の頁またぎ（1990年代まではまたぐ，またがないの2種，現在はマディーナ流のまたがないもののみ），⑥表紙の形状（折り返しがある，ない），⑦表紙の装丁（皮，紙のハードカバー，紙のソフトカバー，チャック付き，箱入り），⑧表紙のデザイン（マディーナ版の単色に金の箔押し，アラブ風の数色の色と金の箔押し，東南アジアの極彩色），⑨例外的に刊本のどこかに図版が入っているもの（表紙にモスクの線画，見返しにオスマン伝統のマーブル技法で描いたチューリップ，イラン製の花柄模様の表紙など）。

これら刊本ムスハフに見られる写本との違いは，まず単色刷りが主流であることである。写本時代，そもそもムスハフは制作に大金のかかる威信財や公共財であったために，インクの数に最初から制約がかかっていることは少なかったと考えられる。それに対して，刊本は今や一般の人びとが安価に買って日常使いするものとなったため，圧倒的にコストダウンが重視される。初期には印刷技術上の制約によって単色であったのだろうが，フルカラー印刷が可能になった現代でも単色や2色刷がもっとも出回っているのは，そのような理由によるであろう。

次に，行数の統一である。また，一冊の刊本の中で文字のサイズが一定であったり，使われている書体が一種類のみであったりすることは，写本時代にはなかったことである。刊本は一冊の中での統一性が写本に比べてはるかに高い。刊本には，写本時代にはよく見られたような，書や装飾にそれぞれ複数の人間が携わっていたり，頁によって書き手／描き手が異なったり，本文と装飾部分で作成年代が大きく異なったり，あるいは，第三者によって装飾部分や装丁が作り変えられるといった改変がない。行間に装飾がなくなったことも大きな変化である。刊本の装飾は本文を囲む枠内に収まっていることがほとんどであり，文字列の部分へははみ出してこない。

以上から，次のことがわかる。写本時代，クルアーンの写本はティムール朝風や，マムルーク朝風，サファヴィー朝風，オスマン朝風，マグリブ風，ジャワ風，アチェ風など，それぞれの王朝や地域が固有のテイストを持っていた。好まれる書体や，使用される色，文様は互いに大きく異なっており，共通部分は直接的な影響関係が存在したところにだけ見出せる程度である。それに対して，刊本には地域を超えて共有されるスタンダードがある。カイロ版とマディーナ版の間でも差異よりは共通性の方が目立ち，また各地の刊本もこの2つとの距離が非常に近い。その中で，全体の枠組みはカイロ版，マディーナ版に依りながら，かろうじて地域固有の伝統的な書体を使うことでナショナル・アイデンティティを表現したり，唯一自由が許されている本文を囲む枠の中で地域のモチーフや独特の色合わせを使うことで地域性を表現している。大きなスタンダード（共有部分）と地域色を出すための小さなフリースペースとから成り立っているのが，現在の刊本の実情であると言えよう。

最後にもうひとつ刊本時代の大きな特徴を挙げたい。それは「ラスム・ウスマーニー（ウスマーン版）」の強調である。各刊本には多くの場合，内表紙に「ラスム・ウスマーニーによる」と大きく書いてある。これは第3代正統カリフ・ウスマーンが正典として制定した通りのものである，という意味である。これに対して，欧米の研究者が「ムスリムたちがウスマーンの時代から伝承され続けていると信じている」と説明することがあるが，事実は少し異なっているように思われる。

なぜなら，7世紀半ば以降，どの地域であろうと，朗誦であろうと，写本であろうと，イスラーム世界には「ウスマーン版」以外のクルアーンが存在したことがないからである。歴史が証明したことは，ウスマーンによる正典化事業が成功し，完膚なきまでに他のバージョンを消し去ったということである。それは東洋学者らの努力にもかかわらず，別バージョンが発見できなかったことが証明している。

そうであるならば，すべてのクルアーンが「ウスマーン版」であることは当たり前のことなのである。そして，実際に，「ウスマーン版」は母音記号が付されておらず，複数の読誦の余地を持っていた（それが読誦流派になる）。また，息継ぎの箇所も記されておらず，複数の区切り方が可能で，それによって意味の解釈上の違いが生まれる（それが法学的・神学的な解釈の複数性を生む）。

そうであるから，現在の刊本がそれぞれ「自分はウスマーン版である」と名乗っていても，テクストは互いに微細な違いを持っており，完全には一致しないのが当たり前である。ただし，この差異については互いを「間違っている」と非難するようなことは基本的に起きない（差異は微細な解釈の違いの範囲に収まっている）。

では，各国の刊本がそれぞれ「ウスマーン版だ」と名乗り続けているのは，どういう意味があるのだろうか。それは，いうなれば「自分たちは統一されたクルアーンの下に集い，唯一正統なファミリーを形成している。われらの刊本クルアーンはみな，ウスマーン・ファミリーである」ということを確認する機能ではないだろうか。それぞれの地域で作製された刊本がそれぞれに「ウスマーン版」であると名乗り合っているのは，そして，新たに生まれてきた刊本クルアーンが自ら「ウスマーン版」であると声高に主張するのは，他に先んじて自らの正統性を主張するためではない。すでに正統性を認められた先行する権威ある刊本たちが形成する「ウスマーン・ファミリー」に自分も属したい，所属できるような出自であると自らの参入権をアピールする言表であると考えれば，上記のような不可解な現象も説明できるのではないだろうか。

20 世紀後半に完全に刊本時代へと突入したクルアーンは，20 世紀末以降には各国の都市部ではデジタル化も進んだ。1990 年代以降 CD-ROM やビデオ CD の形でクルアーンの朗誦と文字テクストが同時に再生・表示できるものが出回った。21 世紀に入ってからはオンライン化も進み，クルアーンのアラビア語本文と朗誦，翻訳やタフスィール（解釈）を再生・表示したり，検索までもおこなえるウェブサイトが増えている(10)［保坂 1998, 2008；Rippin 2006］。

これらのオンラインのクルアーンは，使用がインターネット利用者に限定されているが，刊本に代わるような携帯できるコンパクトな電子クルアーンは 1990 年代以来一定の生産が続けられてきている。ネット依存型ではないためネット環境になくとも使用できる点で一般の人びとにとって利用しやすく，また，モノとしての形があるため贈答品としても利用されてきた。

2010 年前後には，刊本の紙面と朗誦の音声をリンクさせる新しい形でのデジタル機器が登場した。セット内容はペン型の読み取り再生機と，特殊な加工がなされている刊本クルアーンで，紙面の文字列をペンでなぞると，その箇所に対応した朗誦が再生される仕組みとなっている。マレーシアやインドネシアなどで販売されており，自国の朗誦家の朗誦をこの機器の製作のために新たに録音している点で，インドネシアのものが注目に値する。男女の声による 2 バージョンがあり，ともに 1980 年代以降インドネシアの朗誦界を牽引している第一人者である。

2010 年代にスマートフォンが本格的に普及する以前の段階を見ると，新登場した機器として中国製の電子ブックが挙げられる。これはクルアーンの電子版テクストと，各国の朗誦家の朗誦が計数十インストールされており，そのほかにもハディース集などの古典が複数収録されている。

毎年，新たな技術やデジタル機器を利用した新しい形のクルアーンが登場し，人びとの関心を引いている。その一方で，実はクルアーンのデジタル化やオンライン化によっては，クルアーンをめぐる人びとの実践にはさほど大きな変化は生じなかった。一般の人びとにとっては依然として刊本がもっとも身近な存在であるし，デジタル版やオンライン版を利用する都市部の富裕層らも，刊本を活用する場面は多い。確かに朗誦と文字テクストがリンクしている点で一定の人気を持つが，運ぶ手間で言えば現在の刊本はマディーナ版に準ずるような精度のものが，手のひらにすっぽり収まるほどの小さなサイズでも刊行されており，もはや本の持ち歩きが重いとは思われていない[(11)]。

2010年代以降に世界的にスマートフォンが普及していく中で，当然スマートフォン用アプリでも便利なクルアーン・アプリは登場した。クルアーン・アプリは，クルアーンの本文が表示でき，巻（ジュズウ），章（スーラ）の名前をスクロールすることで目当ての節（アーヤ）に簡単にたどり着くことができる。表示されている節をクリックすれば，美しい朗誦の音を鳴り響かせることができ，しかもこの声は世界の名だたる朗誦家たちのものを選べる[(12)]。翻訳も各国語訳を簡単に表示させて，対訳表記にすることができる。さらには，それらのアプリには，毎日刻々と分刻みでずれていく礼拝（サラー）の時刻を正確に表示してくれたり，キブラ（礼拝の方角，マッカの方向）を指し示すコンパス機能なども備わっており，ムスリムが日常的に使うものが全部入っている。

刊本と言えば，15世紀半ばのドイツのグーテンベルクによる活版印刷技術の発明，それによる『四十二行聖書』の刊行が有名である。あたかも，この出来事が世界にとっての刊本時代の幕開けであるかのように錯覚されることもあるが，あくまでもグーテンベルクによって直接的に刊本の時代に入ったのは西洋だけである。

イスラーム圏では650年頃に正典化事業がおこなわれ，マディーナ政府認定の「正典」が発布されて以降，19世紀末までは写本時代が続いた。19世紀後半以降に印刷技術の導入が本格化し刊本が主流形態となるのは，1923年の最初の刊本，1960年代のアズハル・レジームの形成，1980年代以降のサウディアラビアによる大量配布を経てのことであり，わずかこの数十年のことであった。

知識や聖典のテクストが口誦・口伝によって流通するイスラーム圏においては，中国やヨーロッパのように書物が限定的にしか生産されなかった写本時代が，即座にエリートによる知識の独占を意味しない。クルアーンの章句は口誦での伝達と日常的な口頭での使用によって，一般の人びとにとってもアクセス可能なものであった。また，刊本の誕生が書物の大衆化や学問の世俗化を直接的にもたらしたりもしない。クルアーンはもとより，村々の朗誦家が奏でる朗誦や説教師によって滔々と唱えられる章句との日常的な接触などによって，一般の人びとに身近で開かれたものであったからである。

しかし，刊本，さらにはデジタルとオンラインの時代が花開くことは，写本時代との大きな変化も確実にもたらした。クルアーンが口誦の形態で誕生し，その形状のまま流通するという状態が7世紀から21世紀まで続いた。それに加えて，それが同時に文字化され書物化されるという展開も見られたが，刊本化によってムスハフはそれまでとは比べものにならないくらい精密に音を文字表記に落とし込み，それを複製することが可能になった。そして安価さとコンパクトさの実現によって，有用な補助具として爆発的に人びとの間に流布した。

刊本の技術は，音声として朗誦されるクルアーンを正確に維持し，伝達していくという社会的なニーズにとって，有用であったからこそ積極的に取り入れられ，定着した。7世紀以降の書物化や，10世紀までに達成された文字表記の整備などは，いずれも読誦／朗誦（クルアーンの本文）を何とか正確に時代を超えてつなごうとする切実な試みであったが，それは20世紀の刊本化と録音の流布によって格段に精度を増すことができた。

クルアーンが書かれた時，書物の形にされた時，印刷技術が用いられた時，デジタルで表示されるようになった時，いずれの時代でもお目付け役のウラマーらの間ではまず反対意見が大半を占めた。つまり，イスラーム世界は聖典を表現したり記録・保管したりするメディアに対して，常にきわめて保守的で徹底して懐疑的で慎重さを崩すことがなく，年月をかけて吟味し尽くす態度を貫いてきた。技術に引っ張られて物事が先に起こったということは，クルアーンに関してはほとんどなかったと言ってよいだろう。

声に出して誦まれるクルアーンが，文字で表現され記録され，書物の形で出回り，刊本となって，さらにはデジタル化されてすべての人びとの手に渡る。その結果，クルアーンはそれらの技術の導入に踏み切ったウラマーたちが期待した通りに，より完全に統一された姿で存在し，また社会の人びとが欲したように，誰の手にも安価もしくは無料で美しく正確なクルアーンの全文が手に入る。そのような時代を今イスラーム圏は謳歌している。

第Ⅲ部

クルアーンの原型をたどる

これまで，第Ⅰ部では，クルアーンが実態イスラームの社会の中でどのように発現しているのか，どのようにしてそれが信徒たちに生き方を示す「ソースコードの集積」となっているのかを論じ，第Ⅱ部では，「書物」の形となったクルアーンがどのように変遷して，口誦の時代から手稿本の時代を経て，刊本の時代からデジタル時代へと展開してきたのかを検討した。

「書物」としてのクルアーンは，朗誦されるクルアーンの「記譜」としてとらえることが可能であり，史料に残されたほかの証拠や現代の朗誦家がどのようにパフォーマンスをしているかの実態などと付き合わせて，時代を通じて朗誦によってクルアーンが伝えられてきた様子を，推測（ないしは想像）することができる。それを第Ⅱ部で詳しく論じた。

しかし，音そのものは，蓄音機が発明された以降の現代でない限り，記録することができないため，記譜から逆算して朗誦を推測する方法には限界がある。この問題は，クルアーンの「テクスト性と口誦性（オーラリティ）」を追究する筆者にとって，悩ましい問題であった。

なぜ悩ましいかを，少し説明したい。本書の題名にある「神秘力のメディア」とは，クルアーンがメディア装置として神秘力を維持してきたことを指している。「神秘力」とは何か。現代の日本語では「神秘的」という語は，何かしら謎めいていて，ミステリアスであり，それこそ各地の「パワースポット」でこそ感じられるもののように使われている。しかし，成立宗教の一神教の文脈では，神秘とは文字通り「神の秘密」，つまり神だけが知りうるありとあらゆる真理，人間には計り知れない絶対次元におわす超越神自身のことや彼を取り巻く不可視界のあり方，あるいは目に見えている宇宙や物理の裏側に潜む真理などを指すと理解することができるだろう。

そのような「秘密」を伝える力を何かが持たなければ，超越者と相対的な世界を結ぶことができないことは，本書でも論じてきた。振り返ってみるならば，クルアーンは，7 世紀初頭に，ムハンマドにそのような力を与えるものとして生まれた。そのムハンマドの生とともに保有しえた神秘力（神的な魔力と呼びたい読者もいるかもしれない）を，彼の死後もムスリム共同体は，紆余曲折しながらその形や質を変化させて，保持してきた。

現代でも，クルアーンの言葉を活き活きと諳んじ，自他に対してアグレッシブな働きかけをおこなうムスリムたちの姿が目撃されている。しかし，重要なことはそれが決して単調で安定した保持ではなかった点である。「大地を歩くクルアーン」と称されたムハンマド，すなわちクルアーンそのものの体現者とされたカリスマ亡き後，共同体にとって「クルアーン」とは何であり，どれがクルアーンの正しい姿であり，クルアーンの真のメッセージであるのかは常に模索の連続であった。そこにはおびただしい人びとの懸命な努力の積み重ねがあったであろう。

物事は維持されるよりも，風化し失われる速度の方がはるかに早い。それぞれのターニングポイントで誰かが重要な舵を切り，そのたびごとにクルアーンは何らかの変容を遂げた。クルアーンの継承＝保全の歴史とは，徐々にムハンマド時代の形（ムハンマドが放つ生々しい神秘力）から遠ざかり姿を変えていく喪失の記録でもあり，同時にその時その時の危機を乗り越えて次の時代に「クルアーンの神秘力」を持ち越した成功の記録でもある。

クルアーンは，まず音として成立し，音として伝達された。ムハンマドと彼を取り巻く人たちの肉声によって響いたクルアーンが，どのように取捨選択され，成形され，削ぎ落とされ，型にはめられ，整えられていったのか。その変容の実態に，音声記録は存在しないながらも，何とか迫ることができないか，ということが，筆者の長らくの関心事であり，同時にどこに解決策があるのかわからない難題であった。

この部では，筆者の見つけたひとつの解決策について語りながら，クルアーンの元来の特性（音としての特性）に注目しつつ，クルアーンの継承と変容に迫ってみたい。

第6章
イブン・アーシュールの章名論

1　現代から古代へワープすることは可能か

まず，現代の情景を語ろう。音としてのクルアーンが現代に復興している現象を，筆者が痛感した体験がある。2002年9月に，エジプトでのフィールドワークを終え，マレーシアのクアラルンプールに立ち寄った時のことである。ちょうどラマダーン月（断食月）が始まる直前の時期に当たり，連夜テレビでクルアーン朗誦の全国大会が生中継されていた。

中東や西アジア，北アフリカなどの伝統的なイスラーム圏では，クルアーンが伝統的に口伝での継承に重点を置いていることは知識としても知っていたし，またエジプトの村では下々の者が日がな一日，大朗誦家たちの朗誦をラジオでながら聴きし，村々の寺子屋で子どもたちが古老からクルアーンの発音と暗記を教わるのを来る日も来る日も観察していたため，世代から世代へ口頭で伝えられる，いわば古き良きあり方のクルアーンが現存している（かのように見える現象が存在する）こともわかり始めていた。

しかし，先進国の仲間入りをしたと名高い近代的なマレーシアの首都で，伝統や宗教性とは一見そぐわないような形で，クルアーンの朗誦が華々しく取り上げられていることはまったく予想外であった。週末の夜に親子が楽しそうに観戦しているテレビ番組が，クルアーンの朗誦の競技会であることも驚きであったし，テレビの中のキッチュな舞台であるにもかかわらず，20－30代のマレーシア人男女の選手たちの身振りや暗誦の技法，音声がアラブの年季の入った老朗誦家たちのそれときわめて似通っていることにも肝を潰された。

映像から，選手たちが目の前の台の上に刊本のクルアーンを置いていることは明らかであったが，ほとんどの場面で彼らは朗誦中は目を閉じて集中しており，文字列を目で追ってはいなかったし，頁をめくってもいなかった。テレビ画面には，視聴者向けに誦み手が誦んでいる最中の文言のアラビア語表記とそのマレーシア語訳がテロップとして表示されていたが，朗誦は時に反復や，文字列の区切りとは異なる箇所での休止を含んで，文字列とピタリとは一致せずにゆっくりと緩急をつけながら進んでいった。テレビの前の父親は「彼が優勝候補なんだ」とうれしそうに一人の青年を指さし，画面を見守りながら一緒にクルアーンを口ずさんでいた。

学界をふりかえってみると，1987 年に比較宗教学のウィリアム・A. グラハムが *Beyond the Written Word : Oral Aspects of Scripture in the History of Religion*（『書かれた言葉を超えて——宗教史における聖典の口誦性』）［Graham 1987］を世に放ち，諸宗教の聖典が書承性（textuality）よりも根強い根源的な口誦性（orality）を持っていることを訴えた。20 世紀半ば以降に興ったカナダの比較宗教学者ウィルフレッド・キャントウェル・スミス（1916－2000）に代表されるような宗教再考・聖典再考の大きな動きも相まって［Denny & Taylor（eds）1985；Levering（ed）1989；Smith 1993；スミス 1974］，定説のひとつとして定着した。

この著作の中で，グラハムはさらに約 20 年前のカイロ滞在の際，つまり 1960 年代に彼自身が遭遇したラマダーン月のクルアーンの朗誦の情景が着想のきっかけとなっていることを述べている［Graham 1987 : x］。旧市街に満ちる声が，現代にまで続く口誦の伝統を彼に実感させた。

グラハムの最初の体験と筆者が観察する現在の間には約 60 年の歳月が流れ，さまざまな変化も起こった。1960 年代以降，ラジオ放送やレコード，カセットなどの新しい技術の導入によって国際的な音の均一化が始まったことや，1980 年代以降安価で見やすい刊本の流通によって，一般信徒のクルアーン学習が加速し，その結果暗記や朗誦人口が再拡張し，全世界的に「朗誦大会」なる競技会が流行するようになった現象などが挙げられる（朗誦大会については第Ⅳ部で詳しく述べる）。

ここではまず，「音としてのクルアーンには，いかにして立ち戻れるのか」について考えてみたい。ムスリム社会に身を浸し，クルアーンが現代においても音として流通していることを実感したことはよい。では 100 年前は？　200 年前は？　500 年前は？　ムハンマドの時は？　そう問うてみれば，それは決して今と同じ形ではなかったであろう。国際社会もないし，オリンピックにも似た競技形式の国際的な朗誦大会も発案されていない。録音技術もない。地域間の交流もない。書物もない。そのような古代の，アラビア半島の片隅で響いていた音はどんなものだったのか。朗誦が次第に数十人，数百人から，数千人，数万人，数十万人へと広がっていく中で，さらにアラブ人から非アラブの西アジア，北アフリカ，中央アジアの信徒の間で広がっていく中で，音はどのように変化していったのか。パフォーマンスのやり方や機会は？　きっとそれはアラブ的な素朴で土着的だったものから，洗練されて，多文化の混じり合ったものへと多様化していったはずである。しかし，それらをたどる術を 14 世紀後のわたしたちはほとんど持たない。

問いは強く心に響くが解決策への方法がわからない中，ある時，思いもよらないところから道が拓けた。クルアーンの章名である。

クルアーンの章名は，非ムスリムの多くの研究者によってクルアーンの中の 114 の章に 114 の章名が与えられていると認識されているし，現代の一般のムスリムもほとんどの場合そう思い込んで暮らしている。クルアーンの章が複数の名称を持ちうるという事実は，さほど知られていない。

章名の研究者は世界的に数が少ない。アラビア語での著書も数が限られているし，欧米では専門に章名を扱っている研究者はいない。しかし，実際に研究してみると，クルアーンの章名の世界は，尽きることのない泉のように豊かで，そして永久に出ることができない迷路のように入り組んだ面を持っていることがわかった。その迷路の中では，わたしたちが直接触れることのできない近代が，中世が，そしてさらにその奥の古代が，息づいている。まるで，古い時代へワープすることができるかのようである。

実のところ，筆者は入り組んだ迷路の中から出口を見つけた，とまで主張する気はない。これから書くのは，少なからぬ時間をさまざまな時代のタフスィール（啓典解釈書）の読解に取り組み，その中に刻まれた古代や中世の痕跡と触れ合い，また現代に立ち戻ってきて，現代人としての自分の目から見た時に何が言えるのかを考える，そんなワープの旅の記録である。正直に告白すると，フィールドワーカーとして，同じ時代の別の文化，別の人間の生活にダイブすることも骨が折れるが，別の時代の別の人間の思考の中，その人を取り巻く言説世界にワープしようとすることも，予想を越えてストレスが高かった。個人的にはクルアーンの章名の研究はとても気に入っているが，不恰好な迷路の旅をお見せすることになるかもしれないことを，先にお断わりしておきたい。

もうひとつ，お断わりしたいことがある。それは，歴史人類学のことである。上に述べた章名をめぐる筆者の「ワープの旅」の描写から，「歴史人類学」の研究を想起された読者もいるかもしれない。しかし，これは歴史人類学ではない。人類学は「異文化／他者の社会」を研究するが，その社会が過去のものであっても，データさえ十分にあれば研究は可能である。過去の社会を研究する場合に，それは「歴史人類学」という名を与えられる。歴史学・歴史研究とどこが違うのかと言えば，わたし自身の理解では歴史学にとっての歴史は，現在につながる時系列の中に存在する（そして，多くの場合にはそこにはうっすらとした優劣の感覚がつきまとってしまい，過去を「現代未満」とみなす）が，歴史人類学は一つひとつの「時代」を固有の「異文化」としてみなし，そこには一定の「自律したひとつの価値体系」（現代の常識とはどれほどかけ離れていようともそれは「劣ったもの」や「未熟」「未発達なもの」ではない）があることを前提とする。それに対しては最大限敬意を払おうと努め，過剰に現代との比較や連続性において評価を下すことを禁欲する。それは過ぎ去った通過点ではなく，「現代」と並び得るような固有の文化を持つ独自の社会のあり方で，現代人の常識を一つひとつ脱ぎ捨て，その時代の常識を一つひとつ身に付けることで，その時代人と同じように物が見えるようになるはずである。こういった希求や捉え方は，歴史学の中にも人類学に近い視座を持つ潮流があり[(1)]，両者の間の近接性は高い。

これに対して，本章は，クルアーンの解釈書というジャンルを用いて，「クルアーンの章名」の変遷を探ろうとするものなので，歴史人類学ではなく，文献学に基づく思想史研究に近い。それを人類学を主たる専門とする筆者がおこなう。

2　2つの学問領域

クルアーンをめぐる研究において，「章名」（アスマーウ・アッ＝スワル，asmā' al-suwar「諸章の名称」）ほど，その重要性にもかかわらず研究者の関心の射程外にあった主題はないように思われる。イスラーム世界内部の学問としてのクルアーン学 'ulūm al-Qur'ān も，西洋で発展したクルアーン研究 Qur'anic Studies も，クルアーンのテクストに関する諸問題を扱う。具体的には，①「神の言葉」としてのテクストを伝達／表現する者としての預言者ムハンマドの生涯，人格，生活環境等について，②クルアーンが形成された状況や経緯，③テクストの起源や由来，④編集の経緯と正典化のプロセス，⑤テクストの構造，形式，言語，表

現様式，⑥内容やトピック，⑦年代順配列の復元，⑧テクストの発展過程などである。(2)

章名に関する議論も伝統的にこの分野に含まれると考えられてきた。章名については，主として⑤の中で言及されることが多いが，説明は通常は数行の概説に留まり，章名が改めて論文や著作の主題として論点化されたことはこれまでにない。

たとえば，イスラーム学術書で定評のあるブリル書店（オランダ）の『クルアーン百科事典』（英語版）には以下のような説明がある。

> 章の名前（Sura names）は内容を短縮したものではなく「標語（catchwords)」であり，本文からクルアーンにおいて珍しい（例：第 80 章のスーラトゥ・アバサ，「彼は眉をひそめた」）もしくは覚えやすい特定の語彙素，あるいはその章において論じられた主要な話題，あるいは時にはその章の冒頭の語を取り出している。章の名前には完全な合意が存在せず，ひとつ以上の題名（title）で知られる章もある。［Neuwirth 2006 : 166］

わたしたちが手にできる章名に関する説明はいずれもこの程度のものである。このような説明には，章名の名付けには系統的な理由がない，あるいは命名はアドホック（場当たり的，その場限り）になされた，との認識が含意されている。(3)

「内容を短縮したものではない」のはなぜか，本文から「珍しい」あるいは「覚えやすい」語を取ってくるのはなぜか，あるいは「冒頭の語」を章名とするのはなぜか，そして章の名前がひとつとは限らず，複数の名称を持つのはなぜなのか。いずれも，クルアーンの「章名」を「書物における章のタイトル」と考えると，やや奇妙である。また，『クルアーン百科事典』には言及されていないが，隣り合った複数の章がひとつの名称で呼ばれること，あるいは別々の章が同一の用語によって名付けられることも起こり，これはさらに説明が必要とされることであろう。

欧米において 18 世紀以来確立してきたクルアーン研究には，クルアーンの「章」を研究の有用な単位と認識しない傾向が根強く見られる。クルアーンを史資料として活用するために，章構成をばらばらにして，テクストを時系列順に並べ直すことがもっとも基本的な作業のひとつとされたためである。その中では，単位としての章や章名の意義を考えるよりも，章の順序も，場合によっては章というまとまり自体も解体することが不可欠の作業であった。

この作業は東洋学においては成果を上げ，ネルデケの説を基礎として修正を加えたものが定説として確立し［Nöldeke 2000；Nöldeke et al. 2013］，1950年代頃にその探究はほぼ終了した。その一方で，章を章としてみなすこと，すなわち有意なレファレンスの単位としてとらえる基本的な視角を欠いているという問題は，意識されないままにきた。

現代でもクルアーン研究の中に，章を章として扱う態度は弱く，章という単位をめぐる研究は20世紀も終わり近くになって設定された新しい主題に属する(4)。その帰結として，章の名前の由来さえも明らかにされていないのが現状であり，クルアーンを分析する上での基本的データがこの点において不足している。

クルアーンの内容と構成を考える上で，章名を取るに足らない周縁的な主題として扱うことは正当とは言えないであろう。クルアーンの引用や参照の箇所が，章名と章の中の位置によって言及されることがスタンダードであることを考えると，章名の意義や由来について概説以上のさらなる本格的な研究が必要とされるのである。章が章であることに意味があるとみなし，レファレンスの単位としての章の意味を明らかにしなければ，クルアーンというテクストの構造・構成は明らかにならない。少なくとも，章名が何であるかを把握する前に，これに対して研究に値しない主題という予断を持つことは許されないであろう。

そこで，筆者は章名（章の呼び名）を対象に調査を開始した。まず，刊本として入手可能な啓典解釈書に対してほぼ悉皆と言える調査をおこなった結果，章名論についてのもっとも重要な文献としてイブン・アーシュール（1879－1973）の啓典解釈書『検証と啓発の啓典解釈(5)』［Ibn Āshūr 1984］を措定した。イブン・アーシュールは，古今の文献を参照しているのみならず，口承の朗誦に際しての章名にも言及している点で，筆者の研究にとってきわめて有益であった。

それに依拠し，別名や異名，異称を含め存在したとされる章名を整理し，提示する。さらに，「名付けの方法・理由」に関するイブン・アーシュールの方法論をもとに分析をおこなうことで，クルアーンの章の名がいかに名付けられたのか，すなわち，クルアーンの章名とは何であったのかの一端を解明し，従来の消極的定義を超えてその実態の把握に努めたい。

「クルアーン qur'ān」の語が「（声に出して）誦まれる／読まれるもの」を意味するのに対して，文字によって書き下された状態のクルアーンのことを「ムスハフ muṣḥaf（書き記された素材の断片，紙の集合）」と呼ぶ。断片的に書き留められただけのものではなく，一冊に閉じられた書物型のムスハフが最初に登場するのは，650年頃の第3代カリフ・ウスマーンによる結集・正典化以後のことである。このことについては前述した（77－80頁）。

実は，「章名」を考える上で，文字による記録の存在しない空白の期間が3期ある。

①クルアーンの形成開始から正典化（書物化）までの主として口誦によって保持・伝達された時期（610年頃－650年の約40年間），②書物化以後から現存する最古のムスハフが確認できるまでの時期（650年－7世紀後半[(6)]），③現存する最古のムスハフ以後から章名が書かれたムスハフが登場するまでの時期（7世紀後半－8世紀[(7)]）。

言うまでもなく，ムスハフ（書物）に章名が書かれていないことは，ただちに章名が存在しなかったことを意味するわけではないが，9－10世紀頃からは章名が記されている写本が出始めるため，それ以後は写本ムスハフから直接そこに記された章名を採集することが可能である[(8)]。上記の3期に使用されていた，あるいは存在していた章名を採集しようとすれば，それらを記録している間接的な史資料を使用する必要がある。しかし，同時代的な史料は少なく，（1）預言者言行録（ハディース ḥadīth）および教友の言行（ハディース集にも一定程度収録されている[(9)]），（2）イブン・ナディームの『目録』（987/8年に編纂）［清水 2014］などに依拠せざるをえない。

一方，7世紀以後現在に至るまでの歴史を通じて実際に使用されていた章名は，ムスハフに記されたものだけとは限らない。口頭で使用されたものや人口に膾炙したものについて，文字で記録されることは少ないが[(10)]，ウラマー（学者）に主導された学問的世界の上で用いられた章名で文字記録として残ったものについては，クルアーン学および啓典解釈学の膨大な文献が手がかりとなる。

章名論は，従来はクルアーン学の範疇だと認識されてきたように思われるが，実際はクルアーン学の文献では例示が中心を占め，章名論が詳細になされたり単独の主題として著作の対象となったりすることはなかった。古典から現代に至るまでのクルアーン学における二大基礎文献であるザルカシーおよびスユーティーの著作には章名にはそれぞれ以下のような記述が見られる。

①ザルカシー（1344–1392）『クルアーン学の明証』（全4巻）

ザルカシーは，クルアーン学において随一の権威とされる。第1巻の第14章「章によるクルアーンの区分，章と節の配列，そしてその数についての智」の中に章名に関する記述がある［al-Zarkasī 2006 : 189–191］。10段落ほどのコンパクトな記述で，①章名はひとつであったり，複数であったりすることをまず述べ，②多くの章名を持つ解除章（現代標準版でいう悔悟〔9〕章に当たる）や開扉

〔1〕章の諸名称を例示し，③章名が多様であることについての考察（預言者までさかのぼれるか，あるいは時と場合に応じて使われるようになったのか，いかにして章名が決まったか）が必要であると主張している。さらに④アラブにおける名付けの美学を論じている。

特に⑤諸預言者の記述は複数の章にまたがって見られるが，彼らの名前が，ある章では章名になったり，ある章では章名にならなかったりする理由を説明している。また⑥神秘文字（後述，154－155頁）で始まる章に章名が付けられた方法，および神秘文字と章の内容の連関性（章における特定の文字の含有量）を説明し，この章を終えている。

②スユーティー（1445–1505）『クルアーン学の大全』（全2巻）

スユーティーは15世紀に活躍した碩学で，著作もきわめて多い。この書の第1巻の第17章「クルアーンの諸名称とその章の諸名称についての智」の中に章名に関する記述がある［al-Suyūṭī 1974 : 186–201］。スユーティーの記述は，複数の名を持つ章についてのその諸名称の例示が中心であるが，その前後に若干の議論が付されている。まず① sūra（章）の語の説明をおこない，②その上で「章とは，伝承によって標題を付けられたかたまりであり，すなわち，預言者へさかのぼることのできる特定の名によって名付けられたものである」と定義を示している。さらに，章名をめぐる肝心な問題，すなわち③「その中において何々が言及されているところの章」と呼ばなければならないのか，それとも「何々章」と呼ぶことが許されているのかという問題について，前者の典拠となるハディースの伝達経路の脆弱性を理由に，「何々章」と呼ぶことが可能であると結論付けている。

そのあとに例示が続く。複数の名を持つ章のみを取り上げ（114章中40章），それぞれの章について別名を列挙している。それらを数えると別名を約100収録していることがわかる(11)。この収録数の多さはきわめて異例である。

例示のあとでスユーティーは注を付け加えて，その中で章名論を展開している。ただし，原則的にザルカシーからの引用で構成されている。前述のザルカシーの③～⑤の議論をそのまま引用した上で，⑤の諸預言者に由来する章名については持論を補足している。

現代のクルアーン学でも，いまだにほとんどの章名論は上記の二大古典に依拠しており，大きな展開はなかったことが推測される(12)。章名論についてはザルカシー，章名の具体例についてはスユーティーを参照することがおこなわれている。

一方，啓典解釈書にも章名に関する言及が見られることは周知のことであるが，実際にはかなりまばらで，章名についての議論は数が多くなく，まとまってもいない。たとえば，古典でもっとも著名であり，同時にもっとも大がかりとされるタバリーの『クルアーン章句解釈における全解明』（全 12 巻）でも，章名の収録数は決して多くはない［al-Ṭabarī 1968］。別名の例示は開扉〔1〕章に対する数個に留まり，章名の総数は 120 を超えない(13)。他の主要な啓典解釈書の記述においても大差はない(14)。

3　イブン・アーシュールの位置付け

前節に例示したように，クルアーンの章名についての記述は，クルアーン学と啓典解釈学の文献の中に見つけることができる。しかし，章名に特化した文献は存在せず，それぞれの文献の中に見られる議論は簡略なもので，具体的な名称の例示の数も，114 の章に対して，総数が 150 を超えるものはほとんどない。

啓典解釈学というジャンルにおいて記録された章名の総数は，450 ほどであるが(15)，実際に個別の啓典解釈書が収録している章名の数は多い場合でも 200 以下である。それに対して，総数約 450 のうちの 8 割を収録している例外的な啓典解釈書がある。それがイブン・アーシュールの『検証と啓発の啓典解釈』［Ibn Āshūr 1984］である。イブン・アーシュールの啓典解釈書は，章名の収録数が群を抜いて多いだけではなく，章名をめぐる議論もまたもっとも詳細で本格的である。従って，「章名がいかに名付けられているか」を論じる際に，典拠としてイブン・アーシュールが最良であると判断することができる。

ムハンマド・ターヒル・イブン・アーシュール（Muḥammad al-Ṭāhir ibn ʻĀshūr）(16)は，1879 年に北アフリカの中央に位置するチュニジアの首都チュニスで，イドリース朝の末裔である著名な一族に生まれた。彼はクッターブ（クルアーン塾）で初等教育を受け，アラビア語とクルアーン，若干のフランス語を学んだ。1892 年（13 歳頃）にはザイトゥーナ学院に入学し，当時もっとも卓越していたウラマーのもとでイスラーム諸学の基礎を修めた［Nafi 2005 : 8］。1896 年にはわずか 17 歳前後の若さで教壇に立ち(17)，1903 年には 24 歳の若さでザイトゥーナ学院の教授資格を得た。その翌年には異例の出世をして学院の要職に就き，そこから彼の生涯にわたるザイトゥーナ教育の改革プロジェクトが始まった［Nafi 2005 : 9］。1932 年にはマーリク法学派(18)のウラマーとしてシャイフ・アル＝イスラーム（法学者の最高位）となり，1956 年にはザイトゥーナ学院の総長に就任した。

著書には『イスラーム法の目的』『イスラームにおける社会システムの根幹』『イスラームにおけるワクフ制度とその影響』『構文と講話の基礎』などがあり［Ṣaqr 2001 : 9］，法学における主著は『イスラーム法の目的』であり，啓典解釈における主著が『検証と啓発の啓典解釈』である。後者は晩年の主著に当たり[(19)]，30巻にわたる大部の著作であった[(20)]。

彼は改革派のウラマーとして高く評価されている人物であり［Nafi 2005 : 13-17］，現代の宗教的・社会的状況を批判的に見て改革を志しながら，イスラームの議論を展開したと理解することができる。このことは，従来の啓典解釈書には見られなかったような章名論にもその一端が表われていると思われる。

なお，古典では主題を章名に絞った著作はないが，現代では，学術的な論考として書かれた章名論が数点ある。ドゥーサリーによる『クルアーンの章名とその功徳』は［al-Dūsarī : 2005/06］，クルアーンの章名を主題としたおそらく最初の単著である[(21)]。

この著者は，クルアーン学の学者たちによって主張された「章名は預言者にさかのぼるものでなければならない」という観点を継承・重視し［al-Dūsarī : 2005/06 : 73］，典拠（dalīl）を詳細に列挙することで自らの章名論の全体を作り上げている。論の構成は①それぞれの章名を預言者時代から存在するのか（tawqīfī），学的努力（イジュティハード）によって創出されたのか（ijtihādī）によって峻別し，②それぞれの名称に対して典拠を挙げ，それについての調査結果を詳細な脚注で付けている。

そのあとで③それぞれの名称の名付けの方法（wajh al-tasmiya）をまとめている。その内容はイブン・アーシュールの啓典解釈書や，マハーイミー（14－15世紀の南アジアのイブン・アラビー学派の神秘主義者），サハーウィー（15世紀のアラブの歴史家）などの古典の記述に依拠するもので，章名の名付けに関して先行するものを整理している点で労作と言える。

具体的な章名の収録数は，114の現代標準版のほかに約220の名称を取り上げており網羅性はかなり高いと言えるが，イブン・アーシュールの水準には達していない。また，名付けの方法と理由についての分析と考察もイブン・アーシュールの体系性には及ばない。

4　イブン・アーシュールの立論の特徴

もともとは「囲い」を意味するsūraの語が，クルアーンの「章」を指す語として用いられるようになったのは早い時期であるが[22]，預言者時代，すなわちクルアーン成立の最中であったかどうかについては議論が分かれている。クルアーンの章の名称は「アスマーウ・アッ＝スワル asmā' al-suwar（章の名前）」と概括的に呼ばれ，14世紀頃にはクルアーン学の用語として定着したと考えられる[23]。

クルアーンの全文は114の章に分かれ，それぞれの章の長さはまちまちである（一番短い章が3節，一番長い章が286節から成り，節の長さもまちまちで，一番短い節が1語，一番長い雌牛〔2〕章282節は100語を超える）。クルアーンの章は，おおむね長い章から並び，短い章が最後部に来る配列になっている[24]。現代標準版では，ひとつの章に対してひとつの章名が確定しており，よって114個の章名がある（**表6-1**の「現代標準版の章名」，次頁参照）。

啓典解釈書における章名論の種類には，①別名を紹介する，②章名の典拠（由来，誰が名付けたり使ったりしたのか）を示す，③章名と章の内容や具体的な節との連関がわかりにくい場合にはそれを説明する，といったものがある。すべての章に対して章名に関する言及が存在することはなく，多くの場合には開扉〔1〕章や悔悟〔9〕章などのごく一部の章に対してのみなされる。

それに対して，イブン・アーシュールの章名論はすべての章に対してなされており，必ず各章の冒頭部分に章名についての記述を設けている点が特徴的である。言及がない章はない。ひとつの章名しか挙がっていない章であったとしても，章名に関する記述は必ず存在する。従来の章名論が「章名が多様であること」，すなわち「複数の名を持つ章」のみに関心が傾斜していたこととは，はっきりと対照的である。また，前出のスユーティーが複数の章名がある章の数を40としているのに対して，イブン・アーシュールの網羅的な記述ではほとんどの章に複数の名称が列挙されている。

さらに，彼の章名論が特徴的であるのは，同一章に付けられた複数の名に対して優劣をつけ，用例の多寡や章名の意義についてグラデーションを描き出している点である。それは①人びとの間で有名となったか否か，②東西の諸ムスハフ，諸啓典解釈書，諸ハディース集の中で使われているか，③ブハーリーやティルミズィーなどの標準的なハディース集の中で標題として使われているか，あるいはマイナーな名称であるならば④誰がその名を書き記したのか，⑤どこで口頭によって使用されているのか，によって判定されている。

イブン・アーシュールは先行する諸啓典解釈書およびクルアーン学の成果を考証の上で継承しており[25]，章名についても典拠（dalīl）を示し，その章名の正当性について検討を加えることをおこなっている。ただし，彼の記述には章名が「タ

表 6-1　章名一覧

章番号	現代標準版の章名 Sūra+	イブン・アーシュールの標題と諸名称	イブン・アーシュールによる典拠	イブン・アーシュールによる名付けの方法
1	開扉章 al-Fātiḥa	【標題】sūra al-fātiḥa（開扉章）		〔fatiḥa al-kitāb の省略形〕
		fātiḥa al-kitāb（啓典のはじまり）	スンナにおいて確定している。預言者の言葉を伝える多くのハディース。	「開く」の能動分詞。啓典を開くの意。
		al-saba‘ al-mathānī（7つの称えられるもの）	スンナにおいて確定している。預言者の言葉を伝えるハディース（ブハーリーの『真正集』）。	アーヤの数から（7つのアーヤがある）。
		umm al-qur’ān（クルアーンの母）	スンナにおいて確定している（ブハーリーの『真正集』ほか）。	「母」の語はすべての根源に対して付けられる比喩である。3つの方法から成立している：(1) 始点であり開始の場所である，(2) クルアーンの意図をすべて含む（神を称える，神の唯一性の確立，命令と禁止），(3) クルアーンの意味するものがすべて含まれる（諸規定，神の唯一性，属性，預言者性についての知，格言，物語など）。
		umm al-kitāb（啓典の母）	以上3つの名前〔クルアーンの母，啓典の母はひとつと数えられている〕のみが真正のスンナにおいて確かなもので，スユーティーが挙げているほかの20数個は典拠が定かではない〔ため，収録しない〕。	
2	雌牛章 al-Baqara	【標題】sūra al-baqara（雌牛章）	預言者から伝わる（アーイシャから伝わるハディース）。	章の中で雌牛の物語が語られているから。
		sanām al-qur’ān（クルアーンのこぶ）	諸ハディース合致（『二大真正集補遺（ムスタドゥラク）』に収録）。	〔ラクダのこぶからの比喩〕。
		fisṭāṭ al-qur’ān（クルアーンの天蓋）	ハーリド・イブン・マアドが言った。	法規定がたくさん述べられている場所を囲うもの〔という意味〕から。
3	イムラーン家章 Āl ‘Imran	【標題】sūra Āl ‘Imrān（イムラーン家章）	預言者と教友の言葉（ムスリムの『真正集』，『ムスナド』ほか）。	章の中でイムラーン家の徳が語られているから。
		al-zaharā’（華やぎ）	預言者がそのように形容した（ウバイイ・アマーマのハディース）。	〔この章の宗教的・精神的効用に対する表現〕
		al-amān（安心，安全）	おそらく彼〔アールースィー〕はそれをクルトゥビーの解釈の中の言葉から借りてきた。これら〔以下4つ〕の名称をほかのところで見たことがない。	

		al-kanz（宝）	アールースィー〔の啓典解釈書〕	〔この章の宗教的・精神的効用に対する表現〕
		al-mujādila（抗議する女性）	アールースィー〔の啓典解釈書〕	
		sūra al-istighfār（赦しを乞う章）	アールースィー〔の啓典解釈書〕	
4	女性章 al-Nisā’	【標題】sūra al-nisā’（女性章）	初期世代の言葉（ブハーリーの『真正集』）ムスハフ，ハディース集，啓典解釈書でも同じ名称。	〔女性に関する記述が多いから〕
		sūra al-nisā’ al-ṭūlā（より長い女性章）	信頼性は不明。	sūra al-nisa’ al-quṣrā（より短い女性章）〔離婚章のこと〕と区別するために。
		sūra al-nisā’ al-kubrā（より大きい女性章）	フィールーザーバーディーの『諸賢の見識の書（キターブ・バサーイル・ザウィー・アル＝タムイーズ）』以外では見たことがない。	sūra al-nisa’ al-ṣughrā（より小さい女性章）〔離婚章のこと〕と対にして。
5	食卓章 al-Mā’ida	【標題】sūra al-mā’ida（食卓章）	啓典解釈書やハディース集。この名が一番よく知られている。	章の中にイエスの弟子たちが〔食卓が天から下されるようにイエスに〕頼んだ物語がある。
		sūra al-‘uqūd（花冠章）		章のはじめにその語がある。
		al-munaqqadha（救われる場所章）	ハディース	食卓章をよく誦んだ者は懲罰の天使たちによって救われるから。
		sūra al-akhyār（善き者たち章）	教友がそのように呼んでいた（アハマド・ジュルジャーニーの『文人たちの呼び名の書』）。	
6	家畜章 al-An‘ām	【標題】sūra al-an‘ām（家畜章）	神の使徒の時代にはこの名前だけであった（タバラーニーのハディース集）。ムスハフ，啓典解釈書，ハディース集でも確定している。	章の中でその語が6回述べられている。
7	高壁章 al-A‘rāf	【標題】sūra al-a‘rāf（高壁章）	預言者時代にこの名で知られていた。	章の中でその語が述べられている，この語はほかの章には出てこない。
		aṭwal al-ṭūlayayn（2つの長いもののより長い方）	ナサーイーのハディース集	al-ṭūlayayn は家畜章と高壁章を指す。
		ṭūlā al-ṭūlayayn（2つの長いもののより長い方）	アブー・ダウードのハディース集	〔同上，ただし冒頭の比較級に男性形と女性形の違いがある〕

		ALMṢ（アリフ・ラーム・ミーム・サード）	根拠は薄弱である〔ので，章名とは言えない〕。	〔冒頭の神秘文字から〕
		sūra al-mīqāt（期限章）	フィールーザーバーディーの『諸賢の見識の書』	ムーサーの期限（ミーカート）が述べられている〔142節〕。
		sūra al-mīthāq（誓約章）		イスラエルの民の誓約の話が含まれているから〔169節〕。
8	戦利品章 al-Anfāl	【標題】sūra al-anfāl（戦利品章）	教友の時代から知られている（ナイサーブーリー『啓示の契機』）。預言者の言葉としては確定されていない。	章が「戦利品」という名詞〔際立つ単語〕がある節で章が始まっているから。
		sūra al-badr（バドル章）	イブン・アッバースが述べている（『大全』に引用されたハディース）。	バドルの戦いの日にこの章が下ったというのが歴史学者たちの一致した見解である。
9	悔悟章 al-Tawba	【標題】sūra al-tawba（悔悟章）	初期世代の言葉の中や多くのムスハフではこのように名付けているものがある。ティルミズィーはハディース集の中でこの名で標題を付けている。	章の中で（タブークの戦いでの3人による）アッラーへの悔悟が述べられている。
		sūra barā'a（解除章）	ほとんどのムスハフ，初期世代の言葉（真正ハディース）。ブハーリー〔の『真正集』〕の中でもこの名で標題を付けている。	
		al-muqashqisha（治癒するもの）	教友や孫弟子など，初期世代の言葉。	
		al-fāḍiḥa（暴くもの）		
		al-'adhāb（懲罰）		
		al-munaqqira（砕くもの）		
		al-baḥuth（探すもの）		
		al-ḥāfira（掘り起こすもの）		
		al-muthīra（表に出すもの）		
		al-mubāthira（ぶちまけるもの）		
		al-mukhjiya（屈辱を与えるもの）	『大全』	「アッラーは不信仰者に屈辱を与える」〔2節〕から
		al-munakkila（萎縮させるもの）	『大全』	
		al-mushaddida（押さえ込むもの）	『大全』	

		al-mudamdima（死滅させるもの）	スフヤーン〔・サウリー〕の伝承	
10	ユーヌス（ヨナ）章 Yūnus	【標題】sūra Yūnus（ユーヌス章）	ムスハフ，啓典解釈書，ハディース集ではそのように名付けられた。	ユーヌスの民について語っている唯一の章である。ユーヌスに対する特別の崇敬がある。ユーヌス本人については整列者章でより広く語られている。
11	フード章 Hūd	【標題】sūra Hūd（フード章）	預言者から伝わる（ティルミズィーが伝承経路良好として伝えるハディース）。ムスハフ，啓典解釈書，ハディース集ではそのように名付けられている。ほかの名は知られていない。	章の中でその名が5回繰り返されている。フードの民についてどこよりも多く語られている。この語が用いられたのはほかのALRで始まる章と区別するためでもある。
12	ユースフ（ヨセフ）章 Yūsuf	【標題】sūra Yūsuf（ユースフ章）	イブン・ハジャルの『教友識別における正鵠』（アル＝イサーバ・フィー・タムイーズ・アッ＝サハーバ）	ユースフの物語が語られているから。家畜章と赦す者章でも名前は出てくるが，この章のようにはほかのところでは語られていない。
13	雷章 al-Ra‘d	【標題】sūra al-ra‘d（雷章）	初期世代の時代に名付けられた。その名に異見がないことから預言者時代にもこのように呼ばれていたことが示めされている。	章の中で雷〔による神への服従〕が称えられているから〔13節〕。この章のようにはほかの章では述べられていないから。雌牛章でも雷は述べられているが，この章の方が雌牛章よりも前に啓示された。
14	イブラーヒーム（アブラハム）章 Ibrāhīm	【標題】sūra Ibrāhīm（イブラーヒーム章）	これ以外には知られていない。預言者や教友の言葉の中に典拠があるかどうかはわからない。	イブラーヒームが語られているから。ほかの多くの章でも登場しているが，その中にはALRで始める章があり，〔ALRによる命名では区別か付かないので〕諸預言者の名前が用いられる。
15	ヒジュルの民章 al-Ḥijr	【標題】sūra al-ḥijr（ヒジュル章）	ほかの名は知られていない。	ほかのところでヒジュルという名称が述べられていない。
		sūra rubbamā（「おそらく」章）	チュニスの寺子屋の先生たちはこの名で呼ぶ。	「ルッバマー（おそらく）」の語はこの章のはじめ以外には出てこない。
16	蜜蜂章 al-Naḥl	【標題】sūra al-naḥl（蜜蜂章）	初期世代の時代に名付けられた。ムスハフ，啓典解釈書，ハディース集において知られている。	蜜蜂という語がほかの章では述べられていない。

		sūra al-ni'am（恵みの章）	カターダが伝えている。	イブン・アティーヤは〔啓典解釈書で〕「アッラーがその章の中でしもべたちに恵みを数え上げたがゆえに」と言っている。
17	夜の旅章 al-Isrā'	【標題】sūra al-isrā'（夜の旅章）	ムスハフの多くで使われている。アールースィーもはっきりとこの名で呼んでいる。	預言者の夜の旅について章のはじめで述べられているから。
		sūra banī Isrā'īl（イスラエルの民章）	教友の時代には名付けられた（ティルミズィーのハディース集)。ブハーリーの〔『真正集』の〕啓典解釈の章やティルミズィーの〔ハディース集の〕啓典解釈の章でも標題として使われている。	イスラエルの民の状況が述べられているから。
		sūra subḥāna（「称えあれ章」）	『諸賢の見識の書』	この語で始まっているから。
18	洞窟章 al-Kahf	【標題】sūra al-kahf（洞窟章）	神の使徒が名付けた（ムスリムやティルミズィーなどのハディース集)。	
		sūra aṣḥāb al-kahf（洞窟の民章）	預言者が名付けた（イブン・マルダワイヒが伝えるハディース)。	
19	マルヤム（マリア）章 Maryam	【標題】sūra Maryam（マルヤム章）	ムスハフ，啓典解釈書，ほとんどのハディース集。タバラーニーなどが伝えるハディース。	〔マルヤムの懐妊およびイーサー（イエス）の誕生が語られている〕
		sūra KHY'Ṣ（カーフ・ハー・ヤー・アイン・サード章）	イブン・アッバースが名付けた。ブハーリーの『真正集』の啓典解釈の章の標題や，信憑性のあるほとんどの写本，ただし，『大全』ではこの名を数えてはいない。	〔冒頭の神秘文字〕
20	ターハー章 Ṭā Hā	【標題】sūra ṬH（ター・ハー章）	ハディース集。クルトゥビーのタフスィールに引用されたハディース。	ムスハフの書き方（2つの文字だけが書かれている）に従って表記し，アルファベットの文字の名称（ターウ，ハーウ）では書かない。
		sūra al-kalīm（話しかけられる人の章）	サハーウィーが名付けている（『大全』)。	
		sūra Mūsā（ムーサー章）	ハザリーが名付けている（『大全』)。	
21	諸預言者章 al-Anbiyā'	【標題】sūra al-anbiyā'（諸預言者章）	初期世代が名付けた（ブハーリーの『真正集』)。	章の中で16の預言者とマルヤムの名が述べられている。このように多くの預言者の名が

				述べられている章はほかにない。家畜章では18の名が述べられているが，この章の方が先に下っていたとする〔と，納得がいく〕。
22	巡礼章 al-Ḥajj	【標題】 sūra al-ḥajj（巡礼章）	預言者時代に名付けられた（アブー・ダウードやティルミズィーのハディース集）。	アッラーがこの章の中でイブラーヒームに〔マッカの〕聖殿への巡礼の呼びかけをどのように命じたかが述べられているから。
23	信徒たち章 al-Mu'minūn	【標題】 sūra al-mu'minīn（信徒たち章）	スンナ（ナサーイーやアブー・ダウードが伝えるハディース）	〔冒頭の語を単独の語として使用し，属格結合で属格になっている〕
		sūra al-mu'minūn（「信徒たちは」章）		〔冒頭の語を文の中の主格のまま使用〕
		sūra qad aflaḥ（「成功した」章）	人びとはこのように呼ぶことがある。	〔冒頭の動詞「成功した」から〕
		sūra al-falāḥ（成功章）		〔冒頭の「成功した」の動名詞〕
24	光章 al-Nūr	【標題】 sūra al-nūr（光章）	預言者時代に付けられた（ムジャーヒドから伝わるハディースなど，ただしこのハディースのイスナードはそれほど信頼できない）。ムスハフ，啓典解釈書，ハディース集。この名しかない。	章の中に「アッラーは天地の光」という節〔光節〕があるから。
25	識別章 al-Furqān	【標題】 sūra al-furqān（識別章）	預言者時代に名付けられた（ブハーリーの『真正集』）。これ以外の名はない。	章の中にこの語が3回出てくる，はじめと真ん中と最後。
		tabāraka al-furqān（識別に祝福あれ）	チュニスの教師たちはこう名付けている。	
		sūra al-mulk tabāraka（大権・祝福あれ章）		〔識別のための複合名詞〕
		tabāraka al-mulk（祝福あれ・大権）		〔識別のための複合名詞〕
26	詩人たち章 al-Shu'rā'	【標題】sūra al-shu'rā'（詩人たち章）	初期世代のもとで有名であった。ハディース集でもこの名が伝わっている。	諸章の中で詩人たちという単語が出てくるのは唯一である。
		sūra ṬSM（ター・スィーン・ミーム章）		〔冒頭の神秘文字から〕
		al-jāmi'a（集めるもの）	イブン・アラビーの『法規定』で名付けられている。イブン・カスィールとスユーティーはマーリク・マルウィーの啓典解釈に由来するものだとして	この表現の方法と特性は明らかにされていない。おそらくは，諸預言者への言及が集められたはじめての章であるから。

			いる。	
27	蟻章 al-Naml	【標題】 sūra al-naml（蟻章）	もっともよく知られている名。	蟻の語はほかの章には出てこない。
		sūra Sulaymān（スライマーン章）	ブハーリーの『真正集』やティルミズィーのハディース集ではこのように名付けられている。『大全』等ではこの2つの名のみが挙げられている。	章の中で預言者スライマーン（ソロモン王）について詳細に語られている。このような語られ方はほかの章では見られない。
		sūra al-hudhud（ヤツガシラ鳥章）	イブン・アラビーの『クルアーンの法規定（アフカーム）』で名付けられている。	ヤツガシラ鳥の語はほかの章には出てこない。
28	物語章 al-Qaṣaṣ	【標題】 sūra al-qaṣaṣ（物語章）	ほかの名は知られていない。	物語の語が〔25節の〕中にある。この語はユースフ章にもあるが，ユースフ章はこの章よりもあとに啓示された。
29	蜘蛛章 al-'Ankabūt	【標題】sūra al-'ankabūt（蜘蛛章）	この名は神の使徒の時代に有名であった（イクリマが伝えるハディース）。	この章は蜘蛛の喩えが述べられている点で特別であるから。
30	ルーム章 al-Rūm	【標題】 sūra al-Rūm（ルーム章）	預言者時代と教友の時代にこの名で呼ばれていた（ティルミズィーのハディース集）。	ルーム〔ビザンチン〕という名の言及があるから。ほかの章では述べられていない。
31	ルクマーン章 Luqmān	【標題】 sūra Luqmān（ルクマーン章）	読誦学者と啓典解釈学者の間で知られている。預言者までたどれるかどうかははっきりしない。	〔賢者〕ルクマーンの語〔人名〕で名付けられている。章の中にルクマーンとその叡智への言及があるから。この名以外はない。
32	サジュダ（平伏礼）章 al-Sajda	【標題】 sūra al-sajda（サジュダ章）	一般に普及しているムスハフに書かれている。	もっとも短縮された名である。
		sūra ALM al-sajda（アリフ・ラーム・ミーム・サジュダ章）	ティルミズィーによる。	〔上の名の〕sūra と al-sajda の間には ALM という語が本当はある。この章を識別させるためには「サジュダ」だけでは不十分である〔から，この名称が用いられる〕。
		ALM tanzīl（アリフ・ラーム・ミーム・啓示）	ハディース（ティルミズィー）	
		ALM tanzīl al-sajda（アリフ・ラーム・ミーム・啓示・サジュダ）	ハディース（ブハーリーの『真正集』）	
		sūra tanzīl al-sajda（啓示・サジュダ章）	ブハーリーが『真正集』の中で標題にしている。	
		sūra al-maḍāji'		寝床という語が〔16

		（寝床章）		節の〕中にある
		al-munajjiya （救うもの）	ダーリミーの伝承（クルトゥビーの啓典解釈にある）。	
		sūra al-sajda Luqmān （サジュダ・ルクマーン章）	タバルスィーのハディース集に述べられている。	ハー・ミーム・サジュダ章〔解明章〕と混同しないようにするため，この章にはひとつ前の章の名〔ルクマーン〕を付記し，同様にハー・ミーム・サジュダ章〔解明章〕も〔ひとつ前の章の名＝信仰者を足して〕「サジュダ・信仰者章」としている〔ここでの信仰者章は23章の信徒たち章のことではなく，40章の別名としての信仰者章を指す〕。
33	部族連合章 al-Aḥzāb	【標題】sūra al-aḥzāb （部族連合章）	ムスハフ，啓典解釈書，ハディース集でこの名で呼ばれている。イブン・アッバースなどが伝える伝承経路に信頼性があるハディース。この名以外は知られていない。	章の中でクライシュ族の多神教徒の部族連合が言及されている。
34	サバア章 Saba’	【標題】sūra saba’ （サバア章）	ハディース集，啓典解釈書，読誦家の間で有名な名である。ただし預言者時代の呼び名とは断定できない。	章の中でサバアの民（イエメン）の物語が語られている。
35	創造主章 Fāṭir	【標題】sūra fāṭir （創造主章）	東方とマグリブのムスハフの多くが用いている。多くの啓典解釈も。	この章のはじめにこの属性があるから。ほかの章のはじめにはない。
		sūra al-malā’ika （天使章）	ブハーリーの『真正集』やティルミズィーの『スンナ集』，多くのムスハフや啓典解釈。これ以外はなく，『大全』もこの2つを挙げている。	章のはじめに天使の特性が述べられている。ほかの章のはじめにはない。
36	ヤースィーン章 Yā Sīn	【標題】sūra YS （ヤー・スィーン章）	神の使徒が言った（アブー・ダウードが伝えるハディース）。ブハーリーやティルミズィーが啓典解釈の章において標題としている。	ムスハフのテキストの冒頭に記された2つの文字から付けられた。ほかの章から区別できるような独特の名称である。音として発音される文字が固有名詞となった。
		qalb al-qur’ān （クルアーンの心臓）	初期世代の中にはこのように呼ぶ者もいる（ティルミズィーが伝えるハディース）。	預言者が「すべてのものに心臓があり，クルアーンの心臓はヤースィーンである」と

			呼び名としては有名ではない。	〔この章を〕描写したゆえに。
		sūra jayb al-najjār（大工のポケット）	1078年書写の東方のムスハフで見た。おそらくペルシアのものであろう。この呼び名は変であるし，典拠もわからない。また，このムスハフは無花果章をオリーブ章としていた〔ほかの点は普通であるのに〕。	〔20節に〕登場する男を指している。
37	整列者章 al-Ṣāffāt	【標題】sūra al-ṣāffāt（整列者章）	一致しているし有名である。啓典解釈書，ハディース集，ムスハフにおいて。ただし，預言者までさかのぼる確固たる証拠はない。	章の中にこの語があるから。ここでは天使たちの描写が意図されているが，大権章ではこの語は鳥を描いている。この章よりもあとに大権章が下った〔ので，この章名はこの章のものとなった〕。
		sūra al-dhabīḥ（供儀される者章）	ジャアバリーの言葉の中で名付けられていた（『大全』）。ただし典拠は不明である。	
38	サード章 Ṣād	【標題】sūra Ṣ（サード章）	ムスハフ，啓典解釈書，ハディース集，初期世代の言葉から。	
		sūra Dāwūd（ダーウード章）	サハーウィーが『読誦者たちの美』の中で名付けている（『大全』）。ただし伝承経路への言及がない。	〔ダーウードは預言者，詩篇のダビデのこと〕
39	集団章 al-Zumar	【標題】sūra al-zumar（集団章）	預言者時代に名付けられた（ティルミズィーのハディース集）。	章の中にその語がある。ほかの章にはない。
		sūra al-ghuraf（部屋章）	ワハバ・イブン・ムナッビフが名付けている（クルトゥビーの啓典解釈）。	章の中でその語が言及されている。「彼らには部屋があり上にも部屋がある」という節から〔20節〕。
40	赦す者章 Ghāfir	【標題】sūra al-mu'min（信仰者章）		
		ḤM al-mu'min（ハー・ミーム・信仰者）	スンナではこの名で名付けられている（ティルミズィーのハディース集）。東方のムスハフではこの名で知られている。ブハーリーの『真正集』，ティルミズィーのハディース集の標題にもなっている。	章の中でフィルアウン〔ファラオ〕の民の中の一人の信仰者の物語が述べられており，ほかの章ではこのことは明確には語られていないから。
		sūra al-ṭawl（惜しみなく与えること章）	この名は徐々に忘れられかけている。	章のはじめで「惜しみなく与えることを持っ

				ている」と言われているから〔3節〕。
		sūra ghāfir（赦す者章）。	マグリブのムスハフで知られている。	章のはじめで「罪を赦す御方」という至高の御方の属性が語られているから〔3節〕。
41	解明章 Fuṣṣilat	【標題】sūra fuṣṣilat（解明章）	多くの啓典解釈書で。チュニスとマグリブで知られている。	章のはじめに「徴が解明された」の語があるから〔3節〕。ḤMで始まる章であるが，ほかのḤMと区別するために〔この章名が使われる〕。
		ḤM al-sajda（ハー・ミーム・サジュダ）	ハリール・イブン・ムッラが伝えるハディース（バイハキーのハディース集）。ブハーリーの『真正集』，ティルミズィーのハディース集の標題にもなっている。	ḤMが「サジュダ（平伏礼）」の語に連結。この章はḤMで始まることとサジュダ句〔その箇所で誦み手がサジュダをすべき章句〕のひとつがあることで特徴付けられているから。
		sūra al-sajda（サジュダ章）	東方のほとんどのムスハフ，啓典解釈書で使われている。	「ハー・ミーム・サジュダ」を省略したもので，識別の意味は薄い。なぜなら〔ハー・ミームがないと〕，どの章のサジュダであるか特定できないので。
		sūra al-maṣābīḥ（灯り章）	カワーシーの『タブスィラ〔洞察者の注解と注釈者の省察〕』による。	章の中で「まことにこの世の天を灯りで飾った」と言われているから〔12節〕。
		sūra al-aqwāt（糧章）		「その中に糧を定めた」と言われているから〔10節〕。
		sajda mu'min（サジュダ・信仰者）	カワーシーの『タブスィラ〔洞察者の注解と注釈者の省察〕』による。	アリフ・ラーム・ミーム・サジュダ章（別名寝床章，別名サジュダ・ルクマーン章）〔現代標準版で言うサジュダ章〕と区別するために。前の章の名〔信仰者〕を付加して作る名称。
42	シューラー（協議）章 al-Shūrā	【標題】sūra al-shūrā（協議章）	多くのムスハフや啓典解釈書。	協議（シューラー）を単独の名詞として連結〔定冠詞を付加〕。
		ḤM'SQ（ハー・ミーム・アイン・スィーン・カーフ）	初期世代にはこの名で名付けられていた。ブハーリーの『真正集』，ティルミズィーのハディース集の中の標題，いくつかの啓典解釈書や	

			多くのムスハフにある。	
		sūra shūrā（協議章）	おそらく人びとはこう言ったであろう。	クルアーンに出てくるままで〔定冠詞なしで〕。
		sūra ‘SQ（アイン・スィーン・カーフ章）	『大全』では挙げられていない。預言者までさかのぼる伝承は何もない。	あえて短縮するために，ハー・ミームなしで〔アイン・スィーン・カーフという神秘文字はほかに存在しないから〕。
43	装飾章 al-Zukhruf	【標題】sūra al-zukhruf（装飾章）	古今のムスハフ，5世紀〔西暦11世紀〕のクーフィー体のムスハフ，啓典解釈書。ティルミズィーのハディース集の中の標題。	「装飾を付けて」の語があるから〔35節〕。ほかの章には一切ないので。
		sūra ḤM al-zukhruf（ハー・ミーム・装飾章）	ブハーリーの『真正集』の中の標題，タバルスィー。	ハー・ミーム・信仰者章〔赦す者章〕と同じ方法〔識別のための単語を足した複合語〕。
44	煙章 al-Dukhān	【標題】sūra al-dukhān（煙章）	ムスハフ，ハディース集。	章の中にこの語があるから〔10節〕。ハー・ミーム・タンズィール章〔解明章を指している〕にもこの語が出てきて，その方が啓示の時期が早いが，この章での「煙」はアッラーの徴のひとつを意味しており，それは神の使徒を支えたので重要である。
		sūra ḤM al-dukhān（ハー・ミーム・煙章）	2つの弱い伝承経路で伝わるハディース（ティルミズィー）。この名は『大全』では挙げられていない。	ハー・ミームはこの章だけに特別ではないので〔付加語が必要〕。ハー・ミームはこの章の印とはみなされない。
45	跪く章 al-Jāthiya	【標題】sūra al-jāthiya（跪く章）	チュニスの古いムスハフ，ブハーリーの『真正集』の中の標題。	定冠詞を付けて〔章句では定冠詞なし〕。
		ḤM al-jāthiya（ハー・ミーム・跪く）		章の中に「跪く」の語があるから。ほかのところには出てこない。
		sūra al-sharī‘a（シャリーア章）		章の中にその語があり，ほかのところでは出てこない。
		sūra al-dahar（時の流れ章）		章の中に「私たちを滅ぼすものは時の流れのみ」〔24節〕とあり，「時の流れ」の語があるのはハー・ミームを持つ章の中ではここだけであるから。
46	砂丘章 al-Aḥqāf	【標題】sūra al-aḥqāf	すべてのムスハフとハ	この語が章の中にあり，

		（砂丘章）	ディース集。	ほかでは出てこないから。
		（thalāthīn（三十））	イブン・アッバースの言葉。『大全』は言及していない。節の数が30以上ある章はこれだけではないので，章名に入れることはできない。	
47	ムハンマド章 Muḥammad	【標題】sūra Muḥammad（ムハンマド章）	ハディース集，ブハーリーの『真正集』の標題。有名なのはこの名である。	章の中の2節に預言者の名に言及があるから。イムラーン家章にも「ムハンマドは使徒にほかならない」〔144節〕とあるが，その前にこの章の方がこの名で知られるようになった。
		sūra qitāl（戦闘章）	啓典解釈書。	章の中で戦闘の作戦について述べられている。神が「その中で戦闘が命じられた」〔20節〕と言及しているので。
		sūra al-ladhīna kafarū（「信仰を拒んだ者たち章」）	ブハーリーの『真正集』にはたくさんの伝承が出てくる。	〔冒頭の2語をそのまま〕
48	勝利章 al-Fatḥ	【標題】sūra al-fatḥ（勝利章）	教友の言葉の中ではこの名で名付けられている（ブハーリーの『真正集』）。	アッラーが預言者に授けた勝利についての物語が含まれているから。
		sūra innā fataḥnā laka fataḥan mubīnā（「まことにわれは汝に明らかな勝利を授けた」章）		〔冒頭の一節をそのまま〕
49	部屋章 al-Ḥujrāt	【標題】sūra al-ḥujrāt（部屋章）	すべてのムスハフ，ハディース集，啓典解釈書。ほかの章名はない。	その語が章の中で言及されているから。章名では定冠詞が付けられている。
50	カーフ章 Qāf	【標題】sūra Q（カーフ章）	教友の時代に名付けられた（ムスリムのハディース集）。	
		sūra Q wa-al-qur'ān al-majīd（「カーフ・栄光あるクルアーンに誓って」章）		〔冒頭の一節をそのまま〕
		sūra al-bāsiqāt（背の高い章）	『大全』	「背の高いナツメヤシの木章」が省略された〔10節中の言葉から〕。
51	撒き散らす風章 al-Dhāriyāt	【標題】sūra al-dhāriyāt（撒き散らす風章）	ティルミズィーのハディース集や一般的な啓典解釈学者の標題。わたしたちが依拠しているマグリブや東方の	ワーウ〔冒頭の誓言の辞詞〕なしで，省略した形で。この語はほかの章には出てこない。

			古いムスハフ。	
		wa al-dhāriyāt（「撒き散らす風に誓う」）	ブハーリーの『真正集』やイブン・アティーヤの啓典解釈，カワーシーの『啓典解釈の概要(タルヒース・アッ＝タフスィール)』。クルトゥビー〔の啓典解釈〕の中でも標題になっている。	ワーウを付けて，章のはじめでその2つの言葉が語られているそのままの形で。
52	山章 al-Ṭūr	【標題】sūra al-ṭūr（山章）	初期世代のもとで名付けられた（『踏みならされた道（ムワッタア)』)。	ワーウ〔冒頭の誓言の辞詞〕を省略して。
		al-ṭūr wa kitāb masṭūr（山・整然と書き記された啓典に誓って）	『踏みならされた道（ムワッタア)』	「山」の前のワーウなしで，冒頭の言葉。
		sūra wa al-ṭūr（「山に誓う」章）	ブハーリーの『真正集』の中の標題。	章の冒頭にあるままに。
53	星章 al-Najm	【標題】sūra al-najm（星章）	教友の時代からの用法。	ワーウ〔冒頭の誓言の辞詞〕を省略して。
		sūra wa al-najm（「星に誓う」章）	人びとはこのように呼んだ。ブハーリーの『真正集』とティルミズィーのハディース集の中の標題。	ワーウを省略せずに，章のはじめにあるままの形で。
		wa al-najm idhā hawā（「沈み行く星に誓う」）	ザイド・イブン・サービトが伝えるハディース（二大『真正集』)。これはひとつの名称である。	〔冒頭の文〕
54	月章 al-Qamar	【標題】sūra al-qamar（月章）	ティルミズィーのハディース集の中の標題にもなっている。	〔冒頭の1節中の語〕
		sūra iqtarabati al-sāʻa（「時は近づいた」章）	初期世代の間に用いられた。ブハーリー『真正集』の中の標題にもなっている。	〔冒頭の2語〕
		sūra iqtarabat（「近づいた」章）		章のはじめの動詞をそのまま使用。
55	慈愛あまねき者章 al-Raḥmān	【標題】sūra al-Raḥmān（慈愛あまねき者章）	ジャービル・イブン・アブドゥッラーが伝えるハディース（ティルミズィーのハディース集)，カイス・イブン・アースィム・ムンカリーが伝えるハディース（クルトゥビーの啓典解釈書)。ハディース集，ムスハフ。	
		ʻarūs al-qur'ān（クルアーンの花嫁）	バイハキーが伝えているハディース（『大全』)。	この章を称賛する名称。称賛が与えられるのは特別な章に対してであ

				る。
56	来るべき日章 al-Wāqiʻa	【標題】sūra al-wāqiʻa（来るべき日章）	預言者の名付けによる（ティルミズィーが伝承経路が少ないハディースとして収録）。ムスハフ，ハディース集。ほかの名はない。	
57	鉄章 Al-Ḥadīd	sūra al-ḥadīd（鉄章）	教友の時代に用いられていた（イブン・ハッタープのハディース，タバラーニーとバッザールの伝承），ムスハフ，ハディース集。	章の中〔25節〕に鉄という語がある。洞窟章の中にもこの語はあるが，そちらは洞窟という名によって名付けられた。洞窟の民の物語に関心が向けられたからである。
58	抗議する女性章 al-Mujādila	【標題】sūra al-mujādila（抗議する女性章）	啓典解釈書，ムスハフ，ハディース集。	抗議する女性の問題で始まっているから。
		sūra al-mujādala（抗議すること章）		
		sūra qad samiʻa（「確かに聴いた」章）	チュニスの寺子屋で有名である。	
		sūra al-ẓihār（ズィハール章）	ウバイイ・イブン・カアブのムスハフで付けられている〔章名のみが記録されている。ムスハフは残されていない〕。	
59	集合章 al-Ḥashr	【標題】sūra al-ḥashr（集合章）	預言者がこの名で呼んでいた（ティルミズィーのハディース集）。	章の中にこの語があるから。イブン・ハジャルの解釈によると，集合という語が終末の日を連想させるので，その連想のためにこの名を使うようになった。
		sūra banī Naḍīr（ナディール族章）	イブン・アッバースがこの名で呼んだ（ブハーリーの『真正集』）。	章の中にナディールの民の物語が語られているから。
60	試問される女性章 al-Mumtaḥina	【標題】sūra al-mumtaḥina（試問される女性章）	啓典解釈，ハディース集，ムスハフ。クルトゥビーはḥをカスラ〔イの母音〕で誦むムムタヒナ（試問される女性）が主流と述べ，スハイリーは断固その見解，と言っている。	章の中に女性の信仰を試す節があり，人びとはこの節を「試問される女性」と表現し，章がこの節の名を引き継いだ。
		al-mumtaḥana（試問されるもの）	イブン・ハジャルは，受け身形で誦むムムタハナ（試問されるもの）が有名と述べている。	最初に信仰心を試された女性が誰かわかっているから定冠詞が付いている。集合名詞を表す冠詞と理解してもいい。
		sūra al-imtiḥān（試験章）	『大全』。	スハイリーによると，暗喩的に表現したもの

				である，解除章〔悔悟章〕が「暴くもの」と呼ばれるのと同様に。
		sūra al-mawadda（愛情章）	アリー・サハーウィーが『読誦者たちの美の書』の中で挙げている（『大全』）。ただし典拠は不明である。	
61	戦列章 Al-Ṣaff	【標題】 sūra al-ṣaff（戦列章）	この名で知られている。教友の時代に名付けられた（イブン・アブー・ハータムの伝えるハディース）。	章の中に ṣaffan〔4 節〕の語があり，これは戦いにおける列のことであり，特定の戦いの列を指していることが知られているから冠詞が付く。
		sūra sabbaḥa lillāhi al-ṣaff（アッラーを称える・戦列章）	イブン・カスィールの伝承。ブハーリーの『真正集』とティルミズィーのハディース集でも標題になっており，ムスハフ，啓典解釈にも書かれている。	
		sūra al-ḥawārīīn（〔イエスの〕弟子たち）	スユーティーの『大全』。典拠は述べられていない。	章の中にこの語が述べられていて，この語はこの章で最初に下された。
		sūra ʻĪsā（イーサー（イエス）章）	アールースィーが使っているが，起源は不明である。おそらくウバイイ・イブン・カアブの伝えるハディース（タバルスィーのハディース集）から来ているが，このハディースは偽造である。	イーサーが 2 回言及されている。
62	金曜礼拝章 al-Jumʻa	【標題】 sūra al-jumʻa（金曜礼拝章）	教友のもとで名付けられた（ブハーリー『真正集』）。ハディース集，啓典解釈でも同様で，ほかの名は知られていない。	章の中にこの語がある。
63	偽善者章 al-Munāfiqūn	【標題】 sūra al-munāfiqūn（偽善者章）	ブハーリーの『真正集』と啓典解釈書のいくつかに，この名で名付けられている。マグリブと東方のムスハフでもこの名が確定されている。	冒頭の文の単語をそのまま使用。
		al-munāfiqīn（偽善者）	ハディース集，啓典解釈書ではこの名が付けられている。ティルミズィーやタバラーニーのハディース集。	〔属格連結〕
64	騙し合い章	【標題】 sūra al-	ほかの名は知られてい	章の中にその語がある

	al-Taghābun	taghābun（騙し合い章）	ない。預言者の言葉。クルトゥビー，イブン・アティーヤの啓典解釈書。	から，ほかの章には出てこない。
65	離婚章 al-Ṭalāq	【標題】sūra al-ṭalāq（離婚章）	ムスハフ，啓典解釈書，ハディース集ではこの名で名付けられている。預言者のハディースには記されていない。	
		sūra al-nisā' al-quṣrā（より短い女性章）	アブドゥッラー・イブン・マスウードが名付けた（『大全』，ブハーリーほか）。	女性章との区別。雌牛章を「より長い女性章」と思い違いをして呼ぶ者がある。
66	禁止章 al-Taḥrīm	【標題】sūra al-taḥrīm（禁止章）	ハディース集，啓典解釈書においてこの名で名付けられている。	
		Sūra al-lima tuḥḥarim（「なぜ禁止するのか」章）	ブハーリーの『真正集』と『大全』ではこの名で名付けられている。	文を名詞として扱っている〔1節中の語句に定冠詞を付けた〕（カワーシーの啓典解釈書）。
		sūra al-nabī（預言者章）		
		sūra al-nisā'（女性章）	イブン・ズバイルが名付けた(アールースィー)。	わたしはこれに依拠しない。『大全』の著者〔スユーティー〕もこの2つの名前は挙げていない。
67	大権章 al-Mulk	【標題】sūra al-mulk（大権章）	ハディース集，啓典解釈書，ほとんどのムスハフ，ティルミズィーのハディース集とブハーリーの『真正集』の中の標題。	
		sūra tabāraka al-ladhī bi-yadihi al-mulk（「大権を握っている御方に祝福あれ」章）	預言者が名付けた（ティルミズィーのハディース集）。	冒頭の文から。「タアッバタ・シャッラン（脇の下に悪を抱えた）」〔ジャーヒリーヤ時代の人名〕と同じ名付け方である。
		tabāraka al-mulk（祝福あれ・大権）	預言者時代に名付けられた（ティルミズィーのハディース集）。	2つの言葉の集まりによって〔文を語として扱い〕「章」の語に連結させて章名としている。
		al-māni'a（守護するもの）	使徒の時代に教友が名付けた（タバラーニーが引くイブン・マスウードの言葉）。	預言者がこの章を「〔悪などから〕守護して，救うもの」と描写したことから（ティルミズィーのハディース），この名称がある。ただしこの名付けはわかりにくい。
		al-munajjiya	預言者がこのように名	この名付けはわかりに

		（救うもの）	付けていることにわたしは慣れ親しんでいると言ったイブン・アサーキルの『ダマスカス史』から（『大全』）。	くい。
		al-wāqiya（保護）	『大全』では〔サハーウィーの〕『読誦者たちの美』から収録。	
		al-mannā‘a（限りなく守護するもの）		上記「守護するもの」の強意形。
		al-mujādila（詰問するもの）	イブン・アッバースのハディース（ラーズィーの啓典解釈書）。ほかでは見たことがない。	この章が読誦する者に対して，信仰を問うから〔アラビア語では58章の抗議する女性章と同語なので，競合する〕。
68	筆章 al-Qalam	【標題】 sūra al-qalam（筆章）	いくつかのムスハフ，5世紀のクーフィー体のムスハフ。	
		sūra nūn wa al-qalam（「ヌーン・筆に誓う」章）	ほとんどの啓典解釈，ブハーリーの『真正集』。	章のはじめにある2語をそのまま〔1節前半〕。
		（sūra） nūn（ヌーン（章））	ティルミズィーのハディース集の標題，啓典解釈学者のいく人かが使用。	冒頭の単独の文字〔神秘文字〕による。サード章やカーフ章と同様の命名法。
69	真実の日章 al-Ḥāqqa	【標題】 sūra al-ḥāqqa（真実の日章）	預言者時代に名付けられた（アハマド・イブン・ハンバルのハディース集）。	この語が章のはじめにあり，クルアーンのほかの箇所にはないから。
		al-ḥāqqa（真実）	ムスハフ，ハディース集，啓典解釈書。	
		sūra al-sulsila（鎖章）	フィールーザーバーディーの『諸賢の見識の書』。	「そして鎖の中で」〔32節の冒頭〕から。
		al-wā‘iya（傾聴するもの）	ジャアラビーが啓示順についての学問詩の中でこう名付けている。そこ以外で見たことがない。	「傾聴する耳」〔12節〕から。
70	天の階段章 al-Ma‘ārij	【標題】 sūra al-ma‘ārij（天の階段章）	マグリブと東方のほとんどのムスハフ，ほとんどの啓典解釈書。	章のはじめにある語から付けられた〔3節末尾〕。
		sūra sa’ala sā’ilun（「問う者が問う」章）	ハディース集，ブハーリーの『真正集』，ティルミズィーのハディース集，タバリーとイブン・アティーヤとイブン・カスィールの啓典解釈，5世紀のカイラワーンのクーフィー体のムスハフ。	章のはじめにある語〔1節の「問う者が問う」〕から付けられた。この語はここ以外ではないが，天の階段章という名称よりもこちらが〔意義が〕軽いため，天の階段が勝った。
		sūra al-wāqi‘（実現する章）	『大全』。	章のはじめにある語〔1節末尾「実現する

				（罰）」〕から付けられた。
71	ヌーフ（ノア）章 Nūḥ	【標題】sūra Nūḥ（ヌーフ章）	ムスハフ，啓典解釈書。	
		sūra innā arsalnā nūḥan（「われはヌーフを遣わした」章）	ブハーリーの『真正集』の中の標題。初期世代の間で広がっていたであろう。ティルミズィーのハディース集は，この名を標題としていない。	〔1節の冒頭をそのまま〕
72	ジン（幽精）章 al-Jinn	【標題】sūra al-jinn（ジン章）	啓典解釈書，ムスハフ（その中には5世紀のカイラワーンのクーフィー体のムスハフもある）。	〔冒頭の文にこの語がある〕
		sūra qul ūḥiya ilayy（「言え，私に下された」章）	ティルミズィーのハディース集とブハーリー『真正集』の標題。	〔冒頭の1節の3単語〕
		qul ūḥiya（「言え，下された」）	寺子屋の教師や生徒が口頭で用いている。『大全』では挙げられていない。	上とこれの名付けの方法は明らかである〔冒頭の1節の単語から〕。
73	衣をかぶる者章 al-Muzzammil	【標題】sūra al-muzzammil（衣をかぶる者章）	ひとつの名しかない。	章のはじめにある語〔啓示初期に怯えて衣をかぶっていたムハンマドの姿の描写〕。
74	衣にくるまる者章 al-Muddaththir	【標題】sūra al-muddaththir（衣にくるまる者章）	啓典解釈書，5世紀のカイラワーンのムスハフ。	章の中に言及されている諸預言者の名前で章名が付けられたように，この章も〔ムハンマドを描いた〕この語によって名付けられた。衣をかぶる者章と同じ名付け方。
75	復活章 al-Qiyāma	【標題】sūra al-qiyāma（復活章）	ムスハフ，啓典解釈書，ハディース集。	章のはじめに「復活の日にかけて」と誓いの言葉があるから。この章が下される前にはこの語によって誓いがなされることはなかった。
		sūra lā uqsim（「いな，われは誓う」章）	アールースィーが挙げている。『大全』には挙げられていない。	〔町章の別名と競合〕
76	人間章 al-Insān	【標題】sūra al-insān（人間章）	『大全』ではこの名のみに限定されている。	〔章の中にこの語があるから〕
		sūra hal atā ʻalā al-insān/ hal atā ʻalā al-insān（「人間にはあったではないか」章）	教友の時代に名付けられた（ブハーリーの『真正集』）。	〔冒頭の文から〕
		sūra al-dahar（時章）	多くのムスハフ。	〔1節中にこの語があるから〕
		sūra al-amshāj（混合したもの章）	ハファージーによる。	章の中にこの語があり〔2節。ただし定冠詞

				なし〕，クルアーンのほかの箇所では出てこない。
		sūra al-abrār（善行者章）	タバルスィーが述べている。そこ以外では見たことがない。	章の中で善行者の至福が述べられているから〔5 節〕。
77	送られるもの章 al-Mursalāt	【標題】sūra al-mursalāt（送られるもの章）	冒頭の語〔送られるもの〕が「章」と連結された呼び名となっていたかについて，預言者までさかのぼるはっきりとした伝承はない。	
		sūra wa al-mursalāt ‘urfā（「次々と送られるものに誓って」章）	教友の時代に名付けられた（二大真正集）。	〔冒頭の 1 節〕
		al-mursalāt（送られるもの）	イブン・マスウードから伝わるハディース（アブー・ダウードのハディース集）。ムスハフ，啓典解釈書，ブハーリーの『真正集』。	冒頭の誓いのワーウなしで。
		sūra al-‘urf（連続章）	ハファージーとサアディーによるバイダーウィー啓典解釈書への注釈では，この名で名付けられている。ただし，典拠を示していない。『大全』では挙げられていない。	〔1 節末尾の副詞的に使われている語「次々と」を名詞化して定冠詞を付けた〕
78	知らせ章 al-Naba’	【標題】sūra al-naba’（知らせ章）	ほとんどのムスハフ，啓典解釈書，ハディース集。	章のはじめにこの語があるから〔2 節〕。
		sūra ‘amma yatasā’alūn（「何について彼らは尋ね合うのか」章）	いくつかのムスハフ，ブハーリーの『真正集』，イブン・アティーヤの啓典解釈，〔ザマフシャリーの〕『啓典の真理を開示するもの（カッシャーフ）』。『大全』では 4 つが挙がっている〔が，この名が抜けている〕。	〔冒頭の 1 節〕
		sūra ‘amma（「何について」章）	クルトゥビーの啓典解釈書。	冒頭の一語で名付けた。
		sūra al-tasā’ul（尋ね合うこと章）		「彼らは尋ね合う」の語が章のはじめにあるから〔その動名詞形〕。
		sūra al-mu‘ṣarāt（雲章）		「われは雲から豊かな水を降らせた」と至高者〔アッラー〕が述べているから〔14 節〕。
79	引き離す者章 al-Nazi‘āt	【標題】sūra al-nazi‘āt（引き離す者章）	ムスハフ，大半の啓典解釈書。	冒頭のワーウ〔誓言の辞詞〕を省略して，名

				詞のみ「章」に連結して。ここ以外でこの語は言及されていないから。
		(sūra) wa al-nazi‘āt (「引き離す者に誓う」(章))	ブハーリーの『真正集』の中の標題，啓典解釈学者の多くの書。	冒頭のワーウ〔誓言の辞詞〕を省略せずに。
		sūra al-sāhira (目覚め章)	サーディーとハファージーがこの名で呼んでいる。	この語が章の途中に〔14 節〕あり，ほかの章では出てこないから。
		sūra al-ṭāmma (災厄章)	サーディーとハファージーが用いている。これらの章名は『大全』には挙げられていない。	この語が章の中にあり〔34 節〕，ほかでは出てこないから。
		sūra fa-al-mudabbirāt (「事を処理する者に誓う」章)	チュニス書体で書かれたムスハフの標題。珍しく，これ以外では見たことがない。	章の中にこの語がある〔5 節〕。
80	眉をひそめた章 ‘Abasa	【標題】sūra ‘abasa (「眉をひそめた」章)	ムスハフ，啓典解釈書，ハディース集。『大全』ではこの名しか挙げられていない。	〔冒頭の 1 節の第一単語をそのまま〕
		sūra ibn Umm Maktūm (ウンム・マクトゥームの息子章)	イブン・アラビーの『クルアーンの法規定』の標題。ここ以外で見たことがない。	〔眉をひそめられた人の実名〕
		sūra al-ṣākhkha ((終末の) 一声章)	ハファージーが言及している。	章の中にその語があり〔33 節〕，ほかの章にはない。
		sūra al-safara (書記天使章)	アイニーがブハーリーの『真正集』の注釈の中で言っている。	同〔15 節〕
		(sūra) al-a‘mā (盲人 (章))		同〔2 節〕
81	包み隠し章 al-Takwīr	【標題】sūra al-takwīr (包み隠し章)	大半の啓典解釈書，ムスハフ。	冒頭の動詞から〔動名詞化〕。
		idhā al-shamsu kuwwirat (「太陽が包み隠される時」)	預言者がはっきりと名付けたかどうかは不確かである (ティルミズィーのハディース集)。	〔冒頭の 1 節をそのまま〕
		sūra idhā al-shamsu kuwwirat (「太陽が包み隠される時」章)	ブハーリーの『真正集』とティルミズィーのハディース集の標題。	〔冒頭の 1 節をそのままに，「章」の語を付けて〕
		sūra kuwwirat (包み隠される章)	『大全』ではこの名は挙げられていない。	章の中にある動詞の形のままで。
82	裂ける時章 al-Infiṭār	【標題】sūra al-infiṭār (裂ける時章)	ムスハフ，大半の啓典解釈書。	
		idhā al-samā’u infaṭarat (「天が割ける時」)	イブン・ウマルが伝えるハディース (ティルミズィー)。ティルミズィーは「良好である	冒頭の文。

			が珍しいハディース」と判定している。	
		sūra idhā al-samā'u infaṭarat（「天が割ける時」章）	啓典解釈のいくつか，ブハーリーの『真正集』の中の標題。『大全』では挙げられていない。	「天が割ける時」の言葉が章のはじめにあり，それによって知られる。
		sūra infaṭarat（割ける章）	少数の啓典解釈書で。	
		sūra al-munfaṭara（割けたもの章）	このように名付けられたとも言われている。	「割けた天」の意。
83	計量をごまかす者章 al-Muṭaffifīn	【標題】sūra al-muṭaffifīn（計量をごまかす者章）	多くの啓典解釈書やムスハフ。『大全』には章名の数について記述されておらず，再考が必要である。	冒頭の文を省略して，この名で呼ぶ。
		sūra waylun li-l-muṭaffifīn（「災いあれ，計量をごまかす者に」章）	ハディース集や啓典解釈書のいくつか，ブハーリーの『真正集』やティルミズィーのハディース集の標題。	〔1 節の言葉がそのまま〕
84	割れる時章 al-Inshqāq	【標題】sūra al-inshqāq（割れる時章）	啓典解釈学者とムスハフの筆耕者が名付けている。	前の章〔計量をごまかす者章〕が「ごまかし章」と名付けられるのと同様に，動詞の意味を示してこのように名付けられている。
		sūra idhā al-samā'u inshaqqat（「天が割れた時」章）	教友の時代に名付けられた（『踏みならされた道』）。ブハーリーとティルミズィーの標題，『大全』でも同様である。	
		sūra inshaqqat（割れた章）		冒頭の文を省略して，この名で呼ぶ。
85	星座章 al-Burūj	【標題】sūra al-burūj（星座章）	ムスハフ，ハディース集，啓典解釈書。	〔1 節の末尾の語〕
		sūra al-samā'i dhāti al-burūj（星座を持つ天章）	アブー・フライラから伝えられるハディース（イブン・ハンバル『ムスナド』）。	章句通りではなく，〔冒頭の誓言の辞詞〕ワーウを省略して。
		al-samāwāt（天（複数形））	アブー・フライラから伝えられるハディース（イブン・ハンバル『ムスナド』）。	星座を持つ天〔星座章〕と天と夜空の星〔夜空の星章〕を「天」の複数形でまとめている。
86	夜空の星章 al-Ṭāriq	【標題】sūra al-ṭāriq（夜空の星章）	啓典解釈書，ハディース集，ムスハフ。	章のはじめにこの語があるから。
		al-samā' wa al-ṭāriq（天と夜空の星）	アブー・フライラが名付けた（イブン・ハンバル『ムスナド』）。	章句通りではなく，〔冒頭の誓言の辞詞〕ワーウを省略して。
		sūra wa al-samā'i wa al-ṭāriq（「天と夜空の星に誓って」章）	タバリーの啓典解釈とイブン・アラビーの『クルアーンの法規定』の	〔冒頭の 1 節をそのまま〕

			標題。	
87	至高者章 al-A‘lā	【標題】 sūra al-a‘lā（至高者章）	啓典解釈学者のほとんどとムスハフの筆耕者はこの名を付けている。	至高者の属性が章の中にあり，ほかにはないから。
		sabbiḥ isma rabbika al-a‘lā（「至高なる汝の主の御名を称えよ」）	スンナの中で名付けられている（二大真正集，ティルミズィーのハディース集）。	
		sabbiḥ（称えよ）	アーイシャが名付けた（アブー・ダウードとティルミズィーのハディース集）。バイダーウィーとイブン・カスィールの啓典解釈書も同様に名付けている。	命令形の動詞で始まっている点で，この章は際立っている。
88	逃げ場のない日章 al-Ghāshiya	【標題】 sūra al-ghāshiya（逃げ場のない日章）	ムスハフ，啓典解釈，ティルミズィーのハディース集の中の標題。	章のはじめにその語があるから。
		hal atlāka ḥadīth al-ghāshiya（「逃げ場のない日の知らせが汝に届いたか」）	スンナでは確定している。ブハーリーの『真正集』の中の標題もこの名で付けられている。	〔冒頭 1 節の文〕
		sūra hal atāka（「汝に届いたか」章）	イブン・アティーヤの啓典解釈の中の標題。省略形である。	続く「逃げ場のない日の知らせ」を省略して。
89	暁章 al-Fajr	【標題】 sūra al-fajr（暁章）	ムスハフ，啓典解釈，ハディース集。ほかの名がない。	冒頭の〔誓言の辞詞の〕ワーウを省略して。
90	町章 al-Balad	【標題】 sūra al-balad（町章）	ムスハフと啓典解釈書。	章のはじめにある語をそのままで。この町とはマッカであるから。
		sūra lā uqsim（「いな，われは誓う」章）	ブハーリーの『真正集』の標題。	〔復活章の別名と競合〕
91	太陽章 al-Shams	【標題】 sūra al-shams（太陽章）	ムスハフとほとんどの啓典解釈書，ティルミズィーのハディース集の標題。	冒頭の〔誓言の辞詞の〕ワーウを省略して。
		（sūra） wa al-shamsi wa ḍuḥāhā（「太陽とその光輝に誓って」（章））	ブハーリーの標題，啓典解釈のいくつか。	節の言葉をそのままに。「包み隠し章」とも呼ばれる「太陽が包み隠される時章」〔81 章〕と混同を生じさせないために一番よい名である。
92	夜章 al-Layl	【標題】 sūra al-layl（夜章）	ほとんどのムスハフといくつかの啓典解釈書。	冒頭の〔誓言の辞詞の〕ワーウを省略して。
		sūra wa al-layl（「夜に誓って」章）	ほとんどの啓典解釈書。	冒頭の〔誓言の辞詞の〕ワーウを省略せずに。
		sūra wa al-layli idhā yaghshā（「包み隠す夜に誓って」章）	ブハーリー『真正集』とティルミズィーのハディース集の標題。	

93	朝章 al-Ḍuḥā	【標題】sūra al-ḍuḥā（朝章）	ほとんどのムスハフ，多くの啓典解釈書，ティルミズィーのハディース集。	冒頭の〔誓言の辞詞の〕ワーウを省略して。
		sūra wa al-ḍuḥā（「朝に誓って」章）	多くの啓典解釈，ブハーリーの『真正集』。教友からの伝承は伝わっていない。	冒頭の〔誓言の辞詞の〕ワーウを省略せずに。
94	胸を広げた章 al-Sharḥ	【標題】sūra al-sharḥ（胸を広げた章）	いくつかの啓典解釈，東方のムスハフ。	
		sūra alam nashraḥ（「われは広げなかったか」章）	大半の啓典解釈やブハーリーの『真正集』，ティルミズィーのハディース集。	冒頭の語句。
		al-Inshrāḥ（広げること）	いくつかの啓典解釈。	
95	無花果章 al-Tīn	【標題】sūra al-tīn（無花果章）	啓典解釈学者のいく人か，ティルミズィーのハディース集の標題，いくつかのムスハフ。	冒頭の〔誓言の辞詞の〕ワーウを省略して。章の中にその語があり，雌牛章と同様の名付け〔特定の物語・事項への言及〕。
		sūra wa al-tīn（「無花果に誓って」章）	大半の啓典解釈書と大半のムスハフ。	冒頭の〔誓言の辞詞の〕ワーウを省略せずに。章のはじめの語。
96	凝血章 al-‘Alaq	【標題】sūra al-‘alaq（凝血章）	ムスハフや大半の啓典解釈書。	章のはじめにその語がある〔2節〕。
		sūra iqra’ bi-smi rabbika（「よめ，汝の主の御名によって」章）	教友とその次の世代に知られていた。	〔冒頭の1節前半をそのままに〕
		iqra’ bi-smi rabbika（「よめ，汝の主の御名によって」）	アーイシャから伝わるハディース（『二大真正集補遺』）など。ティルミズィーのハディース集の標題。	〔上とは，「章」を明示的に付けるか否かの違いのみ〕
		sūra iqra’ bi-smi rabbika al-dhī khalaq（「よめ，創造なされた汝の主の御名によって」章）	ブハーリー『真正集』の標題。	〔1節をそのまま〕
		sūra iqra’（「よめ」章）		〔冒頭の一語〕
		sūra iqra’ wa al-‘alaq（よめと凝血章）	カワーシーが『概要（タルヒース）』の中で名付けている。	
		sūra qalam（筆章）	イブン・アティーヤとアブー・バクル・イブン・アラビーの標題。	〔4節の語から〕この場合は，筆章〔68章〕の方をヌーン章と名付ける。
97	定命章 al-Qadr	【標題】sūra al-qadr（定命章）	ムスハフ，啓典解釈書，ハディース集。	
		sūra layla al-qadr（定命の夜章）	イブン・アティーヤの啓典解釈書，ジャッ	〔章の中でこの語が3回繰り返される〕

			サースの啓典解釈学書。	
98	明証章 al-Bayyina	【標題】sūra al-bayyina（明証章）	いくつかのムスハフ。	〔章の中でこの語が2回繰り返される，1節末尾と4節末尾〕
		lam yakuni al-ladhīna kafarū（「不信仰たちは～しなかった」）	預言者の言葉（ブハーリーとムスリムの『真正集』）。	冒頭の文から。
		lam yakun（「しなかった」）	大半の啓典解釈書やハディース集。チュニスでは寺子屋の学習者たちの間でよく知られた名である。	
		sūra al-qayyima（真正さ章）	大半のムスハフといくつかの啓典解釈書。	〔2回繰り返される語。3節の末尾と5節末尾〕
		sūra ahl al-kitāb（啓典の民章）	ウバイイ・イブン・カアブのムスハフ（『大全』）。	「啓典の民の中で，信仰を拒む者」から〔1節前半〕。
		al-barīya（被造物）		〔章の中の最後の語〕
		sūra al-infikāk（分派章）		〔4節中の「分派する」の動名詞〕
99	地震章 al-Zilzāl	【標題】sūra al-zilzāl（地震章）	多くのムスハフや啓典解釈書。	
		idhā zulzilat（「揺れた時」）	教友の言葉の中で名付けられた。ブハーリー『真正集』とティルミズィーのハディース集でも標題になっている。	〔冒頭の2語〕
		zulzilat（揺れた）	カイラワーンの古いクーフィー体のムスハフ。	〔冒頭2語目の動詞〕
100	疾駆する馬章 al-ʻĀdiyāt	【標題】sūra al-ʻādiyāt（疾駆する馬章）	カイラワーンの古いムスハフと東方のムスハフ。	冒頭の〔誓言の辞詞の〕ワーウを省略して。
		sūra wa al-ʻādiyāt（「疾駆する馬に誓う」章）	いくつかの啓典解釈書。	冒頭の〔誓言の辞詞の〕ワーウを省略せずに〔1節第一単語〕。
101	戦慄の日章 al-Qāriʻa	【標題】sūra al-qāriʻa（戦慄の日章）	ムスハフ，啓典解釈書，ハディース集で一致している。ただし，教友と次の世代の言葉からは何も伝わっていない。	〔1節をそのまま，もしくは章の中でその語が3回繰り返されるため〕
102	多寡の争い章 al-Takāthur	【標題】sūra al-takāthur（多寡の争い章）	ほとんどのムスハフやほとんどの啓典解釈書，ティルミズィーのハディース集の標題，カイラワーンの古いムスハフ。	〔1節「汝らは多寡を張り合っている」の中の語〕
		al-maqbara/al-maqbura（墓）	教友が名付けた（アールースィーが引いているアブー・ハーティムからの伝承）。	〔2節末尾にある「墓」（複数形）の語〕
		sūra alhākum（「汝ら	ムスハフのあるもの，	

		は張り合っている」章）	ブハーリーの『真正集』の標題。	
103	夕刻章 al-'Aṣr	【標題】sūra al-'aṣr（夕刻章）	イブン・カスィールが引いたタバラーニーのハディース集の中の伝承。多くのムスハフやほとんどの啓典解釈書，5世紀のカイラワーンのクーフィー体のムスハフ。	〔1節から誓言の辞詞ワーウを省略して〕
		sūra wa al-'aṣr（「夕刻にかけて誓う」章）	いくつかの啓典解釈書やブハーリー『真正集』ではこのように名付けられている。	章の中の最初の語をそのままに。
104	中傷者章 al-Humaza	【標題】sūra al-humaza（中傷者章）	ムスハフやほとんどの啓典解釈で定冠詞が付いた形で名付けられている。	〔1節中にこの単語が定冠詞なしで存在する。章名にするにあたって，定冠詞を付けた〕
		sūra waylun li-kulli humaza（「災いあれ，すべての中傷者に」章）	ブハーリー『真正集』の標題やほかの啓典解釈書。	〔冒頭の1節の第一から第五単語までをそのまま〕
		sūra al-ḥuṭama（業火章）	フィールーザーバーディー『諸賢の見識の書』。	章の中にその語がある。
105	象章 al-Fīl	【標題】sūra al-fīl（象章）	ほとんどのムスハフや啓典解釈書。	〔冒頭の1節末尾にこの語がある〕
		alam tara（「汝は知らなかったのか」）	初期世代の言葉の中にはこのように名付けているものもある。クルトゥビーの啓典解釈書の中にもこの名が出てくる。ブハーリーも同様の標題を付けている。	〔冒頭の1節の第一，第二単語をそのまま〕
106	クライシュ族章 Quraysh	【標題】sūra Quraysh（クライシュ族章）	ムスハフとタフスィール，ブハーリーの『真正集』の標題。	章の中にクライシュ族の名があり，この名はほかでは出てこない。
		sūra li-īlāfi quraysh（「クライシュ族の保護のために」章）	初期世代の時代に名付けられた。アムル・イブン・マイムーン・アワディーが伝えるハディース（ただし，ハディースの中では「章」が付いていない）。『大全』ではこの章にひとつの名しか挙げていない。	
107	慈善章 al-Mā'ūn	【標題】sūra al-mā'ūn（慈善章）	多くのムスハフや啓典解釈書。	章の中にこの語がある〔ほかの章にはない〕。
		Sūra a-ra'ayta（「汝は見たか」章）	啓典解釈書のあるもの，5世紀のカイラワーンのムスハフ，ブハーリーの『真正集』の標	〔冒頭の1節の第一単語をそのまま〕

			題。	
		Sūra a-ra'ayta al-ladhī(「汝は〜する者を見たか」章)	イブン・アティーヤの啓典解釈書の当該章の標題。	〔冒頭の1節の第一，第二単語をそのまま〕
		sūra al-mā'ūn wa al-dīn wa a-ra'ayta（慈善と教えと汝は見たか章）	カワーシー『概要』から。	〔最終の7節末尾の一語，1節末尾の一語，1節の第一単語を接続詞「と」で結んだ〕
		sūra al-dīn（教え章）	『大全』。	〔1節末尾にこの語がある〕
		sūra al-takdhīb（否認章）	ハファージーとサアディーの注釈（啓典解釈書の注釈書）。	
		sūra al-yatīm（孤児）	ビカーイーの啓典解釈書。	〔2節末尾にこの語がある〕
108	豊潤章 al-Kawthar	【標題】sūra al-kawthar（豊潤章）	大半のムスハフや啓典解釈書。ティルミズィーのハディース集でも標題となっている。	〔1節にこの語がある〕
		（sūra）innā a'ṭaināka al-kawthar（「まことにわれは汝に豊潤を与えた」（章））	ブハーリーの『真正集』の標題。『大全』はこの名を数えていない。	〔1節をそのまま〕
		sūra al-naḥr（犠牲を捧げること章）	サアディーによるバイダーウィーの啓典解釈への注釈書。	〔3節の「犠牲を捧げなさい」の動名詞〕
109	不信者たち章 al-Kāfirūn	【標題】sūra al-kāfirūn（不信者たち章）	新旧のほとんどのムスハフと啓典解釈の多くにおいて用いられている。	文法的には〔名詞と名詞の連結なので，「不信者たち」の語は〕所有格でないとならないが，章のはじめ〔1節末尾〕にある語をそのまま持ってきているため〔主格のままとなっている〕。
		sūra al-kāfirīn（不信者たち章）	ザマフシャリーとイブン・アティーヤの啓典解釈書，シャーティビーの『読誦7流派における願いの守護と喜びの表われ（ヒルズ・アマーニー）』。	〔名詞同士の連結の規則に従って，「不信者たち」の語を〕所有格にしている
		（sūra）qul yā aiyuhā al-qāfirūn（「言え，おお不信者たちよ」（章））	ブハーリー『真正集』の標題。	
		al-muqashqishatain（2つの治癒するもの）	ザマフシャリーの啓典解釈書と『大全』。	この章と「言え，かれこそはアッラー，唯一なる御方章」〔純正章〕とを合わせて「治癒するもの」と呼ぶ。解除章〔悔悟章〕も合わせて，3つの章が同じ名〔治癒するもの〕を共

				有している。
		sūra al-ikhlāṣ（純正章）	〔典拠は書かれていない〕	〔この命名では〕この章と「言え，かれこそはアッラー，唯一なる御方章」〔純正章〕とが同じ名称になってしまう。
		sūra al-'ibāda（崇拝章）	サアディーが『読誦者たちの美』に依拠して述べている。	
		sūra al-dīn（教え章）	フィールーザーバーディー『諸賢の見識の書』で，このように名付けられている	〔6節で「教え」の語が繰り返されているから〕
110	援助章 al-Naṣr	【標題】sūra al-naṣr（援助章）	ムスハフ，ほとんどの啓典解釈。この名はよく知られている。	章の中で〔1節〕神の援助が言及されているから。
		sūra idhā jā'a naṣr allāhi wa-al-fatḥ（「アッラーの援助と勝利が来た」章）	初期世代の言葉ではこのように名付けられている（ブハーリー）。	〔冒頭の1節に，「章」の語が付けられた〕
		sūra al-fatḥ（勝利章）	ティルミズィーのハディース集の標題。	章の中に〔1節〕その語があるから。この章名は「まことにわれは汝に明らかな勝利を授けた章」〔勝利章〕と同じ名前になっている〔競合している〕。
		sūra al-tawdī'（見送ること章）	イブン・マスウードから伝わるハディースの中で名付けられている。	〔ムハンマドが最後の説教をした「別離の巡礼」の際に啓示されたので，「見送り」が掲げられているが，章の内容とは関係がない〕
111	棕櫚章 al-Masad	【標題】sūra al-masad（棕櫚章）	いくつかのムスハフやいくつかの啓典解釈書で名付けられている。『大全』ではこれと次の2つのみ。	
		sūra tabbat（「滅びてしまえ」章）	ほとんどのムスハフ，ティルミズィーのハディース集や多くの啓典解釈書の標題として名付けられている。	章の中の最初の語から。
		sūra Abī Lahab（アブー・ラハブ章）	啓典解釈学者の中にはこのように名付けているものもいる。	
		sūra al-lahab（炎章）	アブー・ハイヤーンの啓典解釈書の標題。この名はほかで見たことがない。	
		sūra mā kāna min Abī Lahab（アブー・ラハブに起こったこと	イブン・アラビーの啓典解釈書の中の標題（ただし，これは題名	

		章）	であって章名ではない）。	
112	純正章 al-Ikhlāṣ	【標題】sūra al-ikhlāṣ（純正章）	ほとんどのムスハフや啓典解釈書の多く，ティルミズィーのハディース集では名付けられている。	〔純粋な一神教の教義を述べているためと考えられる〕
		sūra qul huwa Allah aḥad（「言え，かれこそはアッラー，唯一なる御方」章）	預言者時代に名付けられた。	〔冒頭の 1 節〕
		sūra qul huwa Allah（「言え，かれこそはアッラー」章）	ティルミズィーのハディース集。「「言え，かれこそはアッラー」はクルアーンの三分の一に等しい」との記述の中の「等しい」が女性形であることから「章」の語が隠れていることがわかる。「言え，かれこそはアッラー」のみならば男性扱いとなる。	〔冒頭の 3 語〕
		sūra al-tawḥīd（唯一性章）	チュニスのムスハフではこう名付けているものもある。	〔神の唯一性を明示しているから〕
		sūra al-asās（基礎章）	『大全』。	神の唯一性はイスラームの基礎であることから。ザマフシャリーの啓典解釈書が引くハディースには「7 つの天と 7 つの地は，「言え，かれこそはアッラー，唯一なる御方」の上に基礎付けられている」とある（ただし典拠性薄弱）。
		al-muqashqishatain（2 つの治癒するもの）	ザマフシャリーの啓典解釈書。不信者たち章と合わせて，こう呼ばれる。	多神崇拝と偽善の過ちから癒すものの意。
		sūra al-ṣamad（永遠者章）	ビカーイーの啓典解釈書でこのように名付けられている。これはラーズィーが集めた章名のひとつである。	
		al-tafrīd（1 にすること）	ラーズィーの啓典解釈書に集められた 20 の章名のひとつ。ただし典拠がない。	
		al-tajrīd（まっさらにすること）		
		al-tawḥīd（唯一神信仰）		

		al-ikhlāṣ（純正）		
		al-najā（救済）		
		al-wilāya（聖者性）		
		al-nisba（関係）		
		al-maʻrifa（神智）		
		al-jamāl（美）		
		al-muqashqisha（治癒するもの）		
		al-ṣamad（永遠者）		
		al-asās（基礎）		
		al-mānīʻa（（墓と火獄の懲罰を）遠ざけるもの）		
		al-maḥḍar（（天使たちが）やってくるところ）		
		al-munaffira（（悪魔たちを）逃げ出させるもの）		
		al-barā'（（多神崇拝から）無罪であること）		
		al-mudhakkira（思い出させるもの）		
		al-nūr（光）		
		al-amān（安全）		
		al-shāfiya（癒すもの）	フィールーザーバーディーによる。	
113	黎明章 al-Falaq	【標題】sūra al-falaq（黎明章）	ほとんどのムスハフや啓典解釈書の多くではこの名が付けられている。	
		qul aʻūdhu bi-rabbi al-falaq（「言え，黎明の主にご加護を求めます」）	預言者が名付けた（ナサーイーのハディース集）。	
		sūra qul aʻūdhu bi-rabbi al-falaq（「言え，黎明の主にご加護を求めます」章）	ブハーリーの『真正集』においてはこの名で標題が付けられている。	冒頭の句に「章」を連結させた名称。
		al-muʻawwidhatain（2つのご加護を求めるもの）	教友の中には「人びと章」と合わせてこのように呼んでいる者もいた（アブー・ダウードとティルミズィーのハディース集）。	
		sūra al-muʻawwidha al-ūlā（1番目のご加護を求める章）	イブン・アティーヤが名付けている。	
		al-mushaqshiqatain（2つの祈り声を上げるもの）	『大全』。	
		al-muqashqishatain	クルトゥビーとザマフ	クルトゥビーによると，

		（2つの治癒するもの）	シャリーの啓典解釈書。	偽善から免れていることを意味する。ティービーはこの名が4つの章（黎明章，人びと章，解除章〔悔悟章〕，不信者たち章）に共通の呼び名であるとしている。
114	人びと章 al-Nās	【標題】sūra al-nās（人びと章）	新旧東西のムスハフではこの名が付けられており，ほとんどの啓典解釈書でも同様である。	〔章の中にこの語が6回出てくる〕
		qul a‘ūdhu bi-rabbi al-nās（「言え，人びとの主にご加護を求めます」）	預言者が名付けた。	〔冒頭の1節〕
		al-mu‘awwidhatain（2つのご加護を求めるもの）	ティルミズィーはこの名を標題としている。	黎明章と合わせて。
		al-mushaqshiqatain（2つの祈り声を上げるもの）		黎明章と合わせて。
		al-muqashqishatain（2つの治癒するもの）	ザマフシャリーとクルトゥビーはこの名も収録している。	
		sūra al-mu‘awwidha al-thāniya（2番目のご加護を求める章）	イブン・アティーヤは『啓典解釈の簡明編纂（ムハッラル・ワジーズ）』において標題としている。	
		sūra qul a‘ūdhu bi-rabbi al-nās（「言え，人びとの主にご加護を求めます」章）	ブハーリーは『真正集』においてこの名を標題としている。	〔冒頭の1節に「章」の語を付けた〕

標準版の和訳は『岩波イスラーム辞典』に準拠した。『大全』はスユーティーの『クルアーン学の大全』を指す。本文中に記述がないものについては〔　〕で補った。

ウキーフィー（啓示による）かイジュティハーディー（解釈による）か」というザルカシー以来に形成された命題によって章名を区分しようとする傾向はほとんど読みとれない。典拠自体が存在しないことが判明したものや，典拠の伝承経路に脆弱性が見られるものについて，抑制の効いた丁寧なやり方でコメントを付けている[26]。

典拠を示し検討を加える彼の記述の方式は，一見オーソドックスである。しかし，典拠のあとで示される名付けの方法についての記述を見るならば，さらに彼の章名論の特徴が明らかになる。これについては，次節で検討する[27]。

イブン・アーシュールの啓典解釈書の中から，収録されている諸名称およびその典拠と名付けの方法を**表 6–1** に示した。章名の総数は 370 で，現代標準版以外のものが 250 余りある。これはスユーティーやドゥーサリーよりも多い。

表では各章の 1 行目に現代標準版の名称と，イブン・アーシュールが標題として選択した名称を記入した。2 行目からそれ以外の名称を並べた。それらは，イブン・アーシュールによる評価をもとにおおむね優劣の順に並べた。標題として選ばれた名称と，優劣のトップに来ているものとのどちらが優越しているかについては，標題の方が優位にあるとは必ずしも言えない。

5　いかに名付けられたか

イブン・アーシュールは，名付けの方法についての議論において，独自の類推（ラアイ ra'y）を大幅に展開している。**表 6–1** の「イブン・アーシュールによる名付けの方法」の欄には，イブン・アーシュールがそれぞれの名称の名付けの方法について解説，考察，推論している記述を要約した。その上で，全 114 章に対する記述全体の中からイブン・アーシュールが使用している用語を抽出し，それらを以下の名付け方法・理由の分類カテゴリーに収斂させた。そのリストは以下の通りである。

(a) 際立つ単語
(b) 主要な固有名詞
(c) 特定の物語・事項への言及
(d) 冒頭の文
(e) 神秘文字（(d) の特殊型）
(f) 冒頭の文に含まれる動詞の動名詞化（(d) の亜種）
(g) 冒頭の文の省略形（(d) の亜種）
(h) 特徴的な複合語
(i) 特別な存在（神や預言者，天使など）の属性
(j) 著名な個別の節
(k) 識別のための語が付加された複合語（たとえば「より長い女性章」「より短い女性章」。識別される前の語は，(a) (c) などのカテゴリーに属する章名）
(l) その章の宗教的・精神的効用
(m) その章に対する称賛の呼称

それぞれの章名は（a）－（m）のいずれかに分類される。ひとつの章に対して複数の章名が存在する場合には，同一章についての章名のいずれが採用されるかに関して優劣や選好性による選別が生じると考えられる。また，他の章との間に同じ名称をめぐる章同士の競合も起こる。そのようなケースはいくつも起こっていることが看取される。その場合に選別がどのように決まったのか，以下に例を挙げて詳察する。

章の中で際立つ単語が複数回繰り返されており，かつ他の章にその語が出てこない場合は，同一章についてでも他章との間でも競合なしで優先的にその名称を獲得する確率が高い（他章に登場しない「際立つ単語」の例として，「食卓」「家畜」など）。それに対して，際立つ単語が同一章内に複数ある場合と（例：蟻〔27〕章の「蟻」と「ヤツガシラ鳥」，慈善〔107〕章の「慈善」と「孤児」，明証〔98〕章の「明証」「正しい」「被造物」），同一の際立つ単語が複数の章に出てくる場合は，激しい競合が起こる。

「雷」の語は雌牛〔2〕章と雷〔13〕章に出てくるが，前者が単に気象への言及であるのに対して，後者は「雷はかれ〔神〕を称え称賛する」と重要な被造物としての雷を描写しており，明らかに重要性が高く印象的な方が優先されていることがわかる[(28)]。

クルアーンの中には1－5文字の神秘文字で始まる章が29ある。神秘文字とは，アルファベットを1文字または数文字並べたものであり，神秘的な意味合い（神のみが真義を知る秘密という意味で）が強いため，この語で呼ばれる。クルアーン学の中では，通常「区切られた文字」（ḥurūf muqaṭṭa‘a）と呼ばれる。それらは文字の組み合わせによって群に分けられる。そのうち，「カーフQ」，「サードṢ」，「ヌーンN」，「ター・ハーṬH」，「ヤー・スィーンYS」，「カーフ・ハー・ヤー・アイン・スィーンKHY‘S」はいずれも1回ずつしか出てこないため群がなく，類例がないためいずれも章名に採用されている。類例のない神秘文字は選好性が高く，他に優越すると判断される。ただし，例外として，ヌーン章，カーフ・ハー・ヤー・アイン・スィーン章は，現代標準版の章名として使われるには至っていない。

10番目から15番目の章は，アリフ・ラーム・ラーALRという神秘文字を共通に持っており，ひとつの群を形成している。この群に含まれる章を互いに「神秘文字＋識別のための語（序数やその章に出てくる語，前の章の名など）」の複合によって名付けることも可能であった（たとえば，ハー・ミームḤM群に見られるように)。しかし，イブン・アーシュールが収集している限りでは，その方法が採られた形跡は存在せず，群に含まれる全部の章の名付けを「主要な固有名詞」，特に諸預言者の名でおこなうという方法が採られている。それによって，ユーヌス〔10〕章，フード〔11〕章，ユースフ〔12〕章，イブラーヒーム〔14〕章，ヒジュル〔15〕章）の名称が付いた（ただし，ヒジュルのみ預言者名ではなく民族名)。

その中でひとつだけ例外となっているのが，先に挙げた雷〔13〕章である。イブン・アーシュールはこの章が除外された理由を，雷章の冒頭の神秘文字では「アリフ・ラーム・ラー ALR の間にミーム M が入っているため〔差異化の必要がなかった〕」としている。そうであるとすると，雷章は ALMR によって名付けられてもよかったはずであるが，実際にはその名は存在しないし，一文字加わっただけで大差が出るとは考えにくい。むしろ，雷章には諸預言者の名を含め固有名詞がひとつも出てこないことが，この章の名付けの方法に，「際立つ単語」として「雷」が選択された原因ではないだろうか。

女性〔4〕章，離婚〔65〕章，禁止〔66〕章という3つの章に対して「女性」という同一単語が章名として使われていたことが確認されるが（「特定の物語・事項への言及」)，そのうちの2つに対してのみ比較の形容詞を付けた名が存在する（「識別のための語が付加された複合語」)。すなわち，「より長い（大きい）女性章」，「より短い（小さい）女性章」である。しかし，「長い」の語が雌牛章などの他の章を示唆するために誤認も生じ，これらの識別のための複合語による名称は残らなかった。結局，現代標準版では「より長い（大きい）女性章」の方が「女性章」の名を得て，「より短い（小さい）女性章」の方には「離婚章」の名が付いた。前者が「女性章」の名で呼ばれるようになったのは，単純に女性に関連する節の分量が多いからだけではなく，前者が女性に関連する原則の全貌を記述しているのに対して，後者が特に離婚および待婚期間に関する細則を記述しており，補足的な内容となっているためと推測される。

女性章と離婚章は，それぞれの章についてはほかに有力な名称がなかった。前者は，たとえば冒頭に特徴的な語や文がなく，全部で176節の大きな章であるので，冒頭の語や文によって名付けられる可能性も低く，後半部には諸預言者の名が登場し，イーサー（イエス）の名は3回も出てくるが，おそらく女性に関する規定の記述に対比して特徴とするほどの頻度ではなく，イーサーの名は章名候補とはならなかった（イーサーの名はクルアーンの中に全部で25回登場し，食卓〔5〕章6回，イムラーン家〔3〕章5回に次いで，雌牛〔2〕章と女性〔4〕章が

3回ずつ。ただし，実際に章名として使われたのは戦列〔61〕章の別称としてで，そこでは2回しか出ていない。この例からは，単純に繰り返しの回数が多いことが命名の理由となるわけではないこともわかる）。

ほかにこのような複合語のカテゴリーとして，高壁〔7〕章には「2つの長いものの長い方」，黎明〔113〕章には「1番目のご加護を求める章」，人びと章には「2番目のご加護を求める章」などがあるが，このカテゴリーが最終的に標準的な章名として選択されたケースは見あたらない。

悔悟〔9〕章，不信者たち〔109〕章，純正〔112〕章，黎明〔113〕章，人びと〔114〕章はいずれも「治癒するもの」という同一の名称を持つ（「その章の宗教的・精神的効用」による命名）。このカテゴリーの場合は，同一章に対する他の名称に対して常に劣位で，有力な章名の中には残らない。また，このカテゴリーについて，同一名を持つ章同士の間での競合が生じた形跡は見られない。この名付けの方法が劣勢であるのは，複数の章に当てはまるためにどの章の名称なのか判別が付かないし，「長い」「短い」のような比較の形容詞や順番を示す序数が付けにくいため，「識別のための語が付加された複合語」を作って名付ける工夫もしようがなかったと考えられる。

名称の中には「クルアーンの何々」と呼んで称賛を表わすものがある（「その章に対する称賛の呼称」）。開扉〔1〕章には「クルアーンの母」，「啓典の母」，雌牛〔2〕章には「クルアーンのこぶ」（「こぶ」はラクダのこぶの比喩で，生命維持に欠かせない重要性を意味する），「クルアーンの天蓋」，ヤースィーン〔36〕章には「クルアーンの心臓」，慈愛あまねき者〔55〕章には「クルアーンの花嫁」という名がある。このカテゴリーは，他のカテゴリーに対して優位性を持たず，副次的に使用されるに留まる。

以上，名付けをめぐる基本的なカテゴリーと，名称間に競合が生じる場合の選別のパターンを記述したが，イブン・アーシュールの分類に基づく章名のカテゴリー化とそれを適用した競合・選別のパターンの識別は，すべての章名に対して可能である。その結果，優性で強い名付けの方法は，(a) 際立つ単語，(b) 主要な固有名詞，(c) 特定の物語・事項への言及，(d) 冒頭の文（およびその亜種である (f) (g)），(e) の神秘文字，の5つであることがわかる。ほかは，(h) 特徴的な複合語，(i) 特別な存在の属性による命名は少数の章名があるものの，(j) 著名な個別の節による命名はほとんど用例がなく（いくつもある著名な節のうち，章名として存在しているのは光〔24〕章一例のみ），(k) 識別のための語が付加された複合語による命名は，同一語による複数章の名付けを可能にするために作られたものの，結局はすべて消え去っており，(l) その章の宗教的・精神的効用による命名も有力候補とならずに消滅，(m) その章に対する称賛の呼称はすべて副次的使用のみで，最終的には章名とはなっていない。

以上の調査と分析を通じて明らかになったことは，「クルアーンの名付けはアドホックな要素が強く，系統性や統一性がない」といった定説が誤っているということである。そうではなく，イブン・アーシュールの章名論に立脚するならば，①名付けの方法・理由はおおむね13種類あるが，主要なものは5種類である。②それらの方法・理由によって，同一の章に対していくつの章名が生じて競合・対立を起こしうるし，複数の章同士でも章名の競合が起こる。③そのような競合・対立が起こった結果として，どのような名称が優先的に選択されるかという選好性および競合・選択の傾向を検証すると，次の3つのことが言える——（イ）同一章についてでも章同士の間でも，名付けの正当な理由や根拠に基づく名称が存在し，かつ競合する有力な名称が存在しない場合は，その名称が選択される。（ロ）競合がある場合は，同一章については名付けの方法・理由の強弱によって，章同士の間では強弱および相互差異化を通じて，選択がおこなわれる。さらに，そこから読み取れることは，それらの選択が積み重ねられる結果，（ハ）章名の総体が個別の章の識別にとって最適となる方向に選好が働く，ということである。

以上の点を総合するならば，章の名付けとは，114の章にひとつずつ名前を振っていくことではなく，また，それぞれの章の内容に合ったイスラーム的なモチーフを表明した名を与えることでもなかったことが判明する。多くの章名が競合した結果，優位に立つ章名が次第に選択されたことは，114の章が互いに差異化・識別化されることで名指され，明瞭に参照しうるような形で名付けが起こったことを意味している。言い換えれば，クルアーンの使用者の利便性のために最適化の方向に標準化が生じたということであろう。使用者の利便性とは，読み手から見て，読み手本人が参照する上で，また読み手同士が語り合う際に参照する上で，もっとも印象的で覚えやすく名指しやすいということにほかならない(29)。

だが，参照上の利便性を追求したとしても，必ずしも一章につき一名称が確定する必要がなく，同一章について複数の章名が並存する余地を残す。すなわち，相互識別による参照の利便性というルールに反しない限りにおいて，名称の並列が許されるのである。そのことは，20世紀の啓典解釈学者イブン・アーシュールが，刊本ムスハフのスタンダードを確立したカイロ標準版（1923年）が出たよりもあとに啓典解釈書を刊行していながら，同標準版の章名と異同のある標題

（標準章名）を選択していること，また彼が標題としている章名は必ずしも彼が有力，あるいは優位とみなしている章名とは限らないことにも示されている（**表6-1** 参照)。

第7章

章の名付けが意味するもの

1 「標準版の確立」という定説

前章では，従来ほとんど研究がなされていないクルアーンの章名について，その名付けがなぜ，いかになされているのかを解明することを課題とした。そのための資料として，章名についての記述が多く含まれているクルアーン学の文献および啓典解釈書を用いることとした。調査の結果，クルアーンの 114 の章について，章名として言及されている章の名称は総数が約 450 に達すること，それらの章名をもっとも多く収録し，かつ詳細な章名論を展開しているのが，イブン・アーシュールの啓典解釈書『検証と啓発の啓典解釈』［Ibn Āshūr 1984］であることが判明した。その過程で，クルアーンのほとんどすべての章に複数の章名が存在すること，その中に頻繁に使用されてきた章名と使用されなくなった章名が存在すること，使用の頻度は標準的な位置を獲得した章名から例外的な併用までさまざまであることも判明した。従来の定説では「章の名前には完全な合意が存在せず，ひとつ以上の題名で知られる章もある」という程度の認識であるから，これは新しい知見であろう。

さらに，イブン・アーシュールの章名論を検証，分析した結果，章名は多数あるものの，名付けの方法・理由という観点からはおよそ 13 種類，特に有力なものとして 5 種類のカテゴリーに区分されること，同一の章について複数の章名がある場合や，複数の章が同一の章名を持つ場合に，カテゴリー間の競合が生じ，命名に関する何らかの優劣の判断や選好性によって，競合する章名の中から一定の選択がおこなわれてきたことが判明した。命名カテゴリーの中では，特に「際立つ単語」「主要な固有名詞」「特定の物語・事項への言及」「冒頭の文（およびその動名詞化と省略形）」「神秘文字」が有力である。

さらに，イブン・アーシュールの立論に基づいて，どのような優劣の判断や選好性が働くのかを分析した結果，当該章を参照したり，複数の章の間で識別するのに適した名称が選択されていることが判明した。それを，クルアーンの読み手にとっての利便性と呼ぶことができる。つまり，章名の名付けは，従来のアドホックで非系統的な名付けという定説とは異なり，多数の章名の競合を通じて，優位に立つ章名が次第に選択されると同時に，114 の章が互いに差異化され識別されて名指すことができるよう，明瞭に参照しうるような形でなされたと見るべきであろう。

しかも，イブン・アーシュールの記述から，刊本ムスハフのカイロ標準版が刊行された後でも，一章ごとに確定した単一の章名があるわけではなく，現代においても複数の章名が使用されていることが判然とする。このことは，章の名付けが参照の利便性という選好性を持っているがゆえに，どの章を指すかがわかりやすい場合には，複数の章名の並立を許すことを強く示唆している。

本章と，本章に続く第 8 章では，イブン・アーシュールの章名論に立脚した名付けの理由の解明からやや離れて，前章において明らかになったことを基礎として，それがより広い文脈の中で意味することについて，考察してみたい。

章名に関する記述を悉皆調査するために，最初期のムジャーヒド（7 世紀）から 20 世紀の近代的啓典解釈書まで，100 タイトル以上のアラビア語の古典文献を繰っていて気が付いたことがある。少なくない数の文献において，章ごとに付けられている見出し（標題）の中の章名と，巻末にある目次の中の章名にズレが見られるのである。

これらの刊本はいずれも 20 世紀になってから，写本を校訂して印刷されたもので，1960 年代頃までのものであれば，カイロなどの老舗の出版社によって丁寧に校訂された質の高いものがあり，現存する量は少ないが，信頼性が高く，資料としての価値が高い。近年のもの，特にデジタル印刷が導入された以降のものは，既存の版の忠実ではない複製や安易な編集のものも少なくない。

見出しと目次の章名のズレをよく調べてみると，以下のことがわかってきた。どうやら（a）原著者（もしくは写本の筆耕者）が記述した本文中の章名に対して，（b–1）見出し（標題）中の章名，（b–2）目次の章名，（b–3）頁上部に付けられているヘッダー中の章名がズレているのである。そのそれぞれについては，以下のことが推測される。

（b–1）見出し（標題）中の章名――本文の記述との間に齟齬がある場合は，見出しの方が校訂者によって後付けされた可能性が高い。章ごとに区切れていなかった本文を，章ごとに区切った上で，さらに見出しを付けた形跡がうかがえるものもある。また，見出しのフォーマット（枠のデザインとフォント，記述内容）が複数の異なる啓典解釈間で類似している場合もあり，それらは共通のフォーマットを本文の記述とは関係なしに貼り付けている可能性が高い。

（b–2）目次の章名――現代標準版の一揃いがそのまま使われており，（a）や（b–1）とまったく一致していない場合も珍しくない。目次の付加は刊本作成時に導入された新たな様式か。

（b–3）ヘッダー中の章名――古い刊本にはヘッダー自体がついておらず，より近年のものに付いている傾向が強いが，ほとんどの場合に（a）や（b–1）とは一致していない。（b–2）と（b–3）とは一致している。

この発見から興味深い事実が読み取れる。現代，特に1990年代中葉以降から最近の出版業界は，きわめて強固に規範的なものとしての「現代標準版」の影響下にあることが示唆されるのである。通常の書物であれば，目次に並んだタイトルと，実際の頁に書かれた見出しがまったく異なる語であったり，それがさらに本文の「この章の○○という名前は」といった記述の中に出てくる語とも異なっていたりすれば，読者は混乱する。目次や見出し，ヘッダーといった読者の便宜のための付加的なシステムがうまく機能せず，意味を成さない。

しかし，クルアーンの場合は違うようである。出版に従事する人たちは現代の使用者（少なくとも識字能力があり，本を読んだり使ったりする人）の便宜のために，目的の章をより的確に指し示すことができると彼らが考える章名でもってラベル貼りをしており，驚くことにその内容は，①本文の記述と異なっていてもかまわないし，②現代標準版の一揃いをコピーアンドペーストしたものでよいのである。それでも検索のシステムとして機能しうる，むしろその方が現代人にとってはよりわかりやすい検索システムとなりうる，という発想がうかがえる。

その一方で，前節において示唆したように，文字の世界の中であっても，各章に単一の名称が「標準版によって確立された」と見ることは疑わしいという現実がある。すなわち，ウラマーたちの考える「標準的な章名」とは，それぞれの学的な理解の内に存在し，しかもそれはいわゆる「現代標準版」とは必ずしも一致しないのではないかということである。少なくとも，ウラマーの考える「標準的な章名」，もしくはウラマーたちが使用している章名と，「現代標準版」として外部の研究者によって認識されているもの（カイロ版やマディーナ版刊本ムスハフなど，複数の「標準版」が採用しているところの章名）が一致しているという推測にはさしあたり根拠がなく，また実証もされていない。

そうであるとすると，「文字の世界における「標準版章名」とは何か」という問題が立ち現われてくる。それは同時に，1923年にエジプトでフアード国王版の刊本ムスハフが制定された際に，選定，確定されたと考えられる「現代標準版」が一体誰によって，どのような理由で，どのような目的で，排他性や専有性，優先性の強度をどの程度持つ書と考えられたのかを探る歴史的な調査も含むであろう。

2　書承の章名と口承の章名

仮に「現代標準版」における章名がこれまで自明視されていたほど確定的なものではなかったとしても，すなわち，一方で「刊本ムスハフ」という非常に狭い範囲内で通用する章名の選好論理が広く受容され[(1)]，膨大なタフスィール（啓典解釈）文献などには必ずしも及んでいないものであったとしても，一定の方向へと選別がなされていったことは，前節での分析から明らかである。

それに対して，口頭で使用される章名（以下では口承の章名と呼ぶ）は，文字の世界において使用される章名（以下では書承の章名と呼ぶ）と大きく異なっている。両者が異なっていることはフィールドワークの最中に発見した。一般信徒と話していると，「開扉章」（冒頭の章）や「雌牛章」（2番目の章で，一番長い章）という名称は通じるのに，同じくらい頻繁に誦まれ重要視されている「純正章」（最後から3番目の章）の「純正章」という名称が通じない，「人びと章」（最後の章）や「黎明章」（最後からひとつ前の章）と言うと，どの章であるかは通じ了解されるのに，ほとんどの場合に別の名前でもって言い直される，ひとつの章をいくつもの名前で呼ぶといったことから，口頭の世界では独自の章名が使用されていることに気が付いた。

口頭で使用される章名が一体いくつあり，それらが何であるのか，地域や文化によって差異は見られるのか，またそれらが「現代標準版」や文字の世界で使用される章名とどのように異なっているかはまだ実証的な調査がおこなわれていない新たな問題である。ここでは筆者のフィールドワークで判明した範囲内で，書承の章名と，口承の章名のそれぞれの特徴をまとめておきたい。

（a）**書承の章名**——①一語である。②ひとつの章に対して複数の名前が並存することは可能であるが，一冊の書物の中で見出し語として採用できるのは，一章に対してひとつのみである。③抽象的な語が章名になりうる。

（b）**口承の章名**――①一語でも複数語でもよい。長い場合は数節にわたることもある。②祈祷文や称賛の語，固有名詞に先立つ敬称（「われらが主人（預言者名の前に付けるフレーズ）」など）などの挿入句や付加語を加えることが可能であり，それらはしばしば付加される。③ひとつの章に対して，一時に複数の名前を連呼することができ，そのようなことは実際に起こる。④一語から成る章名は識別されにくいことがある（「棕櫚」「純正」「黎明」など）。⑤後半部の短い章については，冒頭から本文を誦み上げていく形式の名前が圧倒的に頻繁に使用される。⑥使用者の学習歴によって，使用する章名のセットの種類や，列挙する章名の数が異なる。

口承の章名には，書承の章名と別の論理が働いている。かといって，この2つがそれぞれにある程度独立した別個の世界を形成しているかというと，必ずしもそうとは言えない複雑な関係にある。現在の刊本ムスハフと一般信徒の口頭使用を比較するならば，両者がある部分では重なっており，ある部分ではまったく乖離していることがわかるが，口承の章名に見られた傾向は，実は初期の啓典解釈の中に記録されていた章名と共通性が高い。以下では，タフスィール（啓典解釈）文献の調査の中から抽出された章名の時代別傾向性と推移についての仮説をまとめてみたい。

（a）**7世紀前半**――預言者時代。この時期の預言者の言動は口頭伝承として伝わり，のちに預言者伝（スィーラ・ナバウィーヤ）や預言者言行録（ハディース）として検証され，まとめられ，整備された。それらの中には預言者が個別の章を何と呼んだかの伝承が多く含まれている。ただし，ハディースの本文（マトン）部分が一字一句，預言者が言ったままに伝えられたものであるかどうかは，ハディース学の中でも西洋の東洋学の中でも議論がある。預言者自身が，あるいは彼の書記官たちが書き記したとされるような章名を含む文字記録は現存しない。

ハディースに記録されている限りでは，預言者による章の命名は，イブン・アーシュールに収録されているような方法の大半が登場する。啓典解釈学者やクルアーン学者たちは，その命名が本当に預言者によるものであるのかどうかを精査するために伝承経路や本文内容の信憑性を吟味して，それぞれの章名の真偽を判定するわけであるが，それに並行するような検証は，欧米の東洋学者によってはまだおこなわれていない。

（b）**7世紀半ば－後半**――預言者の死の直後。知的権威の配置はマディーナの首脳部と，各地に派遣されていった預言者の直弟子（教友）たちの並存状態である。ハディースの中で直弟子たちが使ったものとして記録されている章名は，預言者が使ったものとして記録されているものや，後代に実際に啓典解釈の中などで使われているものには見られない奔放さがあり，異彩を放っている。

「教友たちに由来する命名」は独自の傾向を持ち，ほかとの断続性の高さがうかがえるが，その理由は3点考えられる。①教友たちは預言者の直弟子であり一番身近にいた人びとであるが，そうであるからこそ各地に指導や教化のために派遣されており，後半生は預言者のいるマディーナから遠く離れた土地に居住しており，預言者の言動を直接的には参照したり倣ったりしようがなかった。②預言者の言動が「ハディース」として編纂され流通し，人びとがそれを参照できるようになるのは10世紀以降のことであり，初期時代には預言者の慣習への回帰傾向が見られなくても不思議ではない。あるハディースの中で預言者が使用している章名を，別のハディースの中で教友が「その章名は紛らわしいから使用するな」と信徒に命じていても，それは①と②を考えれば，空間的・時代的制約から説明がつく。③ハディースの体系化によって預言者への回帰が可能となり，回帰傾向が章名の選別においても見られるようになった。その動きの中で，教友が使用した章名は倣うべき前例として，預言者が使用したものに次ぐ次点としてのステイタスを獲得してもよかったはずであるが，そうはならなかった。預言者への回帰傾向によって，教友の使用した章名は淘汰された。

（c）**7世紀末－9世紀**——最初期の啓典解釈が出始める。この頃のムスハフの実物も現存している。ただし，ムスハフに章名を書き込む習慣はまだ定着はしていない。

初期の啓典解釈（たとえば9世紀のタバリーなど）では，関係代名詞の「アッラティー」（章を表わすスーラが文法上女性名詞なので，関係代名詞も女性形）を用いた名称（「〇〇という語がその中で言及されているところの章」）が多い。これはのちの啓典解釈やクルアーン学では，典拠（ダリール）が弱く預言者までさかのぼれるとは言えないとされ，使用されない。最初期の啓典解釈であるタバリーの解釈書を見ると，40余りの章に「現代標準版」以外の章名を使っている。逆に言うと，タバリーの時点において70程度の章，つまり114章のうちの約6割には「現代標準版」で採用されているのと同一の章名が使われていた可能性がある。

（d）**10世紀**——10世紀頃までに過半数程度の章の名前はメジャーなものに絞られ，その後数世紀かけて7，8割程度まで，書承の章名の固定化の傾向が強まった可能性がある。ムスハフにおける固定化が早かったのに対して，啓典解釈における固定化はかなりゆるやかで，おそらく最後まで，啓典解釈学者が自身の見解を優先させる部分がある程度残ったと考えられる。イブン・アーシュールの解釈書はそのことの例証であろう。

第 8 章

口誦テクストの操作

1　操作テクニックをどうやって復元するのか

文字で書き留められた紙面が手元にある場合，そのテクストの管理は容易である。それは物理的に存在しており，正しい順番に並べたり目的の箇所や単語を探したりすることも，物的に存在している平面を触りながら文字を目で追って確認することも可能である。

たとえば，テクストが書かれた紙片が 114 ピースあったとして，それが全部揃っているかどうか確認するためには紙片をひとつずつ右から左に並べていって数えていけばよい。その 114 ピースが，均等な面積になるように 30 等分するよう言われたら，それもそれほど難しいことではない。また，各ピースに名前を付けるとしたら，その名前は紙面の中にある印象的な言葉を選べばよく，ほかのピースとの差異化が図れるものであれば，どの位置にあるものでもよい。なぜなら，すべての文字は同じ平面に同時に存在しているからである。

では，これらのことをすべて紙面なしでおこなうとしたらどうなるか。それが写本ムスハフが流布する以前と，その後の写本ムスハフが高価で限定的だった，長い口誦主流の時代（7－19 世紀）にはおこなわれていたはずのことである。紙面という補助手段がない状態で，30－40 時間にもおよぶ音を，ストックし，管理しておくことは決して容易ではないはずで，いかにしてそのようなことが可能であったかを厳密に考えてみる必要がある。しかし，わたしたち研究者は「彼らアラブ人の暗記力は本当にすごい，それは現代日本人の想像力を絶する」と感嘆しているばかりで，この問題に真剣に取り組んでこなかったばかりか，この問題にほとんど気付きさえしなかった。

しかし，真剣に取り組んだとしても，音をストックし，管理するためのテクニックは調べれば簡単に解明できるというものではない。なぜなら，ムスハフの流通量が増加するに伴い，補助具としてのムスハフの性能が上がり，有用性が認められ活用されればされるほど，音を管理するテクニックは用済みとなり忘れ去られていった可能性が高いからである。そうであるならば，現在にかすかに伝わる何らかの残余の中に手がかりを探す必要がある。その残余が，章名，および配列と群分けではないかと筆者は考えている。

フィールドでの調査から抽出される「口誦のクルアーンの残余」とムスハフ自体が持つ「書物としての逸脱性，不可解さ」をまとめると以下の通りになる。

①区切りがムスハフと口頭の使用や朗誦では一致していない（節で切られない)。②文のまとまりごとに使用されない（章単位で使用されていない)。③使用頻度が部分ごとによってまったく異なる。④文字が読めなくても，正確に引用される。⑤章に与えられた名前が不可解である。⑥章の配列に明示的な理由がない（文章上のプロットが見出せない，章と章の間にほとんどの場合に前後のつながりがない[(1)])。⑦さらに細かいレベルでも，文章間に前後のつながりがないことが多い。⑧それぞれの章に個別・単一の主題があるわけではない。⑨おおよそ長い章から短い章へと並べられているが，厳密にそうであるわけではない。⑩章とは別に，使途の明白ではない区分単位（巻，群）がある。⑪古いムスハフには，意味上のまとまりを表わしていない「5節ごと」「10節ごと」の区切りがある。

クルアーンは2つの媒体，すなわち文字と声によって伝達された。書承については，当初は識別点を欠いた不完全な子音のみからなっており，読み方を確定できない（誦み方をもともと知っていなければ誦むことができない）ものであったため，文字から文字の複製を作ることはテクストの伝承を意味しなかった。あくまでも，口誦の補助手段（簡略な楽譜のようなものと言うべきであろうか）の複製に過ぎない。口誦を再現できるまでに正書法が整備され，口誦性を内在化したムスハフができるのは9世紀以降のことであった。それ以降は，文字から文字の複製はテクストの伝承を意味するようになる。

通常は，写本から写本に文字が書き写され，伝達されていく場合には，必ず誤差が生じる。口頭伝承（口承）の場合は最初から即興性の余地が大きく，バリエーションは無数に生じる。

クルアーンの場合はどうであろうか。クルアーンは「ムスハフを有用な補助手段としながら，口誦を通じて伝達され人間の記憶の中にストックされる口誦ベースのテクスト」が保持されてきたわけであるから，書承の側面と口承の側面の両方を持っている。その上で，テクストには誤伝が生じているかというと，現時点では以下のことが判明している。

①各地に現存しているムスハフ，たとえばサマルカンドの写本とモーリタニアの写本を付き合わせて，誤差があるかどうかを調べようとした研究はない。ヴァリアントの発掘は預言者と同時代（教友の所有していた紙片）のものに対しておこなわれたのみで，それ以降のムスハフに対しては，東洋学においても研究されていない。ただし，イスラーム世界では経験則として，それらのムスハフに異同がないとの認識が流布しており，それについて西洋の東洋学者が異論を唱えたことはない。

②現在流布しているムスハフにはハフス流とワルシュ流の2種類がある。かつての母音符号が付される前のムスハフの文字列は，ハフスとワルシュを含めて7通りの誦みが可能であるような，ある種開かれた文字列であったとされる［竹田 2014：46–47］。完全な母音符号が付されるようになった頃から「ハフス流ムスハフ」と「ワルシュ流ムスハフ」に分化していったのか。

③各地に現存している朗誦の間に違いがあるかどうかについては，西方アラブ地域がワルシュ流であり，東方アラブ地域とそれ以東がハフス流であり，その2つの間には違いがあることは知られている。付き合わせて調べる価値があるとしたら，他の地域との環境的な断絶があり，口誦の状態や朗誦の独自性が指摘されている地域（モーリタニアなど）である。なお，標準版とされているムスハフは，エジプト版にしてもサウディアラビア版にしても，ハフス流のものである。

なぜ，クルアーンの場合に，長い伝承の間に，口承でも書承でもヴァリアントが生じなかったのか，聖書において見られるようなさまざまな異同を含む写本群が生まれなかったのであろうか。本書では，文献的な調査でもフィールドワークのデータでもヴァリアントが存在しないことを前提に，メディア装置としてのクルアーンのあり方を論究しているが，なぜヴァリアントが不在なのかは，それ自体としてさらに調査と考察を必要とする問題であろう。

2　音をストックし管理する

現代では，通常は，書物の章の名前には，その章の内容を表わす語や象徴的な語を与えるのが自然だと考えられる。そのような感覚からすると，仮に「この章の名前は「花冠章」です。なぜなら，章のはじめにその語があるからです。いいえ，主題は花冠ではありません」といった説明がなされるとすれば，それは奇妙に感じられるであろう。

この名付けの方法で，あまりに直截的なのは，冒頭の数語，もしくは冒頭の節を丸ごと持ってくるものである。「タッバトゥ・ヤダー・アビー・ラハビン」で始まる棕櫚〔111〕章ならば，「タッバトゥ・ヤダー・アビー・ラハビン」と呼ぶことでその章を指し示す。「クル・フワ＝ッラーフ・アハドゥ」で始まる純正〔112〕章ならば「クル・フワ＝ッラーフ・アハドゥ」がその章を指し示す名として使われる。人びと〔114〕章と黎明〔113〕章も同様に冒頭の数語で名指されることが多い章であるが，この2つの章の冒頭は共通しているため，「クル・アウーズ・ビラッビ＝ンナース」と「クル・アウーズ・ビラッビ＝ルファラク」というように，「ナース」と「ファラク」の語が出て違いがわかるところまで語を重ね続けて初めて識別される。

なぜそうであるのか。それはテクストが音だからである。音は，同時には存在することができない。一音を発するならば，その一音の前に発した一音はすでに消えており，次の一音を発する時には今発した一音は消えている。

蓄音や録音の機器のない時代に，音を保持するための唯一の場所は，発声者としての人間の記憶の中である。クルアーンのテクストの全文を記憶の中に保持しておくためには，少なくとも2つのテクニックが必要となる。ストックされたものを引き出してくるテクニックと，ストックされたものがちゃんと揃っているか，紛失したものがないかを確かめる在庫管理のテクニックである。

なお，それ以前に，ストックを作る＝テクストを一字一句正確無比に暗記をするテクニックが必要であるが，これは反復や定型句など，テクスト自体の口誦的性質や身体を通じた体得や特殊な暗記法がある。また，朗誦の専門機関で聞き取りをおこなうと，音を一度聴いただけで暗記してしまい，文字を使った暗記がまったく必要のない生徒が少なからずいる。むしろそういった場では文字を使って暗記する必要のある子は，「必要な才能を欠いてしまった子」という例外的な扱いである。

そのうちの「ストックされたものを引き出してくるテクニック」の重要なひとつが，あるつながる音の一続き（短いものでは1分足らず，長いものでは1，2時間にもなる音のつながり）を，最初の音でもって引き出す方法ではなかっただろうか。すなわち，すべての音は前の音に結び付けられてストックされており，そうであるから最初の数音のみを鋲で打ち付けて留めておけば，残りは次から次に連音して引き出されてくる仕組みが作られる。それが，章名と，巻名ではないだろうか。

巻（ジュズウ juz'）の名前は，章名よりもさらに明白にこのことを示している。クルアーンの全文は30等分され，30の巻に分けられており，それぞれの巻には名前が付いている(2)。現代の一般信徒が知っている呼称は「アンマ巻（第30巻）」「タバーラカ巻（第29巻）」「カドゥ・サミア巻（第28巻）」程度であるが，読誦学者の間では，全巻に固有の名前が付いており，それらはすべて巻の一番最初に来る語（1語または2語）となっている。

現代のムスハフにはまったく痕跡がなく，しかし古典の中には登場するため，何のためのものであるのか用途がわからないものがある。クルアーンの「群（アクサーム aqsām)」である。ハディースや啓典解釈の中には，「雌牛章とイムラーン家章を「2つの華やぎ（ザフラワイニ)」と呼ぶ」といったくくり方と，そのくくられたものの名称とが出てくる。しかし，これらの名称はムスハフには記載されていないし，その分け方もムスハフには書き込まれていない。口頭の使用でも，一般信徒の発話ではあまり聞いたことがない（ウラマーに聞けば，彼らは知っている)。啓典解釈などの記述からすると，特定の章に対する「尊称」のような印象もあるが，そのように名付けられていることの意味は明らかではない。

そこで思い至ったのが，この「群」というものがいくつかの「章」をまとめることによって，より少ない数の集合を作っているという点である。もしかすると，この「群」はバラバラに存在している114の章をいくつかの集合にまとめて，在庫管理を容易にするための下準備なのではないだろうか。たとえば，クルアーンの章が大きさや色の異なる大小のボールだとしたら，群はそれらを何らかの基準でもっていくつかに分け網状の袋に入れて，扱いやすくするための，その網袋なのではないかと仮説を立てて調査を開始した。

「クルアーンの章の区分け（タクスィーム・スワル・アル＝クルアーン taqsīm suwar al-Qur'ān)」というジャンルが存在することがわかり，実際に全部の章が群に振り分けられていたことが明らかになってきた。群の名称とその群に含まれるための条件や，その群に含まれる章をまとめると以下のようになる［Ibn Āshūr 1984 vol.1 : 88‒92, vol. 8 : 7, vol. 10 : 101‒102, vol. 14 : 80‒81, vol.24 : 76‒77］。

(a) 2つの華やぎ（ザフラワイニ）――雌牛章とイムラーン家章
(b) ハーミームたち（ハワーミーム）――ḤMという神秘文字で始まる章7つ
(c) タースィーンたち（タワースィーン）――ṬSもしくはṬSMという神秘文

字で始まる3つの章
(d) 称えるものたち（ムサッビハート）――冒頭でアッラーの称賛が登場する7章
(e) 7つの長いものたち（サバア・ティワール）――雌牛章から高壁章までの6章とユーヌス章（異説では，6章と悔悟章もしくは戦利品章）
(f) 加護を求める（ムアウウィザート）――人びと章，黎明章，純正章（最後の3章）
(g) 100のものたち（ミウーン）――100節よりも多い，もしくは100節に近い章
(h) 称賛（マサーニー）――開扉章に準ずるような句が含まれている章
(i) 〔短く〕区切られているもの（ムファッサル）――ムファッサルの最後は人びと章であるが，どこから始まるかは12前後の見解がある。ムファッサル群（ヒズブ・ムファッサル）はさらに3つのキスムに分かれる。それぞれのキスムの名称は「長い（ティワール）」，「中くらい（アウサート）」，「短い（キサール）」（この場合の「長い」は，短く区切られた章の中で長めのものを指し，絶対的な分量で言えば，(e) の「長いものたち」とは比べものにならないほど短い）

ボールの比喩を続けるならば，114のボールは，色の系統やサイズに従って，似た大きさで同系色のものごとに網袋に入れて小分けされ，ストックされている。通常は，バラバラになってしまったり，どこかへ行ってしまわないように，袋の中に入れられて，必要に応じてその都度「章名」（や「巻」），さらにこれらの「群」といった引き出し用の突起（レセプター）によって引き出されて朗誦されては，ストックに戻される過程を繰り返している(3)。

ある特別な機会に年に一度30日かけて（あるいは毎日1巻ずつや週に一度誦むなど，日常の中でルーチン化して），棚卸しがおこなわれ，在庫が確認される。普段は無作為に置かれている網袋をある順番でひとつずつ取り出して，さらにある順番で網袋の中のボールをひとつずつ取り出していって，全部あるかどうか，なくなったものがないかどうかを確認したかもしれない。その時に必要になってくるのが，網袋と網袋のつながりと，網袋の中のボールとボールのつながりである。網袋と網袋が，ボールとボールが何らかのジャンクションによって前後で結節していて，最初のひとつを取り出したならば次のひとつが，さらに次のひとつが，というように連鎖的に次々に出てきてくれないと，すべての音を余すところ

なく並べて点検することができない。そのジャンクションがおそらく，章の，そして章の中の文の配列の理由ではないだろうか（クルアーン全巻の暗誦者をハーフィズと呼ぶことは述べたが，ハーフィズの中の職業的朗誦者にしても，一般信徒にしても，彼らがどのように暗誦を維持しているのかの詳しい事例研究は，まだなされていない）。

3　テクストに保存された政治的な文脈

どの社会であれ，神話の語り手（託宣された巫女，憑依されたシャーマンなど）になることには，政治性がつきまとう。神話の生成は共同体内の権力闘争と絡み合い，象徴戦争（象徴言語を用いておこなわれる口論）に勝つことは，実際の抗争の最終的な帰結に影響を与える。なぜ，古代ギリシアの『イーリアス』や『オデュッセイア』（ホメロスの作とされる叙事詩）や古代日本の古事記，アスディワル武勲詩などの北米神話群は存在するのか。その成立の現場には，現代で思われているよりもはるかに政治的な文脈があったであろう。現代人にとっては過去の遺物としか感じられない「文学」のひとつに過ぎなくても，それが生成し，力を持って流通した時代にはもっときな臭く鮮烈な存在であったに違いない。

人類の起源や部族の由来は，特権的な知識である。誰もが知っている当たり前の知識ではない。それらについて，象徴言語（非日常的な詩的言語を駆使して作られた特権的な記号）を用いて，語り諳んじることは同時代的な人的ネットワークの中で有用な力を生み，他者や闘争の推移に影響を与えることが可能であった。神話が用いられる時，そこには社会的な要請（特定の目的）があり，その目的達成のために資するがゆえに用いられるのであって，要請なしにただ社会に対して提供されただけの無目的の不可思議で美しい物語はあるはずがない。

人が象徴言語（非日常言語）を用いる時，当事者が明確に意識していようがいまいが，その行為は他者や他者の集団（共同体）に対する強い働きかけを企図している。通常の働きかけがしたいならば，人は日常言語を用いる。どのように象徴言語を作り出すか，その生成に成功するかは，時と場合による。

世界的に広く知られ読まれている神話の中で，私見によれば，クルアーンと古事記は成立時期や中身の構造・性質が比較的似通っている。

(a)　古代の叙事伝承の集積であること（古層が含まれており，それが語彙から発掘できる）

(b) 特定の時期に，特定の目的の下，特定の人間によって語り下ろされている
(c) 書き文字が未発達の時期に口誦で生成された（現存する写本は後代のもの）
(d) 内容が①神代，②グレーゾーン[4]，③人代の3区分を含む

生成に成功し，出現した象徴言語は，信仰共同体の形成に伴ってその権威を維持することができる。『イーリアス』や古事記，北南米神話群も影響の範囲や質が変化しながらも，長らく力を保持してきた。クルアーンの場合も一旦成立した権威が，形や質を変えながら今日まで続いてきた。重要なことはその存続の歴史が単調で安定したものではなかった点であり，象徴言語が実際の力に転換され，時にはそれは武力による侵略など，宗教の本来あるべき姿ではない帰結をももたらした。また，精神的（象徴的）であれ，武力的であれ，その力（権力）を行使する主体（行為者）がどのような形をとるのか，教会などの中間集団[5]が組織されるのか否か，その集団は権威となるのかといったことが，宗教や宗派・地域・文化によって異なっている。

ここでは，クルアーンを通じて成立し保持された権威の仕組みを，コンピュータプログラミングのアナロジーで説明したい。神は，世界の維持と人間の生き方をプログラミング言語で書いたプログラマーである。神は，プログラミングを実行するコンピュータのプロセッサ（処理装置，ハードウェア）に当たる人間に対し，まず自分の理解できる言語でソースコードを書き，それをプロセッサが理解できる機械語に変換するためのコンパイラーを用意した。ソースコードをプロセッサに理解できる機械語に翻訳し，ソースコードの実行を起動させ続けるコンパイラー（翻訳者，編集者）が，ムハンマドである。ムハンマドがプログラミング言語で書かれた神の命令を注釈・解説し，その通りに行動を起こして，実行して見せることで人間に理解可能な形に変換するまで，クルアーンとそのほかのルート[6]で神から送られた神の命令は，人間には理解できない。

ソースコードが実行の成功に結び付くコンピュータプログラムとは異なり，実際の人間社会では，神の命令（ソースコード）は幾度となく名乗りを上げるコンパイラー（預言者）たちに変換されながらも，実行されたり，実行が失敗したりし，失敗の場合には神が人類を消滅させ[7]，もう一度新たにソースコードの修正とコンパイラーの設定し直しがおこなわれる。

イスラームにおける唯一にして最大のコンパイラーはムハンマドであるが，その権威がイスラーム初期から近代までの間に，どのように変遷しているのかを大

まかに概観してみたい。

①ムハンマドにコンパイラーとしての大きな権威が付与される（クルアーンの解釈権をムハンマドが占有する）（スンナ＝預言者ムハンマドの慣行の権威が確立）
②ムハンマドの直弟子たちに権威が付与される（ムハンマドの不在時，もしくはムハンマドの死後，彼に長年近しく付き従った弟子たちが解釈権を分有する）
③上記①②が啓典解釈学（タフスィール学），ハディース学（預言者言行録の学）として体系化されていく
④秘されたルートとしてのスーフィズムの勃興（ムハンマドに端を発する秘儀の創造）
⑤上記②を否定するシーア派の認識（アリーの血筋を重視し，血族ではない弟子たちの影響を最小化）
⑥上記（②～④）の伝統を否定するサラフィー主義
⑦上記（①～⑥）のすべての伝統を排除する原理主義

古代に生まれ，古代的な文脈の中で神通力を持ち，権威を生み出す装置の源となったテクストは，中世の間に膨大な2次的・3次的テクストを生み出して，図像（書道などのビジュアル化を伴う芸術表現）やパフォーマンス（楽器を用いた讃歌や身体表現を活用した旋舞など）を含む複合的で巨大なテクストネットワークとなった。やがて，その巨大なネットワークは，近代化の中で破壊され，否定され，分断され，一部は消失し，一部は残り，さらに刊本化やデータベース化の中でデジタルな情報として整備されて，今日も日常と政治的行動の両方において最大限活用され続けている。

4　ムハンマドを取り巻いていた状況

神話には，生成過程時の文脈が保存されている，とは限らない。それに対して，クルアーンは，アラブ古詩の作法にのっとって複数の人間同士の掛け合いの中で生成され，正典化・書物化がムハンマドの死後20年ときわめて迅速であり，本文がすばやく固定されたため，クルアーン自体の文言の中に当時の状況が色濃く保存されている。それに加え，クルアーンに関連するがクルアーンそのものでは

ないもの，つまり，①神のメッセージや神意についてのムハンマドによるコメント，②神の言葉であるがクルアーンの主旨から外れるためクルアーンに入れられなかったもの（ハディースの中に記録されている）とそれについてのムハンマドのコメント，③①，②についての教友たちのコメント，④正典の編纂（校訂）委員会のコメント，のすべてがクルアーンから注意深く除かれているため，状況の保存の精度が他の神話に比べて例外的に高いと言えよう。

クルアーンの生成過程の中で言い争い（掛け合い）をしているのは，ムハンマドの同時代の敵対者たちと，ムハンマドに言葉を信託して語る唯一神アッラーである。逆に言えば，物理的に口論しているのは，ムハンマドの敵対者らとムハンマドなのであるが，表現上の様式が神による代理の形（神がムハンマドの代わりに敵対者の言い分に対して，敵対者に向かって反論している）を採用している。

クルアーンに保存された文脈を読み解くためには，ムハンマドの活動期のうち，どの時期に誰もしくはどの集団と敵対関係にあったのかを把握する必要がある。今のわたしたちから見ると，クルアーンにおいて語り手である神が喧嘩腰で，言い分（主張，反論）がくどいくらい具体的に見えてしまうのは，ムハンマドが自己弁護を必要とするような，敵対的な人びとの攻撃にさらされる立場におり，吹っかけられる口頭の喧嘩が具体的な論点を含んでいたからである。その文脈を理解した上でレトリック（相手を説得ないし説き伏せるために駆使される脚色や誇張）に振り回されずに，普遍的な主張（神のメッセージ）＝構造を読み解けば，クルアーンはそう難しくない。これは他の神話にも当てはまる可能性が高い。

7世紀のアラビア半島は，北方を東方キリスト教のビザンツ帝国とゾロアスター教のサーサーン朝ペルシア，西側の紅海の対岸をコプト・キリスト教国のアクスム王国（エチオピア）に囲まれていた。半島の中では，北方に単性説派教会（ヤコブ派）とネストリウス派が混在するシリアがあり，南方にアクスムの影響下のイエメンがあり，その間に多神教の巡礼地であるマッカと，多神教徒のアラブ部族とユダヤ教徒のアラブ部族が抗争を繰り返す農耕の町ヤスリブ（のちにマディーナと改名）があった。

ムハンマドが預言者として活動した23年間の中で，まず最初に接した異教はキリスト教であった。大天使ジブリールの訪問によって神からの召命を受けた直後，ムハンマド自身は恐慌状態に陥り，家に籠っていた。彼の年上の妻ハディージャは，彼の話を聞き，解決を求めて，年配の従兄ワラカ・イブン・ナウファルのところへ相談に走った。

このワラカという人物はマッカの市民のうち数少ないキリスト教徒で（単性説

派かネストリウス派かは不明)[8]，ムハンマドに起こった出来事を預言者としての召命であると断定し，すべての預言者がそうであったようにムハンマドにはこれから困難な道が待ち受けている，と伝えたとされる。ワラカの精神的サポートとキリスト教の立場からの助言がなければ，ムハンマドとハディージャ夫婦はそれ以降起こる不可思議な事件の数々を理解し納得することができなかったであろう。

また，家族以外で最初にムハンマドの召命を受け入れたアブー・バクルについての伝承でも，彼がムハンマドの主張を受け入れる準備ができていた理由として，マッカで3人のキリスト教徒（ワラカ，クッス・イブン・サーイダ，ザイド・イブン・アムル），イエメンでアズディー族の長老，シリアでユダヤ教のラビやキリスト教の修道者から，アブラハム的一神教の預言者が現われるという予言を聞いており，それを待ち望んでいたことが挙げられている［大塚ほか編 2002 : 1083；森・柏原 1994 : 18–24］。

のちに，イスラームに入信した者たちへの迫害がマッカの中で激化し，保護が受けられない弱者たちを中心に信徒の一部がムハンマドの指示でアクスム王国に移住することになるが，この時アクスムの王は聖母マリアとイエス・キリストについてのクルアーンの章句を誦み上げたムスリム一行を受け入れ，保護している。クルアーンの中で，キリスト教の三位一体論への反論は繰り返し出てくる重要なテーマで，イエスに言及する際には「マルヤムの子イーサー（イーサー・イブン・マルヤム)」「マルヤムの子マスィーフ（メシア)・イーサー」と呼び，くどいくらい彼が「神の子」ではなく，「マルヤムの子」であることを念を押している。しかし，ムハンマドに対する根強い反発や誹謗・中傷をおこなう敵対者として特定のキリスト教徒は登場しておらず，教義上の争点に留まっており，ムハンマドと彼の周囲のキリスト教徒の関係が友好的であったことがうかがえる。

キリスト教とムハンマドの関係は総じて言えば，ムハンマドが先行する一神教であるキリスト教から知識とモラル・サポートの両方で受益しており，キリスト教徒たちも彼に対して際立って敵対的な行動をとらなかった，ということであろう。この友好的な関係は，ムハンマドの預言者としてのおよそ23年のキャリアの中で，彼は故郷の人びと（土着の多神教や既存の社会構造）との対立をはじめ，いくつもの宗教的・文化的・部族的な対立関係に悩まされ続けただけに，意外な印象を受ける。

次にムハンマドが対面することになったのは，マッカの支配層と多神・偶像崇拝であり，それはムハンマドが公けの布教を開始した614年からマッカを無血征服する630年までの16年間続いた。

ムハンマドがマッカでの布教を断念しヤスリブへと移住するのと前後し，ムハンマドは長年連れ添ったハディージャを失う。彼女の生存中は当時のマッカの風習に反し一夫一婦を保ち，仲睦まじい夫婦関係を築いていたが，ヤスリブに指導者として移住することでムハンマドも彼の家族も公人となり，家政がそのまま国政につながるような状態が生まれた。その中で累計 11 人の女性たちが公的な妻（「信徒たちの母」）として共同体の中枢を補佐し，1 人が側妻としてムハンマドを支えた。彼女たちの間の諍い（対立や共闘）は時にムハンマドを巻き込み，時に神の介入にまで至り，その様子はクルアーンにも保存されている。

マディーナに移ったムハンマドは，共同体の形成と弟子たちの育成に邁進した。同時に，共同体を外敵・内敵から守ることが大きな課題となり，マディーナ憲章でマディーナのイスラームに入信したアラブ部族とユダヤ教徒のアラブ部族との関係を取り決めてから，ハイバル遠征でユダヤ教徒との抗争を終えるまでの 6 年間，外の敵（マッカの多神・偶像崇拝の勢力）と連動する内側の敵（マディーナのユダヤ教徒の 3 部族）に苦心し続けた。

その憂慮が晴れ，マッカの降伏も見えてくると，次にムハンマドの目はさらに大きな相手へと向かった。628 年に周辺の非アラブ諸国に使者が送られ，そこから改宗の勧告が始まった。半島外の国々との面的な接触はムハンマド時代には起こらず，クルアーンにもその様子は出てこない。サーサーン朝ペルシアやビザンツ帝国と軍事的に対決し勝利を収めていくのは正統カリフ時代以降のことで，ハディース（言行録）やマガーズィー（戦記物）にその記録がある。

アラブの伝承や文芸に詳しい言語学者の西尾哲夫は，非日常言語の主要な社会的機能である集団維持について論じた小論の中で，人間の音声による言語活動を分類している［西尾 2009］。西尾はこの論考の中で，言語学において，音声言語の成立がどのように理解されているか，まず説明している。つまり，聞き分ける側にとっては「無分別な音のかたまりからノイズを除去する」［西尾 2009 : 359］能力が必要であるし，発する側にとっては「外界からの刺激に対する発声反応を抑圧」して，それから「独立して発声」［西尾 2009 : 361］することのできる能力を獲得する必要がある。その上で西尾が指摘している重要な点は，言語は「伝達」のためのものであるという認識には，マリノフスキー（1884－1942）の言ったような「交感的言語使用」，すなわち「言葉の社会的使用法」，「人間は「しゃべるためにしゃべる」」という観点が欠けているという点である［西尾 2009 : 362］。マリノフスキーは長期にわたるフィールドワークを創始した人物であり，最初期のイギリス人類学を牽引したポーランド出身の人類学者である。

西尾はイギリスの言語学者エイチスンを参照しながら，以下のようにまとめている。

> 言葉を使うと眼前に存在しないものを表すことができるが，これを言語の転位機能とよんでいる。嘘をつくというのは言葉の転位機能を利用しているわけである。言語を用いることによって社会的連帯を維持したり，他人に影響を与えることが容易になる。このような言語の特性から考えると，言語は情報伝達の手段として進化したのではなく，体毛をなくした人間がサルのグルーミングの変形として発達させてきたとする見解も納得がいく。つまり個体間関係の維持こそが言語に課せられた最初の役割であった。［西尾 2009 : 362–363］

この一節は，人間と動物がどう異なっているか，なぜ人間だけが人間であるのかについての大胆かつ鋭い表現であるし，同時にクルアーンの特性や機能についても見事に表現されている(9)。西尾は，クルアーンの集団を結び付ける機能を論じるために，以下のような分類を提示している［西尾 2009 : 369–370］。モダリティーは，伝達する情報内容の確実性（真理値）に対する発話者の態度表明を意味する［西尾 2009 : 365–366］。

①日常的言語によるコミュニケーション（通常の情報交換として構成員全員が言語コードを習得しており，個々の発話に応じて相互にモダリティーが機能する）
②日常的言語によるグルーミング（情報交換よりも話すという行為に目的があり，あいさつなどもこれにふくまれる。情報の真理値よりも共有が重要）
③日常的言語だが押韻や定型表現などの非日常的言語形式を使う語り物（民話・伝説や叙事詩などのように，非日常的内容だとか共同体にとっての自明の事実を語っており，語りの形式や語り手の属性によってその真理値が左右される）
④非日常的言語としての歌詞付きの歌（日常では語られない事実やテーマを内容としており，情報の真理値を超越して構成員に受容される）
⑤非日常的言語としての歌詞のない楽曲（言語の壁を超えた共有が可能な一方で，真理値を保証する人物に関連して秘儀性が生じる。真理値を保証す

るものを天賦の才にもとめるか構成員の正統性にもとめるかで集団を縦横に構成できる)

⑥非日常的言語としての詩(詩人の天賦の才により言葉の恣意性・無契性を極限まで排除し，詩人という資格と詩という形式のみが真理値を保証する)

この区分けは，社会的な文脈に直接依存する口承・口誦作品を理解するために，有用である。西尾は，クルアーンが口誦で成立したのち，文字テクスト化されることで固定され，それによって歌詞のない楽曲(⑤)と同じように言語や民族の違いを超えてテクストを共有する集団を拡大でき，さらには歌詞のある歌(④)と同じようにテクストを共有する集団をあたかもひとつの民俗共同体であるかのような形で統一できると述べ，⑥としてのクルアーンが，④と⑤と近い性質を兼ね備えている点，さらにはそれが排他的な原理主義思想を生み出す原動力にもつながっていることを指摘している[西尾 2009 : 373–374]。これは本書がクルアーンの「神秘力」「神通力」として表現しているものを，言語学的観点から説明している。また，本書の第V部15章，16章で取り上げた日常会話やグッズとしてのクルアーンの事例を見れば，④，⑤，⑥のみならず，②の要素を併せ持つ，さらに幅の広い領域に及ぶテクストであることが判明するだろう。

第Ⅳ部

音としてのクルアーン

第Ⅳ部では，音そのものとしてのクルアーン，まさに「誦まれるもの」としてのクルアーンを見てみよう。

これまで本書で検討してきたように，クルアーンには２つの「正典」がある。朗誦家によって読誦規則にのっとって正しく美しく再現された声としての「朗誦（キラーア，もしくはティラーワ）」と，誦み上げられる時の口誦性を紙面に文字と記号によって書き記した「書物（ムスハフ）」である。

ムスハフをめぐる考察は，ここまで十分に論じてきた。ムスハフは１冊の「書物」の形をしているので，比較的扱いやすい。それに対して，声に出されるクルアーンまたはその章句は，本書で言う「プラチック（実践）」である。クルアーンに限らず，社会の中における「プラチック」は，それぞれの社会においてそれぞれの時代の枠組みの中で発生し，その時代にありえたモノや行為の形をとって，多様に発現する。

ムスリム社会の日常生活の中にちりばめられた断片的なプラチックは，信徒たちの実際の生活を構成するかけがえのない一部として埋め込まれている。一般信徒の発話などのプラチックは，第Ⅴ部で詳しく見るが，以下で論じる専門家による朗誦も，広く言えばプラチックのひとつであり，生活を構成する媒体として機能している。とはいえ，朗誦は，ムスハフと同じように「規範＝正典」を具現化する役割を全面的に担っている点は，大きな特徴である。

それぞれの朗誦，それぞれのムスハフは，その一つひとつがそれぞれの国の，個別具体的な読誦学者や啓典解釈学者，朗誦家たちの集団的な知的な努力，探究，挑戦，精査，判定，決断によって具現化する規範の具体例となっている。規範的でありつつも，それぞれ固有のプラチックである。

さらに，規範性という点で論争の的となってきた女性による朗誦の問題がある。それについても，第12章で詳しく検討する。

第9章

朗誦の復興

1　音楽的側面

クルアーンは声によって運ばれる。人間の身体から，ただその刹那に，一期一会とばかりに，満を持して吐き出され放たれる声によって，である。常人離れした朗誦家の放つ地中から湧き上がり地を這うような低音や，天から降り注ぎ脳天を突くような高音の第一声によって静寂が打ち破られる。響き渡る音によって，声が発されるのを待つ緊張に満ちた時が終わり，会衆の間では何かが決し放出され顕現したことによるつかの間の安堵が広がる。同時に，高く低く強く弱く，迫り来るめくるめく音に聴く者の情感があわ立つ。心をかき立てられ揺さぶられ，感嘆の声が口々から漏れ出る。人びとは朗誦の切れ目切れ目に，称賛の合いの手を浴びせる。拍手はしない。

クルアーンの言葉は，古典正則アラビア語であるから難解である。ただし，一般の信徒たちは誰でもその音に親しんでいる。文字が読めても読めなくても，アラブ人であろうが東南アジアの人びとであろうが，聖典を原文のままに暗記し，諳んじている。特定の高度な訓練を受けた専門家でなくても，聖典にアクセスすることが可能なのである。分量も第二の聖典というべきハディース（預言者ムハンマドの言行を記録したもの）が膨大であるのに比べ，序章でも詳しく確認したようにクルアーンはコンパクトである。書物の形にしたならば大体600頁程度[(1)]，音にして素読すれば30時間程度であり，一般信徒の中にもそれを丸暗記した「ハーフィズ（保持している者）」と呼ばれる人びとが数多く存在し，総じてそのテクストは社会全体に開かれている。

書物の形をしたものが聖典であるのと同様に，あるいはそれ以上に耳で聴くものも聖典であり，自分で声に出して誦み上げるものもまた聖典なのである。「クルアーン」というアラビア語の原義そのものも「誦まれるもの」という意味であり，「声に出して読まれる／誦まれる」ことを自己規定として自ら語っている。「音に出して再生されるもの」自体が出発点なのであり，常に人間の再生者が必要となる。

その再生者が誰かというと，何よりもまず朗誦家（カーリウ）と呼ばれるプロフェッショナルたちである。イスラーム圏ではどの国にも朗誦家を育てる機関や制度があり，一定数の朗誦家が存在する。[(2)] このプロ集団たちが源，規範とも言うべき根本的な拠りどころとなっている。彼らは社会に対する役割として，クルアーンのあるべき姿を精査し，確認し，合意し，伝達し，磨き，保持し，精錬し，洗練することを果たしている。彼らは聖典の規範的な形を長い時間かけて師匠からの口伝によって体得し，自らの生涯を通じてそれを失わないように修練し，またその技量を深めるために探究を重ねる。彼らがその身をもって体現する聖典は，社会にとって聖典の根本的な姿となる。また，イスラームという宗教にまつわるすべての学問，イスラーム諸学を担う学者たちにとって基礎的な拠りどころとなっている。クルアーンの朗誦や読誦学に詳しい高名なクルアーン学者は，次のように表現した。

> クルアーンの内容，たとえば悲しさや断固とした調子，あるいは問いかけといったことの表現を構築することが，朗誦家の仕事なのです。リファアト師〔1882－1950。古い時代のエジプトの大朗誦家〕が物語章を誦むのを聴く時，そこでは物語，すなわち預言者ムーサーの舟が捨てられ壊れてしまったことが，わたしたちの眼前に再現されているでしょう。朗誦家はまず，クルアーンの内容を理解しなくてはいけません。それをどう表現するかを考え，読誦規則，旋律の流れとバリエーション，息継ぎに気を付けて朗誦をおこないます。息継ぎでその人の能力が見えますね。切り方によって内容に対する理解力も見えてしまいます。クルアーンの要素全部に気を配り，呼吸や旋律をコントロールする。一か所一か所だけではなく，全体が気持ちよくなければなりません。すべてを総合してコントロールした上で，なおかつひとつの箇所を集中して誦めること，それが朗誦家に必要なことです。それがきちんとできることはとても稀なことです。[(3)]

朗誦家たちが実際におこなうクルアーンの朗誦（キラーア，ティラーワ）は，2つの面で音楽との類似性が見られる。ひとつは朗誦そのものが音楽的な旋律を伴っており，音楽のように聴こえる点であり，もうひとつは現代での受容のされ方が，音楽と似通っている点である。この2点について本章では詳しく見ていきたいが，その前にクルアーンの朗誦を「音楽」と言わないという事実について確認しておきたい。

イスラーム世界にはクルアーンの朗誦がどれほど音楽的に響こうと，それを音楽とは呼んではいけない，「クルアーンを音楽としては語らない」というルールが存在している。「音楽（ムースィーカー）」と「朗誦」とは意識的に区別され，それぞれ独立したものとしてみなす認識が貫徹されている。

その第一の要因は，クルアーンの記述に由来する。クルアーンは，自らの章句の中で繰り返し自らを「詩（シアル）ではない」（ヤースィーン〔36〕章69節ほか）と自己規定している。クルアーンは次のように主張する。すなわち，クルアーンの言葉は「聖なる使徒による伝達」であり「万有の主から下されたもの」であるがゆえに，「詩人（シャーイル）の言葉」ではなく「占い師（カーヒン）の言葉」でもない（真実の日〔69〕章40－43節）というドグマが示されている。

詩（韻文形式のテクスト）は旋律を伴って朗ぜられると，音楽（歌謡）となる。アラブには詩に旋律を付けて朗々と歌い上げる伝統が一方で根強い。それに対して，クルアーンは前述のドグマが徹底された結果，本体が「詩」ではないものとなったために，旋律を付けても「歌詞」になることができない。クルアーンの本文に旋律を付しても，音楽（歌謡）にはなれないという仕組みである。

第二に，朗誦には楽器を使わないことが挙げられる。クルアーンをめぐる音楽的な広がりは，クルアーンそのものを朗誦する以外にも，クルアーン的なタームやモチーフを歌うズィクル（唱念）やタワーシーフ（称揚詩）などがあり，これらの中では踊りを伴ったり太鼓が使われたり，場合によってはウードなどの楽器が使用される。しかし，クルアーンの朗誦の中でそれらが使われることは一切ない。朗誦はどんなに高度に音楽的であろうとも，常に声楽のみでおこなわれ，その他の器楽の流入をまったく受け入れていない。

伝統的に朗誦の原産地であったエジプトなどでは，朗誦の訓練の場や，朗誦について非専門家が語る場合でも，音楽の用語を使用しないなどの配慮も強くある。その点についてはインドネシアなどではやや緩いが，それでも朗誦家や朗誦の訓練生が歌謡を演奏することを忌避することに見られるように，「音楽」と「朗誦」

の領域の区別が図られている。

たとえば，「〔朗誦家の〕ジブリールが好きだわ！　声が綺麗なの！」と，贔屓の朗誦家の名前を挙げて，若い女性が言う。その一方で，「ジブリールはタジュウィード（読誦規則）が甘いからな」，「タジュウィードをミスするからな」と渋好みの年輩の男性たちの採点は辛い。また，好事家は「今の若い者のは美しくないね，なぜか？　なぜなら朗誦しかやってない。それだけをやって朗誦ができると思い込んでいる。かつてのシャイフ（師）たちは違ったよ。タワーシーフも学んでいろんな宗教音楽を身に付けて，彼らの朗誦は本当に美しく，芸術だった。総合的に深く修めた上で，朗誦をやっていた。そういう努力をしない若い者の朗誦は聴くに耐えんよ」と嘆く。

これはエジプトでの事例であるが，そのような話に耳を傾けていると，聖典の朗誦がまるで音楽のように，大衆の生活に根ざし，心を動かしたり生活を彩ったり，人生に華やぎを与えるものとして受容されていることに，驚かされる。実際，たとえばカイロの通りを歩いていても，文房具屋からは巨大な性能のいいスピーカーから朗誦が流れ，あっちの銀行からはテレビから，そっちのパン屋ではラジオから，こっちのタクシーもあっちのタクシーもと，所狭しと道中に朗誦の音が響き合っているのに出会う。アレキサンドリアの海岸沿いの道を歩いていた時も，通り過ぎるカフェはすべて昼間から年輩の男性がひしめき，水煙草を吸いながらおしゃべりに興じていた。どのカフェでも人びとの間を，朗誦が店内にもテラス席にも風のように流れわたっている。道端の小さなキヨスクでも当たり前のようにラジオから朗誦が流れている。菓子屋の店頭にはミルク・プディングが積み上げられ，店先のテラスでは年輩の男性店員が気持ちよさそうに朗誦の練習をしている。

クルアーンの朗誦が売られているカセット屋やCDショップは，街中にある。老舗の専門店に行けば，店員たちは皆マニアックなほど朗誦家や彼らの朗誦スタイル，人気の具合などについて詳しく，客は店員にいろんな要望を伝え，相談に乗ってもらい試聴させてもらいながら，望みのものを選ぶ。ラマダーン月（断食月）にモスクで大きな朗誦会が催されるなど，伝統的な宗教的な場において朗誦がおこなわれる一方，ラジオやテレビに朗誦の専門チャンネルが開設され，レコードが出回り，やがてカセットやCD，VCDになり，それらが海を越えて輸出される。プロの朗誦家たちも，海外に朗誦公演に出かけていく。朗誦の国際大会も流行し，各国が競って開催し，優勝者たちの実演の録画や録音が出回っている。今では，インターネットの動画サイトで往年の大朗誦家の実演から，「ちびっ子チャンプ」の朗誦まで，さまざまな動画を観ることができる。

2　言葉と旋律の関係

「誰々師のカセット，買ってきてもらえないかしら？　繰り返し聴いて練習していたら，テープが駄目になっちゃって」。2008年7月のある日，カイロの古書店でクルアーン学の文献を物色していたら，筆者の携帯電話にインドネシアから通話が入った。相手は現在インドネシアでもっとも人気と実力の高い朗誦家の女性であった。詳しく聞くと，所望のテープは，その年の国際大会においてチャンピオンとなった新進の朗誦家で，彼のバリエーションが最新の流行になっているとのことであった。

筆者がこの女性朗誦家の存在を知った2000年頃にはすでに，彼女は欧米研究者の間でも現地でも，非常に有名な朗誦家であり，現在でも第一線で活躍している朗誦の第一人者である。そのような地位の確立した朗誦家が今もって新しいものを取り入れ，技を磨くことに余念がないことに改めて驚かされた。また，彼女と話していると，たびたび純粋に朗誦が大好きでしかたがない，瑞々しい朗誦マニアな気持ちがほとばしり伝わってきて，宗教の根幹を担う重責を負ったプロフェッショナルといえども，初発の熱情を持ち続けているのかと驚かされる。

そのような彼女たち朗誦家が朗誦の基本として体得しているのが，特定の旋律群である。これは場合によっては「マカーム（アラビア語で旋律，旋法，旋法型の意）」や「ラグ（インドネシア語で旋律，歌の意）」という音楽用語で呼ばれることもある。クルアーンの朗誦は通常，クルアーンの原文の任意のある部分を抜粋しておこなわれる。冒頭から順番にひとつずつ誦まれることは特別な場合のみのことである。通常は，ある部分を抜き出して，そこにその章句の意味内容に合った適切な旋律を付ける。その基本となる旋律が7つある。

クルアーンの本文は古典正則アラビア語の押韻散文である。それを正しく発音するためには，複雑な読誦規則（タジュウィード）のすべてに逐一のっとっている必要がある。読誦規則にのっとって発音するならば，思いのままに旋律を付すということはできなくなる。なぜなら，旋律を付した上で読誦規則を守ること，たとえば，伸ばすべき長母音が正確な拍数で長母音化されており，伸ばすべきではない短母音を決して長母音化しないということが難しいからである。

つまり，クルアーンには，まず言葉上，採用できる旋律に制約があるということである。読誦規則を十全に守った上で付けることのできる旋律が，7つの旋律群ということになる。これらは，すべてアラブ由来のものとされるが，もともとクルアーンの原文がアラブの押韻散文であることを考えると納得がいく。

旋律には，7つの種類がある。「バヤーティー」「サバ」「ヒジャーズ」「ナハワンド」「ラスト」「ジハルカ」「スィカ」である。それぞれペルシアの地名などに由来する名である。

国際的に著名で東西に広く流布している朗誦家の多くは，エジプト，もしくは聖地（サウディアラビアのマッカとマディーナ）の出身である。エジプト流の朗誦はメロディが豊かでより音楽的であるのが特徴であり，サウディ流はあまりメロディを付けない。インドネシアは当初はサウディアラビア，のちにはエジプトの朗誦を精力的に取り入れ学ぶことによって，1980年代以降，国際大会の優勝を勝ちとるような水準の朗誦家が輩出するようになった。エジプト流の非常に音楽的で華美な朗誦が好まれ，旋律群を適用した朗誦が積極的に取り入れられ受容されている。

各旋律における基本的なバリエーションは，1950から70年代頃に活躍したエジプトの大朗誦家たちがおこなったものが踏襲されてきた。先行する模範となったそれらをなぞるだけではなく，バリエーションを自在に操れる，新しいバリエーションを生み出せるといった能力が朗誦家の創造力の分かれ目となるが，それができる朗誦家はいつの時代も常に一握りしかいない。前出の女性朗誦家はその才能を持った一人である。彼女に各旋律の特徴について尋ねてみた。その内容をまとめると以下のようになる。

(a) **バヤーティー**――フレキシブルで，悲しいのも喜ばしいのも，どのような雰囲気の流れでも使える。テイストを付け加えて，元気にもできるし悲しくもできる。

(b) **サバ**――やや悲しい。インドネシアの朗誦家はあまり使わず，フレキシブルではないし，バリエーションが少ないため使いにくい。逆にエジプトでは頻繁に使われる。このサバと，もうひとつのジハルカは難易度が高いので，インドネシアの朗誦大会ではおおむね省かれて，バヤーティー→ヒジャーズ→ナハワンド→ラスト→スィカという流れになる[(4)]。

(c) **ヒジャーズ**――心が穏やか，あるいは悲しい。ヒジャーズは早朝の礼拝の呼びかけ（アザーン）に使うのにもふさわしく，朝の穏やかさや静寂に合う。それに対して，日没の礼拝の呼びかけなら，ラストを使う。「さあ，やろう！」という雰囲気で，人びとが仕事帰りでまだ元気な時なので，合う。

(d) **ナハワンド**――悲しい。

(e) **ラスト**——ムスタファ・イスマーイール師[5]（1905－1978）によると，喜びの曲調。エジプトやアラブでは活き活きとした曲調とみなされるので，愛国的な歌に使われる。インドネシアでは行進曲に近く，朗誦大会のテーマ曲もラストである。

(f) **ジハルカ**——穏やかだが，難しい。バリエーションが少ないとされているが，即興ができる朗誦家にとってはバリエーションが少ないわけではない。インドネシアでは断食明けの祭の儀礼（タクビール）に使われて，ラストに似ている。

(g) **スィカ**——ラストと同様に，ムスタファ・イスマーイール師によると，喜びの曲調。喜ばしいので，結婚式などで使われる。ウンム・クルスーム（往年のアラブの大歌手）の歌で，預言者ムハンマドの聖遷を祝う歌はスィカである。

これらの旋律にはさらにバリエーションが存在する。アラブの大朗誦家の古いバリエーションに加え，年々新しいバリエーションが作り出され，また，一握りの才能ある朗誦家たちはバリエーションを即興でおこなう。バリエーションは無数にあり，年齢とともにその技は熟達するし，使用できるバリエーションの数も増えていく。また，章句に対する解釈や理解が深まれば深まるほど，それも個別の音の発音，旋律や休止，リフレインの形や声の深みとして朗誦に反映されるから，キャリアの長い朗誦家の朗誦は奥行きや厚みに年季が感じられ，その人の声と技法によって実現する聖典世界の深玄さは一朝一夕には作ることのできないものである。

逆に，体力も大きくかかわる分野であるので，年とともに声量や声の張りが衰えることもある。そのことを実感したのは，ある朗誦家の若い頃の録音を，流布している壮年のものと聴き比べた時である。20歳前後に採録されたそれは，ハッとするほど若々しく，はちきれんばかりの溌剌さが内から湧き出ており，天賦の才がほとばしり，その声は奔放にしなっていた。生命力がみなぎり，40代のものに比べてはるかに声に張りがあった。この声がさらに20年以上の時間をかけて，体力的には衰えつつも，規範を色濃く内在化し，言葉の意味が深みを獲得し，細部に甘さがなく，聴衆に伝え知らしめ感得させる圧倒的なパワーを持つに至っていくのかと，朗誦の深化の段階を垣間見ることができた。

通常，アラブ圏であれ東南アジアであれ，録音され，ラジオや市販のカセットを通じて市場に流布し，一般に聴かれている朗誦は，壮年のもの，年齢で言えば30代以降のものが多いと思われる。社会的にデビューし，評価が確定し始める時期が20代半ば以降であることや，若年の頃の録音は部数が少なく，試験的なものとして市場に残らない（新しく出された壮年のものによって淘汰される可能性が高い）ことなどが理由として考えられるが，朗誦に関心を持つ研究者であれば，朗誦家の若年の頃の録音を発掘し，聴き比べていくことも朗誦研究の重要な手がかりとなるであろう。

どのような機会に，どの観客に，どの章句を誦むかによって，朗誦家はその日使用する旋律やバリエーション，声量を考慮する。エジプトとインドネシアの事例から言えば，結婚式や生誕祭では，野外の舞台が多くめでたい席であるので，聴衆全体に声が届くように，華々しい旋律を使って声量も大きくする。人が亡くなった時には，室内であることが多いので，大きい声や高い音は使わず物悲しい旋律で神に還り行く旨の句を唱えたり，遺族に頼まれ死者を追悼する章句を誦んだりする。

TPOだけではなく，朗誦家自身の身体のコンディションも朗誦を操作する要因のひとつとなっているようである。風邪や体調の悪い時には，高音が出せないからオクターブを下げるし，喉が痛かったり鼻かぜの場合は息を溜め込めないので，節ごとにすべて切ってしまうなど休止を増やして対処する。また，旋律は同じものを使っても，バリエーションを抑えめにすることも体調不良への対処の方法である。逆に体調がよい時は，高い音が響き，息が長く続く。高音が冴えるし，息継ぎをせずに一息で朗々と延々と誦むことができるというわけである。

第 10 章

全国朗誦大会

1　大会の舞台

2006 年 7 月 29 日から 8 月 5 日の 8 日間にわたってインドネシアの中央部に位置するスラウェシ島，東南スラウェシ州州都クンダリ市において，第 21 回全国クルアーン朗誦大会（Musabaqah Tilawatil Qur'an National XXI[(1)]）が開催された[(2)]。インドネシアの全国朗誦大会は現在では 3 年に一度の頻度でおこなわれている。政府主導の大規模な国家イベントであり，開催地は各州の持ち回りで毎回異なる都市に会場が設置される[(3)]。

今大会の舞台となったクンダリ市は人口約 17 万人の地方都市で，国内線の主要航路からは外れており，今回の開催に合わせ簡素な国際空港が開港されるまでは[(4)]，空軍の飛行場を借用していた。中心街を除いては，自然に囲まれた広大な平野に木々や木造の小屋が点在するだけの静かな田舎町である。開催に向けて空港から中心街に至るまでの道路が舗装され，競技のための施設や宿泊施設が整備された。

大会では，出場する個人が 1 から 3 位入賞を競うのと同時に，各州ごとに選手団を組織し合計点を競う州別対抗の形をとる。今回大会の参加州は 33 州あり，各州 50 から 200 名の選手団を形成し，合計 2563 名の選手が参加した[(5)]。各選手は自身の出生地と居住地のいずれから出場するかが選択でき，各州はよりよい褒賞（小巡礼に行ける，公務員になれる等）を提示して選手の引き抜きを繰り広げている。

審査を担うのは，かつての大会において優勝経験を持つチャンピオンたちを含む，イスラーム諸学の専門家たちである。今大会では，インドネシア全土から約100名の審査員が集められ，クンダリに集結した。

競技会場は市内に分散して設けられ，一部を除いては役所などの既存の建物が使用されていた。①中央アリーナ，②林業省地方局東南スラウェシ州，③東南スラウェシ州観光局，④宗教省東南スラウェシ局，⑤カウサル大モスク，⑥クンダリ・イスラミック・センター館，⑦東南スラウェシ地方議会ホール，⑧東南スラウェシ州労働移住局ホール，の8か所である（**図10-1**参照）。各施設間の距離は徒歩でも移動可能で，自動車やバス，バイク，自転車力車などが交通手段として利用されていた。

①の中央アリーナが中心会場であり，この施設は2年間かけてこの大会のために建造された（この大会後にはスポーツなどの競技場として活用されると広報されていた）。直径数百メートルの巨大な円形の水場を中心に，その両端に競技場とエントランスホールが併設されている（**図10-2**）。エントランスホールや競技場の周囲には来賓，VIP，関係者席や放送局が設けられ，一方水場の周囲にはベンチ型の観客席が用意され，一般客向けとなっていた。

競技場の作りは，大半の会場で共通している。朗誦およびその他の種目の選手たちが競技をおこなうためのステージが設けられ，その両脇に審査員席，向かい合う形で客席，客席の前方には審査結果等を映し出すためのスクリーンが用意されている。ステージには選手が入るためのガラス張りのケースが置かれることもあり，ステージの背面や周囲は極彩色のクルアーン書道や幾何学文様で彩られ，観葉植物や色とりどりの花々に覆われている（**図10-3〜10-5**）。審査員席は木造の机を並べたもので，それぞれの審査員の間は木板で仕切られている。ヘッドホンとモニターが装備され，飲料水や軽食が給仕される（**図10-6**）。

若干異なる作りをしているのは，①の中央アリーナと⑥のクンダリ・イスラミック・センター館である。前者では審査員席が外部からは見えない建物の中に設けられており，後者はクルアーン書道という競技の性質上，審査員席が壇上に，選手席がフロアに設置されていた（**図10-7**）。

会場のほかには，選手や招待客のための宿泊施設，審査員専用のホテルが用意されていた。選手団には各州ごとにバスが，審査員にはワゴン車が用意され，会場と宿泊施設間をそれらで移動していた。

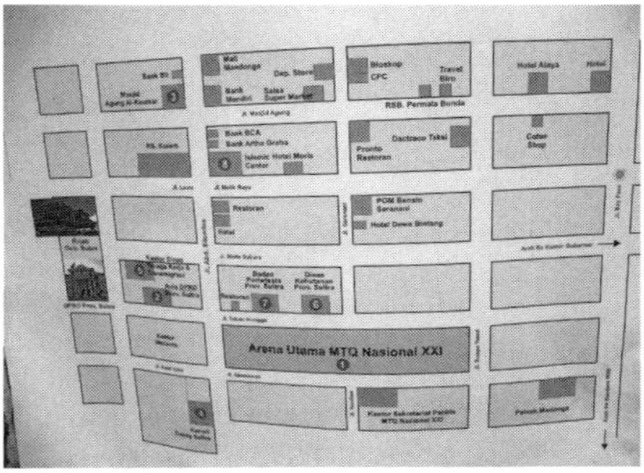

図 10-1　市内各所に貼られたポスターの掲載図　8つの会場の位置が示されている。

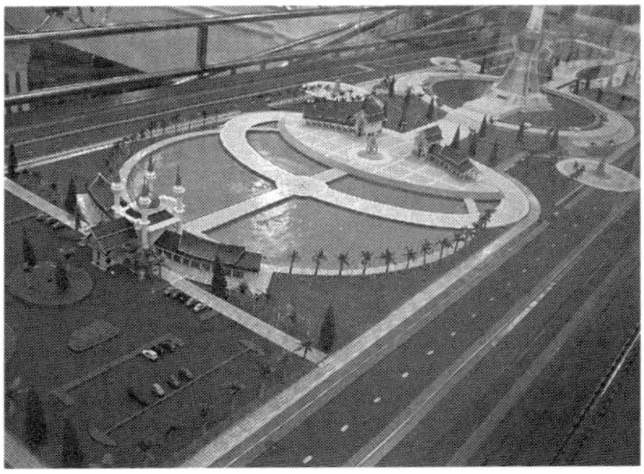

図 10-2　中央アリーナの模型　左端の尖塔のついた建物がエントランスホールで，中央の左右対称の建物があるところで朗誦がおこなわれる（写真右の塔を中心とした一角は実際には建造が頓挫し建築途中で放置されたため，その部分には砂地とむき出しの骨組みが散在していた）。

図 10-3　会場内部　パイプ椅子が観客席で，中央に選手が競技をおこなうステージがあり，その両脇に審査員席が設けられている。

図 10-4　競技中の会場内　三人一組でおこなうシャルヒル（注釈・説教）がおこなわれている最中。

2　朗誦を審査する

朗誦大会という以上，当然朗誦が主要な種目であるが，全国大会ほどの大規模なものになるとさまざまな種目が付随的に設けられる。外部の調査者にとっては驚くような多様性であるが，当事者たちにとっては，「クルアーンにかかわるさまざまな技を競う」という認識が抵抗なく共有されていた。

競技種目は7つに大別できる。すなわち，(a) ティラーワ Tilawah（朗誦），(b) キラーア Qiraat al Qur'an（七流派の読誦），(c) タフスィール Tafsir al

図 10-5　会場内に設けられたスクリーンの前に集まる人びと　試合直後に審査の結果が表示されている。写真はヒフズィル（暗記）の会場で，20 ジュズの試合が終わったところである。

図 10-6　審査員席　試合終了後に審査員の制服である黒衣を脱ぎ終わって，解散しかかっている。写真左端は実行委員の席で，審査の結果をスクリーンに表示するためのコンピューターが設けられている。

図 10-7　ハット（書道）の会場内　決勝戦がおこなわれている。机が 3 列に並べられており，一列ずつ別の部門となっている。写真右に審査員席があり，写真の左側には立ち入り禁止のロープが張られ，そこから観客たちが観戦している。

Qur'an（啓典解釈），（d）ファハミル Fahmil Qur'an（クルアーンに関する理解をめぐる問答），（e）シャルヒル Syarhil Qur'an（注釈・説教），（f）ヒフズィル Hifdzil Qur'an（暗誦），（g）ハット Khattil Qur'an（書道）である（**表 10-1** 参照）。いずれにも予選と本選がある。

（a）のティラーワは旋律のついた朗誦で，選手は審査員によって出題されたクルアーンの箇所に適切な旋律を施しながら章句を誦み上げる。選手の年齢によって子どもの部，青年の部，成人の部に分かれる。また，タルティール Tartil（同じ旋律を繰り返して，遅い速度で誦む朗誦の種類）部と身障者の部がある。ここ

表 10-1　第 21 回全国クルアーン朗誦大会の種目

種目	部門
(a) ティラーワ（朗誦）	子どもの部
	青年の部
	成人の部
	タルティールの部
	身障者の部
(b) キラーア（読誦）	
(c) タフスィール（啓典解釈）	英語の部
	インドネシア語の部
	アラビア語の部
(d) ファハミル（問答）	
(e) シャルヒル（注釈・説教）	
(f) ヒフズィル（暗記）	5 ジュズとティラーワ
	1 ジュズとティラーワ
	10 ジュズ
	20 ジュズ
	30 ジュズ
(g) ハット（書道）	

公文書をもとに，筆者作成。

で言う「身障者 cacat netra」とは視覚障害者を指す。

(b) のキラーアは読誦の 7 流派に関するもので，異なる誦み方を正確に再現できるかを競う。今大会から新たに加えられた種目である。

(c) のタフスィールはクルアーンの章句の解釈を競う。インドネシア語，アラビア語，英語の部門がある。

(d) のファハミルは問答形式でクルアーンやイスラームの歴史についての専門的な知識を競う。三人一組で，審査員から出題される問題に答え，合計得点で順位が決まる(6)。

(e) のシャルヒルは説教の腕前を競う。三人一組で，朗誦，インドネシア語訳，演説をそれぞれが担当する。インドネシア語訳は暗記しているものを読み上げるので，より実践性や即興性の高い朗誦と演説の腕前が勝敗を左右する。

(f) のヒフズィルは，クルアーンの章句の暗記の正確さを競う。クルアーンを

30等分したうちのいくつを暗記しているかによって，1ジュズ[7]（30分の1），5ジュズ（6分の1），10ジュズ（3分の1），20ジュズ（3分の2），30ジュズ（全部）の各部門に分かれる。

（g）のハットは朗誦大会においてはやや例外的な種目で，クルアーンの書道である。純粋な書道Murni，壁面用装飾Dekorasi，ムスハフ（書物型クルアーン）用装飾Dekorasi al Qur'anの3部門に分かれている。いずれの部門も，出場者は制限時間の間会場に留まって，課題の作品を制作する。純粋な書道部門では黒インクのみで書かれ，ほかの2部門では，カラーインクを使用する。

各種目にはそれぞれ細かな審査基準が定まっているが，ここでは特に中心の種目である朗誦の審査基準について，もう少し詳しく説明したい。朗誦の審査は全国クルアーン朗誦発展協会の基準に従って，①読誦法（タジュウィード，Tajwid），②正則性（ファサーハ，Fashohah），③声（Suara），④旋律（Lagu）の4側面にわたってなされる。

①の読誦法は30点満点の減点方式で，調音の方法（Makharji al Huruf），音の特徴（Sifat al Huruf），音の諸規則（Ahkam al Huruf），長音の諸規則（Ahkam al Mad wa al Qashar）の4項目に対して，それぞれ基本的な発音の間違いならば3点，長母音・子音等読誦法の間違いならば1点ずつ減点されていく。②の正則性も，30点満点の減点方式で，休止と誦み出し（Ahkam al Waqf wa al Ibtida），音と拍数の遵守（Mura'at al Huruf wa al Harakat），単語と句の理解（Mura'at al Kalimat wa al Ayat）の3項目に対して，同じように基本的な発音の間違いならば3点，長母音・子音等読誦法の間違いならば1点ずつ引かれていく[8]。

③の声は15点満点（最小5点）の加点方式で，澄んでいる，優美さ（繊細，なめらか），声がよく通る，発声の欠陥のなさ，呼吸の調整の5項目がある。

④の旋律は25点満点（最小5点）の加点方式で，開始と締めのメロディー，メロディーの数，メロディーの変化・完全さ・テンポ，リズム・スタイル，バリエーションの5項目がある。

今回の大会からは審査にITが採用されることになり，新しい審査システムが導入された。審査員たちが紙面の評価フォームに記入したものを即座に係員がコンピュータに入力し，試合の最中や直後に採点結果が会場に備え付けの大スクリーンに表示される。その結果，不正な審査が困難になり，不正の疑いのある審査員が7名罷免された[9]。

大会はまず盛大な開会式で始まる。今回は7月29日土曜日の夜におこなわれた。開会式は中央アリーナでおこなわれ，全選手団の入場パレードや，地元の小

表 10-2　第 21 回全国クルアーン朗誦大会の時間割

会場	時間帯	種目・部門
(1) 中央アリーナ	朝	ティラーワ・子どもの部
	昼	ティラーワ・青年の部
	夜	ティラーワ・成人の部
(2) 林業省地方局東南スラウェシ州	朝	タフスィール・英語の部
	昼	タフスィール・インドネシア語の部
(3) 東南スラウェシ州観光局	朝	ティラーワ・タルティールの部
	朝	ティラーワ・身障者の部
	昼	キラーア
(4) 宗教省東南スラウェシ局	朝	ファハミル
	昼	シャルヒル
(5) カウサル大モスク	朝	ヒフズィル・5 ジュズとティラーワ
	昼	ヒフズィル・1 ジュズとティラーワ
(6) クンダリ・イスラミック・センター館		ハット
(7) 東南スラウェシ地方議会ホール	朝	ヒフズィル・10 ジュズ
	午後	ヒフズィル・20 ジュズ
(8) 東南スラウェシ州労働移住局ホール	朝	タフスィール・アラビア語の部
	午後	ヒフズィル・30 ジュズ

公文書をもとに，筆者作成。

中学生を動員したマスゲーム，水を用いて作った大規模なスクリーンに各州の文化を紹介する映像作品を映し出すなどの余興がおこなわれた。大統領夫妻の臨席があり，ユドヨノ大統領は開会に際して，長時間にわたる演説をおこなった。

大会の時間割は，毎日定刻におこなわれる義務の礼拝の時刻を基準に，朝昼夜の 3 つの時間帯に区分されている。朝は午前 8 時から 12 時，昼は午後 2 時から 5 時，夜は午後 8 時から 11 時である（ただし，夜は中央アリーナのみ）。合間には 2，3 時間の休憩が入るが，休憩時間に審査が続行する種目もある。時間割は**表 10-2** の通りである。

各種目ごとに予選から始まり，最終日に近づくにつれ準決勝，決勝がおこなわれていく。競技の最終日となった 8 月 5 日金曜日の夜には，クライマックスである朗誦の決勝がとりおこなわれた。

翌 6 日土曜日の夜には閉会式がおこなわれた。中央アリーナへは，閉会式への出席を許された招待客たちが盛装して集まっており，彼らは供された食事や菓子を食しながら競技場内で進行している余興や表彰を観覧した。閉会式の目玉は表彰に加え，美しく着飾った数百人の地元の小中学生たちが中央アリーナの競技場内にはられた水の中で火のついた蝋燭を持って踊るといった出し物であった。副大統領夫妻の臨席があり，ユスフ・カラ副大統領が演説をおこなった。その中では，クルアーンの朗誦大会の意義が説かれ，大会が目指すことは競うことではなくイスラームの価値を保護することであり，大会を通じてイスラームの教えを知ってもらうことであると語られていた。

州別対抗の結果，上位10位は以下の通りになった。1位がジャカルタ首都特別州，2位が西ジャワ，3位が東ジャワ，4位が東南スラウェシ，5位が中央ジャワ，6位がバンテン，7位がジャンビ，8位がリアウ，南スラウェシ，リアウ諸島，9位が西カリマンタン，ナングロ・アチェ・ダルサラーム，10位が南スマトラであった(10)。閉会式の表彰ではジャカルタが最多入賞したことに対して，他の州の人びとから大きなブーイングが上がった。ジャカルタが他の州から優秀な選手を引き抜いているからである。

朗誦大会に平行して大会の開催中には，中央アリーナの隣に巨大な展覧会会場（pameran）が設けられ，各州の文化が紹介され特産品が販売されていた。大会の閉会をもってこの展覧会も終了し，その売り上げは総額で50億ルピアとなったと発表された(11)。

3　国境を越えて流通する音

インドネシアにおいて，全国朗誦大会の隆盛や読誦学習の高まりがイスラーム復興の中で重要な地位を占めたことは，先行研究においても指摘されている[Gade 2004]。しかし，そのことがインドネシア国内における意義に留まらず，アラブ圏などのイスラーム世界の他の地域とのつながりにおいてどのような結果を生み出してきたか，という点はまだ十分に検討されていない。

全国朗誦大会の予選は各地方ごとにおこなわれ，最終的に全国で統一の大会へと集結する。全土から朗誦の才能を持つ若者たちを次々に吸い上げ，優勝者へと昇らせる仕組みは，全国朗誦大会を要として，学校制度における朗誦カリキュラムの導入などと結び付いて構成されている。20世紀半ばの独立以降，政府の主導によって徐々にそのような仕組みが作り上げられてきた。

全国朗誦大会がインドネシア国内での政策や需要に対する役割のみならず，国際的なチャンネルとして機能し始めたのは，比較的最近のことである。イスラーム世界においては，クルアーンが上手く誦める人は，それだけで価値があるので出自は問われない。クルアーンの朗誦はイスラーム世界中に流通性があり，非アラブ人であっても朗誦の技を身に付ければ朗誦することができ，秀でた才能を発揮すれば，高い評価を受けることができる。

そのことは，朗誦の本場であるアラブ圏での調査から明らかである。エジプトにおける筆者の調査対象であるアズハル機構の読誦学院ティブリスィーヤには国外からの留学生も多く，インドネシアからも男女両方の留学生が複数来ていた。勤勉な様子で，かつアラブ人に劣らず確かな読誦の技を示すインドネシアの女性たちに対して，エジプト人の師匠が高い評価を与えていたことが観察された。筆者の観察では，ヨーロッパ人や東南アジア人などの非アラブ人の方が読誦を習得する上で時間がかかり，困難が多いことは見て取れたが，アラブ人であっても大変な研鑽が必要であることは変わりがない。そのため，アラブ人の方がインドネシア人に比べて圧倒的に有利であり，より読誦・朗誦に近い位置にいる，といったことは言えないように思われた。

以上のことから，朗誦はいわばイスラーム世界中に通用するコイネージであると表現することができる[(12)]。朗誦はアラブか否かを問わないという価値基準の存在と，かつインドネシアであっても朗誦において傑出できることが，朗誦大会を通じて実際に証明されてきている。

一方，全国朗誦大会には啓典解釈や書道など，朗誦以外の種目があるのは，前述の通りである。これらは，朗誦が国際的な流通性を持っているのに対して，現段階においては国内向けである。書道や啓典解釈であっても，傑出したものが出現した際に，それが国際的な流通性を獲得しないとは限らないが[(13)]，朗誦よりもはるかに難しいであろう。啓典の解釈はアラビア語に精通していなければ，扱うことができないが，言語としてのアラビア語を習得することは，アラビア語のクルアーンを朗誦できることとは異なっており，より困難である。そのことは非アラブ圏の大会の出場者や審査員が正しく美しく朗誦を披露する一方で，語学としてのアラビア語にはあまり長けていない事実によって判断できる。

現地調査に基づく全国朗誦大会の報告は，約 40 年近く前に一度なされたきりであった。北米の比較宗教学者であるデニー［Denny 1986］による報告は 6 枚のカラー写真が入った 8 頁ほどのものである。開催地に向かう航空機にデニー自身が乗ったところから始まる記述は，活き活きとした鮮明な言葉で綴られており，その細部がきわめて有益な資料を提供している。キリスト教に慣れ親しんだ読者を想定しているためもあり，キリスト教との比較が随所に散りばめられ，比較宗教学者としての本領が活きた説明となっている。デニーは全国朗誦大会の場に，国家の宗教政策や国家統合の仕組みを読み取った。

デニーの報告の主眼が開会式に置かれ，具体的な種目が軽視されたのに対し，本調査ではこれまで長い間報告されてなかった個々の種目や競技の様子を含めて，丁寧な報告を試みた。その結果，デニーにおいてはあくまでも国内的な評価のみ報告されていたが，20 年の間に全国朗誦大会の意義が変化したことが判明し，国際的な文脈における朗誦大会の意義が論点として焦点を結ぶに至った。

従来のインドネシアのイスラーム研究ではアラブとの比較の観点がなかったため，朗誦などのクルアーンにかかわる実践においてはインドネシア人はアラブ人には肩を並べることができないとの前提が暗黙のうちに共有されていたように思われる。しかし，今回の朗誦大会の事例研究を通じて，朗誦がイスラーム世界のコイネージとして流通性を持ち，インドネシアがその領域において十分に評価されうる可能性が示唆された。

そのことの意義は，まだコイネージ性を獲得していない解釈や書道などの他の種目に比べると際立つ。インドネシア国内においては，朗誦，解釈，書道のいずれの種目もクルアーンにかかわる諸技として一体感を持ってとらえられていたとしても，解釈や書道に比して，朗誦は明らかに異なるコイネージの質を保有している。以上を通じて，アラビア語という共通の言語から成り，翻訳が許されない聖典が朗誦されることの意味の新しい側面を明らかにすることができたと思われる。

第 11 章

実演の計量分析

1　リサイタルの録音という珍しい例

本章ではクルアーンの朗誦実演を取り上げ，その技巧の詳細を分析することによって，聖典の章句が朗誦家によってどのように解釈・表現・伝達されているかを検討する。同時に朗誦として発現されたものが，テクストの構成においてさえも，ムスハフ（書物）と異なるものとなっていることを実例から検証する。エジプトの大朗誦家であるマフムード・ハリール・フサリー師（1917－1980）の朗誦リサイタルの録音をもとに，時間的長さの変化，区切り（ポーズ），文の繰り返し（リフレイン），旋律の編成（メロディ）を計量化して分析する。

クルアーンが流通する際，それは書物（ムスハフ），もしくは読誦（キラーア）のカセット（スタジオ録音されたもの）のいずれかの形をしており，信徒であっても研究者であっても通常手元に所有しているのは，このいずれかである。ところが，クルアーンはそのテクストに旋律が付され朗々と誦み上げられることによって，朗誦（ティラーワ，キラーア）となる。ムスリムが断食月の朗誦会や結婚式，葬儀などさまざまな折りに享受しているクルアーンは，この臨場感のある生の朗誦である。朗誦は音楽的な才能を持った朗誦家たち（カーリウ，ムクリウ）によっておこなわれ，実際の対面の機会を通じて，信徒たちに供される。

つまり，ムスリムは書物の状態のクルアーンやスタジオで録音された読誦を聞いてクルアーンの誦み方や内容を学習する一方で，プロフェッショナルたちの朗誦を聴衆として楽しむのである。ムスハフ（書物），カーミル（全巻版。スタジオ録音の30巻セットのカセットやCD)，ハイイ（ライブ）は，いずれもクルアーンの本文のみが使われたものであり，それらの間にテクスト上の相違はない。ただし，これまでこれらの3つの形態間の一致も不一致も，実証的には明らかにされていないのが実情である。

3つの形態間の一致・不一致が検証されてこなかった理由は，3点にまとめられる。まず第一に，「テクスト（詩など)」に「曲」が付けられることによって「歌曲」になる，という図式がクルアーンの場合も当てはめられ，メロディを付す前とメロディを付した後のテクストは同じものだという予測があったのではないだろうか。次に，外部の研究者がリサイタルの場に調査に入れなかったこと，そして，リサイタルのライブ録音が存在することが知られていなかったことが考えられる。

朗誦はその場限りで終わってしまうことが多く，ライブの音源が出回ることは国際的に著名な朗誦家の場合でも少ない。人びとがライブ音源を購入することは一般的ではない。ライブは実際の場で聴き，家や町中など日常の場で使用されているのは，スタジオ録音が圧倒的に多い。

3つの形態，すなわちムスハフ（書物)，カーミル（スタジオ録音の全巻版)，ハイイ（ライブ）――が一致しない理由は，3点にまとめられる。①「文字→音」の前後関係が書物の発生時およびその後の発展において成立しないから。②口承の伝達において，書物が補助的に使用されることはあっても，基本的には独立したものとしておこなわれたから（写本は一般には流布していなかった)。③現代の実践においても「文字→音」の前後関係が成立しないから（刊本は流布しているが刊本のみから音を再現することはできないため，音のルールは口頭で教授される必要がある)。クルアーンは，書物をもとに読み上げられる聖典ではないのである。

ムスハフはしばしば「読む（黙読する，読解する)」ための「書物」であると誤解されているが，実際には（これまで本書が論じてきたように)，それは一義的には口誦性を内在化した文字テクストであって，口誦性を再現するためのものであり，信徒によって暗記，暗誦のための補助手段として使われる。つまり，五線譜などの楽譜のようなものであり，音声によって再現されるのを待っている譜面である。そこでは本文の上下に小さな文字や記号によって，読誦のための規則や規範が書き込まれている。若干の実例を挙げる（**表11-1**)。

このような規則を忠実に再現したものが読誦である。メロディが若干付される場合もあるが，学習の用途のために読誦規則（タジュウィード）がはっきりと再

表 11-1　読誦規則の表記記号の例

記号	記号の意味	読誦上の規則
م	「ラージム lāzim」の末尾字〔アラビア語の頭文字は，語頭または語尾から取る〕＝ミーム（ローマ字の m に相当）：しなければならない	ここで，必ず停止しなければならない
ج	「ジャーイズ jā'iz」の頭文字＝ジーム（ローマ字の j に相当）：許される	停止してもよいし，停止しなくてもよい（読誦者の判断にまかされる）
صلى	「ワスル waṣl」の頭文字と「アウラー awlā」の末尾字の合成（ローマ字の sly に相当）：接続がよりよい	停止してもよいし，停止しなくてもよいが，停止する方がよりよい

現されている必要があり，速度も中程度（早くもなく遅くもなく）で一定である。模範演技として，エモーショナルな律動は抑えられており，全30巻分をスタジオで採録したものがセットで販売される。ムスハフがいわば楽譜であるのに対し，読誦は規範を忠実に再現したお手本である。

クルアーンは長らく，キリスト教における聖書のごとく，書物（The Bible/The Book）であると考えられてきた。しかし，1970－80年代以降に聖典概念の再考が進み，多くの聖典が口誦性（orality）を保持していることが「発見」される中で[1]，クルアーンの口誦性も見直されるようになった。クルアーンの口誦性に関してもっとも重要な研究をおこなったのは，国際的に著名なクルアーン朗誦家たちに対して初めてフィールド調査をおこなったネルソンであった［Nelson 2001］。

クルアーンは，7世紀の成立当初には音声の形で存在していた。当時は断片が不完全なアラビア文字によって書き留められていたのみであり，全文が文字化されまとめられたのは第3代カリフ・ウスマーンのもとでの650年頃のことであった。さらに，子音の識別点や母音符号の整備が進み，アラビア文字の正書法が成立するには，2世紀ほどの時間がかかった。以来現在に至るまで，クルアーンは写本と朗誦の両方の形態において多様に展開した（**図 11-1** 参照）。

現代では，人間の記憶と書物が相互的な補完関係になることによって，口誦と文字の両方の重要性がさらに強化される状況にある（**図 11-2** 参照）。このことは以下の4点から言える。①一般信徒たちの学習や暗記活動には安価でコンパクトな刊本ムフハフが欠かせなくなってきている。②刊本の出版時には各国にある専門の委員会の検閲と許可が必要である。③検閲は読誦学者がおこない[2]，自身の記憶の中に保持されたテクストに照らし合わせて提出された紙面に間違いがないかを検査する，もしくはひとりの読誦学者が声に出して誦み上げるものを聴きな

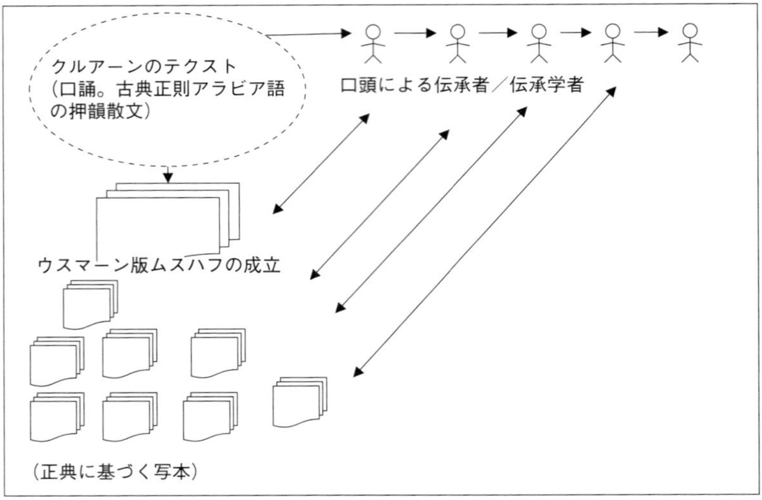

図 11-1　2 つの伝承経路とその間の関係性　筆者作成。

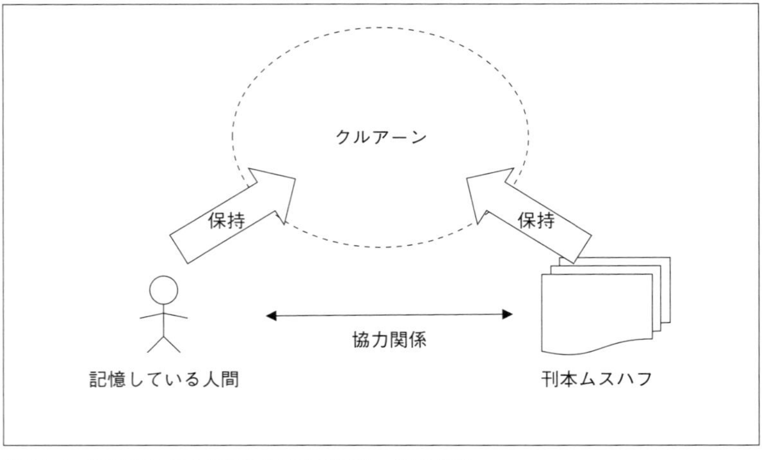

図 11-2　現代における記憶と刊本の関係性　筆者作成。

がら紙面を目で追うやり方もある[3]。④現代では一般信徒，特に女性たちのクルアーン学習がきわめて盛んになってきており，各地での学習活動が観察される。その中で識字率の向上や学校教育の普及によって文字への依存が見られる一方，朗誦や暗誦のコンテストがローカルおよび国際レベルで盛んに開催され，逆に口誦性が強化される状況が生まれている。

師匠から弟子への身体を介した口伝えの伝承において，歴史的に何が起こったかは不明である。確かなことはほとんど明らかにされていないが[4]，以下の数点が注目に値する。①クルアーンのテクストはもとから韻律を持っていたが，旋律は付されていなかったらしい。②旋律が付されるようになった（朗誦の誕生）の時期については現代の朗誦家の間でも複数説あり，「カリフ・ウスマーンの代から始まった」もしくは「イランにクルアーンが伝達された際に現地の音楽と融合した」などと言われる。歴史的な実証研究はまだなされていない。③読誦学の成立は10世紀頃とされており，その頃，読誦学の体系化が完成し，カリキュラムとしての読誦学が成立した。④「読誦の7流派」（もしくは10流派，14流派）が元来何を指していたかはさかのぼれないとされるが，現代の読誦学者たちの間ではそれは旋律の種類ではなく，読誦規則の差異であると解釈されている。よって，正統7流派は「ウスマーン版ムスハフ（識別点および母音符号がない）」に対応可能な7つの発音の仕方であるとされ，そのうちの2つが現存する「ハフス流」と「ワルシュ流」であると考えられている。

2　リサイタル内容の検証

朗誦の実演を検聴すると，そこには7つのテクニックが介在していることがわかる。(a) 読誦規則（タジュウィード），(b) 時間的長さを変化させる，(c) 区切り（ポーズ），(d) 文の繰り返し（リフレイン），(e) 旋律の編成（メロディ），(f) 細部のバリエーション，(g) 速度の強弱をつける。これらについて，以下に詳しく述べる。

(a) 読誦規則（タジュウィード）――クルアーンを読誦する際に，最低限習得しなければならない読誦のための規則。正則アラビア語の正確な発音に始まり，古典正則アラビア語に特有の次音への移動（異音への転化），長母音の拍数の種類，同文字の軽音化と重音化，区切る箇所の適切さに関するきまりなどがある。朗誦をおこなう際にもこの規則は遵守している必要がある。

(b) 時間的長さを変化させる――通常の厳格で一定速度の誦み方（ムラッタ

ル）に対して，ムジャウワドと呼ばれる，ゆっくりでメロディアスな誦み方をする。

（c）**区切り（ポーズ）**――文を区切ることによって，意味のまとまりを決めると同時に，通常そこで息継ぎもおこなう。

（d）**同一文の朗誦の繰り返し（リフレイン）**――文意の強調や，聴衆の感情を高まらせる働きがある。高音を使用するため，朗誦家の音域の広さや声量の見せどころである。

（e）**旋律の編成（メロディ）**――物語的な描写内容や，文意をより確実に表現し伝達するために，テクストの内容に合ったメロディを付する。その部分部分に合ったメロディであるだけではなく，7つの主要な旋律を使って全体の構成が調和的で適切であるように，統合的に配置し組み合わせなければならない。

（f）**細部のバリエーション**――各旋律の範囲内でバリエーションを付ける。即興性が高く，創造力の高い朗誦家の場合，同じバリエーションは二度とできないとも言われる。末尾にバリエーションを付けるやり方が一般的である。

（g）**速度の強弱をつける**――一文の中や，数文のまとまりの中でも，速度に強弱をつけ抑揚をつけ，速度や語の強さを変則的に変化させる。

本節ではフサリー師の朗誦リサイタルを採録したCD『短い諸章　第1巻』を事例に分析をおこなう[(5)]。**表11-2**はCDの内容の一覧である。

タイトルはCDジャケットに記載されているもので，実際の録音の中ではタイトルはまったく言及されていない。クルアーンの最後部にある（最終巻であるアンマ巻の中に入っている）短い章を続けて誦んでいっているため，どの章も抜粋ではなく全節が誦まれている。その章が第何章に当たるかを「章の番号」の欄に記入した。

その右側の「昇順性」は，そのトラックで誦まれている章が直前のトラックで誦まれた章に対して，昇順であるかどうかを示しており，昇順の場合は「↓」の記号を記入した。1か所のみ「⥀」（リターン）があり，これは93番目の章から99番目の章まで昇順で続いた直後に，突然90番目の章まで戻ってそこから94番目の章まで昇順で続いていったことを示している。よって，トラック1と2に入っていた93番目と94番目の章が，トラック11，12で再度出てくることになり，この2つの章がCDの最初と終わりで，都合2回誦まれている。

「演奏時間」は再生機に表示された分秒を転記した。続けて誦まれている一連のリサイタルをCDに録音する際にトラックに分けているため，各トラックの開始時に空白の時間はほとんど入っていない。「規格時間（目安）」は同じ章がスタ

表 11-2　フサリー師『短い諸章　第 1 巻』内容一覧

トラック番号	タイトル（その和訳）	章の番号	昇順性	演奏時間	規格時間（目安）
1	al-Ḍuḥā（朝）	93		<u>2 : 28</u>	1 : 10
2	al-Sharḥ（胸を広げた）	94	↓	<u>1 : 18</u>	0 : 44
3	al-Tīn（無花果）	95	↓	1 : 56	0 : 57
4	al-'Alaq（凝血）	96	↓	4 : 37	1 : 52
5	al-Qadr（定命）	97	↓	1 : 20	0 : 49
6	al-Bayyina（明証）	98	↓	4 : 41	2 : 34
7	al-Zalzala（地震）	99	↓	1 : 42	1 : 02
8	al-Balad（町）	90	↺	5 : 08	2 : 11
9	al-Shams（太陽）	91	↓	3 : 16	1 : 39
10	al-Layl（夜）	92	↓	4 : 25	2 : 08
11	al-Ḍuḥā（朝）	93	↓（2 度目）	<u>3 : 01</u>	（1 : 10）
12	al-Sharḥ（胸を広げた）	94	↓（2 度目）	<u>1 : 39</u>	（0 : 44）

筆者作成。規格時間はフサリー師の演奏時間と比較するために，ミンシャーウィー師（1920–1969）のスタジオ録音盤を使い，筆者が計測した。

ジオ録音された場合の長さを記入した。すべての章が，スタジオ録音に対して，リサイタルが 2 倍以上の長さになっていることがわかる。また，93 番目の章と 94 番目の章が 1 度目に誦まれた時と，2 度目に誦まれた時の長さが異なっていることもわかる。

なお，リサイタルではこの例のように，ムスハフの順番の通りに誦まれるとは限らない。長い章の一部のみが誦まれることも多く，連続していない任意の章からの抜粋を組み合わせることもある。その一例が**表 11-3** である(6)。

イムラーン家〔3〕章からの抜粋，部屋〔49〕章からの抜粋，ルクマーン〔31〕章からの抜粋，雌牛〔2〕章からの抜粋が組み合わされており，章が連続してもいないし，昇順でもないことがわかる。それぞれの章からの抜粋は短い。「章内での位置」は全何節中の何節かを示したもので，いずれも 1% 未満から 5%，一番高いもので約 24% に過ぎない（ただし，節の長さは一定ではない）。

表 11-4 は，**表 11-3** の演目の実際の文言（和訳）を記したものである。「演目」の並びだけからは演目間の連関性は判明しないが，該当箇所の文言を見ることによって演者（朗誦家）がなぜ，これらの断片を抜き出してきて組み合わせたのかを推測することが可能となる（朗誦家は，会の主催者や，結婚式や葬儀であれば当事者一家などから，演目についての依頼される場合もあるが，リクエスト

表 11-3　実際におこなわれたリサイタルで実演された演目の例

順番	演目	章の番号	章内での位置
1	イムラーン家章の 133–136 節	3	4/200
2	部屋章の 13 節	49	1/18
3	ルクマーン章の 12–19 節	31	8/34
4	雌牛章の 255 節	2	1/286
5	同 284–286 節	2	3/286

筆者作成。

表 11-4　表 11-3 の演目の実際の文言（和訳）

演目	文言
イムラーン家〔3〕章の 133–136 節	〔信徒たちよ〕汝らの主のお赦しと，天と地ほども広い楽園〔での暮らし〕を得るために，競いなさい。それ〔楽園〕は，主を畏れる者のために準備されている（イムラーン家〔3〕章 133 節）。順境にあっても逆境にあっても〔主の恵みを施しに〕費やす者，怒りを抑えて人びとに優しくする者，まことにアッラーは〔そのような〕善行者を愛でられる（134 節）。また醜悪な行いをしたり過失を犯したりした時に，アッラーを念じてその罪過のお赦しを請い，「アッラーのほかに，誰が罪を赦すことができましょう」（と祈る者），またその犯したことを故意に繰り返さない者（135 節）。これらの者への報奨は，主からの寛大なお赦しと，川が下を流れる楽園であり，彼らはその中に永遠に住むであろう。〔善行を〕実践する者への報奨は，何とよいことであろう（136 節）。
部屋〔49〕章の 13 節	人びとよ，われは一人の男と一人の女から汝らを創り，民族と部族に分けた。これは汝らが，互いを知り合うようにするためである。アッラーの御許でもっとも貴い者は，汝らの中でもっとも主を畏れる者である。まことにアッラーは全知にして，すべてに通暁している（部屋〔49〕章 13 節）。
ルクマーン〔31〕章の 12–19 節	われ〔アッラー〕は〔かつて〕ルクマーンに，アッラーに感謝するよう英知を授けた。誰でも感謝するならば，自分自身のためになる。忘恩の者がいても〔なにほどのこともなく〕，かれ〔アッラー〕は称賛される方・無限の自足者である（ルクマーン〔31〕章 12 節）。さてルクマーンが，自分の息子を戒めてこう言った時を思い起しなさい。「息子よ，アッラーに（他の神を）並べたててはならない。〔他神の〕並べたては，大変な不義である」（13 節）。われ〔アッラー〕は，両親への態度を人間に指示した。人間の母親は，苦労を重ねて子を胎内で養い，更に離乳まで 2 年かかる。われ〔アッラー〕と汝の父母に感謝しなさい。われにこそ（最後の）還り所はある（14 節）。もし，汝の知らないものを，われに並べたてることを，彼ら〔両親〕が汝に強いたならば，彼らに従ってはならない。〔とはいえ〕現世では孝行で彼らに仕え，悔悟してわれの許に還る者に従いなさい。やがて汝らはわれへと還り，われは汝らがおこなったことを告げ知らせる（15 節）。〔ルクマーンは言った〕「息子よ，たとえケシ粒程の重さのものでも，それが岩や天や地に潜んでいても，アッラーはそれを必ずもたらす。まことにアッラーは幽玄者にしてすべてに通暁なさっている」（16 節）。「息子よ，礼拝の務めを守り，善を勧め悪を禁じ，おまえに降りかかることを耐え忍びなさい。まことにそれらはなすべき務めである」（17 節）。「他人に対して〔高慢に〕おまえの頬〔顔〕を背けてはならない。また横柄に地上を歩いてはならない。まことにアッラーは，傲慢な者・威張る者をお好みにならない」（18 節）。「おだやかに歩き，声を低くしなさい。もっともみにくい鳴き

	声は，ロバの鳴き声である」(19節)。
雌牛〔2〕章の255節	アッラーは，かれのほかに神なく，永生者・自存者である。仮眠も熟睡も，かれをとらえることはない。天にあるもの，地にあるものは，すべてかれに属する。かれの御許で誰が，かれの許しなく執りなしをおこないうるであろうか。かれは彼ら〔人間〕の前にあるものも後ろにあるものも，すべて熟知している。誰も，かれの許しなく，かれの知識を得ることはできない。かれの台座は，天と地のすべてを包摂し，かれは天地を守るのにいささかの疲れもおぼえない。かれは至高者・無限者である(雌牛〔2〕章255節)。
同284-286節	天にあるものも地にあるものも，すべてはアッラーに属する。汝らが心の中を露わにしても隠しても，アッラーは必ずそれらを清算する。アッラーは，誰であれ望みの者を赦し，望みの者を罰する。アッラーはすべてに全能である(雌牛〔2〕章284節)。使徒は，主から下されたものを信じる。信者たちも〔同じように信じる〕。〔彼らの〕誰もがアッラーと天使たち，諸啓典と使徒たちを信じる。「私たちは，使徒たちの誰にも差別をつけません」〔と言う〕。そして彼らは言う，「私たちは，〔教えを〕聞き，服従します。主よ，あなたのお赦しをください。あなたへと還り所は向かいます」(285節)。アッラーは誰にも，その能力以上のものを負わせない。〔人間は〕自分が稼いだもの〔善行〕で得をし，犯したもの〔悪行〕をつぐなう。「主よ，私たちが忘れたり過ちを犯したりしても，とがめないでください。主よ，私たち以前の者に負わせたような重荷を，私たちに負わせないでください。主よ，私たちにできないことを負わせないでください。私たちの罪を取り消し，私たちを赦し，私たちに慈悲をおたまいください。あなたこそ，私たちの守護者です。不信仰の者たちに対し，私たちをお助けください」(286節)。

がなければ自身で演目を組み立てることも多い)。この文言も繰り返し目を通していると，真ん中の部分(ルクマーン〔31〕章12－19節)には具体的な物語が配置され，その前後ではパンチのあるキーフレーズが重ねられている(イムラーン家〔3〕章133－136節，部屋〔49〕章13節，雌牛〔2〕章255節，284節)。そして最後は印象的で力強い祈り，つまり神への懇願の言葉(雌牛〔2〕章286節)へと移っていき，締めくくられる。その並びからは演者が聴衆に伝えたいことと，聴衆の慣れ親しんだ心地よさや定番の組み立てへの配慮の両方が読み取れる。

3　ポーズとリフレインの比較

フサリー師のリサイタルの内容を具体的に検討していきたい。全体の構成は**表11-5**のようになっている。

表11-5に記述したように，この朗誦実演には特徴的なポーズ(区切り)とリフレイン(文の繰り返し)が見られる。この2つについて，トラック4の凝血〔96〕章を例にさらに詳しく検証したい。以下では，刊本ムスハフおよびスタジオ録音との比較検証をおこなう。

図11-3は，刊本ムスハフの上で，凝血章の区切りの位置がどこにあるのかと，

表 11-5　フサリー師『短い諸章　第 1 巻』の全体の構成

トラック番号	演目	メロディ，ポーズ，リフレイン，観客の反応等についてのメモ
1	イスティアーザ	「呪われたるシャイターンからのご加護を神に求めます」（開始の印）
1	ドゥハー（朝）	暗い，メロディがあまりない，客席は静か，客席で咳の音か？　1－4 節，7－8 節，9－11 節をそれぞれつなげてポーズなしで誦んだ。リフレインはなし。次の章との間で録音の途切れ音が入る
2	シャルフ（胸を広げた）	少し明るくなってきた，メロディも明るめに，客席で子どもの声か？　バスマラから 1 節，2－4 節，5－6 節，7－8 節をそれぞれつなげてポーズなしで，リフレインはなし
3	ティーン（無花果）	ここになるともうバスマラと 1 節は切らない，リフレインはなし
4	アラク（凝血）	バスマラと 1 節を切らない。客が盛んに声を出し始めた。ポーズも長くなり，大きなリフレインが入る。ポーズごとに称賛の声が上がるわけではなく客は合いの手を入れるべきタイミングを知っている？　「アッラー……」と漏れるような感嘆や「アッラー！」と称賛を投げかけるなどニュアンスに違いあり
5	カドル（定命）	高音が続く。節と節をつなげるのは少ない。次の章との間で録音の途切れる音が入る
6	バイイナ（明証）	バスマラと 1 節を切らない。中盤のハイライト直後（5 節のあと）に一番の歓声，聴衆の声はみな男性の声
7	ザルザラ（地震）	1 節から高音が続く。客の声も大きい。速度の緩急の差も強い。章の最後では落ち着いた低いメロディになって終わる。次の章との間で録音の途切れる音が入る
8	バラド（町）	がらりとトーンが違うバスマラで始まる。間に休憩が挟まったあとなのか？　ポーズの最中に演者がのどの調子を整える音が入り出す。聴衆の声はさざ波のように低く穏やかで集合的。悲愴的・沈痛的なメロディ，ずっと低い音を使っている。次の章との間で録音の途切れる音が入る
9	シャムス（太陽）	バスマラがやや明るくなった，落ち着いている。次の章との間で録音の途切れる音が入る
10	ライル（夜）	バスマラは短くすっきり，バスマラ末尾にバリエーションが付いた。落ち着いている。次の章との間で録音の途切れる音が入る
11	ドゥハー（朝）	1－5 節，6－8 節をそれぞれつなげてポーズなしで。6－8 節の間に段階的に音が上がっていき高音になる。9－11 節をつなげてポーズなしで誦んだあとに観客が「アーミーン」と同じトーンで「アッラー」と言うのが入る。その後長めのポーズのあと 9－11 節のリフレイン。次の章との間で録音の途切れる音が入る
12	シャルフ（胸を広げた）	バスマラの末尾にバリエーションが付いた。1 節のあとで咳ばらいをしてもう再度 1 節から始めてポーズを入れずに 4 節まで，5－6 節，7－8 節をそれぞれつなげてポーズなしで。最後 2 節は終わりのメロディ
12		「偉大なるアッラーは真実を語り給う」（終わりの印）。「シャルフ」の最後と同様に終わりのメロディ

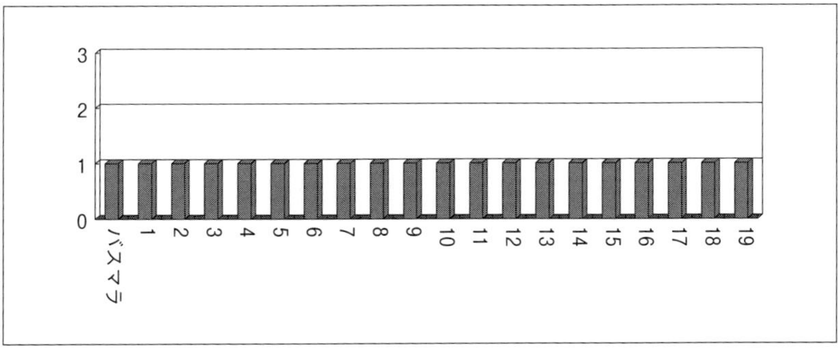

慈愛あまねく慈悲深きアッラーの御名において。
よめ，「創造なされた汝の主の御名によって（1節）。
かれは，凝血から人間を創られた」（2節）。
よめ，「汝の主はもっとも尊貴なお方（3節），
かれは筆によって〔書くことを〕お教えになったお方，（4節）
人間に未知なることをお教えになった」（5節）
いな，人間はまことに法外で（6節），
自分で何も足りないところはないと考えている（7節）。
まことに，汝の主に〔すべてのものは〕還されるのである（8節）。
汝は，妨害する者を見たか（9節），
一人のしもべ〔ムハンマド〕が，礼拝を捧げる時に（10節）。
汝は，彼〔妨害者〕が導かれていると思うのか（11節）。
あるいは，彼は敬神を勧めているか（12節），
汝は，彼が（真理を）信ぜずに背を向けたと思うのか（13節）。
彼は，アッラーが見ておられることを知らないのか（14節）。
いな，もし彼が〔妨害を〕やめないならば，われは前髪で彼を捕えるであろう（15節），
嘘付きの罪深い前髪を（16節）。
彼には一味を召集させなさい（17節）。
われは〔火獄の〕看守たち〔天使〕を召集するであろう（18節）。
いな，汝は決して彼に従わず，一心にサジュダして〔主に〕近づきなさい（19節）

図 11-3　刊本における凝血〔96〕章のポーズの位置とリフレインの有無　筆者作成。

文の繰り返しがあるか否かを示したものである。横軸が区切りの位置を示しており，目盛りがバスマラ（「慈愛あまねき慈悲深きアッラーの御名によって」）から19まで順番にひとつずつ上がっていっているので，節ごとに区切れていることがわかる。縦軸が文が繰り返される回数を示しており，すべての節が1になっているので，繰り返しはないことがわかる。それに沿って実際の文言を書き出すと，**図 11-3** の下部分のようになる。

次に，**図 11-4** は同様の点について，スタジオ録音盤（ムハンマド・スィッ

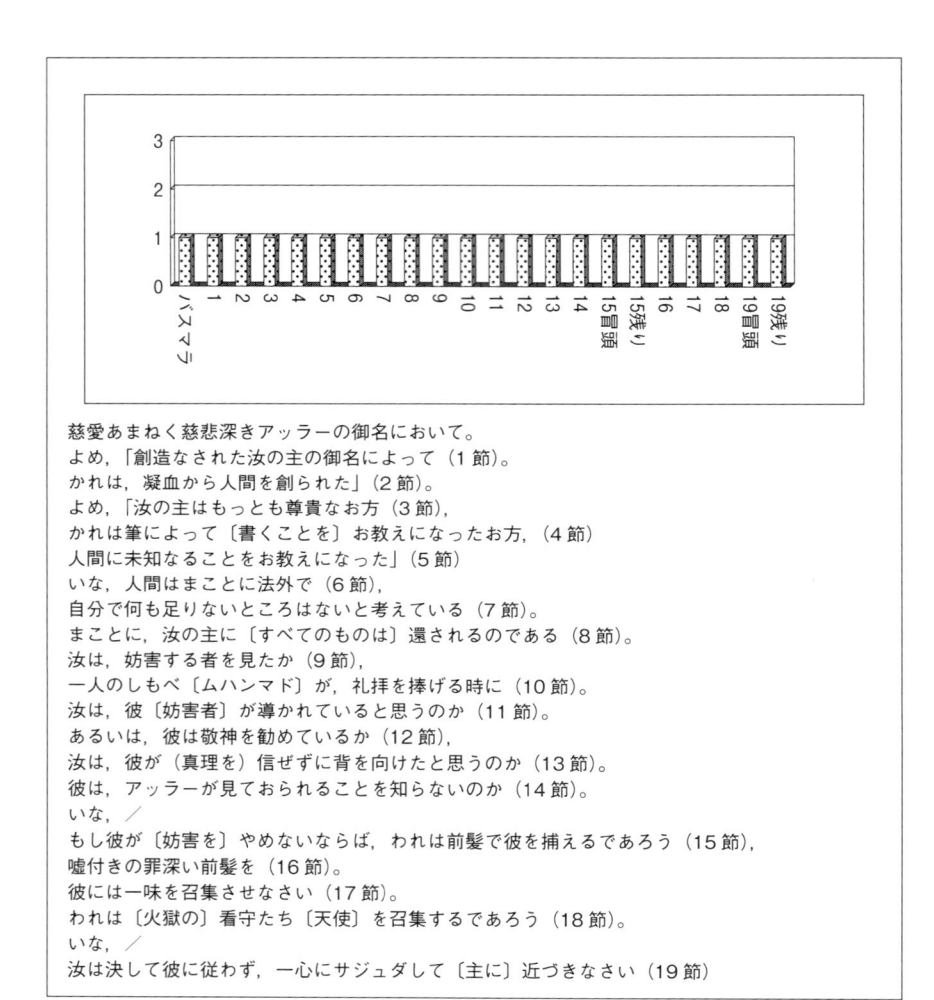

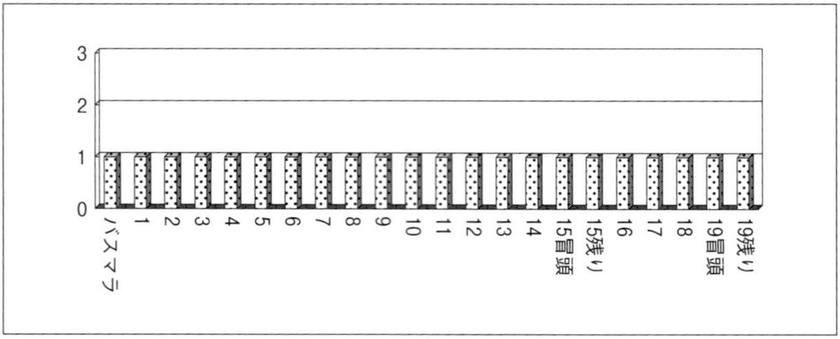

慈愛あまねく慈悲深きアッラーの御名において。
よめ,「創造なされた汝の主の御名によって（1節）。
かれは，凝血から人間を創られた」（2節）。
よめ,「汝の主はもっとも尊貴なお方（3節），
かれは筆によって〔書くことを〕お教えになったお方,（4節）
人間に未知なることをお教えになった」（5節）
いな，人間はまことに法外で（6節），
自分で何も足りないところはないと考えている（7節）。
まことに，汝の主に〔すべてのものは〕還されるのである（8節）。
汝は，妨害する者を見たか（9節），
一人のしもべ〔ムハンマド〕が，礼拝を捧げる時に（10節）。
汝は，彼〔妨害者〕が導かれていると思うのか（11節）。
あるいは，彼は敬神を勧めているか（12節），
汝は，彼が（真理を）信ぜずに背を向けたと思うのか（13節）。
彼は，アッラーが見ておられることを知らないのか（14節）。
いな，／
もし彼が〔妨害を〕やめないならば，われは前髪で彼を捕えるであろう（15節），
嘘付きの罪深い前髪を（16節）。
彼には一味を召集させなさい（17節）。
われは〔火獄の〕看守たち〔天使〕を召集するであろう（18節）。
いな，／
汝は決して彼に従わず，一心にサジュダして〔主に〕近づきなさい（19節）

図 11-4　スタジオ録音盤における凝血〔96〕章のポーズの位置とリフレインの有無　筆者作成。

ディーク・ミンシャーウィー師（1920－1969）のもの）を調べたものである。リフレインがなく，全文が1回ずつであるのは刊本ムスハフと同じであるが，15節の最中と，19節の最中にポーズが入っていることがわかる。下の文言の書き下しの部分では，節以外の区切れ目，すなわち「イレギュラーな（非正規の）ポーズ」を「／」で示した。

最後に，同様の点についてフサリー師のライブ盤を調べた。その結果が**図 11**

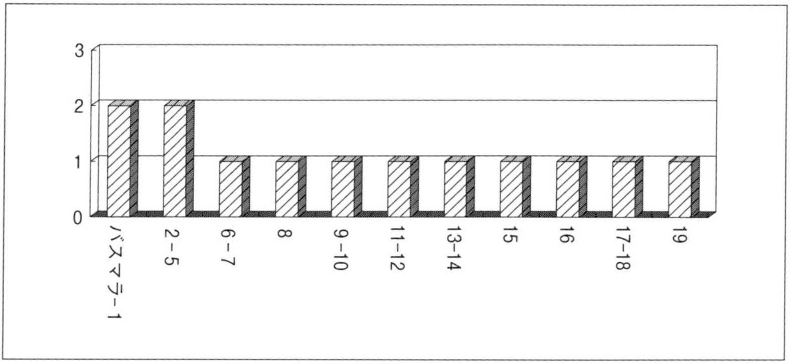

慈愛あまねく慈悲深きアッラーの御名において。⊥よめ，「創造なされた汝の主の御名によって（1 節）。（ポーズ 6 秒）

かれは，凝血から人間を創られた」（2 節）。⊥よめ，「汝の主はもっとも尊貴なお方（3 節），⊥かれは筆によって〔書くことを〕お教えになったお方，（4 節）⊥人間に未知なることをお教えになった」（5 節）（ポーズ 22 秒）

慈愛あまねく慈悲深きアッラーの御名において。⊥よめ，「創造なされた汝の主の御名によって（1 節）。（リフレイン）（ポーズ 7 秒）

かれは，凝血から人間を創られた」（2 節）。⊥よめ，「汝の主はもっとも尊貴なお方（3 節），⊥かれは筆によって〔書くことを〕お教えになったお方，（4 節）⊥人間に未知なることをお教えになった」（5 節）（リフレイン）（ポーズ 9 秒）

いな，人間はまことに法外で（6 節），⊥自分で何も足りないところはないと考えている（7 節）。（ポーズ 3 秒）
まことに，汝の主に〔すべてのものは〕還されるのである（8 節）。（ポーズ 6 秒）
汝は，妨害する者を見たか（9 節），⊥一人のしもべ〔ムハンマド〕が，礼拝を捧げる時に（10 節）。（ポーズ 7 秒）
汝は，彼〔妨害者〕が導かれていると思うのか（11 節）。⊥あるいは，彼は敬神を勧めているか（12 節），（ポーズ 4 秒）
汝は，彼が（真理を）信ぜずに背を向けたと思うのか（13 節）。⊥彼は，アッラーが見ておられることを知らないのか（14 節）。（ポーズ 9 秒）
いな，もし彼が〔妨害を〕やめないならば，われは前髪で彼を捕えるであろう（15 節），（ポーズ 3 秒）
嘘付きの罪深い前髪を（16 節）。（ポーズ 3 秒）
彼には一味を召集させなさい（17 節）。⊥われは〔火獄の〕看守たち〔天使〕を召集するであろう（18 節）。（ポーズ 2 秒）
いな，汝は決して彼に従わず，一心にサジュダして〔主に〕近づきなさい（19 節）

図 11-5　ライブ盤における凝血〔96〕章のポーズの位置とリフレインの有無　筆者作成。

-5 である。

バスマラと 19 節で全部で 20 の文であったものが，11 の文（かたまり）に作り変えられていることが，まず判明する。息継ぎなしで，前の節の最後と連音されて連結されている箇所を，グラフ中では「⊥」で示した。各ポーズが長いことも注目される。さらに冒頭の 2 つのかたまりはリフレインされている。以下に，かたまりごとに詳しく検討し，なぜそのような箇所にポーズが入れられ，連結がなされ，リフレインされているのか，そうすることによってどのような解釈が観客に伝わったのかを検討してみたい。

> 慈愛あまねく慈悲深きアッラーの御名において。⊥よめ，「創造なされた汝の主の御名によって（凝血〔96〕章 1 節）。／（ポーズ 6 秒）
>
> かれは，凝血から人間を創られた」（2 節）。⊥よめ，「汝の主はもっとも尊貴なお方（3 節），⊥かれは筆によって〔書くことを〕お教えになったお方（4 節）。⊥人間に未知なることをお教えになった」（5 節）。／（ポーズ 22 秒）
>
> 慈悲あまねく慈愛深きアッラーの御名において。⊥よめ，「創造なされた汝の主の御名によって（凝血〔96〕章 1 節）。／（リフレイン）（ポーズ 7 秒）
>
> かれは，凝血から人間を創られた」（2 節）。⊥よめ，「汝の主はもっとも尊貴なお方（3 節），⊥かれは筆によって〔書くことを〕お教えになったお方（4 節）。⊥人間に未知なることをお教えになった」（5 節）。／（リフレイン）（ポーズ 9 秒）

まず，前半部分を見てみたい。このかたまりの中で，注目される点は 4 つある。①1 節と 2 節が区切られることによって生じること。1 節は原音が「イクラア・ビスミ・ラッビカ・ッラズィー・ハラク」，2 節は「ハラカ・ル＝インサーナ・ミン・アラク」となっており，1 節の末尾と 2 節の冒頭には「ハラカ（創造する）」という同一の単語が来ており，音の上でも，意味の上でも結び付きが強い。しかし，ここではこの 2 つが切り離され，1 節はさらに前のバスマラと連結され，2 節は後方の 3 節と連結されている。②バスマラと 1 節が連結されることによって生じること。この2つが一文として一息で誦まれることによって，このかたまりの中では「ビスミ・(ッラー)」,「ビスミ・(ラッビカ)」(神の御名によって，汝の主の御名によって）という重要な概念の繰り返しが発生する。

③2節から5節までが連結されることによって生じること。それぞれの節は，アラビア語原文ではいずれも単独で文が成立する。それをあえて連結させているのは，4つの節はいずれも神の性質を断言しているためである。神を語った4つの節を連音させ一文にし，さらに，高音のメロディと大型のリフレインを使って神の存在感を増幅，強調している。

④かたまり1と2がリフレインされることによって生じること。この章の中でリフレインが使われているのは，この箇所のみである。リフレインとは単に同じ文を繰り返すのではなく，ハイライトにするべき箇所に対して1度目に誦んだ時よりもさらに高い高音を使って声量を張り上げて誦むことによって，文意を強調するテクニックである。従って，この章においては,「ビスミ（御名によって)」と神の性質を宣言した箇所がもっとも強調され，リフレインされない，比較的音程の低い箇所とのコントラストが表現されている。リフレイン後の後方の節はいずれも人間について語る箇所であり，華々しい前半とトーンの低い後半のコントラストは見事である。

いな，人間はまことに法外で（6節)，⊥自分で何も足りないところはないと考えている（7節)。(ポーズ3秒)
まことに，汝の主に〔すべてのものは〕還されるのである（8節)。(ポーズ6秒)
汝は，妨害する者を見たか（9節)，⊥一人のしもべ〔ムハンマド〕が，礼拝を捧げる時に（10節)。(ポーズ7秒)
汝は，彼〔妨害者〕が，導かれていると思うのか（11節)。⊥あるいは，彼は敬神を勧めているか（12節)，(ポーズ4秒)
汝は，彼が（真理を）信ぜずに背を向けたと思うのか（13節)。⊥彼は，アッラーが見ておられることを知らないのか（14節)。(ポーズ9秒)

後半部分において，注目すべき点は，9節と10節，11節と12節，13節と14節とが連結されていることである。これらの節はいずれも文としては独立して成立しうる。それを連結し一文にすることによって狙った効果は何であろうか。

この連結によって，6 節であったものが 3 文として立ち上がり，すると，その 3 文の冒頭の語が揃っているのが判明する。神から人間への詰問（強意の問いかけ）の語「アラアイタ（汝は〜したか）」で始まる文が 3 回重ねられることになり，その問いかけが迫り来る様が強調される。

いな，もし彼が〔妨害を〕やめないならば，われは前髪で彼を捕えるであろう（15 節），（ポーズ 3 秒） 嘘付きの罪深い前髪を（16 節）。（ポーズ 3 秒） 彼には一味を召集させなさい（17 節）。⊥われは〔火獄の〕看守たち〔天使〕を召集するであろう（18 節）。（ポーズ 2 秒） いな，汝は決して彼に従わず，一心にサジュダして〔主に〕近づきなさい（19 節）。

最後の部分では，17 節と 18 節のみを連結している。ここで特徴的なのは，15 節と 19 節の冒頭に来る「カッラー（断じてそうではない）」（強意の否定）のあとにポーズが入っていないことである。現行の標準版ムスハフでは「sly」の記号が付いており，よって「停止してもよいし，停止しなくてもよいが，停止する方がよりよい」と判断される箇所である。ミンシャーウィー師のスタジオ録音（**図 11-4**）では，この箇所は十分にポーズをもって切られていた。ここをフサリー師はこのリサイタルにおいて，切らずに次の語と連音させ，平坦に誦んでいる。

以上の分析から，以下のことが結論として導き出される。①朗誦の実演を実際に検聴すると，それは書物に書き留められたものや，スタジオ録音された読誦とは非常に異なっていることがわかる。②その異なり方は単に「メロディの付いていなかったテクストにメロディが加えられた」といった付加的なものではない。

③朗誦の実演においては 7 つのテクニック，すなわち，（a）読誦規則（タジュウィード），（b）時間的長さを変化させる，（c）区切り（ポーズ），（d）同一文の朗誦の繰り返し（リフレイン），（e）旋律の編成（メロディ），（f）細部のバリエーション，（g）速度の強弱をつける，が介在している。④特に（c）－（g）は朗誦家の章句理解と密接にかかわっている。

⑤クルアーンの形態論に関しては，（c）が特に重要となる。朗誦実演における区切りを詳細に検討すると，それが書物における文の区切り（アーヤ＝節の区切

り）と一致していないことが明らかになる。こうして，朗誦実演においては，書物における文の区切りが，区切りの単位とはなっていないことが判明した。

第 12 章

女性と聖典

1　女性たちの学習活動

女性たちの活動をめぐる本章を，イスラームの第三の聖地，エルサレムでの情景から始めたい——金曜日の午後，説教と集団礼拝が終わったあと，モスクの中では，女性たちがそこここで勉強会を開いている。クルアーンの誦み方や解釈についての学習会である。どのグループも，専門家ではない女性が教え，一般の女性が学ぶ。男性が混じったグループ，あるいは男性だけのグループは存在しなかった。モスクの外へ出ると，男性たちが集まって政治的な話題についての討論をおこなっていた。

イスラーム世界中で近年，一般信徒の女性たちのクルアーン学習活動が急速な勢いで盛んになってきている。筆者が調査をおこなったフィールドでも，インドネシアのジャカルタでは主婦たちのプガジアン（学習会）が非常に盛んであった。たとえば，トゥベット地区の裕福な階層の主婦たちが，週に一度仲間内でもっとも裕福な女性の家に集まり，メロディのついた音楽的な朗誦を学習する。あるいは，地域の女性が家の近所のモスクで週に一度，女性教師から誦み方を習い，章句の内容注釈に耳を傾ける。

ヨルダンのマダバでは，60 代の女性がインドネシア人の使用人を伴って週に数度，読誦の先生のもとへと出かけていく。また，西岸地区のハリール（ヘブロン）では，ある 40 代の主婦が看護学校の女学生たちに読誦を教えるために，週に一度夫の運転する巨大なトラックで悪路を 30 分かけて通ってくる。

女性のクルアーン学習活動の高まりは，各地で見られる現在もっとも勢いのある現象である。その一方で，現地の認識としても，研究者の間の了解でも「クルアーンというのは男だけが誦むものである。ムクリウ（読誦学者）やカーリウ（朗誦家）は男である」という認識があり，女性の朗誦家は存在しないと考えられてきた。本章では，この問題に焦点を当て，果たして女性の朗誦家は本当に存在しないのか，いるとしたらなぜその事実が隠されているのか，どのような解釈が重なることによって，「聖典を声に出して誦み上げる」という行為が女性に対しては規制されてきたのかを，中東と東南アジアにおけるフィールドワークを通じて，考えてみたい。

イスラーム社会をめぐる一般的な認識として，「聖典であるクルアーンが（男尊女卑的な，あるいは家父長的なことを）命令しており，一般信徒は盲目的に従っている」というイメージが存在し，「それゆえムスリム社会は男尊女卑なのである」といったステレオタイプが存在する。これはムスリム社会のイメージであると同時に，聖典に関するイメージを物語っている。そこには，聖典が「命令する」，すなわち聖典には絶対的な権威がある，それゆえ，信徒は聖典に「従う」（聖典の権威に縛られている），ということが含意されている。果たして，このような認識はムスリム社会の実態を反映しているのであろうか。現場においても検証されうるような認識なのであろうか。

クルアーンの学習活動の観察から，クルアーンのテクストに対する基本的な営為は次の3点にまとめることができる。①誦み方を習う（正則アラビア語の発音，読誦規則，若干のメロディ）。誦み方を習うことは単純な発音の学習ではない。文の切れ目，意味のまとまりも習得している。②語の意味を知る。個々の単語の意味を学ぶ。③解釈（翻訳を含む）を知る。正則アラビア語や，母語などを使用して学習される。

これらの自覚的・意識的な学習に並行して，日常生活の中では発話やモノとしてのクルアーンが表出している。クルアーンの章句を引用したり引き合いに出したり，参照する行為は，①～③までを修め終わった者だけに限られたものではなく，学習段階が進んでいない一般信徒でもおこなう。

現代ではクルアーンの学習活動に関して，以下のような傾向があることがフィールドから抽出された。①中東でも東南アジアでも，熱心に集団的にクルアーンを学習しているのは女性たちである。伝統的には男性の教師が主流であったのに対して，②成人女性が教え，成人女性が学ぶ。③アラブ圏でも女性の教師やウラマーが増加している。④読誦規則の検定試験が実施される，読誦規則を板書して教えるなど（ヨルダン），調査地の一部では識字への依存傾向が見られた。

2　女性朗誦家をめぐるコンフリクト

クルアーンについては，現地の認識としても，研究者の間の了解でも「ムクリウ（読誦学者）やカーリウ（朗誦家）は男である」という認識があり，女性の朗誦家は存在しないと考えられてきた。この認識の正否を実証するために，現地で調べてみると，アラブ圏には女性朗誦家がいないことが判明した。「いない」というのは，実際には存在はしているが，公衆の面前での朗誦はできず[(1)]，録音物は出回らないのである。国際的に著名な朗誦家は全員例外なく男性である。

この点に関して，朗誦学院の指導者たちに聞き取りをおこなったところ，公式の回答は次のようなものであった。「エジプトには古くから女性のムクリア（読誦学者，朗誦家）はいた。ただし，女性同士のためだけである」。

一方，東南アジアでも調査をおこなった。東南アジアではインドネシアが朗誦については特に進んでおり，インドネシアやマレーシアを中心に大きな大会が催されており，タイなどからの参加がある。東南アジアでは，朗誦家という職業への就労に男女差が見られないことが判明した。女性朗誦家が公衆の面前で朗誦することに制限がない。インドネシアでもっとも著名で人気が高い朗誦家は女性である。女性の朗誦の録音物は男性のものと同様に，制限されずに出回っている。

アラブ圏では，東南アジアに公の場で活躍する女性朗誦家が存在することはほとんど周知されていない。東南アジアの女性朗誦家がアラブ圏やイランに招待されて朗誦を披露する例もあったが，女性しかいない部屋で，女性の観客のみに対しておこなわれたというから，女性朗誦家のリサイタルがアラブ圏等で開かれる場合は，限定的にしか公開されず社会的な注目を集めなかったと考えられる。

女性朗誦家の存在がショッキングな事実として，あるいは，公衆の面前で女性が朗誦を披露することがショッキングな出来事として男性の目に映る事実が，例外的で偶発的な催しを通じて明らかになった。その稀有な2つの事例について記述したい。まず初めの事例は，インドネシアの女性朗誦家が日本に来た時の例であり，ここで問題となっていることが典型的に表われた例である。2つ目の例は，同じ朗誦家が20年以上前に聖地マッカにおいてリサイタルをおこなった時のことである。

① 2006 年 11 月に京都の国際交流会館でおこなわれた来日リサイタル

観客の構成は，多くの一般の日本人と，それ以外のイスラーム圏出身のムスリムの男女であった。聴きに来ていた日本人の大半は文化としてのイスラームに興味を持った人たちであったが，日本人ムスリムもわずかばかりいた。残りはトルコやインドネシア，アルジェリア，エジプトなどのイスラーム諸国からの外国人留学生であった。

女性同士のグループや夫婦で来ている場合もあれば，若い学生とその家族（おばあちゃんや赤ちゃん，子どもたちを伴った）もいた。トルコ人の少年は友人と一緒に一番前の列に座り，好奇心に満ちた顔で身体をゆすっていた。聴衆のほとんどがクルアーンのリサイタルを経験したことがなく，次に何が始まるか，予期できずにいた。

インドネシアの女性朗誦家は夫に伴われ，観客の後方から会場へと優雅に入ってきた。ピンク色のインドネシア風ブラウスと伝統的なジャワのバティックを身に着け，ピンク色のジルバブ（スカーフ）を被り，ピンク色のストールを肩にかけていた。輝くような微笑みを浮かべ，彼女はまるで 30 代くらいに見えた。開会の挨拶と解説のあと，彼女の朗誦が始まった。彼女はクルアーンから 5 つの部分を選び，それらを 2 つのスタイルで誦んだ。

この機会は戸惑いをもって受け止められた。ムスリム社会においてリサイタルを観察する際，聴衆の身体的な動作や歓声から，観察者は聴衆が朗誦に対して一体感のある反応を示し，深い情感を共有していることを知ることができる。会衆の間には，クルアーンが朗誦されるのを聴くことで神の言葉の実在を感じるという共通認識が満ちている。

しかしながら，京都でのリサイタルでは状況がきわめて異なっていた。聴衆の間には共有された感情や共通の認識が存在していなかった。アラブ社会にはプロの女性朗誦家がいないため，アラブ世界の男性ムスリムたちは女性が公の場で朗誦するのを聴くことがなかった。それゆえ彼らは女性朗誦家に慣れていない。大半の日本人はクルアーンの朗誦にも宗教としてのイスラームにも完全になじみがない。加えて，女性朗誦家に親しんでいるインドネシア人たちは，彼女との会を次の日に別で設けていたため，その日はほとんど出席していなかった。

のちにこの会の観客の反応について，当日参加していたエジプト人女性に尋ねると，以下のように語っていた――「男性たちはすごく怒っていた。会場を出る前にすでに，「こんなことはけしからん。こんなことはすべきじゃない」と声を上げている人までいた。でも，わたしたち女性は全然違った，そうは思わなかった。みんなすばらしいって感動して，あんな風にクルアーンを誦めるようになりたい，なんてすごいんだろうって憧れたし，女性が人前で声出しちゃいけないなんて，現代女性にとってはナンセンスだもの。そんな風な状況じゃ全然ないもの。でも男性たちは違った，そうは思わなかった」。その言葉を聞いて，当日会場において筆者が感じていた観客の「戸惑い」，もっと端的に表現するなら男性の不満が現実に，かなりあからさまな形でもって噴出していたことを知った。

② 1980年代初頭のマッカ（聖地）でのリサイタル（聞き取り調査から）

もうひとつの機会は，①で登場した朗誦家の女性が1981年に朗誦の国際大会で優勝し，その褒賞の一部として，マッカに大巡礼に行った時のことである。彼女の来訪に対して，現地のサウディアラビア人男性ウラマーが，リサイタルを開くことを提案した。しかも，公の場において，男性を含めた観客の前でである。

そのような催しには前例がなかったが，提案者である男性ウラマーが豪快に決断し許可を出した。そのように逸脱的な判断がサウディアラビアという，通常は非常に保守的だと思われている場において実現した理由を，女性朗誦家は，その男性ウラマーがエジプトへの留学経験者であったため，発想が柔軟でそのような大胆なことを「大丈夫！　大丈夫！　やってしまいなさい」と許可したためだと語っていた。その時のおそろしい体験を彼女は，身振り手振りを交えて身を震わせながら，次のように語った。

> すっごく怖かったの！　アラブ風の服装をしたヒゲの大きな男性たちがずらーっと並んでいて，みんなまーったくすごく怖い顔をしていたんだもの！[(2)]

なぜ東南アジアとアラブで，このように極端に異なった実践が展開しているのであろうか。一方のアラブ諸国では，女性が公衆の面前でクルアーンを声に出して誦むことが許されておらず，他方の東南アジアではそれはまったく問題とされず，女性朗誦家が活躍し，社会的にも大きな尊敬を集めている。このことをエジプトやヨルダンなどのフィールドで聞き取り調査をしていても，有効な手がかりは得られなかった。なぜなら，朗誦に関して知識のある男性たちの回答は「女性の声はアウラ（異性に対して露出すべきでない部分）である」「いや，アラブにも女性の朗誦家はいる」「ウンム・クルスーム〔昔のエジプトの大歌手〕は朗誦家だった[(3)]」というようなものであったからである。東南アジアに女性朗誦家が存在することについては，その事実を説明してみても理解してもらえず，「インドネシアのことは知らんよ」「わけがわからんね，あっちの人のすることは」といったようなものである。

「なぜアラブには女性の朗誦家がいないのですか」という質問を，インドネシアの全国朗誦大会の審査員長を務める読誦学者に聞いた。回答は以下の通りであった。

「第一にアラブでは女性の声がアウラに含まれるという見解があります。そのため，異性に見せてはいけない〔声を聞かせてはいけない〕。その根拠として使われるのは部族連合〔33〕章の中の「ファラー・タハダアナ・ビ・ル＝カウリ・ファ・ヤトゥマア＝ッラズィー・フィー・カルビヒ・マラドゥン」です。これは預言者の妻たちに対して言っていて，意味は声を柔らかく（やさしく，たおやかに）してはならない，心に病を持つ男性が欲してしまう，よくない意図を持った男性がつられる，妄想させてしまうということです。まあ，男性にもよりますがね。一部のウラマーはこの節が，預言者の妻ではないムスリマ全体に適用されるとみなします。預言者の妻が，欲望を促すという観点で声を柔らかくしてはいけないのなら，その他の女性もいけないだろう，ということです。しかし，一方ではこの節は預言者の妻に対する特別のものであると判断されています。なぜなら，この節の前には必ず「ヤー・ニサーア・ン＝ナビーイ・ラストゥンナ・カ・アハディン・ミナン＝ニサーイ・イニッ・タカイトゥンナ」と言われているからです。預言者の妻たちよ，あなたたちは他の妻たち一般とは同じではないという意味です」。

「イランやサウディアラビアのウラマーたちは，このこと〔預言者の妻たちに倣って頻繁な外出などを控えて身を慎むこと〕がすでに文化になっており，女性たちに適用されるとみなします。その結果，あちらでは女性の朗誦家がいないのです」。

（ここで同席していた女性朗誦家から「いますよ！　でも女性の前でしか誦みません」というコメントが入り）「つまりは，女性の声は男性にとってのアウラということです。女性同士ならまったくかまいません。宗教的見解が文化となり，現在に至るまで変わっていないということでしょう」。

「〔インドネシアに女性朗誦家がいる理由は〕インドネシアではウラマーたちは女性の声のことをアウラとは考えなかったということです。インドネシアでは文化と宗教の解釈がそれほど対立しなかったということです。インドネシアでは昔から女性は普通に暮らしてきました。だから，特に異性を誘惑

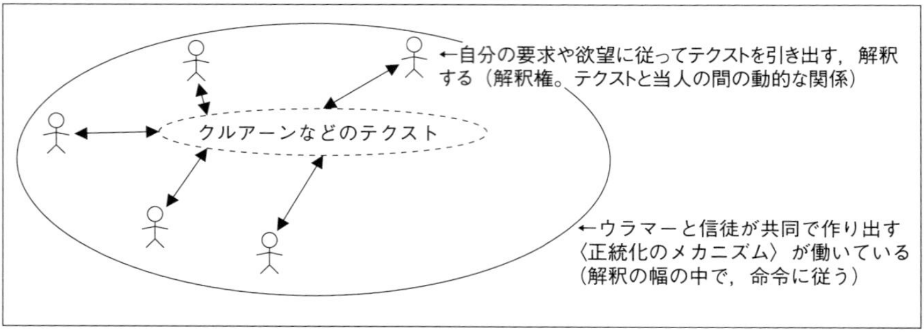

図 12-1　テクストと人びとの動的な関係　筆者作成。

するための声とかでなければ，声はアウラになりません。なので，クルアーンを誦むだとかサラワタン（讃歌）を歌うことは，ファトワー（法学裁定）は出ていませんが，ウラマーたちは問題とはとらえていません。預言者の時代にこういうことがありました，女性の歌い手が歌を歌っているのをアブー・バクル〔預言者の教友〕が叱りつけました。それを預言者は「放っておきなさい」と言いました。当時，女性たちも預言者にどのような場合に声がアウラとなるのかを質問したりしました。通常の声はアウラとはみなされません。歌でも誘惑や猥褻な内容を含むものはアウラに値します。コシダ（宗教歌謡）は大丈夫です。それらは声ではなく内容の問題です[(4)]」。

女性たちの実践からわかるのは，クルアーンのテクストが上から，一方的に，人びとの実践を抑え込み，規制している様ではない。人びとは，自分たちの時代や地域の文化にそぐわないような文言に，思考停止のままに従うなどということはしていない。彼らが実践しているのは，自らの人生に必要な指針を，共有された「聖なるテクスト」から引き出したいと願い，自らの状況や願いを理解した上でそれに合致するような言説（解釈）を生み出してくれるウラマー（学者）の言い分を見つけようとする営為である。

その解釈が，「自分たち女性」の置かれた状況や感じ方・考え方などを理解してくれない「男性ウラマー」に独占されてしまうことがないように，自分たちが望まない「男性的な」言い分に騙されることがないように，自分たちが聖典との関係を直接取り結ぶことができるように，聖典の学習を諦めない。そういったテクストと人びととの，動的で力強い関係が，現代の女性たちの熱心な営みからは浮かび上がってくる（**図 12-1** 参照）。

女性たちは，男性たちと同じように，あるいはそれ以上の熱心さでクルアーンを欲している。それを学び，身に付け，日々の中で活用し，自分たちを守るために，輝かせるために，クルアーンを用いようとする。地域によっては男性と同様に女性がクルアーンを担うプロフェッショナルとして，公の場所で活躍することができるが，それは全体の中ではきわめて数が少ない。クルアーンは，あたかも男性の学者たちや朗誦家たちによって担われ，継承されてきたかのように見えるが，名もなき庶民の生活を見ると，女性たちの方がクルアーンの学習にむしろ熱心で，前向きに楽しそうに取り組んでいるように見えるし，プロフェッショナルな道を諦めていない女性たちもいる。その姿を通じてわかるのは，クルアーンは女性を排除しない聖典であり，女性たちもクルアーンの主体的な担い手としての自覚や熱情を強く持っている，ということである。

第V部

日常に埋め込まれた断片

これまで，クルアーンとその正確な継承者たらんとする専門家たちを中心に描いてきたが，第Ⅴ部では，クルアーンの積極的で熱心な消費者であり受益者である一般信徒たちに目を向けてみよう。クルアーンの主たる使用者はムスリム人口のほぼすべてを占める大衆である。彼らは，専門家たちが苦労して生み出した新しい形のクルアーンを大抵の場合，所与のものとして疑いなく受け取り，ムハンマドから直接伝わったものとしてそれを十全に満喫する。彼らの実践は，ある場合にはウラマー（学者たち）の示したガイドラインに沿っており，ある場合にはそれをものともせず，まったく野放図で自由である。その力学の面白さや不思議さを，以下では見ていきたい。

まず，ムスリム社会の庶民の生活の中で，さまざまな場面でクルアーンが現われる時の実態に迫ってみたい。庶民の生活は，人それぞれであるし，文献や映像にも残りにくい。ある時期に見られたものが，ほんの数年後に別のフィールドワーカーが行った時にはもう見られないことも珍しくない。庶民の生活の実態は，ウラマーが担い受け継ぎ守ってきたイスラームほど規範性が高くなく，規則に則っておこなわれるわけではなく，土着の風習や文化と混じり合って，予測不可能で，観察も難しい。

また，イスラームの場合は，世界でも有数の書物文化が花開き，知を担う者たちによって大量の言説が生成され，膨大な言説空間が歴史的に発展してきた。その言説空間の中で語られる信仰のあり方と，実際に，それぞれの時代，それぞれの場所で庶民のおこなってきた無数の実態は，一部は強く結び付き，別な一部は乖離している。しかし，その距離の近い・遠いを実証することも，難しい。庶民によって紡がれた無数の実態は，生まれては消え，生まれては消え，そしていつも予測不可能な形で，また新しい実態が今もどこかで生まれ続けているからである。

その実態に少しでも出会うために，少しでも「どこかの誰かの実態」を漏れ落として排除しないために，筆者は以前から「毎年新しい国にフィールドワークに行こう」と考えていた。自分が長く通ったエジプトやインドネシアが心地よく，安心感があり，また両国のイスラームのあり様がきわめて安定的でバランスがよく，「イスラームの宗教としての真価を実感するならばここ」という頼もしさを感じることは否めない。しかし，本書ではできる限り，たまたま行くことのできた場所，ニッチな場所でのニッチな事例もできる限り紹介するように努め，イスラームはどこまでも多様になっていくということを示したい[(1)]。

第Ⅴ部の構成として，分類しがたい庶民の生活に表われるクルアーンを，「神を忘れない」「神を埋め込む」「日常を聖化する」「この世を寿ぐ」という4つのキーワードで整理した。このキーワードに収斂するまで，長い年月がかかった。というのも，庶民の生活はどんなに耳を澄まそうと本人たちによって説明・言語化されることがないし，どんなに目を凝らそうともそこに何らかの体系化や分類に適したラベルを見出すことができないからである。本人たちも，なぜ，何の目的でそれをやっているのかは，自覚がない。筆者はフィールドワークを始めた当初（2000年代初頭）から，庶民の生活の中のクルアーン，特に携帯電話の待ち受け画面や，街のいろんな場所で目にするステッカーに強く関心を持っていた。それらは，美しく壮麗なクルアーンの写本とは似ても似つかない，深い洞窟の奥から聴こえてくるような幽玄な朗誦とも似ても似つかない。それなのに，とても「イスラーム的」に見えたのである。

筆者の感じた「イスラーム的」とは，彼らの生活が生気に満ちていて，イスラーム的ではない時代やイスラーム的ではない文化を，全力でイスラーム化しようとする気持ちに溢れて見えたからである。その一方で外来のものを拒まない，自分たちの生活を便利で面白いものにするならば積極的に取り入れる，人間らしい欲望の肯定も見え，それはそれで，イスラーム社会のあり方のひとつと思えた。

現世の生活の充実を願う。人間の弱さや愚かさ，欲望を否定しない。その上で，神とともにありたい。そういったあり方が，他の文化圏や他の宗教と比べて「イスラーム的」だと改めて思うようになったのは，実は，2018年以降に教職に就いて，「比較宗教学」という看板のもとで宗教学が専門の先生方と働くようになってからであった。筆者が気付いた「イスラーム的」なあり様は，言語化できてから振り返ってみれば，確かに大塚和夫（1949－2009）や片倉もとこ（1937－2013）といった，アラブ・イスラーム世界を駆け巡ったフィールドワーカーの大先達たちの本からも滲み出ていた。しかし，宗教学の，特に日本・欧米両方の学説史や理論に精通した研究者と身近に触れた時に，それを明白に類型として理解することができたのであった。[(2)]

「神を忘れない」「神を埋め込む」「日常を聖化する」「この世を寿ぐ」は，第V部で取り上げるすべての事例に共通する要素となっている。

第 13 章

神を忘れない
――礼拝（サラー）――

イスラームでは，日に 5 回の礼拝が信徒の義務となっている。その重要性ゆえに，イスラーム圏ではアラビア語でも現地語でも，子ども用の絵本や簡単な礼拝の手引きに始まり，大人向けの啓蒙書，専門的な法学書に至るまで，礼拝について多くの書物が出版されている。ところが，研究者の側では，欧米でも日本でも，礼拝が研究されることはこれまでほとんどなかった。

礼拝は，アラビア語で「サラー（ṣalā）」と呼ばれる。イラン（ペルシア語）やパキスタン（ウルドゥー語）では「ナマーズ（namāz）」，マレーシアでは「ソラッ（solat）」，インドネシアでは「ソラッ（sholat）」と呼ばれている。

外側から見た時の礼拝（サラー）の特徴は，以下の通りである。

①非常に数多くのムスリムが，個人的な選択性や選好性とかかわりなく，また「信仰深い」とは言えないような一般信徒さえも，毎日おこなっており，その現象は地域横断的に観察される。
②それゆえ，社会的に確立した儀礼行為であると判断される。
③しかもその中ではクルアーンが，行為者が正則アラビア語を習得しているか否かにかかわらず，原語の古典正則アラビア語のままで暗誦されている。
④クルアーンが現地語化の影響（発音の誤りや転化）をほとんど受けずに，しかし日常的に反復されて一般の人びとに発話される機会は，他に例がない（クルアーンのヤースィーン〔36〕章を輪唱する死者の弔いなどは，広範に見られる儀礼であるが，毎日の反復という点では礼拝に及ばない）。

筆者は，実際にサラーの研究をおこなう上では，まず礼拝をそれ自体として，礼拝の研究をおこなうこと，その上でクルアーンに関する考察をおこなうという手続きをとった。なぜなら，礼拝自体の研究が困難であり，礼拝をいかに捕捉するかということが大きな課題であることが判明したからである。

1　法学的規範と実践

礼拝（サラー）の実践研究の必要性が指摘されていても，実際には，その実践の研究はほとんどおこなわれてこなかった（補論3「礼拝研究史」参照）。サラーをイスラーム法学の主題（つまり，「べき」論としての信仰行為）であるとみなし，社会的実態のフィールド調査に重きをおかない考え方は，現在でも継続していると思われる。法学者によって書かれた法学書を紐解くと，ほとんどの場合にまずサラーをめぐる法規定の記述から始まっており(3)，サラーがイスラーム法学にとってきわめて重要な主題であることがわかる。サラーをめぐる法規定は，指の動かし方や視線の位置に至るまで驚くほど細かく緻密に定められており，突風が吹いた場合や身体が拘束された場合などの例外的なアクシデントや特殊な状況までも想定した非常に煩雑な議論が展開されている。それゆえ，サラーはこの驚異的に豊富な法規定群からこそ再構築されるものであり，サラーはまさに法学の主題であるとみなされてしまうことには一理がある。しかし，法学書に記された法規定から再現されるサラーとは，規範的・模範的な表示であり，「何をすべきか」をめぐる理解ではあるが，信徒たちが実際に「何をしているか」の理解ではない。規範が実際に守られているかどうかは，規範的言説からは判断することができないであろう。

一方に規範としての法規定があり，他方に人びとの実践があった時に，その規範と実践とは一致しているのかいないのか，という点も実証研究の課題となるであろう。仮に一致が確認されたり，一致が予想されるならば，なぜそうであるのか，イスラーム法のどのような性質が規範の強制を可能にするメカニズムを作り出しているのか。イスラーム法が実効性を持ち，人びとの実践に対し強制力，拘束力ないしは誘発力を持っているのならば，何がそうさせているのかをも研究する必要がある。実証的な研究が確保されたならば，次の段階として，規範を無自覚に優位なものとせず，それと同時に実証的な事例を実証性や事実性だけによって優位とすることもなく，両者を総合的に見ることも可能となるかもしれない。いずれにしても，実践を見る場合に規範を基準に正誤を判断するような規範第一主義では不十分であるし，人類学者はそのようなアプローチを取らない。

その一方で実践に着目する場合に，広大なイスラーム世界の各地でフィールドワークをおこない，その多様性を目の当たりにしたことがあるならば，複雑な細部を含む特定の儀礼が地域横断的に実践され，その実践がきわめて似通っていたり共通していたりすることには，むしろ当惑を感じるであろう。少なくとも，本当にサラーが一定の共通性をもって地域横断的に実践されているのかがフィールドワークによって確認される必要がある。確かに，イスラームの教義や当事者であるムスリムたちの間には，「イバーダート（信仰行為）であるサラーはすべての時代・地域で変わらない」という認識がある。しかし，それがドグマや当事者の認識以上のものであることは証明されていない。

以上のように，サラーにおいて，規範がそのまま実践されているとあらかじめ想定することは根拠が希薄である。また，実践を調査する際に，規範を判断の基準として，規範からの距離を測ったり，記述したりすることも妥当ではない。さらに，次のような理由で，規範と実践を直接的に結び付けることが困難となっている。

すなわち，①サラーという儀礼には，儀礼の構造上，それを執りおこない，管轄し，監督し，監視し，矯正し，場合によっては処罰を下す組織や人間が設定されていない。つまり特定の専門家の指揮下で，サラーが実践されているわけではない。サラーは法規定の対象となる義務の行為ではあるが，いわゆる民事や刑事ではないため，履行違反に対して刑罰が設定されているわけではなく，規範と実践を直接的に結び付ける制度的な保証は存在しない。

②宗教的指導者としてのウラマーが，イスラームの法規定を信徒に守らせる役割を果たすと考えることも可能であるが，法規定を遵守させるための人的組織が明瞭に存在しているわけではない。法学の専門家であるウラマーは，多くの研究者が指摘してきたように，必ずしも職業集団ではなく，権威付けのための職制や位階制も存在しない。筆者がフィールドで触れた例でも，ウラマーの指導的な権能は信徒の側が従う意思がある場合にのみ存在していることが観察された。

③「イバーダートは不変である（信仰行為は時代を超えて変わらない）」という内部（＝ムスリム側）からの無自覚的な前提とその前提を検証せずに放置している外部（＝研究者）があり，この前提もまた，観察され，確認された事実ではない。規範的言説が時代を超えた共通性を持っているとの想定を，自動的に実践に対しても当てはめて，同じ前提を共有してしまうことは正当ではない。

以上のように，イスラームの規範および法規定が信徒に対して大きな影響力を持っているとしても，規範と実践が一致するとの予見的前提から規範的言説だけを研究対象とするのでは，サラーにしても，それ以外の儀礼実践にしても，その実態は解明できない。規範を法規定の文書からのみとらえるのではなく，規範が人びとの生活に結び付く現場において，何が起こっているのかを対象とする広義の規範研究，すなわちイスラーム世界における規範の実態的なありようそのものを解明する研究がおこなわれるようになってきたのは，まだ新しいことである。

2　礼拝（サラー）の実態に迫る方法

では，どのようにして，サラーの実践は捕捉できるのであろうか。本節ではフィールドワークに基づいて書かれた報告を読解し，また筆者自身のフィールドワークの中での気付きを契機に，サラーの実践を捕捉するための方法論について検討したい。(1) では欧米における研究，(2) では日本における研究を扱い，その後筆者のフィールドワークについて記述する。

(1) 欧　米

実際のフィールドでの経験や観察に基づく報告は，もっとも古いところではレイン（1801－1876）までさかのぼることができる。イギリスの石版画家であったレインは 1825－28 年と 1833－35 年の 2 度にわたりエジプトに滞在した。その経験をもとに図版入りの詳細な報告を作成し，1836 年に『近代エジプト人の作法と習慣に関する報告』（*An Account of the Manners and Customs of the Modern Egyptians*）として刊行した[(4)]。

この書の第 3 章「宗教と法（Religion and Laws）」では，「儀礼と道徳的な法の中で課されているもっとも重要な義務は，祈り，施し，断食，そして巡礼である」［Lane 2007：68］という一文から，サラーに関する記述が始まっている。まず 3 頁半にわたって浄めの説明があり，次いで半頁ほど敷物の説明が続く。その後，ようやくサラー本体についての記述に入り，7 頁半の説明の中にはサラーの行程を図示した 2 点の図が含まれている。サラーの説明のあとには，金曜礼拝やモスクの説明が続いている。

レインの報告は，鋭敏な視覚によってムスリムの姿が克明に記録されているほぼ唯一のものであり，その点で初版から 190 年近く経った現在でもまったく色あせない価値を持っている。しかし，その記述を詳しく見てみるならば，意外なことに，その実は観察のみによる報告というよりも，（知遇を得た法学者に聞いた）

法規定の知識が相当程度混入しており，法規定の知識によって再構成された像であるとの印象はぬぐえない。

フィールドワークに立脚する研究として比較的新しい成果は，2000年に刊行された論集『環インド洋地域におけるイスラームの祈り——モスクの内と外（*Islamic Prayer across the Indian Ocean : Inside and Outside the Mosque*）』［Parkin & Headley 2000］である。1998年3月にオクスフォードにおいて開催されたワークショップをもとに編まれ，アフリカ，中東，インド亜大陸，東南アジアといった地理的な区分を超えて，インド洋地域を文化的な複合体として理解しようと試みるカーゾン出版のインド洋シリーズのひとつとして出された。執筆者7人のうち6人が人類学の専門家である。

所収の論文は，以下の9本である。「モスクの内と外——概論」（パーキン David Parkin），「信仰と忠心の転嫁——モスクの外におけるイスラームの祈りとインドネシア政治」（ボウエン John R. Bowen），「ジャワにおけるイスラーム的および非イスラーム的祈り」（ビーティー Andrew Beatty），「マヨットにおけるイスラーム的パフォーマンスの地域化」（ランベク Michael Lambek），「サラーに対するスワヒリ的理解とイスマーイール派の理解」（トパン Farouk Topan），「ザンジバルのサイイド・シリマの肖像——イスラームの祈りにおける敬虔と転覆」（パープラ Allyson Purpura），「祈願——サラー，ドゥアー，サダカと自己決定の問題」（パーキン），「センバ／サラー——イスラームの祈りのジャワ化とジャワの祈りのイスラーム化」（ヘッドリー Stephen C. Headley），「あとがき——モスクの中の鏡……」（ヘッドリー）。

この論集はシリーズ全体の趣旨からしても，インド洋地域という場に展開する文化現象に主たる関心が置かれており，そこを横断した文化的要素のひとつとしてイスラームの祈りに焦点が当てられている。評価も主として人類学者から寄せられ［Benthall 2001］，イスラームの多様性の受け止め方に主眼が置かれた評価がなされた。

この論集は「イスラームの祈り」という語を冠した初めてのまとまった論集であり，かつ，ほぼすべての論文が人類学的なフィールドワークに基づいている点で意義深い。また，環インド洋という対象地域を設定することで，アフリカと東南アジアという異なる地域を同時に射程に入れることに成功しており，地域横断的なイスラームの祈り研究の先駆けとして重要である。

個別の執筆者たちにはこの論集に収められた以外にもサラーやサラー以外のイスラームの祈りに関連する業績がある。たとえば，ボウエンは1989年の論文でも同様の主題を扱っており，論文の冒頭，「世界の主要な宗教的儀礼の中で，確かにイスラームの礼拝儀礼，すなわちサラーは人類学的な分析にとってもっとも手におえないもののひとつであった」［Bowen 1989 : 600］という一文から始まる一段落は示唆的である[(5)]。ボウエンはその困難さへの対応として，特殊な政治的な文脈の中に位置付けることによって，分析を可能にした。また，ヘッドリーらのそれぞれの単著の中でも［Headley 2004 ; Bowen 1993 ; Beatty 1999 ; Lambek 1993］，それぞれの研究の枠組みから，サラーや祈りに対する分析がなされている。これらの研究の中で示された２つの観点，すなわち，地域横断的な枠組みを設定し，その中でイスラームの祈りを理解しようとすることと，ムスリム社会の具体的な文脈の中にサラーを位置付け，そこに表われる信仰実践の質を捕捉しようとすることは，本書にとっても重要な示唆を与えている。

(2) 日　本

日本において，祈る信徒たちの姿を目撃し，多分にバイアスを含んでいたとしても，それを感性によって綴ったものは，旅行エッセイやジャーナリスティックな記述の中に見つけることができる。たとえば，本多勝一の『アラビア遊牧民』［本多 1981］の第２章の中には「お祈り」と題された節があり，その他の章や節の中でも人びとが頻繁にサラーをおこなっているさまや，毎日の生活がサラーによって節目付けられている様子がうかがえる[(6)]。

「女たちはテントの中でお祈りをしているが，男は原則として，マジェブ老人が呼びかけている場所にいき，イマームとよばれる宗教上のリーダーに従って，みんなそろってお祈りをする。しかし男たちも第１回・２回・５回目のお祈りはテント付近で家族ごとにすませる場合が多い。もっとも大勢集まるのは第４回（日没後）である。私自身，マジェブ老人の呼びかけに応じて，日没後には毎回お祈りの列に参加した」［本多 1981：51–2］という記述や，「かつて東京・渋谷のイスラム寺院（東京モスク）で礼拝の仕方を習った私は，アラビア半島の内陸でベドウィンが行なう礼拝を見て，極東の，全国でモスクが二つ（東京と神戸）しかない日本で行なわれる礼拝と，順序だけでなく言葉に至るまでほとんど同じなのに，あらためて驚いた」［本多 1981：52］という報告は，実際の体験に基づいているだけに貴重である。

学術的な報告の中には 1980 年代以降にサラーに関する記述が見られるようになり，その中にはとりわけ鋭い発見がある。自身のフィールド経験をもとにして印象的な報告をおこなったのは，人類学者の片倉もとこである。片倉は２つの総合的なフィールド報告［片倉 1979, 1991］を刊行しており，前者では1968年のサウディアラビアの村落ワーディ・ハディージャにおける実体験がより鮮明な言葉で記述されており，後者では自身の日本人としての感覚を梃子に，イスラームの祈りの問題を「祈りと仕事のいい関係」として焦点化し考察を進めている。

前者の「まえがき」で片倉は観察対象を「住みついているもの，遊牧しているもの，半移動の生活をしているもの，生活はさまざまだが，みな一様に「バドゥ（ベドウィン）」とよばれる人である。コーランのアラビア語に近い美しい言葉を話し，謙虚に神に祈るアラビアの人々であった」［片倉 1979 : 4］と概括している。ここで，対象を「祈る人々」として捕捉していることが誇張や先入観の投射ではないことが，本文によって説得力を持って立ち現われてくる。たとえば以下のような記述がある。

> 立ったり座ったり，首を右にまげたり左にまげたり，ややこしい祈り。アーミナのうしろで私もまねして祈る。無心にコーランの文句を唱えるこの祈りは異教徒の私にも，精神的，肉体的なさわやかさを与えてくれる。［片倉 1979 : 15］

> 日没の祈りは，日に五回の祈りの中で，ことさらに快い祈りのようだ。これから，新しい一日が始まる。生気にみちた夜の香り。沙漠をわたってくる微風が，昼間とうってかわって，ひんやりとやさしく流れてくる。［片倉 1979 : 16］

> いつのまにか，しんと静かになって，アハマドとマリアムが並んで祈りをしている。
>
> さわやかな沙漠の朝。瞑想の夜がその支配権をまだ太陽にあけわたしていない――。
>
> 静かな祈りは，人間にエネルギーを与えるのだろうか。祈りの終わったアハマドとマリアムはきびきびと仕事を始める。［片倉 1979 : 29］

> 彼らの一日は，祈りによってリズムがつけられている。祈りのリズムは，自然界の流れに従った軽やかなもので，祈りの時間を知るために，時計が必要などということもない。人々は，それぞれの生活の中に，なにげなく祈りを組み入れ，一人一人の生活のリズムを作っている。［片倉 1979 : 185］

片倉の記述は叙情的である。その表現が読者の眼前に美しい情景を立ち上がらせ，同時に言語化することが難しいサラーのありようの一端をすくい上げている。

アフリカでの現地調査経験の長い嶋田義仁は，サラーに関する2本の論考を発表している。1本は「イスラームの「祈り」ついて――アフリカで考える」[嶋田 2001] と題された，サラーを主題としたものである。現地での観察に基づいた記述を含み，さまざまなトピックがつめこまれた量感のある文章である。特に，サラーのやり方を紹介した箇所では，「バンザイを控えめにした形で，両手を開いて耳の高さまであげて，「アッラー・ホックバル（神は偉大なり）」と唱える（ごく小さな声で）」や，「次に，ややうつむき加減に両手を前に組み，コーランの開扉の章句を中心にコーランの章句を唱える（心の中で）」といった記述は言葉の選び方がユニークである。丸括弧の中の補足説明やコメントも観察に直接的に即していて着眼点がよく，続く箇所では「(これも導師が言ってくれる)」，「(これが小生は苦手)」などと挟まれている。もう一本は「儀礼とエートス――「世俗主義」の再考から」[嶋田 2004] と題されたもので，この中にはサラーを契機としてイスラームにおける身体性が論及された箇所がある。

これらの報告が本書に対して特に示唆的である点をまとめたい。嶋田はサラーの外面的なありようを把握し，さらにそれを記述する際に，自身の身体感覚を有効な道具として使っていた。これは片倉にも共通している点である。

そのことによって，さらに，嶋田はサラーの文言が，（すべて均一の声量で唱えられるのではなく）文言ごとに唱える声量に違いがあること，および導師（イマーム）とその他の人びとの間で声を出す出さないの違いがあることを，はからずも記録の中に滑り込ませることに成功している。

もう一点重要なことは，語りのレトリックである。先に引用した片倉の文章は，日本人の目に美しく心地よく映るというだけではない。その語りのレトリックによって立ち上がってくるものが，サラーのありようの真実を写しているかのような説得力を持っているのである。フィールドワーカーのこのような語りのレトリックが，形を越えた内側を捕捉する力も持っていることは少なくはない。ここまで見てきた点を踏まえた上で，さらに検討を続ける。

筆者がサラーをめぐるフィールドワークをおこなった際には，多くの人類学者たちがそうであったように，まず①そのやり方や規則などの「外面的なありよう」の把握に努めた。次いで②その社会的な機能や象徴性，意味といった，外面的なありように留まらない理解を求めた。その過程や，②の探究が難航し結果的には異なる様相を呈していったことは，のちに述べる通りである。

しかし，その一方で，それらの探究だけでは，必ずしもサラーの十全な捕捉には至れないのではないだろうかということに気付き始めた。フィールドワークの最中や，それ以外の時にムスリム社会や非イスラーム圏のムスリム・コミュニティを訪れた際にも，さまざまな場所やさまざまな状況でサラーをおこなう人びとの姿を目にした。その際にサラーが形骸的であるとか形式的であるといった印象を持ったことは筆者もないし，人類学者に限らずイスラーム圏を訪れたことのあるイスラーム研究者たちが実感のこもった感銘を書き残している(7)。

しかし，同時に外側からの視線は次のような逆方向の予断を持ってはいないだろうか。すなわち，極端な場合には，サラーは義務であり，その上身体の形や文言すべてが事細かに決められたものであるがゆえに，そこに現行性や即時性は介在しないとの予断である。経験によってもたらされた知と先入観とに引き裂かれた状態は，筆者のフィールドワークの間も長く生じ続けていたように思われる。ただひとりサラーに没頭する人の姿を目にし，周囲にある風景や人びとを忘れ，心が激しく揺れ，感極まった人の姿，静かに涙が流れ落ちている人の姿，そのような光景をさまざまな地点で繰り返し目撃していたにもかかわらず，「でも，なぜであろうか。なぜ人びとはこのように熱心にするのだろうか。サラーは定型であるし，義務であるのに」といった違和感や不可解さだけが残っていた。

サラーには形式性と同時に自由の余地がある。このことが戦前の研究者らによって指摘されていたことは，本書巻末の「補論3　礼拝研究史」で述べている。大久保・小林は「彼等の心中に暗誦する章句も各コーランのうちから任意に選択する自由が与へられているところからいへば，それはその外観ほど煩雑でもなく，また形式墨守でもない」［大久保・小林 1986：55］と書き，佐久間は「個人的には其好む所のコーラン経中の，何れの章句をも撰ぶことや，乃至其憧憬する魂（ソール）に祈願することやに（ママ）対して自由に広い余地を残されて居る」［佐久間 1928 : 35］と書いている。

これらの記述において指摘されているのは，ひとつには，クルアーンの章句が任意に選択できることの「自由性」である（**表 13-1** を参照。第1ラクアおよび第2ラクア中の「任意の3節以上の章句の読誦」を指していると思われる）。ただし，ここで問題にしたいのは，サラーが，形式性も含めて総体として，サラーをおこなう当事者に対して持っている何がしかについてである。

それは，大久保らによって，「自由の余地がある」という言葉によって指し示された領域のちょうど隣接した外側のことである。大久保らが形式と自由を対比的にはとらえていないことは記述から明らかであるし，それだけではなく，「内容と形式」とが「慎重に規定されている」ものであるところのサラーの持つダイナミズムについて理解を及ぼそうとしていることも紙面から看取できる。しかし，それは特定の言葉によっては，言語化されていない。

その言語化されていないものは，前項で言及した片倉によって，部分的に捕捉されたように見える。それはサラーをおこなう人を取り巻く，あるいはその人のうちに生じていると思われる空気感，清涼さであり，それから，「人々は，それぞれの生活の中に，なにげなく祈りを組み入れ，一人一人の生活のリズムを作っている」［片倉 1979 : 185］という言葉に表われている，なにげなさ，力みのなさ，生活や日常との地続きの感覚である。

以上に加え，筆者のフィールドワークからは，定型の文言（およびそれに対応した身体の型）という形式が，強力な磁場となっているような，現行性（定型的一回性）や即時性（即時的双方向性）の問題への手がかりがあった。カイロで，ある神秘主義教団のシャイフ（指導者）に聞き取りをしていた時のことである。その時までは，前述のように，「なぜ人びとはこのように熱心にするのだろうか。サラーは定型であるし，義務であるのに」といった違和感や不可解さを持っていた。

シャイフが美しい言葉で縦横無尽にサラーについて語るのを聞きながら，あるひとつの語りに衝撃を受けた。彼が「サラーは神との対話である」と言い始めた時には，よく耳にする，サラーの抽象的な意義についての話だと思った。しかし，話は以下のように続いた。「神のしもべが al-ḥamdu li-llāhi rabbi-l-ʻālamīn（諸世界の養育主アッラーを称えます）と言ったなら，神は naʻam（しかり）とお答えになる。神のしもべが arraḥmāni-rraḥīm（慈愛あまねく慈悲深い方）と言ったなら，神は naʻam（しかり）とお答えになる」。衝撃が走った。筆者の驚いた顔を確認しながら，彼は続けた。「しもべが māliki yawmi-ddīn（審判の日の主）と言ったなら，神は naʻam（しかり）とおっしゃる。しもべが īyāka naʻbudu wa īyāka nastaʻīn（あなたをこそ，私たちは崇拝し，あなたにこそ助けを求めます）と言ったなら，神は naʻam（しかり）とおっしゃる。しもべが ihdina-ṣṣirāṭa-l-mustaqīm（私たちをまっすぐな道にお導きください）と言ったなら，神は naʻam（しかり）とおっしゃる。しもべが ṣirāṭa-lladhīna anʻamta ʻalayhim ghayri-l-maghḍūbi ʻalayhim wa la-ḍḍālīn（あなたが恵みを下された者たちの道に，怒りを受けた者たちや踏み迷った者たちの道ではなく）と言ったなら，神は naʻam（しかり）とおっしゃる[(8)]」。それは，抽象的な話ではなかった！ al-ḥamdu li-llāhi rabbi-l-'ālamīn（諸世界の養育主に称えあれ）はサラーの冒頭部分に来る開扉〔1〕章の3節であり，続く arraḥmāni-rraḥīm（慈愛あまねく慈悲深い方）は4節である。その次は5節で，6節で，7節なのである。その一つひとつを口にするごとに，一つひとつに対して神が na'am，すなわち「わかった」と返事をしていると言っているのである。

彼が話を一旦終えた時，筆者の中でこれまで目にしてきた人びとの姿と彼の語った言葉とが一本の線でつながった。サラーをしている人にとって，それはリアルタイムで起こるオンゴーイングでビビッドな神との逐次的で双方向的な会話なのである。サラーの文言を純然に形式としかとらえていなかったことに気が付いた。サラーについて感じていた不可解さに合点がいった。とりこぼしていたものは，サラーをおこなう信徒のリアルな体験，信条が内在化された価値体系と深く結び付いてリアルタイムで体験される儀礼実践という視点である。神との漠然とした抽象的な交感ではなく，「サラーをおこなう人間全員が口にする個別具体的な文言を媒介として成立する，神との文字通りの会話」という発見であった。(9)

3　礼拝（サラー）の前後と誰とおこなうか

本書におけるサラーは，中東におけるムスリム社会としてエジプト（カイロ，シィーディー・アブドゥッラフマーン，アレキサンドリア），ヨルダン（マダバ，アンマン），パレスチナ（ヘブロン，エルサレム），東南アジアにおけるムスリム社会としてインドネシア（ジャカルタ，中央ジャワ），シンガポール，マレーシア（クアラルンプール），さらに追加的に非イスラーム圏のムスリム・コミュニティについても，フランス（エクサンプロヴァンス，アヴィニョン，モンペリエ）で参与観察し，およそ300人の事例を収集した。(10) サラーの意味については，それらの対象者のおよそ3分の1に対して聞き取りをおこなった。以下ではその調査結果に基づき，サラーの概要，行程と身体動作および文言，地域的・個別的な差異について論じる。

(1) サラーと他の祈りや行為との連続性

サラーが具体的にどのような流れの中でおこなわれているのかの一例を**図13-1**に示した。(11) 複数の行為がサラーに付随して，同時並行的におこなわれている様子が読み取れる。

サラー（礼拝）を包摂する上位概念を「祈り」とするならば，(12) 従来はイスラー

時刻	その場にいる全員が参加する行為	個々人で実践する行為	モスク内の他の活動
15時	（アスル礼拝）		
15時半			子ども向けクルアーン読誦教室
17時			アザーン係によるクルアーンの読誦
18時	マグリブ礼拝（集団・有声）	ウドゥー（浄め）	
	18:00　アザーン（呼びかけ）		
		アザーン後のドゥアー 追加のサラー（個人・無声）	
	18:15　イカーマ（開始の宣言）（導師が立ち，参加者全員が列を作って並ぶ。サラー本体が開始） 第1ラクア「開扉〔1〕章」の後に「慈善〔107〕章」を読誦 第2ラクア「開扉〔1〕章」の後に「純正〔112〕章」を読誦 第3ラクア（無声）		
	18:30　サラー本体が終了		
	ドゥアー，ズィクル（導師に従って唱和した後，個々人で個別に唱える） ヤースィンナン 「開扉〔1〕章」を全員で読誦 「ヤースィーン〔36〕章」を全員で読誦 ドゥアーを全員で唱和 「純正〔112〕章」を全員で読誦 「黎明〔113〕章」を全員で読誦 「人びと〔114〕章」を全員で読誦 共食（おやつと水）	追加のサラー（個人・無声）（ドゥアー，ズィクルの最中に開始する者もいた）	
19時	イシャー礼拝（集団・有声）	ウドゥー	
	19:00　アザーン		
		追加のサラー（個人・無声）	
	19:15　イカーマ 第1ラクア「開扉〔1〕章」の後に「地震〔99〕章」を読誦 第2ラクア「開扉〔1〕章」の後に「胸を広げた〔94〕章」を読誦 第3，第4ラクア（無声）		
	19:30　サラー本体が終了 ドゥアー（ズィクルはなかった）	追加のサラー（個人・無声）	

図 13-1　サラーの行程と身体動作および文言　2005年8月18日ジャカルタ郊外の町内のモスクでの参与観察をもとに筆者作成。

ムにおける祈りは，「定めのサラー」と「その他」と理解されてきた[13]。「定めのサラー」とは，信徒の「義務（アラビア語で farḍ または wājib。インドネシア語では，fardu, wajib となる。以下，原語は特に断わらない場合はアラビア語）」とされるサラーであり，いわゆる「日に 5 回の礼拝」を指す。

それに対して，「その他」の祈りには，ドゥアー（du‘ā’，主として不定形の祈りを指す）やズィクル（dhikr，唱念，唱名，祈念などと訳しうる）がある。従来の研究においては，サラー，ドゥアー，ズィクルのそれぞれは，個々別々に研究されることが多く，特に特定の神秘主義教団との関係から，ズィクルの研究だけが特に盛んにおこなわれ，サラーやドゥアーは対象から取りこぼされてきた。そのため，サラー，ドゥアー，ズィクルの相互のつながりや関係性が十分に探究されることもなかった。

筆者のフィールドワークを通じて明らかになったのは，それらは互いに独立して別個におこなわれるわけではなく，部分的に重なり合っており，実践の上でも多くの場合には組み合わされているということである。祈りはそれぞれのムスリムの日常生活において，煩雑で特殊な非日常としてではなく，日々のルーチンとしておこなわれているように見える。各自が，日に 5 回の定刻の義務のサラーを中心に，自発的な追加のサラーやドゥアー，ズィクルなどを自分流に組み合わせセットを作り，それを毎日のルーチンとしている。どのサラーの中にどのようなドゥアーを挿入するのか，あるいはサラーの中には挿入せずにサラーの後に付加するのか，といったことは人によって異なる[14]。サラーの最中におこなわれるドゥアーなど[15]，サラーとドゥアーが交じり合う点，境界上に来る事例も，正確に位置付けられる必要がある。

図 13-1 は，義務のサラーを中心として作られたひとつの組み合わせ例ということになる。その中から，「定めのサラー」に相当するマグリブ礼拝（日没後のサラー）を取り出そうとしても，他の行為と切れ目なく連続している実態が読み取れる。多くの組み合わせ例を観察した結果，ある程度の共通性があることが確認される一方，地域性や個々人の選好も働いていることが判明した。たとえば，**図 13-1** には義務のサラーの前後に一部の人びとがおこなった追加のサラーが記されている。この追加のサラーは任意であるため，おこなう習慣があるかどうかは個人によって異なり，習慣を持っている人でもその頻度には幅があった。どのサラーの時にどのくらいおこなうかなどの若干の地域差も見られたが，追加のサラーがまったく観察されなかった地域はなかった。その一方で，さまざまな折にヤースィンナン（yasinan）をおこなうのがインドネシア，特にジャワの特徴で

あるといった地域性が見られる。[16]

ところで，一般信徒の実践とは別に，「サラー」とその他の祈りの関係性をめぐる存在論的な議論が存在する。たとえば，エジプトのある神秘主義教団（タリーカ）の指導者A師は，ドゥアーとサラーの関係を巨大な家とその中にある部屋に喩えて，分かち分かれがたいものとして表現した。また，祈りにおける力点の所在という観点からドゥアー，サラー，ズィクルの三者を結び付け，ズィクルの力点が完全に神にあるのに対し，ドゥアーの力点は人間にあり，サラーはその2つの間にあって両方の性質を保有するといった語りを展開することもあった。[17]これは，実践の当事者であると同時に，神秘主義などの特定の知に精通した専門家が，祈りの複雑な関係性を独自に理解している例である。

(2) サラーは誰とおこなうのか（個人か集団か）

サラーには，2名以上が一緒におこなう集団サラー（ṣalāt al-jamā‘a）と，個々人で（furādā）おこなう個人サラーがある。前述の追加のサラーは任意サラー（ṣalāt nafl）で，集団ではなく個人単位でおこなうもので，常に個人サラーである（追加のサラーが集団でおこなわれていた事例は一例もなかった）。それに対し，義務のサラー（ṣalāt mafrūḍa）は集団サラーの場合もあれば個人サラーの場合もある。義務のサラーを集団サラーでおこなうか，個人サラーでおこなうかは，個人の選好によっている。モスクでは，通常「定めのサラー」（義務）は集団で執りおこなわれているが，それぞれの信徒がモスクに行って集団でおこなうかどうかは，個々人の判断で，選好が働いている。

集団サラーの場合，1名が導師（イマーム，imām）となり，他の者は導師の動作に合わせて動作をおこなう。モスクでは，そのモスクに常駐する宗教指導者が導師を務めるのが通例である。サラーをおこなう者が男性だけであれば，1名の導師の後ろに一列となって並ぶ（列に並んだ者の相互の間隔については差異が存在する。本章の**5**参照）。人数が多い場合は，列の数が増える。女性は，男性の列の背後に位置する（どの程度男性の列と離れるか，あるいは，女性がサラーをする場所をカーテンなどで分離するかについては，かなり大きな差異が見られた）。男性が不在で，女性だけで集団サラーをする場合は，女性のうちの1名が導師となる。

集団サラーか個人サラーかの選択は，女性についてはいくつかの基準が入り混じって働いているのが確認された。アラブ圏のモスクでは，中心部にある大部屋が男性用で，女性には小さな別室や階上のスペース，地下室などが割り当てられていることが多かった。男性用の大部屋に女性が入室することを（サラーがおこなわれていない時間であっても）厳しく禁止している例もあった。インドネシアのジャカルタでは，大規模，中規模なモスクであっても，別室を使用せずに，男女の空間を腰の高さや背丈ほどの可動式の衝立によって仕切っているだけの例が少なくなかった。他方，たとえばヨルダンのある村のように，女性が一人で外出することができないため，村内のモスクも金曜日の特定の時間以外は女性には開放されていない例もある。ジャカルタでも人口密度が高くモスクが不足している地区では，女性の入場を禁止しているモスクが見受けられた。

調査をおこなったいずれの地域でも，モスクなどの公共のスペースでサラーをおこなっている女性の数は，男性に比べて常に少なかった。入場が物理的に制限されている例も確かにあったが，聞き取りをおこなうと，制限されているからモスクに行かない，集団サラーをおこなわないというよりも，「女性が集団サラーをおこなうことは許されているが，個別でおこなう方が好ましい」といった認識が先立って存在していることがわかった。[18]

4　行程と身体動作および文言

(1) 行程と身体動作および文言

サラーにおいて個々の信徒がどのような動作をするかは，観察を続けてデータを蓄積する中で次第に明らかとなった。たとえば，インドネシアであれば，ある地点に集まってサラーをおこなっている集団は，その参加者が固定的な場合でも流動的な場合でも，集団内で比較的動作がそろっているため，集団全体に共通するやり方を把握したあとで，差異が見られる細部に焦点を絞って，データを集めていった。また，都市部であるジャカルタと中央ジャワの農村では，大まかには共通していても，細部では差異が見られる部分もあったため，集団と集団の間に差異が見られないかどうかの確認作業もおこなった。

一方，カイロでは，どの集団を観察していても，一緒にサラーをおこなっている集団内でさえも，足の置き方や手の組み方などは大抵の場合にやり方はそろっていなかった。そのため，一定量の集団の中に，何通りのやり方が混在しているのかを調べた。また，ひとりの人に焦点を絞り，その人がおこなうやり方は毎回同じであるかどうかの確認作業もおこなった。

以上のような作業を通じて，ヨルダンおよびエジプト，インドネシアで採集した事例を中心に，4 ラクア（rak‘a）おこなわれるサラー（正午および午後）を表

13-1 に例示した。ここに示されている通り，行程（動作の順序，流れ）と身体動作の種類は地域を問わず共通しており，また文言もほぼ共通していた。文言はアラブ地域ではアラビア語で唱えられ，インドネシアなどの東南アジアであってもアラビア語の文言が唱えられていた。身体動作と文言の細部については，いくつかの差異が見られる。その点については本章の **5** で検討する[19]。

(2) 有声・無声の問題

比較的容易だった身体動作の観察と比べて，困難を伴ったのは，サラーをおこなっている信徒が唱える文言の確認であった。多くの場合に，動作の節目ごとに唱えられる「アッラーフ・アクバル（Allāhu akbar アッラーは偉大なり）」を除くと，文言の大半が声に出さずに唱えられるからである。サラーが有声でおこなわれているのか，無声でおこなわれているのか，どのような場合に有声であり，どのような場合に無声であるのかといった問題は先行研究ではほぼまったく言及されていなかった。ところが，実際に調査をおこなってみると，サラーの文言は，そのサラーが早朝，正午，午後，日没後，夜のいずれのサラーであるのか，義務のサラーか追加のサラーか，行為者が導師であるか否か，行為者が男性であるか女性であるかによって，有声か無声かが異なっていることが明らかになり，有声の場合でも声量や，どの文言が実際に有声であるのかはさらに微細な差異が存在することがわかった。

また，黙ってサラーをしているように見える場合でも，それは心の中で祈りの言葉を唱えているのではないことも判明した。「無声（sirr）」とは他者に声が届かないことであり，サラーをしている者のすぐ近くまで寄れば，口の中で唱えている言葉を聞くことも可能であった。他者に聞こえない程度の声で唱えられていた場合には，サラー後に何を唱えたか声に出して再現してもらうこともおこなった。

有声・無声について，文言ごとの別をまとめたのが**表 13-2** である。声量には若干の地域差や個人差が見られるが，「必ず有声」の文言と「必ず無声」の文言の組み合わせには差異がなく，全体を貫くコンセプトは共通しており，その共通する結果を表示した。ここからは，第一に有声サラーの文言がすべて均一に「有声」なわけではないこと，すなわち，有声サラーの文言の中にも決して有声とならない文言と有声になりうる文言とがあることがわかる。さらに，一口に「有声」といっても，一回のサラーの中で，文言ごとに声量には強弱がつけられていること，動作の節目を示すタクビール（takbīr，「アッラーフ・アクバル」と唱え

表 13-1　サラーの行程と身体動作および文言

サラーの行程		身体動作	文言	文言の和訳
アザーン（adhān 呼びかけ）〔サラーのしばらく前〕				
イカーマ（iqāma 開始の宣言）〔サラーの直前〕				
ニーヤ（nīya 意図表明）			（*集団サラーでも個人サラーでも，個々人でおこなわれる。この部分は非アラビア語で唱えられる事例もあり）	
聖化のタクビール（takbīr iḥrām）		タクビール（takbīr）を唱える，両手を頭部または胸部の高さまで上げ，下げる	Allāhu akbar	アッラーは偉大なり。
第 1 ラクア	直立礼（キャームqiyām）	直立の姿勢をとる		
		開始のドゥアー（tawajjuh）を唱える	subḥānaka-llāhumma wa bi-ḥamdika, wa tabāraka-smuka, wa ta‘ālā jadduka, lā ilāha ghayruka（*複数のバリエーションあり）	アッラーよ，あなたを称賛し，称えます，あなたの御名は祝福されています，あなたの偉大さは何よりも高くあられます，あなたのほかに神はありません。
		加護祈願（isti‘ādha）を唱える	a‘ūdhu billāhi mina-shshayṭāni-rrajīm	呪われたるシャイターンからのご加護をアッラーに求めます。
		（※1）開扉〔1〕章（sūra al-fātiḥa）の読誦	（1） bismillāhi-rraḥmāni-rraḥīm （2） al-ḥamdu li-llāhi rabbi-l-‘ālamīn （3） arraḥmāni-rraḥīm （4） māliki yawmi-ddīn （5） īyāka na‘budu wa īyāka nasta‘īn （6） ihdina-ṣṣirāṭa-l-mustaqīm （7） ṣirāṭa-lladhīna an‘amta ‘alayhim ghayri-l-maghḍūbi ‘alayhim wa la-ḍḍālīn	（1）慈愛あまねく慈悲深きアッラーの御名によって。（2）諸世界の養育主アッラーを称えます。（3）慈愛あまねき方，慈悲深き方，（4）審判の日の主。（5）私たちはあなたをこそ崇め，あなたにこそ助けを求めます。（6）どうか私たちをまっすぐな道にお導きください。（7）あなたがお恵みを下された者たちの道に，怒りを受けた者や踏み迷った者たちの道ではなく。
		タアミーン（ta’mīn）	āmīn	どうか祈りが応えられま

	を唱える		すように。
	バスマラ（basmala）を唱える† 任意の3節以上の章句の読誦†	（開扉〔1〕章1節と同じ文言） （任意の章句）	
移行のタクビール	タクビールを唱える	Allāhu akbar	アッラーは偉大なり。
屈折礼（ルクーウ rukū‘）	屈折礼をおこなう 屈折礼中のタスビーフ（tasbīḥ）を唱える	subḥāna rabbiya-l-‘aẓīm subḥāna rabbiya-l-‘aẓīm subḥāna rabbiya-l-‘aẓīm （*語句や他の称賛の文言が追加されていた事例もあり）	崇高なる我が主に称えあれ。 崇高なる我が主に称えあれ。 崇高なる我が主に称えあれ。
	屈折礼から起き上がる		
	タスミーウ（tasmī‘）を唱える	sami‘allāhu li-man ḥamida	アッラーはかれを称える者の言葉をお聴きになる。
直立礼（キヤーム）	直立の姿勢を保つ		
	タフミード（taḥmīd）を唱える	rabbanā（wa）laka-l-ḥamd （*ドゥアーが追加されていた事例もあり）	我らの主よ，あなたにこそ称えあれ。
移行のタクビール	タクビールを唱える	Allāhu akbar	アッラーは偉大なり。
平伏礼（スジュード sujūd）	平伏礼をおこなう		
	平伏礼中のタスビーフを唱える	subḥāna rabbiya-l-a‘lā subḥāna rabbiya-l-a‘lā subḥāna rabbiya-l-a‘lā （*語句や他の称賛の文言が追加されていた事例もあり）	至高の我が主に称えあれ。 至高の我が主に称えあれ。 至高の我が主に称えあれ。
移行のタクビール	タクビールを唱える	Allāhu akbar	アッラーは偉大なり。
平伏礼間の座礼（ジュルース julūs）	平伏礼から起き上がる		
	文言を唱える間，座礼を保つ		
	平伏礼の合間のドゥアーを唱える	rabbi-ghfir lī （*文言が追加された長い事例もあり）	主よ，私をお赦しください。
移行のタクビール	タクビールを唱える	Allāhu akbar	アッラーは偉大なり。
平伏礼（スジュー	平伏礼をおこなう		
	平伏礼中のタスビーフ	subḥāna rabbiya-l-a‘lā	至高の我が主に称えあれ。

	ド）	を唱える	subḥāna rabbiya-l-a‘lā subḥāna rabbiya-l-a‘lā （*語句や他の称賛の文言が追加されていた事例もあり）	至高の我が主に称えあれ。 至高の我が主に称えあれ。
	（※2）移行のタクビール	タクビールを唱える 平伏礼から直立礼へと立ち上がる	Allāhu akbar	アッラーは偉大なり。
第2ラクア	（※1）～（※2）を繰り返す。ただし，平伏礼から直立礼へと立ち上がらず，座礼へ進む。			
	座礼（クウードqu‘ūd）	タシャッフドを唱える	at-taḥīyāt lillāhi waṣṣalawāt waṭṭayyibāt, assalām ‘alayka ayyuhan-nabī wa raḥmatullāhi wa barakātuhu, assalām ‘alaynā wa ‘alā ‘ibādi-llāhi-ṣṣāliḥīn, ashhadu allā ilāha illallāh wa ashhadu anna muḥammadan ‘abduhu wa rasūluhu （*「‘abduhu」がない，語句が加わる，語句の順番が変わるなど，バリエーションあり）	アッラーに尊崇と礼拝と善き行いを捧げます。預言者よ，あなたに平安とアッラーの慈悲と祝福がありますように。私たちと心正しきアッラーのしもべたちに平安がありますように。私は「アッラーのほかに神なし」と証言いたします。私は「ムハンマドはかれのしもべでかれの使徒である」と証言いたします。
	2ラクアで終了の場合は（※3）に進む			
第3ラクア	（※1）～（※2）を繰り返す。ただし，前掲の†はおこなわない			
	3ラクアで終了の場合は（※3）に進む。4ラクアの場合は，平伏礼から座礼へと進まず，直立礼へと立ち上がる。			
第4ラクア	（※1）～（※2）を繰り返す。ただし，前掲の†はおこなわない			
	座礼（クウード）	座礼の形をとる		
		最後のタシャッフド	at-taḥīyāt lillāhi waṣṣalawāt waṭṭayyibāt, assalām ‘alayka ayyuhan-nabī wa raḥmatullāhi wa barakātuhu, assalām ‘alaynā wa ‘alā ‘ibādi-llāhi-ṣṣāliḥīn, ashhadu allā ilāha illallāh wa ashhadu anna muḥammadan ‘abduhu wa rasūluhu （*「‘abduhu」がない，語句が加わる，語句の順番が変わるなど，バリエーションあり）	アッラーに尊崇と礼拝と善き行いを捧げます。預言者よ，あなたに平安とアッラーの慈悲と祝福がありますように。私たちと心正しきアッラーのしもべたちに平安がありますように。私は「アッラーのほかに神なし」と証言いたします。私は「ムハンマドはかれのしもべでかれの使徒である」と証言いたします。
		（※3）イブラーヒームの祈り（預言者への祈りと呼ぶこともあり）	allāhumma ṣalli ‘alā sayyidinā muḥammad wa ‘alā āli sayyidinā muḥammad	アッラーよ，どうか（私たちの敬愛する）ムハンマド様と，ムハンマド様

			kamā ṣallayta ‘alā sayyidinā ibrāhīm wa ‘alā āli sayydinā ibrāhīm wa bārik ‘alā sayyidinā muḥammad wa ‘alā āli sayyidinā muḥammad kamā barakta ‘alā sayyidinā ibrāhīm wa ‘alā āli sayyidinā ibrāhīm fi-l-‘ālamīn innaka ḥamīdun majīd （*「sayyidinā」がない事例，語句の繰り返し方が異なる事例もあり）	の一族を祝福してください，あなたが（私たちの敬愛する）イブラーヒーム様と，イブラーヒーム様の一族を祝福なされたように。どうか（私たちの敬愛する）ムハンマド様と，ムハンマド様の一族にお恵みをお与えください，あなたが（私たちの敬愛する）イブラーヒーム様と，イブラーヒーム様の一族にお恵みをお与えになったように。諸世界において（そうしてください）。あなたは称賛される御方，荘厳なる御方。
	右タスリーム（taslīm）	礼拝を終える挨拶を右側に顔を向けながら唱える	assalām ‘alaykum wa raḥmatullāhi wa barakātuhu （*「wa-barakātuhu」がない事例もあり）	あなたに平安とアッラーの慈悲（と祝福）がありますように。
	左タスリーム	礼拝を終える挨拶を左側に顔を向けながら唱える	assalām ‘alaykum wa raḥmatullāhi wa barakātuhu （*「wa-barakātuhu」がない事例もあり）	あなたに平安とアッラーの慈悲（と祝福）がありますように。

フィールドのデータをもとに，筆者作成。

る）とサラーの終了を示す右タスリーム（taslīm，「アッサラーム・アライクム」と唱える）が抜きん出て有声であること，女性の方が男性に比べて総じて声量が少ないこと，女性の場合は集団サラーの導師（女性だけでサラーする場合の導師のこと）であっても声量はそれほど大きくないことなどが読み取れる。

当事者たちの認識においては，サラー自体が有声（jahr）・無声（sirr）に分けられる。その結果が**表 13-3** である。第 1・第 2 ラクアの中には，自己の判断によって有声にすることができる文言があり，その文言を有声にしていいものが有声サラー，無声でおこなうものが無声サラーとなる。つまり，有声サラーであっても無声サラーであっても，第 1・第 2 ラクア中の有声にできる部分以外の文言，および第 3・第 4 ラクアは，常に無声である。また，有声サラーであっても，特に女性が個人でおこなう場合は，最初から最後まで無声でおこなわれることは少なくない。よって，「有声サラー」とは，実際には「第 1・第 2 ラクア中のある特定の文言を，有声にしてもよいサラー」という意味である。どのサラーが有声

表 13-2　サラーの文言ごとの有声・無声の別

文言／動作	有声サラー						無声サラー					
	個人		集団				個人		集団			
	男	女	導		従		男	女	導		従	
			男	女	男	女			男	女	男	女
意図表明	×	×	×	×	×	×	×	×	×	×	×	×
聖化のタクビール	○	△	◎	○	○	△	×	×	○	△	×	×
開始のドゥアー	×	×	×	×	×	×	×	×	×	×	×	×
加護祈願	△	△	△	△	×	×	×	×	×	×	×	×
「開扉章」	○	△	◎	○	×	×	×	×	×	×	×	×
タアミーン	○	△	△	△	◎	△	×	×	×	×	×	×
バスマラ	△	△	△	△	×	×	×	×	×	×	×	×
任意の章句	○	△	◎	○	×	×	×	×	×	×	×	×
移行のタクビール	○	△	◎	○	×	×	×	×	○	△	×	×
屈折礼中のタスビーフ	×	×	×	×	×	×	×	×	×	×	×	×
タスミーウ	○	△	◎	○	×	×	×	×	○	×	×	×
タフミード	×	×	×	×	×	×	×	×	×	×	×	×
移行のタクビール	○	△	◎	○	×	×	×	×	○	△	×	×
平伏礼中のタスビーフ	×	×	×	×	×	×	×	×	×	×	×	×
移行のタクビール	○	△	◎	○	×	×	×	×	○	△	×	×
平伏礼合間のドゥアー	×	×	×	×	×	×	×	×	×	×	×	×
移行のタクビール	○	△	◎	○	×	×	×	×	○	△	×	×
平伏礼中のタスビーフ	×	×	×	×	×	×	×	×	×	×	×	×
移行のタクビール	○	△	◎	○	×	×	×	×	○	△	×	×
タシャッフド	×	×	×	×	×	×	×	×	×	×	×	×
イブラーヒームの祈り	×	×	×	×	×	×	×	×	×	×	×	×
右タスリーム	○	△	◎	○	○	△	×	×	○	△	×	×
タスリームの続き部分	△	△	△	△	△	△	×	×	×	×	×	×
左タスリーム	△	△	△	△	△	△	×	×	×	×	×	×
タスリームの続き部分	△	△	△	△	△	△	×	×	×	×	×	×

*ただし，有声サラーの無声ラクア（マグリブの第3およびイシャーの第3，4ラクア）は無声サラーと同じである。
導＝導師／従＝導師の後ろについて従う者／◎＝大音量／○＝十分な音量／△＝聞こえるか聞こえないかくらいの音量／×＝ほとんど聞こえないもしくはまったく聞こえない
フィールドのデータをもとに，筆者作成。

表 13-3　有声サラー・無声サラーの区別

	全体の識別	第1ラクア	第2ラクア	第3ラクア	第4ラクア
ファジュル礼拝	有声サラー	有声	有声		
ズフル礼拝	無声サラー	無声	無声	無声	無声
アスル礼拝	無声サラー	無声	無声	無声	無声
マグリブ礼拝	有声サラー	有声	有声	無声	
イシャー礼拝	有声サラー	有声	有声	無声	無声

フィールドのデータをもとに，筆者作成。

サラーであり，どのサラーが無声サラーであるかも，地域によって差異が見出されなかった点である。調査をおこなった地域については，有声・無声の区別について実証がなされたと言える[20]。

5　地域的・個別的な差異

(1) 差異の判定

イスラーム圏を対象とする研究者は誰でも，イスラーム圏が多様であり，たとえばヨルダンのムスリムとインドネシアのムスリムが非常に異なっていること，さらに同じ国であっても地域差，文化差が存在することを知っている。しかし，祈りについては，特定の地域に固有の聖者崇拝など，イスラームの祈りとしては周縁に位置するものに焦点が当てられることはあっても，サラーに関して地域横断的な研究によって全体像が明らかにされることはなかった。

しかし，本書の調査によって，次の点が明らかとなった。サラーが大枠において，地域横断的に確認しうる共通性を有していること。これが実際に採集された事例の比較から言えることが判明した。それにもかかわらず，細部における多様性，差異が数多く存在することが確認された。

サラーの実践を規範的に研究するならば，法規定に定められていることとの合致・非合致，規範（あるべきサラー）からの遠近を基準として，記述することができる。しかし，規範的に記述しないためには，別の方法をとる必要があり，本書では，「共通」，「バリエーション」，「誤り」から，サラーの具体的な実態を記述する方法を採った。

サラーの動作や文言が，ある部分は「共通」であり，「差異」が観察された部分のうちの，どれが「バリエーション」であると言え，どれが「誤り」とみなされるのか，その判定は難しい。たとえば，座礼時に上体が右側に傾斜しているのが確認された場合，第一に上体が傾斜していない事例と，傾斜している事例は，サラーのやり方が「異なっている」，「共通ではない」とみなすのか否かが問題となる。次に，垂直と傾斜の線引きはどこでできるのか，極端なことを言えば，傾斜の角度が何度以上であれば，傾斜であり，何度未満ならば垂直に含めるのか。あるいは，ある角度以上の傾斜であっても，20 度の傾斜と 40 度の傾斜は，同じ傾斜とみなすのか，角度に何度以上の開きがあれば，その差を有意とみなすのか。

その基準はひとりの観察者が明確に設定できるようなものではないが，本書では**表 13–1** にまとめたものが，筆者が「共通」とみなした部分である。観察の地点を増やし，特にシーア派などの地域の事例が入ってきた場合には，「共通」領域の境界は，やや狭まる可能性も出てくるが，さしあたり確定した「共通」部分を**表 13–1** で確認されたい。

「共通」部分に対して，「差異」が観察された細部について，ここで取り上げる。「差異」には「バリエーション」と「誤り」とが混ざっているが，観察された差異の中で，「バリエーション」と「誤り」の判定はどのようにおこなうことができるのか。結論を先に言うと，「バリエーション」と「誤り」の境界を，はっきりと引くことはできない。本書の目的は，実際におこなわれているサラーを収集・調査することであるから，規範主義的な観点からは「誤り」であっても，それを「誤り」とみなす必然性はない。しかし，無数に存在しうる個々人の差異をどこまで取り込むのかは，十分考慮する必要がある。この点に関するもうひとつの問題は，規範的な観点からではなく，当事者たちの間の共通認識に照らして「誤り」とされるような差異をどう考えるかという点である。

この問題はヨルダン，パレスチナでの調査中に解消の手がかりを得た。というのは，サラーの実践者たちが自分が理解している「正しい」動作と異なる他者の動作を訂正する場面に出会ったからである（たとえば，次節に登場する③直立礼時の手の組み方）。他の調査地でも，同様の傾向は看取された。少なくとも，個々人の差異が他者から「誤り」とみなされる場合は，何らかの「介入」が予想されることが判明した。つまり，たとえば集団サラーの際に個人差が見られる上に，それが他者から「介入」を受けないとすれば，その差異は容認されている＝他者から「誤り」とみなされる差異ではないと判断しうるのである。[21]

また，文言の発音について言うならばその良し悪しには個人差があり，ジャワのある村のように特定の言葉の「間違った」発音が村全体に普及している場合もある。実証主義的であろうとする限り，サラーのこのような差異を「バリエーション」とみなすか，「誤り」とみなすかの判定は微妙で難しい問題である。参与観察者が勝手に間違いだと言えないのは当然であるし，外部の人間が他の地域のモデルと比べて，「間違っている」と言ったとしてもその意見がそのまま受け取られることはない。

たとえば，ある村でサラーのやり方に関して，観察者が村民に間違っているのではないかと聞いてみても村で一番の知識のある人が間違っていないと言うため，話はそこで終わってしまう。しかし，村民全員が正しいと言っているからそのやり方は正しく，従って「誤り」ではなく「バリエーション」のひとつとみなせるかというとそうはならない。なぜなら，村の外部からキアイ（教師，すなわちクルアーンが正しく誦め，よりしっかりとした知識を持った人物）がやって来た時には，そのやり方が正されることが容易に予想されるからである。かといって，村民の単なる「事実誤認」として還元できる単純な問題でもないように思われる。

ある実践を間違っている／間違っていないと言うことができ，「誤り」と「バリエーション」の判定がある程度可能になっているのは，当事者の中に知識をめぐるヒエラルキーが存在しているためである。その場その場においてより知識が高いとみなされる者がある実践を「それは間違っている」と言い出すから，それが間違いだと言えるようになる。村全体で間違った発音をしている場合であっても，「村には村ごとのサラーのしきたりがある」といった「誤り」を正当化するような言説は存在していない。村のイマームが「正しい」という時も，他の村や首都でおこなわれている実践との違いを踏まえた上で，「われわれの村はこれで正しい」と主張しているわけではない。そして，その際に間違いであるとか間違いではないとか，これでいいのだといった判断は日常の実践であって，どこかの書物に書いてあることではない。

(2) 具体的な差異と差異が生じる原因

観察されることが多い差異の中から次のような具体的な点が挙げられる。①聖化（taḥrīm）のタクビール（サラー開始のタクビール）の際の手上げの手の高さ，耳と指の接触の有無，②直立礼時の両足の間隔，③直立礼時の手の組み方，位置，④直立礼から屈折礼への移行時の衣服の引き上げ，膝の軽い屈折の有無，⑤移行のタクビール時の手上げの有無，上げるタイミング，⑥移行のタクビール時の手上げの手の位置，手の型，⑦屈折礼時の両手の平の位置，指の開き方，⑧タフミード（taḥmīd，「ラッバナー・ラカル・ハムドゥ」と唱える）直後のドゥアー挿入時の手上げ，⑨タフミード直後の直立礼で手を組むか否か，⑩平伏礼時の足の型，⑪平伏礼時の手の位置，肘の高さ，胴体と腕の距離，⑫平伏礼合間の座礼時の静止の有無，⑬タシャッフド（tashahhud，座礼時の文言を唱える）の際の右手の型および右手人差し指の動かし方，⑭座礼時の足の置き方，⑮最終ラクアの座礼時の足の置き方，身体の傾斜，⑯隣の人間との距離，身体間の接触の有無，⑰サラーの参加者同士の終了後の挨拶の有無，挨拶をする場合の仕方。

これらの差異が何によって生じているのか。実際にサラーをおこなっている当事者に，なぜそのやり方でサラーをしているのか，あるいはなぜ隣の人と互いに少し異なったやり方をしているのかについて質問をしても，答えが得られないため，差異の原因を探る作業は困難であった。当事者は多くの場合に「われわれはみなスンナに従ったやり方だ（だから正しい）」といったように自分たちのやり方の正当性について説明ないしは主張をするだけであった。また別の地域で観察した事例との間に見られる違いについて質問してみても，違いが存在すること自体を信じてもらえないのが普通であった。

もちろん，すべての差異に原因があると言えるわけではないであろう。以下では，推測できた限りの原因について記述したい。最初に想定されるのは，地域差と個人差である。明らかに地域差と思われる例は，集団サラーにおいて，直立礼時に隣の人間と身体が接触するかどうかという点が挙げられる。つまり，並んだ人の肘と肘が接触する／しないという違いの他に，非接触の際の距離が 10 センチ程度，20 センチ程度と，度合いの違いも見られた。この差が偶発的なものではないことは，同じ場所で繰り返されるサラーにおいては同様の距離が保たれていることから確認された。非接触の際の距離が一番大きかったのは中央ジャワで採集した事例であった。20 センチほども離れている例は同じインドネシアのジャカルタの各地でも見出されなかったので，これは地域差と判断された。

ところが，地域差と解釈できない場合も発見された。たとえば，集団サラーを観察していると，インドネシアでは比較的全員の動作や形がそろっているのに対して，エジプトの，特にカイロでは一緒にサラーをおこなっている集団の中でも差異が多く観察されるため，個人差が存在するかどうか自体が地域差であるのかという論点も生じた。

地域差と個人差の次に想定されるのは，地域の法学的知識の構成による違いである。ただし，この想定はすんなりと出てきたわけではない。そもそも一般信徒に聞き取りをおこなっている限り，法学派についての言及は聞いたことがなかった。しかし，筆者がサラーのやり方や差異について頭を悩ませていると，人びとが「それならば」とある人を連れてきてくれることがしばしばあった。

たとえば，パレスチナ（ヨルダン川西岸地区）のヘブロンの村で調査をおこなっていた時には，村の人びとが一族の中の年長者で隣村に住んでいる，地域の法学者との対面を数日かけてセッティングしてくれたことがあった。一族の女性たちが20人ほど集まったお茶会の場でそのムフティー（法学的な権威のある人物）に対面することができ，そこで質問をしてみるよう女性たちからうながされた。その村の人びとはみな筆者の疑問はおかしなもので，「サラーのやり方の違い」などは完全に眉唾な話題であるとの態度を見せていたため，筆者は再度その話題を口にするのが少しはばかられた。

しかし，カイロのアズハル大学に留学していた経験を持つというそのムフティーは，筆者がサラーの直立礼時の手の組み方の違いについて質問してみると，以下のように答えた。「それは耳にしたことがある。それはマズハブ（madhhab, 法学派）だ。わたしはハナフィー学派だから，他の学派についてはあまりよく覚えていないが，おまえさんの言う違うやり方はマーリク学派のような気がする」。

村の人びとからマズハブやハナフィー学派という言葉を聞いたことはなかった。ムフティーとの対面の後，村のある女性に以下のように聞いてみた。彼女はイスラームの知識やクルアーンの読誦に長けており，村の中でも一目置かれた人であった。「この村は，この一族は，マズハブがハナフィーなの？」。彼女は「わたしたち村の人びとはハナフィーだとか何とかは知らないし，知らなくていい。あのムフティー（法学者）に従えばいい。あのムフティーはちゃんと知識を持っている」といった内容のことを言った。似たような経験は他の地域でも繰り返し起こった。

法学者への聞き取りから[22]，規範（法学派の違い）が実践に影響を与えていることがわかった。ただし，**1** でサラーの実践を規範に還元することはできないと述べた通り，このことを法学派の違い（規範の問題）に還元することはできない。むしろ，ジャカルタや中央ジャワの集団サラーでの動作が比較的揃っており，あるいはカイロでは個人差が目立つといった地域間の違いは，法学派そのものの違いではなく，「地域の法学的知識の構成」の違いと考えた方がよいと思われる。地域によって法学的知識の構成に違いが出るのはなぜかといった問いは，子どもたちが親や教師からどのようにサラーを学んでいるかといった習得の過程についての問いと同様に重要である。

地域差または個人差と当初考えられた差異のいくつかが，①地域の法学的知識の構成による差異，②ひとつの法学派の中でも規定に幅があるための差異，③男女において規定に違いがある場合の差異（たとえば，座礼時の足の置き方は男女で形が異なっている）のいずれかに起因するのではないかと推定された。しかし，さらに考察を進めると，すべての差異が法規定や男女差に起因するわけではないとの予想が出てくる。たとえば，おぼろげながら共通部分と差異が見られる部分とが把握できてくると，数が少なく，またほかとの違いが際立っているためか，直立礼時に足が隣の人の足とぴったりくっつくまで広げている人や直立礼時のたびに足を開き直す人の事例が目に付くようになった。この実践が何に起因するのか探っていく中で，中東でも東南アジアでも都市部において広がっているサラフィー主義の影響が考えられた[(23)]。一方，現段階で判明した限りでは，身体間を20センチほども空ける中央ジャワの農村の事例はサラフィー主義の影響にもよらず，上述の①～③のいずれの理由にも当てはまらなかった。以上見てきたように，サラーの実践には一定の共通性がある一方で，細部において多数の差異が観察される。

第 14 章

神を埋め込む
——礼拝の中のクルアーン——

1　典拠としてのクルアーン

前章において，サラーの外面的なありようを記述した。本章では，さらに一歩踏み込んだ理解の構築を目指し，サラーの文言における聖典の関与の度合いについての分析と，サラーの内的な意味をめぐる探究をおこなう。

フィールドにおいて，サラーに関する聞き取りをおこなった際に聞いた当事者の語りの中から，2 つの問題が浮かび上がってきた。ひとつは，サラーの具体的なやり方や文言，動作に関して当事者たちとやりとりしている際に，頻繁に発せられた言葉である。「それはスンナだ」，「スンナだから従っている」，「スンナに基づいている」といった表現である。「スンナ（sunna）」とは預言者ムハンマドの慣行を指し，サラーに関する語りの中では，実践者が事実おこなっているような形でサラーをおこなっていることの理由付けとして出されていた。

この繰り返し口に出された「それはスンナである」という言葉は，「それは慣習である」という，人類学者を悩ませた例の言葉［杉島 1997 : 243］を連想させる。だが，この 2 つは同じであろうか。人類学者が「未開」社会の儀礼について尋ねた際に起こったことが，ムスリム社会でも起こったと言えるのであろうか。

他方，フィールドでは，サラーとして構築された儀礼の内実，内的意義や意味，当事者がサラーの意味をどうとらえているのかといったことを引き出そうと考え，サラーの内的な意味についての聞き取りもおこなった。その際に直面したのは，中東であっても東南アジアであっても，ムスリム社会の人びとはサラーについて語らないという事実であった。これも，多くの人類学者が聞いた「そんなことは知らない」［杉島 1997 : 243］という返答のひとつのバリエーションなのだろうか。

ある儀礼について，「それは慣習である」と言われると，人類学者が「それが慣習であること」の解釈をおこなう。たとえば，彼らの「慣習」を構成的規則（サール）によって説明するやり方およびそれに対する検討［杉島 1997 : 252–258，浜本 2001a, 2001b］がある。その中で，本研究とのつながりから着目されるのは，起源の軽視や関係のなさについての指摘である。

浜本満は，ケニア海岸地方のドゥルマの人びとの「キドゥルマ（ドゥルマのやり方）」の分析において，以下のように書いている。すなわち，「起源の問い自体が実に軽々しく扱われている。大部分のキドゥルマにおいては人々は起源などそもそも問題にしていないし，この2つの話〔母と息子の性関係の禁止と，屋敷の秩序に正しく組み込む儀礼的性交手続き〕にしても起源が本当に問題なわけではない」［浜本 2001a : 219］。「大部分の「ドゥルマのやり方」については，そもそもその起源が語られることすらない。問うても，せいぜいわれわれの祖先が「置いた」のだという答えが返ってくるだけである」［浜本 2001a : 224］。

ここから，「起源」あるいは「典拠」が，「慣習」をめぐる問題としては浮上してこないこと，「起源」や「典拠」によって，「慣習」を説明することができないことがわかる。「慣習」はそれ以上にさかのぼりようがないために，何らかの規則の仕組みとして，外側から説明してやらなければならない。

これは，ムスリム社会における場合とは，対照的であるように思われる。なぜなら，ムスリム社会では，「起源」や「典拠」への言及や参照が頻繁であったからである。「スンナ（預言者の慣習）である」という言葉は，それだけでは止まらない。人びとは，サラーには典拠となる存在があることを知っており，典拠が何であるかを挙げることができる。一般信徒が，具体的な典拠を挙げることは多くはないが，少し知識がある人は，ある動作の典拠がクルアーンやハディースにあると明言する。さらには，その典拠となっているクルアーンの章句の場所（「何章の中」，あるいは「何章の何節」）や章句そのもの，ハディースの内容を言える人もいる。これらは，特に特殊な知識というわけではない。さらに高度な専門家（ウラマーなど）に尋ねれば，すべての具体的な動作，文言の典拠を挙げてくれる。

従って，イスラームの「スンナ（慣習）」は，「起源」や「典拠」へのレファレンスを持った「慣習」であることがわかる。そこで，儀礼の「慣習」をめぐる問題は，典拠，あるいはソースに関する探究となる。

典拠として指し示されるテクストを集めていくと，それらは，複数の種類のテクストから成るテクスト群であることがわかる。サラーに関して，典拠として明示的に挙げられるものは，クルアーンとハディース（預言者言行録。その内容がスンナ）である。実際に言及されるのは，分量的にはハディースの方が圧倒的に多い。当事者たちの言葉を聞いている限りでは，サラーの細目はハディース＝預言者のスンナによって定められているという印象が得られた。

サラーの典拠として指し示されるテクスト群について，クルアーンに焦点を絞り，典拠の一つひとつが，クルアーンか，クルアーン以外かによって分析をおこなった。また，典拠は，文言や動作をはじめ，時間帯や服装，場所等に至るまで，サラーのあらゆる側面に対して挙げられる。なお，本書では，文言のみを分析の対象とした。以下に，具体的な分析と結果を提示する。

2　章句が関与する度合い

前出の**表 13-1** の「文言」の欄には，有声・無声を問わず，サラー中に唱えられている文言が記されている。実際にサラーがおこなわれる際の最小限の単位となる 2 ラクア分を分析の対象とすると，81 文，400 語程度の分量で[(1)]，これらの文言を一文ずつ，典拠がクルアーンか，クルアーン以外か，クルアーンであるならばその関与の度合いはどの程度であるのかを調査した。それをまとめたのが**表 14-1** である。

動作などとは異なり，文言の場合は，クルアーンがある文言を唱えることの典拠として挙げられるだけではなく，唱える文言自体がクルアーンからの引用である，という二重のかかわりを持つ。そこで，関与の度合いは，2 つの尺度の組み合わせで測定することになる。ひとつはサラーの文言の中にクルアーンの章句からの引用がどのくらいあるのかであり，もうひとつはその文言を唱えるようにとの指示・命令がクルアーンの中に見られるかどうかである。

章句の引用は「そのままの形で引用される」，「異なる形で引用される」，「引用がない」の 3 通りあり，指示の所在は「明示的な指示がある」と「明示的な指示がない」の 2 通りである。これをそれぞれ組み合わせると，6 通りのパターンが存在することになる。それを示したのが**表 14-2** である。

それぞれの文がどのパターンに当てはまるのかを調べた結果が**表 14-3** である。クルアーンに明示的な指示がある文言は，全体の 76% である。クルアーンの章句がそのままの形で引用されているのが 53%，異なる形で引用されているのが

表 14-1　サラーの文言ごとのクルアーンの関与の度合い

文言数	文言	関与パターン
1	Allāhu akbar	⑤
2 3 4 5	subḥānaka-llāhumma wa bi-ḥamdika, wa tabāraka-smuka, wa ta‘ālā jadduka, lā ilāha ghayruka	③ ④ ④ ④
6	a‘ūdhu billāhi mina-shshayṭāni-rrajīm	①
7 8 9 10 11 12 13	(1) bismillāhi-rraḥmāni-rraḥīm (2) al-ḥamdu li-llāhi rabbi-l-‘ālamīn (3) arraḥmāni-rraḥīm (4) māliki yawmi-ddīn (5) īyāka na‘budu wa īyāka nasta‘īn (6) ihdina-ṣṣirāṭa-l-mustaqīm (7) ṣirāṭa-lladhīna an‘amta ‘alayhim ghayri-l-maghḍūbi ‘alayhim wa la-ḍḍālīn	① ① ① ① ① ① ①
14	āmīn	⑥
15 16，17，18	bismillāhi-rraḥmāni-rraḥīm （任意の章句）	① ①①①
19	Allāhu akbar	⑤
20 21 22	subḥāna rabbiya-l-‘aẓīm subḥāna rabbiya-l-‘aẓīm subḥāna rabbiya-l-‘aẓīm	① ① ①
23	sami‘allāhu li-man ḥamida	④
24	rabbanā（wa）laka-l-ḥamd	④
25	Allāhu akbar	⑤
26 27 28	subḥāna rabbiya-l-a‘lā subḥāna rabbiya-l-a‘lā subḥāna rabbiya-l-a‘lā	① ① ①
29	Allāhu akbar	⑤
30	rabbi-ghfir lī	①
31	Allāhu akbar	⑤
32 33 34	subḥāna rabbiya-l-a‘lā subḥāna rabbiya-l-a‘lā subḥāna rabbiya-l-a‘lā	① ① ①
35	Allāhu akbar	⑤
36 37 38 39 40	(1) bismillāhi-rraḥmāni-rraḥīm (2) al-ḥamdu li-llāhi rabbi-l-‘ālamīn (3) arraḥmāni-rraḥīm (4) māliki yawmi-ddīn (5) īyāka na‘budu wa īyāka nasta‘īn	① ① ① ① ①

41 42	(6) ihdina-ṣṣirāṭa-l-mustaqīm (7) ṣirāṭa-lladhīna an'amta 'alayhim ghayri-l-maghḍūbi 'alayhim wa la-ḍḍālīn	① ①
43	āmīn	⑥
44 45, 46, 47	bismillāhi-rraḥmāni-rraḥīm (任意の章句)	① ①①①
48	Allāhu akbar	⑤
49 50 51	subḥāna rabbiya-l-'aẓīm subḥāna rabbiya-l-'aẓīm subḥāna rabbiya-l-'aẓīm	① ① ①
52	sami'allāhu li-man ḥamida	④
53	rabbanā laka-l-ḥamd	④
54	Allāhu akbar	⑤
55 56 57	subḥāna rabbiya-l-a'lā subḥāna rabbiya-l-a'lā subḥāna rabbiya-l-a'lā	① ① ①
58	Allāhu akbar	⑤
59	rabbi-ghfir lī	①
60	Allāhu akbar	⑤
61 62 63	subḥāna rabbiya-l-a'lā subḥāna rabbiya-l-a'lā subḥāna rabbiya-l-a'lā	① ① ①
64	Allāhu akbar	⑤
65 66 67 68 69	at-taḥīyāt lillāhi waṣṣalawāt waṭṭayyibāt, assalām 'alayka ayyuhan-nabī wa raḥmatullāhi wa barakātuhu, assalām 'alaynā wa 'alā 'ibādi-llāhi-ṣṣāliḥīn, ashhadu allā ilāha illallāh wa ashhadu anna muḥammadan 'abduhu wa rasūluhu	④ ③ ④ ③ ④
70 71 72 73 74 75 76 77 78 79	allāhumma ṣalli 'alā sayyidinā muḥammad wa 'alā āli sayyidinā muḥammad kamā ṣallayta 'alā sayyidinā ibrāhīm wa 'alā āli sayydinā ibrāhīm wa bārik 'alā sayyidinā muḥammad wa 'alā āli sayyidinā muḥammad kamā barakta 'alā sayyidinā ibrāhīm wa 'alā āli sayyidinā ibrāhīm fi-l-'ālamīn innaka ḥamīdun majīd	③ ⑥ ④ ⑥ ③ ⑥ ④ ⑥ ④ ④
80	assalām 'alaykum wa raḥmatullāhi wa barakātuhu	③
81	assalām 'alaykum wa raḥmatullāhi wa barakātuhu	③

筆者作成。

表 14-2　サラーの文言におけるクルアーンの関与（類型）

文言の引用＼指示の所在	明示的な指示あり	明示的な指示なし
そのままの形で	①	②
異なる形で	③	④
なし（クルアーン以外）	⑤	⑥

①：クルアーンの章句がそのままの形で引用されており（完全一致，もしくは動詞から動詞・動詞から名詞の完全言い換え），かつその言表行為への明示的な指示（命令）がクルアーンの中にある

②：クルアーンの章句がそのままの形で引用されており（完全一致，もしくは動詞から動詞・動詞から名詞の完全言い換え），かつその言表行為への明示的な指示（命令）がクルアーンの中にない（概念の提示はある，もしくは模範の提示はある，もしくは指示関連一切なし）

③：クルアーンの章句が異なる形で引用されており（完全一致のつなぎ合わせ，もしくは部分一致のつなぎ合わせ），かつその言表行為への明示的な指示（命令）がクルアーンの中にある

④：クルアーンの章句が異なる形で引用されており（完全一致のつなぎ合わせ，もしくは部分一致のつなぎ合わせ），かつその言表行為への明示的な指示（命令）はクルアーンの中にない

⑤：クルアーンの章句は引用されておらず，かつその言表行為への明示的な指示（命令）がクルアーンの中にある

⑥：クルアーンの章句は引用されておらず，かつその言表行為への明示的な指示（命令）がクルアーンの中にない

筆者作成。

表 14-3　サラーの文言におけるクルアーンの関与（集計結果）

文言の引用＼指示の所在	明示的な指示あり	明示的な指示なし	小計
そのままの形で	① 43 文（53%）	② 0 文（0%）	43 文（53%）
異なる形で	③ 7 文（9%）	④ 14 文（17%）	21 文（26%）
なし（クルアーン以外）	⑤ 11 文（14%）	⑥ 6 文（7%）	17 文（21%）
小計	61 文（76%）	20 文（24%）	81 文（100%）

筆者作成。

26% で，合計すると 79% となる。総じて言えば，指示の所在・引用ともに，サラーの文言のうち全体の 7，8 割にクルアーンが関与していることが明らかになった。

使用されている文言とその使用の指示との両方が，ともに明示的にクルアーンの中にあるパターンが非常に多く（53%），逆に，形を変えた引用の場合には，指示もクルアーンの中に明示されていない傾向がある（指示がある 9% に対して，明示的な指示が見出されないのが 17%）。②の 0 という数値は，「完全な引用で

あるが，指示がクルアーンに存在しない」というパターンがないことを意味している。

以上の分析から，当事者が「スンナである」と言った際の，「スンナ」に占めるクルアーンの関与の度合いが，サラーの文言に関して明らかになった。「それはスンナである」と繰り返す一般信徒たちには，サラーの文言とクルアーンの関係性が必ずしも明示的には認識されていない。しかし，分析の結果，サラーの文言のうちの約 7，8 割がクルアーンに依拠していることがわかった。

このことは，信徒たちの規範的な言説が，必ずしも実態を反映しているとは限らないことをも示している。しかも，これはクルアーンという規範的な聖典に関する言説であるから，規範と実践の関係が見かけ以上に複雑であることをも示唆しているであろう。

3　フィールドで内的意味を探す

前章ではサラーの外面的なありよう，本章の前半では聞き取りから出てきた問題のひとつ，すなわち，サラーの典拠の問題について述べた。ここでは，もうひとつの問題，すなわち，サラーの内的な意味をめぐる探究について記述する。

サラーの内的な意味，言い換えれば「ムスリムたちはサラーにどのような意味付けを与えているのか」という問いに対する答えは，何であろうか。サラーは祈りの中でも儀礼性が特に高く，おこなうべき時や身体動作，文言が厳密に定まっている(2)。そのため，個人の内面や心情，状況を直接的に反映する仕組みを持っておらず，動作や文言からはその内的な意味付けを把握することができない。

フィールドでは，サラーとして構築された儀礼の内実，内的意義や意味，当事者がサラーの意味をどうとらえているのかといったことを引き出そうと考え，サラーの身体動作や唱えられる文言などの収集が一段落したところから，内的な意味の聞き取りに重点を移した。研究者はフィールドにおいて，未知な「儀礼」に対して，まずそのやり方や規則についての知識を蓄えようとする。そうしているうちに，そのような知識だけでは不十分な気がしてくる。その儀礼の持つ社会的な機能や，それぞれの動作の持つ象徴性や意味についても明らかにしなければならないと考えるからである。杉島敬志は多くの人類学者が経てきたこのようなプロセスを，自分自身の経験に則しながら簡潔に記述し［杉島 1997 : 243–244, cf. 杉島 1991 : 577］，さらに，儀礼研究の限界を以下のようにまとめている。

> 人類学の儀礼研究を主導してきたのは儀礼の表現する意味を問う象徴論的アプローチと儀礼のはたす機能を問う機能主義的アプローチであった。だが，多くの人類学者はこの2つのアプローチをもはやかつてのようには信頼していない。にもかかわらず，それにかわる強力なアプローチがあるわけではない。［杉島 1997：244］[(3)]

中東であっても東南アジアであっても，ムスリム社会で社会の成員からサラーに関する何かを聞き出すことは容易ではない。当初，筆者は特定の質問を用いずに，会話の中にサラーの話題を織り交ぜることでサラーに関する感覚や認識を自由に語ってもらうという非構造化面接[(4)]の手法を採用していた。

しかし，この手法ではサラーに関する語りを採集することがまったくできなかった。というのは，筆者が暗にサラーについて聞きたがっていることを察すると，相手は必ずと言ってよいほどサラーの手順について教えてくれようとしたからである。これは，筆者がサラーの詳しい行程についてすでに知っていることを承知している相手の場合でも同じことが起こった。筆者が懸命に手順等について聞きたいわけではないこと，それ以外のことが知りたいのだということを伝えると，手順以外に一体何を聞くことがあるのだ，まったく見当もつかないという反応をされ，それ以上話が進まないことばかりであった。その上，手順以外のことでサラーについてあれこれ語ることを不道徳とみなしているような態度もうかがえた。

次に，「意味（マアナー ma'nā）」という単語を使って，「あなたの理解しているサラーの意味は何か」，「あなたにとってのサラーの意味は何か」という質問を取り入れてみることにした。すると，今度は質問の意味がわからないという反応を一瞬された後で，筆者が相手を攻撃したのだと誤解されてしまうことの繰り返しであった。それはおそらく，問われるはずのないサラーの価値を問題視し，それをおこなっている人間に対し異議を投げかけているととられたためである。初対面の人を相手にした時だけではなく，互いの間に信頼関係があり筆者が相手の信仰に対して異議を挟む意図がまったくないことを知っている親しい人間の場合でも，「意味」を問うことはきわめて攻撃的な質問として理解されていた。

誤解を解き，サラーのやり方ではなく，サラーの意義や価値を知りたいということを理解してもらえた場合には，出てくる話はサラーがイバーダート（'ibādāt，信仰行為）のひとつであることや，イバーダート全般に関する説明，イバーダートを通じて信仰心が高められるといった紋切り型の概説ばかりであった。

どう質問を工夫しても人びとは語ってくれない。最終的にたどり着いたのは，「叡智（ヒクマ，ḥikma)」と「秘密・奥義（スィッル，sirr)」であった。この言葉を最初に試した日，筆者はモスクへ行き，そこにたむろする老婆たちに尋ねてみた。「サラーのヒクマとかサラーのスィッルとか，知っていますか」。ひとりの老婆が答えた，「サラーのヒクマって，何で平伏礼するのかとか，何で屈折礼するのかとか，そういうのだろ？」。そうかどうかは知らなかったが，「そうです！そういうのです！　知っていますか」と意気込んで尋ねると，老婆たちは声を立てて笑い，「そんなたいそうなことは知らないよ。偉い学者の先生が知ってるもんだよ」と言った。それ以降会う人会う人すべてにサラーのヒクマを知っているか聞いてみた。ほとんどの人が「ヒクマ」という仰々しい言葉に少し笑い，「動作の意味とか，ラクア数の意味とか，そういうのだろ」と確認した後で，それは一般信徒は知らないもので専門の学者が知っている類の知識であると説明した。(5)

以上のような試行錯誤から発見したのは，ムスリム社会には，個々人にとってのサラーの意義付けの語りが存在しないという，意外な事実である。当初，サラーはムスリムの大半がおこなう基本的な行為であり，日常的におこなうものであるからこそ，自分の生活にとっての意味や負担，好き嫌いなどの個人的な意義付けの語りが豊富であるだろうと予想していた。しかし，結果はまったく逆で，人びとはサラーについての語りをほとんど持っていないことが判明した。

4　叡智（ヒクマ）と一般信徒

では，ムスリム社会にはサラーについての語りはまったく存在しないであろうか。人びとにとって，サラーについての個人的な観点からの語りはありえないが，サラーの背後に秘められた叡智についての語りはありえる。自分を含めた一般信徒はそれを知らないが，特別な人びとによって保持されたものとして，そのような知があることは知っているのである。それは，観察者が勝手に想定する「ありもしない知識」［杉島 1997 : 244］というわけではない。(6)

ここで，サラーの意義を探るための２つの方向性が確認できる。ひとつは，「個人的な観点からのサラーの意義」ではなく，「個人の経験の中のサラー」についての聞き取りをおこなうことである。もうひとつは，人びとがあると信じているところから語りを採集してくることである。

前者に関して，予備的な半構造化面接をジャカルタでおこなってみたところ，「サラー中にどのような気分になるか」や「サラーを一言で表わすと何と言えるか」などの質問が被質問者を困惑させたのに対し，「初めてサラーをした時のことを覚えているか」，「昨日のテレビドラマみたいに，自分の恋人や伴侶が自分がサラーするのを許さなかったらどうするか」，「5回の義務のサラーのうちのどのサラーが一番好きか」，「ひとりでするのと集団でするのだったら，どちらが好きか」といった質問は答えられることが多かった。これらの聞き取りは，サラーをムスリムの生活や社会の中に位置付け，コンテクスト化して理解することへとつながる[(7)]。

後者に関しては，サラーのヒクマがどこに保持されているのかをカイロで何度か尋ねてみたところ，現職のエジプトの大ムフティー（最高法学裁定官）で，ウィットに富んだ説教で民衆の人気を集めている大学者の名前が挙がることが多かった。彼に直接聞き取りをおこなうことはできなかったが，彼が長官を務めるファトワー庁に所属する新進気鋭の学者で，特にサラーのヒクマに造詣の深い人物にインタビューをおこなう機会を得た。それとは別に，神秘主義教団（タリーカ）に所属している人びとは自分の教団の導師の名前を挙げることもあり，実際に神秘主義教団の導師に聞き取りをおこなう機会や，サラーのヒクマを書き記した教団内の非公開の文書を閲覧する機会も得ることができた[(8)]。

これらの機会を通じて明らかになったのは，サラーのヒクマとして語られるものの内容が予想以上に専門的で，その知の獲得の仕方が特殊であることである。たとえば，AW師はその特殊性を以下のような言葉で表現した。

> サラーがウンマに対して与えられたことのヒクマ（叡智）は，あなたはどこにも見つけることができないということを知っておきなさい。一般人であってもそれに近いものは，見つけることができるかもしれない。しかし，厳密にそれ自体を見つけることはできない。わたしの頭の中以外には（笑い）。そして，わたしの心の中以外には[(9)]。

また，神秘主義教団の導師であるA師は，数日にわたるインタビューにおいて，サラー自体のヒクマ，イバーダート（信仰行為）のヒクマ，サラーの行程のヒクマ，ラクア数のヒクマ，有声サラー・無声サラーのヒクマを解き明かしていく中で，説明を中断し，強調して次のことを述べた。すなわち，こういったヒクマは書物を広げて探せばどこかに書いてあるような種類の知ではなく，神的なインスピレーションによって開示される知であるため，知りたい時に知りたいことを知ることができるような類の知ではないということである。A師の口調はきわめて穏やかであったが，書物に書き留められて流通しているような知について聞くのと同じような態度で質問をおこなっていた筆者を明らかにたしなめていた。[10]

AW 師や A 師の中に存在するようなヒクマは，必ずしも社会には流布しない。一般信徒はその知を獲得することがほとんどない。しかし，一般信徒に対し閉ざされているとも言い切れない。ヒクマの一部は書物や，より一般的には説教を通じて社会に提示されていると考えられる。大衆向けの説教や講話などにおいて展開される語りを検討することによって[11]，大衆レベルにおけるヒクマの分析が可能と思われる。

5　クルアーンを発現させる

サラーの実証研究を通じて次のように概観することができる。①サラーは，ムスリム社会ではどこでも営まれている。サラーをおこなわないムスリムは，それぞれの社会の中で確認されることがあるが，サラーが誰によってもまったくおこなわれていない地域は，調査をおこなった地点では確認されなかった。②サラーの文言の中には必ずクルアーンの章句が含まれている。③クルアーンの章句を含むサラーの文言の全体はどの地域でもアラビア語である。④その文言には繰り返しの構造が見られる（**図 14-1** 参照）。⑤サラーはいずれの地域でも，どのサラーをどの時間帯におこなうかが決まっている。その時間帯は，5 回の礼拝の時間帯を合わせるとほぼ 1 日をカバーしている。⑥サラーをおこなう場所については，いずれの地域でも，生活圏のいずれの場所においてもサラーをすることが可能となっている。モスクや礼拝所（ムサッラー）などの特定の場所に限定されない。[12] ⑦サラーには必ず身体の動作が付随する。

以上の 7 点を総合すると以下のことが言える。すなわち，「サラーはムスリム社会の人びとの時間と空間においてあまねく観察される信仰儀礼で，クルアーンの章句を反復的に参照し，恒常的かつ社会全体に可視的な状態で発現させる役割を果たしている。しかも，言葉をアラビア語に固定化させ，言葉と連動した身体動作を付随させることによって，二重に発現の強固さを確保している」。このようなことを保証する儀礼や習慣は，イスラームの儀礼や習慣を概観してもほかには見当たらない。

ここまでの検討で，サラーを通じて，クルアーンの章句が反復的に参照されており，それが儀礼としてムスリム社会の中で社会的に確立されていることが確認できた。逆に言えば，サラーがおこなわれているから，クルアーンはムスリム社

	第1ラクア		第2ラクア		第3ラクア	第4ラクア
ファジュル礼拝	開扉章	+α	開扉章	+α		
ズフル礼拝	開扉章	+α	開扉章	+α	開扉章	開扉章
アスル礼拝	開扉章	+α	開扉章	+α	開扉章	開扉章
マグリブ礼拝	開扉章	+α	開扉章	+α	開扉章	
イシャー礼拝	開扉章	+α	開扉章	+α	開扉章	開扉章

図 14-1　立礼時の文言の反復構造　筆者作成。

会において日常的に引き出されているのであって，サラー抜きではそのことは保証されにくいと考えることができる。

この点を理解するために，ムスリムたちの宗教的な務めというものを考えてみよう。イスラームにおいては，信徒たちにたくさんの行為が義務や推奨として課されている。より信仰深い，あるいは信仰的に振る舞うことを社会的に要請される人びとの生活は，身だしなみや挨拶の仕方，人のもてなし方に始まり，祈りや読誦に割く時間の多さなど，多くの信仰的な行為を含んだものとなる。より世俗的な生活を送っている人であれば，信仰的な行為の度合が低くなり，最低限守るべきところが守られるだけの生活となる。あるいは，守るべきところを守らず周囲から非難を受けながら生活を送る人もいれば，同じ人であっても時によって信仰行為の実践の度合いが変わることもある。

実際には，そのような行為規範は常に義務として設定されているわけではなく，大半の行為が「できるならば」という条件が付いたり，「やれば，よりよい」といったゆるやかな指針であり，やるかやらないかの選択の余地がある。これに対して，例外的にほとんど選択性のない行為がある。「五柱」と総称される５つの義務の行為である。サラーもこの中に含まれている。

五柱とは，第一に信仰告白，第二に日々の礼拝，第三に年に１か月の断食，第四に喜捨（ザカート）の支払い，第五に生涯に一度の大巡礼である。第一の信仰告白は５つの義務の筆頭に数えられ，信仰告白の言葉「アッラーのほかに神なし，とわたしは証言する。そして，ムハンマドはアッラーの使徒なり，とわたしは証言する」を，他人の前で公言することである。これによって，非ムスリムはイスラームに入信する（または改宗する）ものとされる（その場合，「証言」に対する証人として，男性であれば２名必要）。なお，実際のムスリム社会の成員たちは生まれながらのムスリムであるので，イスラームそのものに入る信仰告白の経験者はいない。彼らにとっての信仰告白とは，イスラーム的な信仰が確認される慣用句とも言える。

第二が，ここで論じているサラーで，日々5回のサラーが成人男女の義務とされている。

第三のラマダーン月の断食は，村や町全体で，現代であればイスラーム世界中において[13]，共同体全体でおこなう大きな行事であるので，これにあえて参加しないという人は少ない。普段礼拝をしない人も断食をする，というのが現地でも研究者の間でもよく言われることであり，実証的な数値は出ていないが，経験値としてはそうであっても不思議ではないという印象である。ラマダーンの特別な行事として，30日間でクルアーンを読誦し終わるという慣習もあり，また，ラマダーン月にクルアーンが啓示されたということでラマダーンを「クルアーンの月」と呼ぶこともある。そのようにラマダーン自体はクルアーンと密接に結び付いているが，年に特別の1か月間だけのことであり，日常性は薄い。

第四の喜捨はアラビア語でザカートと言い，任意で自分の財産の中から施しを出すものをサダカと呼び，自由裁量に任されているのに対して，ザカートでは1年間保有した財産について一定率を支払う。貯金などのように貨幣で数えられる財産であれば，その40分の1（2.5%）分の支払いが義務とされている。この義務はクルアーンに明示されているが，支払いに際して特定の儀礼をおこなってクルアーンを引用したり，参照することはない。

第五の大巡礼は，女性であれば保護者の確保が必要であるため，義務にならない場合があり，男性であれば留守中の扶養家族の生活費を準備できるだけの経済的なゆとりがある等の条件があるため，実際に大巡礼が義務となるケースは限られている。そうであるにもかかわらず，多くの地域で巡礼熱は非常に高く，一生の悲願として，また社会的なステイタスの問題とも関係し，非常に強い関心になっている。しかし，これは一過性のものであり，一生に一度，もしくは数度の大行事であるため，頻度も低く反復性がない。

それぞれの義務の儀礼や行為が，何らかの社会的な機能を果たしているが，その中で日常的であり，毎日のものであり，終わりがない上に，クルアーンの章句が反復的に参照されているのはサラーのみである。

6　礼拝が作り出すしもべ（アブドゥ）

サラーは，クルアーンを反復的に参照せしめながら，どのような宗教的な機能を果たしていると考えられるであろうか。

表 14-4　平伏礼の回数

	ファジュル	ズフル	アスル	マグリブ	イシャー
	2回×2ラクア	2回×4ラクア	2回×4ラクア	2回×3ラクア	2回×4ラクア
小計	4回	8回	8回	6回	8回
合計	34回				

筆者作成。

(1) しもべ（アブドゥ）の認識を作り出す

サラーは人間の主であるところのアッラーに，「わが主よ」と呼びかけ，主を称え，主にすがる文言を繰り返し口ずさませながら，ムスリムを日に最低でも34回床に額付かせる（**表 14-4**）。平伏礼（スジュード）は，身体の一番高いところにある部位（額は理性を象徴する）を，限界まで低くし，床に擦り付ける動作である。

この動作は，日常の中ではおこなわれない稀な動作であるだけではなく，文化的には屈辱的な形である。実際これまでに調査をおこなった中東と東南アジアのムスリム社会では，土下座に相当する行為はサラー以外の場では観察されなかったし，頭は取り扱いに注意が必要な部位であった。中東であれば男性が頭を隠す（ムスリム帽を被って，頭頂部を布で覆う）ことは重要なコードであったし，ジャワなどでは子どもに対してであっても頭頂部を触ることはタブーであった。「（日本人は土下座をすると聞くが）ムスリムは土下座をおこなうことを禁止されている」という語りもあり，額ずく行為を唯一神のみに差し出すことが，イスラームにおいて特別の意義を持っていることが理解される。

サラーの中で，ムスリムは「神の御前に立つしもべ」となるが，その際に神に命じられて唱える文言は何か。まず，キブラ（聖地マッカの方角）に向かって慎み深く視線を床に落とし，頭部を下げない直立の状態で，サラーの開始と同時に第一声として唱えるのはクルアーンである。直立礼（キヤーム）時には，命じられるがままにクルアーンの章句を復唱する。それ以外の文言は紛れ込んでいない。屈折礼（ルクーウ），平伏礼（スジュード）と同時に唱える文言が主への賛美であることと対照するならば，直立礼の際の礼拝者に求められることは，クルアーンの再生である。

なぜか。サラーの最中に唱える文言は，一般論として推察することが許されるならば，全文が祈り（神に対する祈願と賛美）でもよかったように思われる。神

イスティアーザ	開扉章	タアミーン	バスマラ	任意の章句 3 節以上

図 14-2　直立礼時の文言の構成と配分　筆者作成。

イスティアーザ	開扉章 (a) クルアーンの「冒頭」の提示	タアミーン	バスマラ	任意の章句 3 節以上 (b) 誦まれてはいない「全体」の示唆 (c)「最後部」の提示

⇩

(a) クルアーンの「冒頭」 (b) クルアーンの「全体」の示唆 (c) クルアーンの「最後部」

図 14-3　直立礼時の文言が形成するクルアーンのイメージ　筆者作成。

に頭を下げ（屈折礼），土下座をし（平伏礼），加護を願い，祈願し，赦しを乞い，賛美するだけでも祈りの形としては完結しているであろうことを考えると，ラクア（サラーの最小単位）の前半部分が，直立の形でのクルアーンの復唱に充てられていることは，サラーがクルアーンを反復的に参照させることに大きな重きを置いていることを，如実に示しているであろう。

(2) サラーにおいて参照されるクルアーンの特徴

直立礼時の文言は**図 14-2** のような構成になっている。このそれぞれが何を示しているかを推察すると，**図 14-3** のようになる。

その結果，サラーを通じて作られるクルアーンのイメージは，冒頭と巻末があるだけの，いわば「中抜き」のものであると考えられる。一般の信徒たちは，冒頭の第一章である開扉章を誦み，任意の部分では純正〔112〕章や人びと〔114〕章などを誦むことをルーチンとして固定化している場合が多く，これが広範に観察されるパターンである。サラーごとに誦むものを選んで変えるのは，クルアーンの暗記が進んでいる人の場合であり，またそういった人であっても，日中の就労中のサラーでは最後部の 10 前後の章を使い回すのを常としているケースが多い。

その一方で，「任意の 3 節以上を誦め」，すなわち「自由にクルアーンの中から一部を引き出せ」という命令によって，一部（「3 節以上」）が引き出されるところの母体，全体が暗示される。人びとは「任意の部分」が自分たちが実際にやっているように固定的なわけではないこと，いくらでも長くなりうること，暗記している人であれば長く誦める（純正章が 10 秒前後で誦みうるのに対して，5 分や 10 分，あるいは半時間近くまでも長い章を誦み続けることができる）ことを経験から知っている。

従って，クルアーンを反復的に参照する儀礼としてのサラーから一般の信徒は，冒頭と末尾が繰り返し朗誦される「中抜き」の状態であるにもかかわらず，あるいは，それゆえに，日常的には誦まれることがほとんどない，冒頭と末尾の間に位置するたくさんの章句が存在しているのだとイメージする。

以上から，サラーの機能をめぐって，2 つのことが明らかとなった。第一に，サラーがクルアーンを反復的に参照するように，また礼拝者がサラーのほぼ半分の時間とエネルギーを費やしてクルアーンを暗誦するように構成されていることである。第二に，そのような儀礼の実践を通じて信徒は，冒頭の開扉章と最後のジュズウ・アンマ（短い章が入った最後の巻），そしてそれらに挟まれたクルアーンの全体を実感することである。

第15章

日常を聖化する

——日常発話——

1　聖なる場所ではなく

2005年2－3月，筆者はエジプト（カイロ），ヨルダン（アンマン，マダバ），パレスチナ（ヘブロン，エルサレム）を移動しながら祈りの調査をおこなっていた。一日5回定刻におこなわれる義務の礼拝（サラー ṣalāt）をはじめ，ドゥアー（du‘ā’ 祈祷，祈願）やズィクル（dhikr 唱念）など，一般の信徒たちが日常的にどのような祈りをおこなうのかを住み込みによる参与観察と聞き取りを通じて調査した（そのうちのサラーに関する調査結果は13章，14章で，すでに詳述した）。

カイロではイスラーム地区に拠点を置き，その中心にあるフセイン・モスクやアズハル・モスクなどの大規模なモスクで終日観察をおこない，定刻に催される集団礼拝や，それ以外の時間におこなわれていた個人礼拝や個人の祈り，朗誦などを調査した。また，その周辺で生活する人びとがモスク以外の場所，たとえば事務所や店舗，路傍などで祈りをおこなっているさまも観察した。

その一方で，公の場や衆目のある場以外で祈りがおこなわれているのかどうかを調べるために，カイロ郊外のナスル・シティや，ヨルダン，パレスチナの村々に住み込んだ。そこでは，いくつかの家庭に入りその家族のメンバーに合わせて生活を送り同じ行動をとることで，どのような行動範囲においてどのような祈りをおこなうのかをつぶさに観察した。

その過程で第一に明らかになったのは，モスク，すなわち「聖なる空間」，以外の場所でおこなわれていた祈りが多いことである。中東の調査地では，筆者は「未婚の成人女性」にカテゴライズされ，そのカテゴリーの行動コードにのっとった行動を強制され，それ以外の行動をとることができない。そうすると，いずれの地域でも，まずモスクに行くことが制限されることが判明した[(1)]。青年，中年の男性たちがモスクに行っている間も，全世代の女性たちと，幼児，男性でも身体の自由の利かない老齢の人びとはたいてい自宅の周辺に留まっている。筆者もそこに加わってともに過ごしているうちに，その空間の中だけで一日のうちの祈りの全部が遂行されていることが次第に明らかになった。

自宅やその周辺の空間，たとえば自宅の中の寝室やテラス，テレビの置かれたリビング，自宅の隣の畑のブドウ棚の下でおこなわれていた祈りは，さまざまであった。どの種類の祈りを，どのような組み合わせで，どのような回数で日々のルーチンにし，どこでおこなっているかは個人によって異なったが，日常生活の中に存在する祈りの種類は以下のように分類することが可能である。

（a）**一日5回定刻の義務の礼拝（サラー）**——集団もしくは個人で。日没のマグリブ礼拝は集団でおこなわれることが多い。日中職場に出かけている男性陣も日没後は帰宅して自宅での集団礼拝に加わるため人数が多く，広い部屋で，一族のリーダーである中年男性を導師（イマーム imām）としておこなう。日中や夜間に集団でおこなう場合は，老年の男性が女性陣と幼児を率いて，リビングでおこなう。いずれの場合も唱える言葉の内容は，定型で常に一定。クルアーンから開扉〔1〕章および短い章句（クルアーン最後の3つの章など），そのほかに「アッラーは偉大なり」や「至高の我が主に称えあれ」の繰り返し，預言者への祈り，信仰告白（シャハーダ shahāda）などである。

（b）**義務以外の礼拝（サラー）**——義務の礼拝の前後に短い追加の礼拝や，義務の礼拝がない時間帯の午前中や深夜におこなう礼拝，人生の岐路に立った際に正しい選択を神に示してもらうための礼拝（イスティハーラ istikhāra）など。この礼拝は若い女性が好んでおこなっている。唱える文言とやり方は，基本的に義務の礼拝と同じである。

（c）**神の名や神を称える句を繰り返す唱念（ズィクルまたはタスビーフ tasbīḥ）**——礼拝のあとにおこなうのが一般的。中年や年配者の中には，日がな一日何もせずに数珠を手に持ってズィクルをしている人や，何かをしながらズィクルをしている（歩きながら，電車の中で，人を待つ間など）例も少なくないが，若年では珍しい。繰り返す回数には，3回，33回，99回などがあり，唱える文言は「アッラーに栄光あれ」「アッラーを称えます」「アッラーのほかに神なし」

「アッラーにお赦しを求めます」「アッラーよ，どうかムハンマド様に祝福をお与えください」など。

（d）**任意の祈祷，祈願（ドゥアー）**―― (a)－(c) はアラビア語であるが，ドゥアーはアラビア語と，発話者の母語（口語アラビア語や非アラビア語の諸語）が混在する。定型句も含まれるが，原則的に個人個人の任意の言葉で構成されており，個人的な選好の余地が大きい。個人的におこなう場合と集団でおこなう場合があり，集団の場合は1名から複数名の人が順番に祈祷の言葉を唱え，一句ごとに全員が「かくありますように（アーミーン āmīn)」と唱和するやり方など。礼拝のあとにもおこなうことは一般的で，寝る前や勉強会のあと，乗物に乗っている最中なども主要な機会。内容は個々人の状況や心境に応じて，抽象的なもの（例：「どうか正しい道にお導きください」「どうかご加護をお与えください」「どうか背負えるだけの重荷にしてください」「糧を容易に得られるようにしてください」）から，個別的なもの（「テストでいい点を取れるようにしてください」「試験に合格するようにしてください」），自分のこと（「何某がわたしにとってよい人であるならば，どうか結婚させてください」「どうかわたしに健康をお与えください」），家族のこと（「お父さんの仕事が成功するようにしてください」「両親を長生きさせてください」「家族みんなに幸せをお与えください」）など。

祈りの調査を通じて判明したことは，祈りはモスク，すなわち「聖なる空間」でのみおこなわれるものではなく，それは非常に頻繁に日常の生活空間，つまり「俗なる空間」においておこなわれるものであった。特に，女性や老齢の人びとにとっては，ほとんどすべての祈りが生活空間の中だけで完結しており，「聖なる空間」に出向いて祈ることは日常的なことではなかった。

2　聖なる句

生活をともに送る中で，一般信徒の人びとの日常の生活の端々に祈りがあることを発見した。祈る姿を繰り返し観察し，それぞれの祈りについて「何と言っているのですか」「その祈りは何ですか」「あの祈りとは違うのですか」「なぜそんなにたくさん祈るのですか」「祈っている時は何を感じているのですか」などの聞き取りをおこなうことによって，日常生活の中にある祈りの形が徐々に判別されるようになった。それに付随して，第二の発見が焦点を結び始めた。

ヨルダンのアンマン郊外の村に滞在していた2005年3月のある日，ひとつの部屋で5，6人の女性と2，3人の幼児とともに，数枚の布団を分け合って雑魚寝することがあった。筆者が布団に押し込まれた時には，すでに暗闇の中にたくさんの頭が布団の端からのぞいているのが見えたが，寒さとぎゅうぎゅう詰めの緊張で眠れずにいた数時間の間に，さらにもう数人の女性が布団に潜り込んできたのがわかった。

筆者の至近距離の真横にその家の世帯主夫婦の妹である女性が潜り込んできた時，彼女が声を出さずにもごもごと何かをつぶやき，それに続いてある言葉を唱えたのを感知した。それを聞いた瞬間，あ！と驚いて目が覚めた。その言葉は明白に「ビスミッラー（bismillāh アッラーの御名によって）」であった。

「アッラーの御名によって」という言葉は，クルアーンの開扉〔1〕章の1節「慈愛あまねく慈悲深きアッラーの御名によって」を省略した形で，「アッラー」という神名を物事のよりどころとして引き合いに出し，そのことを宣言している聖句である。クルアーンのすべての章の冒頭に付き（悔悟〔9〕章を除く），礼拝やドゥアーの中でも頻繁に繰り返されるようなものを，布団に潜る際に，潜り込む動作の最中に，ため息混じりにつぶやいていた。

それをきっかけに，そのように聖句が普通の生活の最中につぶやかれている瞬間を聞き取れるようになり，すぐにそのような発語が彼女だけに限られた例外的なものではないことが判明した(2)。世帯主の老齢の義母が野菜の棘をとり切り刻みながら，鼻歌を歌うように「アッラーのほかに神なしと証言します，ムハンマドはアッラーの使徒なりと証言します，アッラーよ，どうかムハンマド様に祝福をお与えください，そしてムハンマド様の一族にも……（以下はほとんど無声でつぶやくようになり，聞こえない）」と唱えていたり，週末に遊びに来た世帯主の義弟の妻がお茶を注ぎながら，「アッラーの御名によって」と唱え，団欒中や話し合いの最中に誰かが席を立つたび座るたびに，「アッラーのほかに神なし」「アッラーのほかに神なし，ムハンマドはアッラーの使徒なり」と唱え，ぼんやりとテレビを観ている人は「アッラーに栄光あれ」と繰り返しつぶやくことも頻繁であった。

会話が深刻な内容や何か悪いことにかかわる場合には，さらに多様な聖句が飛び出した。「おお，お優しき方よ，ああ！」「ただアッラーだけですべて十分」「アッラーは偉大者なり」「アッラーが一番よくご存じであるよ」などは悲しみや諦めの気分を表わし，また相手を慰めたり励ましたりするつぶやきやあいづちとして用いられていた。「至高のアッラーにお赦しを求めます」はよくない話題を耳にした時のあいづち，あるいは非難を含んだ合いの手であり，慰めのあいづちには「アッラーが慈悲をくださいますように」などがあった。そのほかにも，感嘆や褒める場面では「アッラーがあなたにお望みになったことよ！」などもあった。

これらの祈祷や祈願，称賛の聖句は，祈りの場面で唱えられたのではない。お茶を入れたり，席を立ったり，テレビを見たり，一族内や友人の離婚問題について話し合ったり，介護や職場の上司についての愚痴を言う中でつぶやかれるものであった。

前節では，イスラームの一般信徒にとっての祈りとは「聖なる空間での祈り」ではないこと，そうではなく，「日常生活の中の祈り」であり，日常生活の中で通常の生活空間（俗なる空間）において祈りがおこなわれていることが発見された。さらに，日常生活の中には，独立した祈祷としておこなわれているわけではないが，たとえば身の清潔さ（入浴や散髪など）に対して，「心地よいように」，「アッラーがあなたに恵みをくださいますように」と声をかけ合い，祈祷の句を投げ合うような発語がおこなわれていることも発見された。

これらの日常生活の中の祈祷や，本人たちの自覚をある程度伴ったような祈祷句のやりとりのほかにもうひとつ，日常発話そのものの中に無自覚的に織り込まれている聖句というものがあることがわかった。それについては，継続的な参与観察を通じて前者２つと区別して認識することが可能だと判断した。後者は聖句でありながら，宗教的な発話（祈祷や祈祷句のやりとり）とは言えず，文脈は日常発話であり，その会話の流れの中に埋まっている点が問題となった。この種類の聖句を新たな問題として取り上げたい。

本節における「日常発話（daily speech）」は，日常生活の中で個別・具体的な文脈において話された言葉という意味である。これは礼拝行為の中で用いられ唱えられる礼拝文言や，祈祷文や祈祷句，祈祷句のかけ合いといった宗教的な発話とは区別される。聖句とは，神（アッラー）に呼びかけたり祈願したり祈祷したり，神の名前や属性を宣言したり，聖典に由来するクルアーン的な表現を持つ短文のことである(3)。

この２つが組み合わさる領域が存在する。日常発話の中において聖句がつぶやき，感嘆，かけ声，挨拶，慣用句，あいづちなど日常発話の一部として働いている事例を問題としたい。それをどのように調査し理解するかが次の課題となった(4)。

「祈り」とは，神や仏などの崇拝対象と人との交わり，懺悔，感謝，救済，神仏との合一，祈願，祈祷などであり［Gill 2005：7367 ; Fallaize et al. 1971：154；中村ほか編 2002：53］，「祈祷」とは主に世俗的な目的の達成を神仏に祈り願う行為であり［中村ほか編 2002：200］，要するに，神や仏などに向かって語りかけ願いを言明し請願することによって，自らの望むことの達成や成就を企図することである。そうであるとすると，日常発話の中に織り込まれてしまっている祈祷句を含むさまざまな聖句が言表上祈祷の形をしていても，それらが祈りではないことは明らかである。そうであるとすると，それらは一体何であるのか。

エジプト，ヨルダン，パレスチナのあとに調査地をインドネシアに移し，ジャカルタ，中央ジャワの地方都市および農村で，「日常生活の中の祈祷」および「日常発話の中の聖句」についての対照調査をおこなった。方法はエジプト，ヨルダン，パレスチナの場合と同様の住み込みによる参与観察と聞き取りで，アラビア語由来の聖句が非アラビア語圏に住む非アラビア語話者の日常発話の中にも存在していること，発音やボキャブラリの量・種類には違いがあることなどを予備的に確認した。

その上で，日常発話の中の聖句についての調査を深めるために重点的な聞き取りを 2007 年 6 月から 8 月にジャカルタにおいて開始した。その時の課題は，非アラビア語圏に住む非アラビア語を母語とする人びとが，日常発話の中でアラビア語の聖句を使用することはすでに確認していたので，①それがどの程度のものなのか，教育水準等によって違いが出るような後天的な知識に依存するものなのか，②どの程度まで複雑な，あるいは長い句を言うことができるのか，どのような句を，どのように言うのか（発音や発語の流暢さ，洗練度の程度と相違，意図的に用いるのか習慣的に無自覚的に用いるのか），③それは日常的な母語の中に入り込んでいる慣用的な表現なのか，それとも呪文（mantra）のような特別な言語として認識されているのか，などを調べることであった。

聞き取り調査の対象は，イスラーム大学の学生男女 10 名（イスラーム的な教育を長期にわたって受けている，10－20 代），主婦 3 名（40 代，60 代，80 代），クルアーン学習会の女性講師（60 代），有職の女性 4 名（中・上流階級，20 代，40 代），中学生男女 2 名，無職もしくはタバコ売り等の男性 12 名（低所得者層，20－60 代）の計 32 名で，聞き取り時間は一人当たり 10－50 分で，場所は大学，自宅，職場などの対象者の生活圏でおこなった。

今回の調査方法上の重大な問題は，質問を作成している段階ですでに明らかになっていた。要するに「日常発話の中の聖句」は問いようがないのである。それを指し示し質問として用いるのに適した的確な用語がなく，また，そのようなものを質問する意図が対象者に容易に了解されないのである。あれこれ試し工夫をした結局，質問にはすべて「祈祷（ドゥアー du‘ā’。インドネシア語ではドア doa）」の語を用いる案が使用可能であることがわかり，それを使うことになった。

使用した質問は以下の通りである。「よくドアをします（berdoa）か」「いつ，どんな時に」「どのようなドア（doa）を言いますか，ドアの中では何を言いますか」「通常使うのはどのようなものですか」「どこから，何から学びましたか」「ドアの本を持っていますか，ドアの本を使っていますか」「ドアをする時にその本を使いますか」「あなたにとってドアとは何ですか，あなたの意見ではドアとは何ですか」「ドアとソラッ（sholat）〔サラーのこと〕は違いますか，違うならばなぜ違いますか」「ソラッの中ではドアをしますか」「ドアとジキル（zikir）〔ズィクルのこと〕は違いますか」「ドアと黒魔術（ilum hitam）は違いますか」「ドアは悪いことも祈りますか，それをやったことがありますか」「ドアは何語でしますか」「一番最初に教わったドアは何ですか」「プサントレン（寄宿塾）や学校では何の時にドアを習ったりしましたか」「あなたの一番好きなドアを教えてください」。

この調査を通じて，課題としていた①－③に関しては多くの収穫があった。しかし，日常発話の中に織り込まれた聖句が一体何であるかという問いには，明確な解答が出せなかった。聖句が日常発話の中において日常発話の一部として，つぶやき，感嘆，かけ声，挨拶，慣用句，あいづちとして働いている場合，これらの発語は半ば反射的であるから，本人たちは自らの発語に対してほとんどまったく自覚がない。入浴した人に対して「心地よいように」と言ったり，訃報を聞いた人びとが「まことに私たちはアッラーのものであり，かれに還りゆくことよ」と言い合っている場合に，今あなたは何と言ったのか，あなたが言った今の言葉は何かと問えば，回答が返ってくる。回答の中でその発語が宗教的に推奨された礼儀正しい言葉であり，どのような意味であるといった説明がなされることもある。それに対して，「元気？」「おかげさまで（＝アッラーに称えあれ）」，「明日，午後の礼拝のあとにあそこのカフェね」「わかったよ（＝アッラーがお望みになったならば）」，「今日悪いことがあって，はーあ（＝アッラーにご加護を求めます）」といった発語の場合には，今何と言ったと問うても，「え，何か言っていた？」というような返答になり，本人たちがそれらの発語に対して無自覚であることが判明するのである。つまり，日常発話の中の聖句にはある程度自覚的なものから，まったく無自覚的なものまでグラデーションがある。そして，より無自覚度の高いものについては，聞き取り調査を実施しようにも，的確な質問が存在しないということが調査を通じて明らかになった。

3　無自覚な発話に対する聞き取り

この問題を解消するための次の聞き取り調査は2008年6月から7月に，エジプト（カイロ，ブハイラ県の農村）およびインドネシア（ジャカルタ）で試みた。前回の調査の反省から，次のような対策と方針を立てた。①「祈祷」という枠をはめずに，祈祷句（聖句）を祈祷としてではなく，日常的に発語する経験を語ってもらう必要がある，②それを直接に問いうる適切な用語はない，③「祈祷」についての個別的な質問（前掲）に対する回答は可能であるが（質問の意味を理解し，言葉で説明できる），日常発話の中での聖句の無意識的な使用については，自分の経験についての質問であることは理解しない。イスラームの知識についての問いだと誤解して，それに対する規範的な回答（どの機会に何を言うのがイスラーム的に正しいのか）を用意するために，自分以外のよりイスラームの知識に詳しい人を連れてきたり，指南書を提示するのが一般的な反応である。それらを回避する必要がある。

以上の方針に沿って，質問を作成した。以下の日本語におおむね対応するような口語アラビア語版とインドネシア語版を作成した。エジプトの農村（ブハイラ県）で実施した際には，ほとんどの対象者が4，5語以上の質問文には不慣れで，質問をされること自体にも不慣れであったため，質問を大幅に簡略化し非常にくだけた口語に直す必要があった。

(a)「アッラーを称えます」といつ言いますか，最近，昨日でも一昨日でも具体的に何の時に言いましたか――「　」の中には，ほかに「アッラーがお望みになったことよ」「アッラーがお望みになったならば」「アッラーは偉大なり」「アッラーの御名によって」など語を入れた。頻繁に使われる表現は地域によって違いがあったので，下調べをもとに見取り図を作成し，それに沿って質問に当てはめる語を変えた。

(b)（〔クルアーンの〕朝（ドゥハー）章に「汝の主の恵みについて語れ」とありますが）あなたに与えられたアッラーの恵みについて話してくれますか――（　）内はカイロでの調査時のみ付加（エジプトの農村部やジャカルタでの聞き取りでは，クルアーンについての知識を前提とするこの導入部は通じにくかった）。「恵み」を表わす語として，アラビア語では「ニアム ni‘m」「ファドゥル faḍl」「カラム karam」，インドネシア語では「ブルカ

berkah」「リズキ rizki」「カルニア karnia」を併用した。

(c)「ズィクルッラー（神を念ずること）」とはあなたにとって何ですか。

(d) 応えていただいたドゥアーは何ですか。

(e) 徴（イシャーラ ishārah）の物語（キサス qiṣaṣ）を教えてください——この質問はインドネシアでは対応するものがなかったため，インドネシア語版では削除した。

(f) 試練がくだされた時，あなたは何と言いますか——「試練」を表わす語として，アラビア語では「バラーア balā'」，インドネシア語では「ウジアン ujian」を使用した。

これらの質問は，普段無自覚に発語されている日常発話の中の聖句が，実際にどのような句が発語されているのか，発語される時にどのような質感を持って発語されているのか，どのような意識や世界認識のもとでそのような聖句が日常発話の一部としての役割を獲得しているのかといったことを間接的にあぶり出すために設定されたものであり，質問の字義通りの意味は意図されていない。(a) は導入に当たる肝要の質問で，これによって何が話題になっているかの合意の形成を試みる。その上で，単に「アッラーの御名によって」は何かを始める時の慣用的な表現，「アッラーがお望みになったならば」は未来の予定についてのあいづちといった従来の理解（これは，祈祷句を単なる慣用句として言語的にのみ理解している）に留まらず，発話の当事者たちが祈祷句をどの個別・具体的な出来事に結び付けるかを観察することによって，そこに存在する発想の様式を探る目的がある。(b) − (f) は語り（質問への回答）の中での表現の使用を引き起こすために，いくつかの方向から設定してみた話題である。つまり，これらの質問に含まれるキーワード（「恵み」や「試練」など）を契機にして実際に無自覚的な聖句の発語が引き起こされるのではないかと予測した。

以上の質問をもとに，カイロ 3 名，ブハイラ県の農村 12 名，ジャカルタ郊外の住宅街 11 名に対して聞き取り調査をおこなった。時間は一人当たり 10 − 60 分で，場所は対象者の職場もしくは自宅であった。

(アッラーに称えあれ（アル＝ハムドゥリッラー)，アッラーがお望みになったことよ（マーシャー・アッラー）といつ言うかと問われて)「アルハムドゥリッラー，いつでも！　ハムドゥリッラー，ハムドゥリッラー。よいことの時も，……悪いことの時も。今日も，明日もハムドゥリッラー。ハム

ドゥリッラーマーシャアッラー，ああ，マーシャアッラー，ビスミッラーマーシャッラー」（農家，50代男性，ブハイラ県）

（神の恵みについての質問の回答の最中に）「ああ，ニアマラッビナー〔主の恵み〕，ニアマッラー〔アッラーの恵み〕たくさんある！　なんだってニアマッラー，これ〔目〕もニアマッラー，これ〔口〕もニアマッラー，耳だってニアマッラー，すべて神がくださったものだ，アルハムドゥリッラー。エーワッラ〔何でも〕，エーワッラ，エーワッラ！　それはたくさんある！」（同）

（試練の時に何を言ったかと問われて一言）「ハムドゥリッラー」（会計士，30代男性，カイロ）

（試練の時に何を言ったかと問われて）「ラーイラーハイッラッラー，スブハーナッラー」（それは何の時か）「婚約を取り止めた時。理性と心の間で決断をしなくてはいけなかった」（事務員，20代女性，カイロ）

（最近いつアル＝ハムドゥリッラーと言ったかという質問に対して，一昨日意中の女性に求愛し断わられた時と答え，「なぜ！？」と筆者が驚いたのに対してやや笑いながら）「ハムドゥリッラー，アッラーフ・アアラム〔アッラーが一番よくご存じであることよ〕！」（オフィスボーイ，30代男性，カイロ）

（その言葉を言う時はいつも同じかと問われて）「食事を食べるごとに言うハムドゥリッラーは，習慣化されているからいちいち意識はしていない，同じになる。だが，何かが起こって，たとえば今日あなたと新しく面識ができたことにハムドゥリッラーと言う時のハムドゥリッラーはまったく新しくて，新鮮だ」（同）

（試練の時に何と言うかと問われて）「ラーハウラワラークウワタイッラービッラーヒルアズィーム〔アッラーにのみ強さと力は宿る，アッラーは偉大者なり〕」（主婦，40代女性，ジャカルタ）。

（アル＝ハムドゥリッラーをいつ言うかと問われて）「アルハムドゥリッラは シュクル〔感謝〕する時だね，ジキルかドアだね，お金やリズキ〔糧〕をもらった時」（自動車修理工，50代男性，ジャカルタ）

（試練の時に何と言うかと問われて）「あー，あー，ドアをするね，インシャアッラ，「どうか乗り越えさせてください」って」（同）

聞き取りの中に「恵み」や「試練」というキーワードを埋め込むことで，聖句が発語される機会を創出することができた。そのことによって，自然な発話状態の観察結果を補強するようなデータを得ることに成功したが，日常発話の中に織り込まれた無自覚的な聖句の発語行為という行為自体を，対象者に自覚化させることはできなかった。たとえば，神からの恵みとして，「あれももらったこれももらった，あれももらったしこれももらったし」というように例を挙げる際に，その一つひとつの名詞に「ハムドゥリッラー」をくっつけた形で次々に列挙していく語りは何度も出てきたものであるが，それは反射的にくっついているものであってこの「ハムドゥリッラー」を発語しているという自覚はほとんどない。婚約を破棄したり，求愛を断わられるといった特殊な経験時の発語については，発語者本人が自覚的に語ったり，再解釈したりすることもわかった。

ムスリム社会の一般信徒の日常生活の中では，①さまざまな祈りや祈祷がおこなわれており，②独立した祈りや祈祷ではないが，日常発話の中でも祈祷句のかけ合いや聖句の発語がおこなわれている。日常発話の中の聖句の発語には，ある程度自覚的なケースと，③無自覚的なケースとがあり，後者はより日常発話の中に織り込まれている度合いが高く，日常発話そのものの一部として，あいづちやかけ声，つぶやきとして機能している。

このことを考察する上で批判的に参照しうるのが，モロウらの提唱した「アッラー語彙集」（Allah Lexicon。以下ALと表記する）の概念である［Morrow（ed）2006］。ALはアラビア語が持つ，アッラーの名を引き合いに出す形をした豊富で多様な慣用的表現群のことで［Morrow（ed）2006 : 7］，モロウらは社会言語学の立場からアラビア語におけるALの頻度と機能を研究することを試みた。

そこで前提として共有されていたのは，アラビア語とはそのようなALを持った言語であるという考え方である。ALの頻度が非常に高く種類が豊富であるため，アラビア語という言語はALに「浸され切っている」と結論付けられているが［Morrow（ed）2006 : 7］，ある言語の中に「神」という語が語彙群として見出せるという発想自体は一般的な枠組みとして他の言語にも適用されており，各言語間の対照研究が実施されている[(5)]。

モロウらの説を採用するならば，上記の③（あいづちやかけ声，つぶやきなどとして働いている聖句）の説明がつく。しかし，逆に言うと，①と②の説明がつかなくなる。日常生活の中でおこなわれるさまざまな祈りや祈祷としての発語，日常発話の中の聖句のある程度自覚的な使用については説明がつかない。宗教行為であり，儀礼であり，祈祷であるような発語行為については，ALは説明することができないのであり（それらは自覚的で意図的な宗教上の行為であるから，言語の中にALがなくてもおこなわれるものであり，ALとは直接は関係がない），そのようなものが，別の言語（インドネシア語など）の中にも入っていることについてはもう少し異なる観点から説明する必要がある。

AL的な「言語の中の神関連の語彙」というものに気付いた以上，それを切り離した礼拝と祈祷の研究は，宗教儀礼の研究としては成立しえても，聖句の発語についての十分な説明は与えられない。よって，ALが発見したような，「日常発話の中に織り込まれた聖句」というものが存在していることを前提に，①－③を連続的に考えることが必要であろう。

本書のメディア装置論の立場から言えば，社会に埋め込まれているクルアーンが無限のプラチックとして発現するのが，ムスリム社会およびそこにおける聖典の特徴であるとすれば，①－③もその一環をなす現象としてとらえることができる。すなわち，モロウらが言語の特徴として述べているALは，むしろ聖典の社会的機能として理解することができるであろう。

第 16 章

この世を寿ぐ

——グッズ，アクセサリー，ステッカー——

1　使用実態から見る傾向と相関性

クルアーンは，暗記され朗誦される聖典であるが，フィールドワークをおこなっていると，安価でコンパクトな刊本ムスハフの普及や CD，カセット，ラジオ，テレビを通じた朗誦の受容の定着，朗誦コンテストの流行などが現代的な展開として注目される。その一方，聖典の章句があしらわれたさまざまなガジェットの存在が目を引く。

それらは聖典の発現形態のひとつでありながら，安価な——しばしば質的にもチープな——グッズとして金銭で売買され消費される（キーホルダー，バッジ，ステッカーなど)。イスラーム社会における宗教グッズの出現をいち早く研究対象として取り上げたのはスターレット［Starrett 1995］であるが，宗教の聖典でありかつガジェットであるようなモノをビジュアル・リテラシーの問題を含めて扱いうるような包括的な方法論は，まだ確立されていない。クルアーン・グッズの帰納的特徴として次の 3 点が挙げられる。①手工業・工場による大量生産で，生産者が存在し，一定の量が生産されている。②流通して，販売される。③買い手にとって何らかの宗教的意義があり，聖性を帯びていると言える。

具体例を瞥見してみたい。以下の写真はステッカーやポスター，飾り，ブローチ，宝飾，石膏細工などの販売現場である（**図 16-1～16-8**)。

クルアーン・グッズはどこで生産，販売されているか，販売されているものにはどのような種類があるのか，および，それらのものは実際にどこで使用されて

図 16-1　ステッカー売り場（ジャカルタ），アラビア語の文言とともにインドネシア語も表記されている

図 16-2　ステッカー露店（カイロ），非宗教的なステッカーやシールと並んで販売されている

図 16-3　額入りポスター露店（アレキサンドリア），古典的で格調高い図柄のものが多い

図 16-4　雑貨屋の中華風吊り飾り（同左），2000 年代後半頃からさまざまな地域で中華風のクルアーン・グッズが流通していた

図 16-5　髪飾り露店の木製ブローチ（同前）

図 16-6　宝石店の天然石飾り（カイロ），文言の一部がミナレットの形で書かれている

図 16-7　石膏細工店（アレキサンドリア）

図 16-8　同左，純正〔112〕章が現代的な書体で書かれている

いるかについての調査を，2002－2008 年の間にエジプト（カイロ，アレキサンドリアほか），マレーシア（クアラルンプール），インドネシア（ジャカルタ，中央ジャワ），ヨルダン（アンマン，マダバ），パレスチナ（エルサレム，ヘブロン），シンガポールでおこなった。すると，モノの種類や用途によって書かれている章句に違いがあることや，ステッカーやポスター，銀製のアクセサリーなどには非常に多様な句が使用されているのに対して，飾り皿やキーホルダーなどにはあまり章句に種類がないことなどがわかってきた。

さらに，実際の使用現場について，1000 例以上の撮影した写真やフィールドノートのスケッチ，メモを分析しているうちに，使用されているものの章句の種類が，販売されているものの豊富さに比べて幅が狭く，頻出する章句がかなり限定されていることに気がついた。特に自動車などに貼る大型のステッカーは種類が豊富で，「そのような句の抜き出し方をするのか」と感心したり，「これは美しい言葉だ。どんなところにこれを貼るのだ？　是非知りたくてたまらない」と興味をそそられる品が多かったため，各地で特に熱心に収集した。

しかし，実際に使用されるものは，ごくごく典型的なものに集中していた。以下に調査をおこなった地域で共通に観察された傾向性をまとめてみたい。

(a) **大型ステッカー**――自動車のバンパーや屋台に貼る（**図 16-9**）。自動車では，黎明〔113〕章の 1 節（「言え，「黎明の主にご加護を求めます」」）や人びと〔114〕章の 1 節（「言え，「人びとの主にご加護を求めます」」）などの加護を求める句が多い。店舗では「これは主からのいただきものである」，「アッラーこそ我らの取り分，すべてをまかせるに何とよき方であろうか」（**図 16-10**）など，他者の嫉妬に対して加護を求める目的の句が多い。日本風に言えば「商売繁盛」

を祈願する範疇に入れるべきであるが，これらの句は商売が繁盛した際にそれが嫉妬を招かないように商売・業務を守ってもらうことを意図している。

(b) **浮き彫りタイプのステッカー**——バックミラーや後部の窓ガラスなどに貼る（**図 16-11～16-13**)。「アッラーのほかに神なし」や「アッラーの御名によって」が多い。信仰告白の 2 文「アッラーのほかに神なし，ムハンマドはアッラーの使徒なり」，あるいはそれに剣をあしらったデザインの白文字のものも，よく見かける。

(c) **小型ステッカー**——ミニバスやエレベーター，モスクの内部などに貼る（**図 16-14，16-15**)。ドゥアー（祈祷，祈願）や台座の節（雌牛〔2〕章の 255 節のこと）が多い。

(d) **ポスター**——店舗や家屋の室内に飾られる。台座の節（**図 16-16**)，黎明〔113〕章，人びと〔114〕章，純正〔112〕章や，神の 99 の美称が多い。3 つの章を一枚に印刷したものもポピュラー（**図 16-17**)。ポスターのほかに室内で使用されるモノに，飾り皿（**図 16-18**)，工芸品の壁飾り（**図 16-19**)，カレンダー（**図 16-20，16-21**)，パッチワーク，掛け時計，ランプなどがある。

(e) **吊り飾り**——自動車の内部に付けられる（**図 16-22，16-23**)。加護を求める句や乗物に乗った時の祈祷などが多い。

(f) その他身に付けるモノには，女性のペンダントトップ，女性のスカーフ止めに使用されるバッジ（**図 16-24**）や，キーホルダー，携帯電話の待ち受け画面（**図 16-25，16-26**）などがあり，アクセサリーでは黎明章や「アッラーのほかに神なし」，バスマラ（「慈愛あまねき慈悲深きアッラーの御名によって」）に加え，美に関連する句も使用される。

2　オーラルのマテリアル化

これらは聖典が多種多様に発現した事例であると同時に，モノとしては一つひとつのガジェットのカテゴリーは，世俗的なガジェットとも重なり合う例がほとんどであり，世俗ガジェットと置換関係にある点が注目される。つまり，チェ・ゲバラや人気のサッカーチームのロゴなどのファンキーなステッカーが貼られうるような場所に，クルアーンのステッカーが貼られる。

このことは聖典グッズという宗教的なモノが，聖なる領域を満たしているのではないことを示唆する。つまり，消費社会化にイスラーム復興によって起こったニーズが合わさったことでグッズが氾濫し，職と住の空間の世俗化を中和する目

図 16-9　タンター近郊,「諸世界の主アッラーに称えあれ」「アッラーのほかに神なし，ムハンマドはアッラーの使徒なり」

図 16-10　アレキサンドリア,「アッラーこそ我らの取り分，すべてをまかせるに何とよき方であろうか」「アッラーは偉大なり」

図 16-11　アレキサンドリア,「私はアッラーを信じました」「アッラーによるほか，いかなる力もなし」

図 16-12　ジャカルタ,「慈愛あまねき慈悲深きアッラーの御名によって」

図 16-13　カイロ，ファンシーショップ入り口のピンクと黄緑のデコレーション,「アッラーがお望みになったことよ」「アッラーによるほか，いかなる力もなし」

図 16-14　ジャカルタ，台座の節，下にインドネシア語訳が付いている

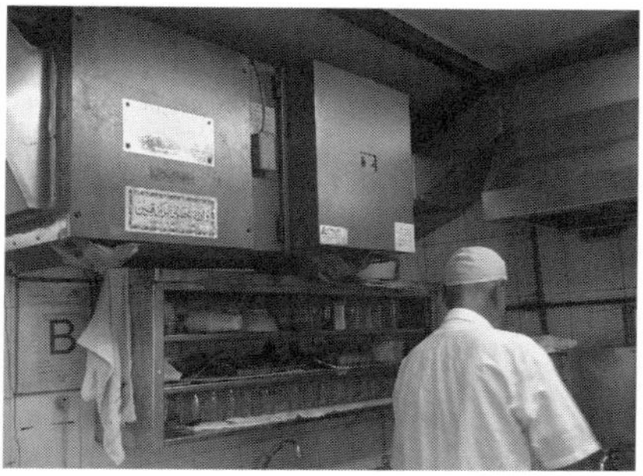

図 16-15　シンガポール,「アッラーはもっともよき糧をくださる方」, 英訳も書かれている

図 16-16　ジャカルタ, 個人宅, 台座の節

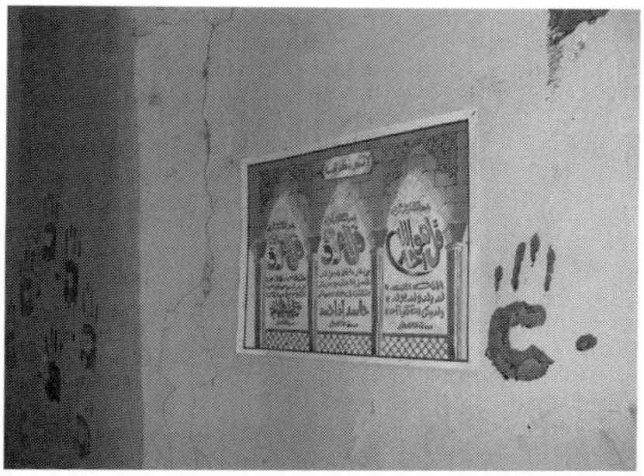

図 16-17　カイロ, 商店の倉庫, 純正章, 黎明章, 人びと章が現代的な書体で書かれている

図 16-18　マダバ, 個人宅の客間, クルアーンの文言が書かれた飾りが一番高い位置にある

図 16-19　アンマン郊外の農村, 個人宅,「言え,「自らの過ちによって自分を傷つけたしもべたちよ, アッラーの慈悲に望みを捨ててはいけない。アッラーこそ, すべての罪をお赦しになる。かれは限りない赦免者, 慈悲深き方」」

図 16-20　アンマン郊外の農村, 個人宅, 純正章

図 16-21　タンター近郊の農村，個人宅
「あなたのご満悦とあなたのお赦しを，主よ」

図 16-22　カイロのタクシー，邪視避けの手の中華風の飾り（緑と赤）に「おお人びとよ，おお辛い者たちよ，恵みはみんなのもの」（イスラームの教えを大衆的に表現したもの）

図 16-23　カイロのタクシー，サイケ色にポップなフォントで「アッラーに称えあれ」

図 16-24　ジャカルタ，カラフルなストライプ柄の上に古典的な書体で「慈愛あまねき慈悲深きアッラーの御名によって」

図 16-25　カイロ，2000 年代前半のもの
「アッラーは偉大なり，そしてアッラーにこそ称賛は属します」

図 16-26　カイロ，2000 年代後半のもの
「アッラー，彼の荘厳さは，いと荘厳なり」「ムハンマド，彼に平安あれ」

的で利用が進む。近代になって登場した自動車などによる近代の浸入を馴化する，中和化・日常化することに使われていると考えられる。そこでの宗教性の発露の形は，伝統的で「重厚長大」な聖具ではなく，個人化された多種多品目生産の「軽薄短小」なガジェットへと移行している。

クルアーン・グッズの調査をおこなう際，それらは文字として表出した事例であり，ムスハフが断片化したようなものであるという想定のもとで事例を収集していた。その上で明らかになったことが2点ある。

第一に，生産現場ではマテリアルなソースとして，ムスハフが使用されることがある。しかし，それはムスハフの断片が，さまざまに切り取られて豊富に流れ出ていくということではないように思われる。なぜなら，グッズの製作側にはムスハフから任意の断片を切り取ってくる専門的な知識や能力はなく，その意図もない[(1)]。同時に，消費者側のニーズも彼らが知っている典型的でシンプルな句に集中しており，ムスハフの中から多彩に引き出される繊細で個別的なものを求めてはいない。

大量生産品（ステッカーやプラスチック製の置物など）に比べて，手工業による製品（貴金属細工やパッチワーク，手描きのポスターなど）は章句の種類が多い。手工業品を扱う店の調査の際には，ほとんどすべての店舗でどうやってそれらを作ることができるのか，誰がどこで描いているのかといった聞き取りをおこない，いくつかのケースでは制作現場の見学，工場のオーナーや製作に従事している人たち（専門の職人も多いが，片手間の副業として熟練した技もなくやっている場合も少なからずある）への聞き取りもおこなった。

調査をおこなった限りでは，いずれの場合も①作られたものは特定の機関による文面の検閲を受けていない。②工場のオーナーや店側は「間違いがないかちゃんと検査をしている」「ムスハフから写しているから大丈夫だ」「ちゃんとした人が書いている」といった説明を自発的におこなうことが多い。③しかし，実際は文面の正確さを保証するような仕組みを持っているとは思われない。

たとえば，テント地を使用したパッチワークはエジプトの伝統工芸品で，非常に複雑で多様な文面が高度にデザイン化された柄のものが多い。このパッチワークを生業としている専門の職人の男性（50代）から聞き取りをおこない，製作過程を見学させてもらった。クルアーンの章句があしらわれた作品を作る際に，彼は既存の書道作品やモスクの彫刻を模写した型紙を使用し，それを布の上に専用の道具を使って時間をかけて丁寧に転写していた。

その一方で，カイロにあるコプト・キリスト教の地区には，イスラーム地区とはやや異なるクルアーン・グッズを扱った土産物屋が集中しており，そこで調査をおこなったことがある。そこでは複数の店において，土産物屋のオーナーや弁護士などの別の職業を持つ人たちがクルアーンの章句を書いた商品を作っていることが判明した。それらは書道作品の模造品や壁飾り用のタイルで，いずれもマジックを使って書かれたまったく丁寧さのない粗悪品である。クルアーンの文面について聞き取りをおこなうと，販売員の方が詳しいこともあり，製作者がクルアーンについての正確な知識を多く持っているとは限らなかった。

第二に，誰も検閲の必要性を感じていない点である。グッズに表われたものが文字であるとすると，それが間違っていないのかどうか，検査しなくて大丈夫なのかということが疑問として出てくる。筆者もグッズをムスハフの断片と想定していたため，この疑問を長い間持ち続けていた。

その疑問を解決する手がかりを，2008 年のジャカルタでのフィールドワークの最中に得た。ムスハフの検閲委員会のメンバーも務める高位のウラマーに，「クルアーン・グッズは検査しなくて大丈夫なのですか？」と尋ねてみると，「それはしなくてよいのである，なぜなら，誰もポスターの文字を読まないからです。人びとはそこからは誦みません。もちろん間違いはあるべきではないし，可能ならば検査ができればよいが，それをしなくてもいいのは，「台座の節」などを壁のポスターを読んで学ぶ人はいないからです」といった回答があった。

クルアーン・グッズは，おそらく文字が書かれていても，書承のテクストとしての文字ではないのである。むしろ，日常発話行為のマテリアル化なのではないだろうか。それゆえ，ムスハフをマテリアルなソースとして使用すれば，どの部分だって持ってくることができ（デジタルな文字テクストならコピーアンドペーストが可能），無限の多様性で商品を作成することができるはずなのに，使われる章句の種類は製作の段階でもごく少数のものが選別されており，さらに，実際の使用においては消費者による選好が著しく，人びとが口頭で多用しているような，典型的で日用的で広範な表現や句，章ばかりが観察されるのである。

このことは，たとえばモスク建築における装飾に使われる章句の種類が，グッズに比べてはるかに多岐にわたっており，場合によってはすべての章句を表出しようとしたのと対照的である[(2)]。実際にそのような観点から観察すると，以下の写真に見られるように，職業的にグッズを作っているのではない人びとが自分で書いたと思われる場合——ほとんど落書きとしか思えない事例も含めて——には，口頭で多用される表現が貼り付けられている例が多いことがわかった。「落書き」に類する事例（**図 16-27〜16-31**）。車のボンネットの中，開けた時にだけ文言

図 16-27　カイロ，赤い書道風のきれいな文字で「アッラーは偉大なり」

図 16-28　アレキサンドリア，白い壁に緑の文字で「アッラーのほかに神なし」「ムハンマドはアッラーの使徒なり」

図 16-29　アレキサンドリア，人魚の胸元のペンダントに「アッラーがお望みになったことよ」

図 16-30　同左，「アッラーは偉大なり」（人魚の胸元のペンダントトップ）

図 16-31　カイロ，クルアーンの章句を示す囲い飾りの中に「アッラーを祈念せよ，アッラーのほかに神なし」

が姿を現わす（**図 16-27**）。浜辺の白い壁に書かれたいかにも手書きの稚拙な筆跡が幾重にも重なっている（**図 16-28**）。浜辺に設置された色鮮やかな子ども用の遊具のひとつ，人魚の形をしたブランコ（**図 16-29，16-30**）。歩道橋の埃まみれの壁面にひっそりと，しかし訴えるように書かれた文字（**図 16-31**）。

第Ⅵ部

クルアーンがある空間

第Ⅴ部では，クルアーンがどのような形で立ち現われてくるかを追って，イスラーム世界のどこでも実践されているサラー（礼拝），日常生活の中で発話される数々の聖句，そして，置物や身に付けて使うグッズ，アクセサリー，ステッカーなど雑多な形でクルアーンが表出されているプラチック（実践）を描いた。筆者が学問上の信条とする「多地域性」を最大限に活用して，それを中東のエジプト，ヨルダン，パレスチナや，東南アジアのインドネシア，マレーシアなどでのフィールド調査での実例を素材として，何が学術的に新しい知見であるのかに意を用いながら描き出した。

第Ⅵ部では，そのようにして日々，ムスリム社会の中に発現するクルアーンが，いかなるエージェンシー（行為主体，または行為遂行体）であるのか，そうであることによってクルアーンのメディア装置がどのように機能するのかについて，人類学の視座からの考察を加えてみたい。

第 17 章

クルアーンが作るイスラーム的エージェンシー

1　イスラーム的生と自律性

最初期の啓示において,「イクラア（誦め）」「クルアーン（誦まれるもの）」とともに「カラム（筆）」が登場していたことは，単にクルアーンの２つの性質，すなわち声に出して発声されることと，文字によって書き記されることを表わしている以上の特徴を表現していた。それは,「誦め」という命令に先立って,「神が書いた＝定めたもの」が存在するということを含意している。

「神が書いた＝定めた」が前提にあり，その上で「誦め」と言っているのである。しかも,「誦め」という語自体が神からの人間に対する最初のメッセージであり，神の言葉を再生すれば，即座に神からの命令が立ち上がる仕組みになっている。「誦め」という人間に向けた神からの命令は永遠に再現され続ける。この「誦め」は,「復唱するわたし」がすでに含まれている「誦め」である。

声は，ほかの誰でもない自分が発するものである。神が自らの意思を筆によって刻むという一回性かつ永続する行為に対して，それを再生（再現）する行為は担い手が限定されておらず，一人ひとりの人間の肉声を媒体とするため，刹那的であり（音は残らない），無限に繰り返される。「誦め」という開口一番，第一の命令が，一人ひとりの人間に，おのれ自身が神の言葉を声に出して再現することを直接的に明確に要求している。神の言葉を口に出すためには特別な人間である必要はなく，困難な資格はひとつも設定されていないが，しかし，逆に言えば誰ひとりその命令を免れてはいない。特定の専門家に押し付けて逃れることができない。

では，神が書いたものを誦むことは，ムスリムの生活の中でどのような位置付けにあるだろうか。当然，神の書いたものを誦む＝神との契約を想起して生きるという側面があるだろう。神が 7 世紀に起こった出来事を通じて人間に渡してくれた恩寵と約束を忘れずに，この世界の外にいる神と「わたしたちの代表」（預言者ムハンマド）が 7 世紀に交わした契約を忘れずにいることを意味する。

他方，ひとつ注意しなければならないことがある。前述の通り，神の言葉を自らの声によって再現することは，全人員に対する神からの第一の命令である。つまり，真面目であることや信仰深いことやその人の生活が宗教的であるかどうかは考慮されない仕組みになっており，また，どの時代かも関係がない。そうであるとすると，ムスリムにとって，神が書いたものを誦むことがどのような意味を持っているかは，何か特殊な宗教的な場で，信仰儀礼としておこなわれている場合だけを想定することはできない。

わたしたちフィールドワーカーがフィールドに足を踏み入れると，そこには雑多で現実的な日々の営みがある。たとえば東南アジアのある風景。日にご飯は 3 食あって，おやつも食べるし，お茶も飲む。ご飯のメニューはお母さんが作った国民的料理である焼きそばをおかずに，白米を手で食べる。「いただきます（ビスミッラー＝神の名によって）」を言い忘れると，お母さんが笑顔で注意してくる。たまには屋台で贅沢に地方料理を食べ，時々，親，兄弟と友達も集まって冷たい氷菓子を口にする。学校ではテストがあるし，部活もあるし，女の子同士の気の抜けない駆け引きもある。週末の予定を真剣に約束する時は「インシャアッラー（もし神がお望みになったなら）」の言葉で決まり。恋もするし，きっとなけなしのお小遣いで可愛い文房具も集めている。

人間の生得的な欲求（食べる，寝る，他者への性的衝動など）は，どこの社会に生きていてもある。ある場所に根を下ろして生きるならば，お金を手に入れることや，親族や地域の人などの周囲の人びととの関係の構築なども恒常的な営みとなるし，また，人に対する見栄や嫉妬，近所付き合いの手ぬかりのなさも，毎日の生活の中で重要である。現地にあるのは，わたしたちにとってもなじみ深い普通の毎日の暮らしである。近しい人と一緒に笑うし，人の心ない言葉に泣くこともあるし，些細なことで腹を立てて，反省したりもする。陰口も叩くし，お金だって欲しい。

特段，心が清いわけでもなく，生活が何かわたしたちと大きく異なっているわけでもない。毎日の暮らしの大変さや，自分の心の弱さ，他人の悪意に振り回されてしまう毎日なのは，変わらない。同じ21世紀の地球上に生きているのだから，前の時代にはなかった大気汚染や海面の上昇，ゴミ問題などの環境問題にもコミットしているし，ネットやメディアを通じて国際問題にも関心が高い。そのような普通の人びとの普通の暮らし，21世紀を生きる人びとの毎日の暮らしの中に，クルアーンが入り込んでいる。フィールドで観察される，雑多で現実的で活き活きとした欲望に満ちていながらクルアーンが深く息づいている人びとの暮らしは，「神の言葉を誦むことは宗教で，それとは別に日常（世俗）がある」というイメージとも違うし，「人びとの生活の隅々までをイスラームが縛っている」というイメージともまったく異なっている。

そのようなムスリム社会の現実を理解するために，3点の問題を検討しておきたい。第一に，フィールドの現実とは裏腹な「イスラーム＝束縛」というイメージが生まれる原因。それは，人間の区分という問題ともつながっている。第二に，生の構築の媒体（道具）としてのクルアーンと，それによってどのような生が実現されているのかという問題，第三に，帰依を前提としているエージェンシーの問題，である。

ひとたびムスリム社会のフィールドに足を踏み入れたならば，現地の人びとの生活が決してがんじがらめなどではないことが，実感を持って迫ってくる。クルアーンは，外側の人間がこれまで思い描いていたような戒律に満ち満ちたルールブックとして人びとの生活を外から拘束・束縛してはいないし，外在的な戒律に縛られて不自由な生活を送る人びとの姿も，どこにもなかった。クルアーンが，人びとのごく普通の当たり前の生活の中で，信仰深い人にもルーズで不真面目な人にも使われているということは，ルールを遵守する意志の強さに使用の有無が依存するわけではないことを意味する。「義務がたくさんあり，義務だから，決まりだから人びとはそれをやっている」と考えるのは，人間に対する無理解に起因する。世界に20億人もいるムスリムを，日本で暮らしているわたしたちとかけ離れた，欲望の制御に長けたすばらしい人びとのみから集まった集団だと考えるのは，実は突飛な発想である。

人びとは，①クルアーンを使う（発話として，文字として，モノとして），②クルアーンに示されたように世界を知覚する（祝福された生命，地に広がる被造物，天に輝く星など），③クルアーンに語られている行動規範（義務と禁止）を守る。これらのいずれのフェーズにおいても，人びとの生き方は個々人の欲望の抑制や欲求の抑圧といった息苦しさとは，ほとんど縁がない。むしろ，ムスリムの生き方（イスラーム的生のあり方）は，クルアーンが浸みわたっていることと，自律的に生を謳歌することとが矛盾なく存立しているかのように見えるもので，その不思議さが本書が解明しようと追ってきた大きな謎のひとつである。

ただし，「ムスリムとして生きるのは大変そうだ」という外側からのイメージに関して，あながち間違いとは言えない点がひとつだけある。その点に関してのみ，生（ナマ）の生活を目の当たりにしていてもやはり驚いてしまうのである。それは，イスラームが全員参加の宗教である点である。他の宗教に見られるような，出家をした人は欲を捨てて生きるが，俗世の人はほどほどでよい，あるいは修道女は「神と結婚」して貞節を守るが，平信徒は結婚もセックスも許されるといった，人を2種類に区分する分け方がイスラームにはない。全員が大いに結婚も夫婦間での性交も肉食もしてよければ，全員が同じように毎日の礼拝や年に一度1か月間の断食をしなければならない[(1)]。欲の奨励や許可も，礼拝などの義務も全員が同一のものを均一に課されている。「聖典を声に出して誦み上げる（神の言葉の再現）」というもっとも重要な聖なる行為も，すべての信徒に課された全員均等の義務なのである。全員が「誦め」という命令の聞き手＝「誦むわたし」，行為主体であることを免れない。

ムスリム社会に生きる人びとにとって，クルアーンは2つのことを表わす。①神があの時，此岸彼岸の境界を超えてわたしたちにお言葉をくださった（あの大きな出来事を指し示す），②そのお言葉の中にはわたしたちが現世を生き抜くための指針が満ちている。それぞれ個別の文脈で，個別の理由で，多種多様なモノ（声や文字も含めて）の形をとったクルアーンに触れるたびに，これら2つのことが織り込まれた前提として繰り返し立ち現われる。

行為者にとって，あの時のあの出来事（たった一度の超常現象としての神の介入＝お言葉の降下）を思い出すことが，なぜ自分が人生を送る上で意味があるのか。もちろん当事者は，そのことについてほとんど自覚的ではない。イスラーム的生がどのようなものであるかについての返答は，「自分がムスリムに生まれたことはしあわせの極み（運がいい）であり，それを神に深く感謝している」という形をしており，「ほかと比べてどう優れているか」といった形を取らない。ただひとつの所与の生のあり方を「全面的にラッキーだ」と表現することは非常に一般的であるが，それがどのような生だから自分は満足している，という説明はほとんど存在しない。

彼らが語らない，しかし，共通の認識として漂っている自明の大前提について，以下のように言語化してみたい。もちろん，彼らが強く醸し出す大船に乗った心持ち（巨大な安心感）の正体を言葉に落とすことは，あまりに漠然とした端から無謀な挑戦であるが，フィールドでの経験をもとに，試みてみたい。

人間の一人ひとりの人生での悩みの種は尽きないにしても，人間存在に関わる悩みは，おおまかに言えば，次の2つに集約することができるであろう。①このろくでもない世知辛い世界への苦悩と，②わたしなんて生きていていいのかという，このろくでもないわたしへの苦悩。人生にそうそういいことがあるわけでもないし，自身の資質もいいとは思えない。

ところが，これらの苦悩を解消して生きていけるから，クルアーンが行為者にとって機能している。①に対しては，「このくだらない世には終わりがあるよ。所詮テストだから」と慰撫する。それによって，あまり気に病まずに生きていける。②に対しては，「神に愛されたわたしたち。プレシャスな存在であるわたしたち」と定義し直す。それによって，資質や能力にかかわらず自分を肯定できる。いかに自分が愛された存在かを感じさせ，いつか終わるんだからその間はがんばらなくては，と思わせることができる。

このような生のあり方と対比的なのが，近代の生である。アメリカの哲学者マーシャル・バーマン（1940－2013）は『すべてが溶ける時――近代という経験』（*All That is Solid Melts into Air : The Experience of Modernity*）において，近代がいかにすべてのことを失わせるか，自分の欲望が制限されない一方で，逆に生きる意味を喪失するような近代の生のあり方を克明に分析している［Berman 1988］。

義務と「自由」を反対語としてとらえるのは，近代構造の中にいるわたしたちの偏った認識である。神不在の状態の人間，すなわち，自分の欲望が制限されない状態を「自由」と呼ぶのは近代人の特徴である。それに対して，それ以外の生のあり方，たとえばイスラーム的生は「不自由」であろうか。

少なくとも，イスラーム的生における「自由」と「義務」と「主体（行為主体＝エージェンシー）」の配置が，わたしたちの理解している近代と異なっていることは確かである。「主体」をめぐる学説史に基づいて，「主体」は4種類に分けられる。①前近代の主体（信仰体系などの構造の中に埋没した個），②近代的主体（合理的で自由で一貫した個人），③近代国家の権力構造を暴こうとしたフランスのマルクス主義哲学者のルイ・アルチュセール（1918－1990）や，権力の発動装置としての監獄や医学，学問，性の管理などを徹底的に批判しようとした哲学者・歴史家ミシェル・フーコー（1926－1984）の言う主体（主体 sujet とはすなわち権力構造への従属 sujet），④行為主体（エージェンシー。「行為遂行体」とも訳される[(2)]）。

前近代の不自由で非合理的で主体性（自律的な創発性）に欠ける,「主体」とは言い難い個から，近代の合理主義的な主体とを切り離し，後者こそが真の理想的主体であるとする「主体」概念がまず初めに成立した。後者は同時に，信仰を捨てた主体，すなわちもはや信仰体系などには左右されない，神から解放された人間である。それに対し，近代合理主義的な主体がまやかしに過ぎないことを鋭く論究したのが，フーコーの主体＝従属論や，アルチュセールのイデオロギー装置論である。人間は権力構造の中で初めて主体となり［アルチュセール 2005：366］，権力構造に従属する［フーコー 1986］。

その後，1990 年代以降には人間の持つ行為遂行性（エージェンシー）を主体概念にもう一度盛り込むために，人類学などの中でエージェンシー論が盛んになった。その成果は，個を関係性の中にあって，関係性の中の結節点としてとらえる見方である［田辺 2010 : 20–21；田中・松田 編 2006］。周囲の人びとや環境に働きかけ，同時に周囲からの働きかけを受ける。そのような関係性の中で成立している存在であると同時に，その関係性に常に働きかけ続ける存在である。このような主体論では「主体（subject）」に代わり，「行為主体（agency）」の語によって個は表現される。

筆者は，人類学者によって観察される多くの社会と同様に，ムスリム社会においても人びとはこのような行為主体（エージェンシー）として把握されうるべきだと考える。関係性の結節点として成立する存在であり，かつそこには自己や社会の変革の可能性も創発性も大いに存在している。その一方で，考慮すべき点がひとつある。近代的な主体が決別すべき前提，自らとは断絶した過去として否定した「前近代の主体」とは，教会の傘（「聖なる天蓋（sacred canopy）[(3)]」）の下に生きるキリスト教の信仰者を指している。これとイスラーム的主体がかなりの程度似通っているのではないだろうか，という一方的な思い込みの問題である。やや込み入ってくるが，それは同時に，構造への埋没≒従属という側面でアルチュセールやフーコーが言うところの構造従属的な主体とも共通性を持つであろう。

この問題を考えておく上で参考になるのが，カトリック信者でありながらも実存主義の先駆者となったフランスのブレーズ・パスカル（1623 – 1662）の信仰論を素材としたフランスの社会学者ブルデューによる分析である。ブルデューは,『ホモ・アカデミクス』［ブルデュー 1997],『ディスタンクシオン』［ブルデュー 2020］などの著作の中で，現代人を取り巻く職業，学校教育，スポーツ，芸術などの当たり前の実践の中には，世代を超えて受け渡される権力構造の仕組み（文化資本による階層の再生産）があることを看破した［ブルデュー 1997, 2020］。

習慣が人をある宗教の信仰者とする。人は日常的な習慣を通じて，信仰的身体を獲得する。それと同時に，人がある宗教の信仰者となるためには，必ず最初に決断が必要となる。その決断は，ただ単に信じるという決断であるだけではなく，信じると決断したことを忘れる決断をも含んでいなければならず（つまり，信仰が自分で決めたことであるとまずい），忘れる決断を含んだ決断がおこなわれた場合にのみ，信仰主体の形成が上手く行く，とブルデューは分析している［ブルデュー 2001 vol.1 : 77–78］。

宗教において，信仰する主体としての自己の形成には，習慣の中に身を置いていることと，主体形成の契機となる最初の決断についての言説（主体形成の正当化）との両方が重要であると考えるブルデューの立場は，おそらく正しい。社会的に獲得されるあらゆる属性が習慣を通じて体得され，自己のものとなるのと同様，イスラームを信仰すること，すなわちムスリム性も，ムスリムにとっては自らが身を置く社会の習慣である。その社会的な習慣の中に含まれる認識の中で，決断（主体的選択）と信仰の恒常性のディレンマについては，いかなる認識が存在するであろうか。

ムスリムの認識において，自らの生は自らが神に帰依するという大前提から発する。つまり，人間の本源の第一とは神のしもべ（アブドゥ）となることである。ただし，その「帰依（動詞はアスラマ，動名詞はイスラーム）」は自らの選択に依るのであり，何者かに強制されることがない。まず主体の発動があって，その上に初めて神へのサブミッション（服従と依存）＝ムスリムとしての生が成立する。言い換えれば，まずものごとを自由に選択できる主体があって，その主体が選んで「しもべ」となる。強制された選択は有効ではなく，また自覚のない選択も選択とはならない。エージェンシーの発揮の結果にのみ，ムスリム＝帰依（服従と依存）という立場が選びとられる構造となっている[(4)]。

もちろん，これは前後関係を整理すればこうなるという時系列であって，実際に，ムスリム（帰依者＝神のしもべ）になる以前に別の主体があるわけではない。人がムスリムである自己を自覚した瞬間に，その「ムスリム」には，「主体的な選択」をしたことが組み込まれている。しもべであることと，主体であることはセットで，かつ，後者（主体的選択）の結果として前者（しもべであること）が発生しているという認識が，「ムスリム」という概念には含意されている。

それゆえ，人びとの認識とは，ムスリムとして生きることは主体的選択の結果であって，服従と依存は選びとられた立場であるというものである。神へのサブミッション，すなわち「しもべ性」（ウブーディーヤ）は選択によって成立するイスラーム的主体であって，人びとにとって自分たちはウブーディーヤを知るがゆえに，「自由」なのである。このようにして，イスラーム的主体にはエージェンシーおよび自由と，それに加えて義務とが，わたしたちの見慣れない形で配置され含まれている。これは「宗教を持つ＝信仰体系への従属者＝不自由で受動的な個」（「合理的で自由な近代人」の反対の像）といった単純な図式とは，大きく異なった配置である。

2　徴付けられた世界

第3章で詳述したように，神はクルアーンでのみ人間とコミュニケーションをおこなった。逆に言うと，イスラームは他の成立宗教に比べ，代理の指し示しがきわめて明示的である。要するに，神自身が何を自らを想い起こさせるための媒体として選び，指示しているかが，神自身の言葉の中に記されているのである。しかもそのうちの最重要のモノが「神の言葉」自体であるから，それは言葉が持ち運ばれていく限り，その指し示しは有効に再生され続け，人の耳目に届き続ける。

神の言葉（クルアーン）は，自らの中で3つのモノを，神へのチャンネル，神とつながるための媒体，神を想い起こすための徴（アーヤ。「アーヤートゥ・ナー（わが徴）」）として名指しで指し示している。つまり，①クルアーン（律法や福音に並ぶ諸啓典のうちのひとつとしてのクルアーン総体と，クルアーンの一節一節のこと），②クルアーンの生きた見本（実行化，具現化）としてのムハンマドの生き方，③自然物の数々（大地，大空，雨，果実，穀物，牧草，昼夜など）である。

もちろん，この世界のすべてのものが神の理法を表わしているというフラットなレベルでの徴付けは，多くの宗教に共通に見られる。イスラームにもある。それに対して，そのうちの一部が，わざわざ「言葉」によって名指され，再度徴付けられている，徴付けの実践がおこなわれているところにイスラームの特徴がある。

なぜ神は，「これ（クルアーン）はわが徴である」「これ（山）はわが徴である」「これ（星）はわが徴である」「大地にはわが徴が満ちている」と，執拗にすべてを「徴（アーヤ）」と名指していくのか。神による徴付けの実践，言葉による指し示しが，その言葉の聴き手と「言葉（クルアーン）」，聴き手と事物との関係を再定義している。

クルアーンに見られる重要な表現様式である誓言を，見てみよう。言葉による徴付けはさらに巧妙である。「沈みゆく星にかけて誓う。〔中略〕まことにこれは聖なるクルアーンである」（来たるべき日〔56〕章 75－77 節）という神の語りが再現された時，朗誦者の口を通じて発されたのを聴いた時，あるいは自分自身の体内で発された声の振動を聴いた時，「沈みゆく星」は聴き手の日常世界にある星，聴き手の頭上に毎日夜になったら現われ輝く星々を指し示す。と同時にそれは，神がかつておこなった太古の天地創造，人間に与えるための場所として創造したこの宇宙と，あらゆる被造物と人間の運命を創り定めた，その時に創られた星でもある。頭上に今瞬く星が神による太古の創造と宇宙の運営を示す徴（アーヤ）であり，今喉から発声された章句が神による太古の約束を示す徴（アーヤ）として立ち現われる。言葉が繰り返されるたびに，言葉が重ねられるたびに，自分が住んでいる世界が目の前で作り変えられて行く。

「神の言葉」は実際には 2 段構えで日常生活の中に埋め込まれている。まず第一に，人びとが日常の中でさまざまに触れる具体的で個別的な断片である。たとえば，会議や演説の開始時に告げられる「慈愛あまねく慈悲深き神の御名によって」という言葉。あるいは，乗り合いのミニバスに乗り込む老人がつぶやく「ビスミッラー（神の御名によって）」。カフェのレジに貼られたカラフルでポップなステッカーの「これは主からのいただきものである」という文字。その時その場所でその人がその断片を使っている，手にしている，目にしているということに意味があり，人びとは自分自身の人生のかけがえのない細部としてクルアーンの断片を持っている。それぞれの断片と個々人の出会いはいつも新しく個別的で，新たな解釈に満ちている。

その一方で，これらの断片はすべて，「ある大きな出来事」を指し示す。これらのすべての断片にはその言葉がいつ，どこから来たのかが染み付いている。あの瞬間への入り口となっている。あの時，神は人間に自らの言葉をくれた。エポックメイキングとなったあの例の事件自体を想起したならば，さらに神と人間の間に契約があったこと自体が想い起こされる。神は人間を愛し恩寵を与えてくれた，地上に光をくれた，約束をくれた。「わたしの愛を思い出すならば，もっと愛してやろう」と神が確約してくれたこと，この世界が創造主からの愛に満ちていることが浮かび上がってくる。

クルアーンの文言にとって，各細部の意味，含意，イメージ，解釈は，文言ができた 7 世紀当時もそうであるし，それ以降の各時代，各地域においても，それぞれにその時その場所に特有の「時代の空気」を帯びている。その中で，個々人の愛好と選択によって選ばれ使われることで，さらに細かいニュアンスを帯びる。21世紀に生きる人間が自分の人生の中で子どもを産むか産まないかの岐路に立った時，あるいは自分のセクシュアリティに苦悩を覚えた時，その時に目の前に置いて決断や慰め，納得のよすがにする文言は，その時以前にその文言が帯びていた「流行」とはすでに変容し始めている。流行は複数的で並列的で重層的で，かつ移り変わる。その一方で「流行」が洗い流された時に現われる「不易」[(5)]のクルアーン，剥き出しのクルアーンは，変わらない。それはいつの時代も流行の下に潜み底流を流れ続けている。

3　神話世界と成立宗教

本節では，本書において明らかになったクルアーンの実態を，人類学的な観点のより広い文脈の中に位置付け直し，クルアーンの特性をより克明に検討しておきたい。成立宗教について考える上での有効な手がかりは，20世紀半ば，レヴィ＝ストロースがオーストラリアの先住民アランダ族の聖具について記した時までさかのぼらなければならない。その物体の名は「チューリンガ（churinga）」という。石や木を楕円状に加工し文様が彫り込まれているか，もしくは単なる木片や石ころの場合もある。このごく簡素な物体には，すべての歴史，神話から父祖たちを経て今ここに生きる自分に至るまでのすべてが折りたたまれている［レヴィ＝ストロース 1976：284–288］。

トーテミスム（神話世界）において，「歴史」は過去（通時的な軸の上で現在よりも前の時点）ではない。それは現在とともに存在し，現在に折り込まれたものである。現在にはアルチュリンガ（神話時代）以降のすべてがある。そのすべてを含有したものがチューリンガであり，特権的な記号という意味においてチューリンガはアランダ社会における「象徴」である。

南北アメリカおよびオーストラリアに広がる神話世界には，神はいない。トーテミスムの体系とは，並列的な2系列，すなわち自然と人間との間に仮定される相同性に基礎を置く。2系列は細部が互いに類似しているのではなく，2つの系列がともに差異体系であって，全体の形式が相似しているのである［レヴィ＝ストロース 1976：269］。この社会において，人間存在とその社会集団は，神話世界に固有の自然物との類比関係によって定義付けられる。そして，神話において自然（自然環境の中にある動植物）とは，多様でありながら秩序を内包した分類システムであることが，レヴィ＝ストロースの神話研究の中で看破されている。

今ここに生きる人間がどのようであるか，どのような生物であり，どのような社会生活を営んでいるか。どのように生き，どのように死ぬか，にまつわるあらゆることが自然種の語彙によって語られる。それの総体が膨大な神話群であるが，そこに見出されるのはどんなに多様なバリエーションを見せていようとも，同一の構造（「生のもの」と「火にかけたもの」といった対立関係の集合）である。神話世界とは，驚くほどのディテールに富んだ自然種によって人間が生きる世界を語るシステムであり，そこでは人間は自然とともに「今この時」を生き続ける。

レヴィ＝ストロースが神話世界（トーテミスム）を上記のような独自のシステムを持つ世界として描いてみせたことには2つの目的があった。ひとつは，トーテミスムを従来置かれてきた低い位置付け（宗教の原初形態）から解放すること。トーテミスムを「供犠」から解放すること，トーテミスムが「供犠」ではないことを証明することが彼の論点であった。もうひとつは，前者を足がかりにトーテミスムと，成立宗教の上に生まれいでた「西洋近代」，19世紀から20世紀にかけて大西洋を挟んで両側に同時代的に並立した2つの異質な体系同士を抜本的に対照することであった。

従って，彼の比較分析において，さまざまな成立宗教は近代以前に存在したトーテミスムとの共通性を持たない体系として両者を結ぶ簡素な足がかりとして取り上げられている。彼が「ヨーロッパとアジアの大文明地域」，「トーテミズムの真空地帯」［レヴィ＝ストロース 1976：279］と呼ぶところの広大な地域には，宗教としては互いにそれぞれ異なる中国，インド，イスラーム，キリスト教の大宗教が含まれている。成立宗教同士は，それぞれがきわめて異なっている。と同時に，本質的な共通性を持つ。彼は，成立宗教を端的に「供犠的世界」として包括した。

従来の人類学・宗教学が供犠を宗教の存立条件とみなしており，トーテミスムは供犠ではないが供犠になる前の原初形態のものを含んでおり，よって，いわば宗教以前，宗教未満，宗教の前段階，宗教の準備期間とされていた。レヴィ＝ストロースはトーテミスムをそのような位置付けから解放し，まったく別個の体系として描くことを試みた。それと同時に，成立宗教とは端的に言って供犠的世界であるという認識はまったく否定していない。レヴィ＝ストロースにおいても，成立宗教とは普遍的に供犠を不可欠の要素とするものと考えられるのである。

それは，供犠が隔絶した二者（神と人間）を結び付ける仕組みで，その仕組みによって初めて遠く離れた二者の関係が発生し確立するからである［レヴィ＝ストロース 1976：269］。つまり，何らかのモノ（第三者）を使った行為をおこなうことで，そのモノが代理（媒介）しているところの神との関係を，人間が手に入れる。媒体への働きかけによって，そこにはいない不在の神との関係を作り出し（再現し），その関係によって自らが生きる世界を再定義する。これが成立宗教が持つシステムである。ここには歴史があり[(6)]，それは「過去」と同時に「未来」を持つ。

それでは，近代はどうか。すでにそこでは，有意な「過去」は失われている。レヴィ＝ストロースが「熱い社会」（社会の内部において変化の度合いが高いの意）と呼ぶ近代社会では，歴史的生成を自己の内に取り込んで，それを発展の原動力とする。近代社会は，持続性や安定性，恒常性，回帰性を保つための仕組みをほとんど持っていない［レヴィ＝ストロース 1976：280］。「未来」に向かって開かれているのみである。

4　供犠（ザブフ）と神の名を唱えること（バスマラ）

人類学の伝統によれば，特にレヴィ＝ストロースに従えば，成立宗教の本質は「供犠」である。それが他の社会（トーテミスムと近代）と成立宗教とを大きく分けるものである。レヴィ＝ストロースによれば供犠は，人間と神とを媒体を介して関係付けることである。媒体に介されるまで，人間と神との間にはいかなる関係も存在しないというところが重要な指摘である。本節ではレヴィ＝ストロースおよびそれに先行するモースとユベールの供犠論を整理し，本書の提示するメディア装置論との相違を確認し，それによってメディア装置の輪郭を浮き上がらせていきたい。

まず人類学的な供犠論の出発点であるフランスの人類学者マルセル・モース（1872－1950）と考古学者・宗教学者アンリ・ユベール（1872－1927）の説を見てみたい。彼らは供犠論を総括する結論部において，次のように定義付けている。これらの記述からも明らかなように，モースとユベールにとって，供犠とは①二世界の間の伝達を確立することであり，その重要な特徴は②聖化と脱聖化の両方を伴うことである。

> この〔供犠の〕手続きは，犠牲という媒介によって，つまり，儀式の中で破壊される事物の媒介によって，聖なる世界と世俗の世界の間の伝達を確立することにある。［モース＆ユベール 1983：104］

あらゆる供犠の手続きの中で，われわれが区別することができた，もっとも普遍的で，もっとも少い要素から成り立っているのは，聖化と脱聖化のそれである。ところが，現実には，脱聖化のあらゆる供犠のうちに，それがどんなに純粋のものであれ，いつも犠牲の聖化が見出されるのである。反対に，あらゆる聖化の供犠の中にも，そのもっとも特徴的なものにおいても，脱聖化は必然的に含意されている。そうでなければ，犠牲の残骸はどうしても利用することはできないからである。この 2 つの要素は，それ故，非常に緊密に相互依存し合っていて，他方なしに一方だけ存在することはできないのである。［モース＆ユベール 1983：102］

次に，トーテミスムとの対比によって供犠論に新たな光を当てたのが，レヴィ＝ストロースである。彼の議論は，供犠を①関係を持たない二者の間に関係を設定すると定義する点で，モースとユベールと共通しており，一方，②供犠の基本原理は代理であり，これは差異の体系間の相同性に基づくトーテミスムと対照的であると強調した点で独自の視点がある[7]。

トーテミズムの体系〔神話世界〕と供犠の体系〔成立宗教〕との間には 2 つの根本的な違いがある。トーテミズムが量子化体系であるのに対し，供犠は各項の間に連続的移行を認める体系である。［レヴィ＝ストロース 1976：268］

トーテミズムは，並列的な 2 系列――自然種と社会集団――の間に仮定される相同性に基礎を置いている。忘れてはならないのは，これら 2 系列それぞれの各項 2 つずつが似ているのではなくて，両系列の全体的関係が同形なのだということである。すなわちそれは，それぞれ対立する一極をなす 2 つの差異体系の間の形式の相関性である。供犠の場合，自然種の系列（トーテミズムのときのように非連続かつ双方向的ではなく，連続で一方向的である）は，供犠執行者と神という 2 極項間の仲介者の役割を果たす。この両項の間には，はじめは相同性どころか，いかなる関係も存在しない。供犠の目的はまさに関係の設定であり，その関係は類似性の関係ではなくて隣接性の関係である。［レヴィ＝ストロース 1976：269］

モースとユベール，レヴィ＝ストロースの定義する「供犠（sacrifice）」は，関係を持たない二者の関係を媒体を介して設定する仕組みであると考える点で，本書の提唱するメディア装置概念と共通性を持つ。メディア装置とは，特権的なモノを媒体として日常世界への神的介入を確保する仕組みである。

ここで言われている供犠とは，動物供犠に限定されない広義の供犠である。従来の宗教学的・人類学的供犠理解および現在でも一般の供犠理解が動物供犠を指すのに対し，モースとユベールは供犠の拡張をおこなった。すなわち，「もっとも慣習的には，供犠という言葉は血を流す供犠供与に対してのみ用いるべきであるとされているようである。しかし，この言葉の意味を慣習のように限定するのは恣意的である。あらゆる差異を考慮しても，聖化のメカニズムはあらゆる場合において同一である。それ故，個々の場合を区別すべき客観的理由は存在しない」［モース＆ユベール 1983：16］。

本書はモースとユベールによる供犠定義の拡張を踏襲している。では，「動物供犠だけではなく，血を流さない供犠も含む供犠の全体」とは一体どのような範疇なのであろうか。ここで広義の供犠の定義を整理するために，モースとユベール，レヴィ＝ストロースと同様に，供犠を成立宗教のルート・メタファーとして理解し，ヒンドゥーの事例研究をおこなった田辺明生の議論を援用する。

供犠とは，まず第一に①動物供犠に典型的に示されるように，生贄の動物を神に捧げることである。つまり，その動物（何らかの媒体，時には自身の身体）を破壊すること（暴力）によって[(8)]，俗なるものを聖なるものに転化し，俗なる世界（人間）と聖なる世界（神）との結び付きを発生させ，二者の関係を成立させることである。②しかし，いわゆる動物供犠にのみ限定はされない。③非日常の特殊な場においてのみ限定的に発生するものではない（田辺の表現では「儀礼において表象実践されるだけではなく，日常の生活世界をも貫く」）。④自己の欲望ではない，自己以外のもののために自己を使って行為することである。もしそうであるならば，⑤人間が生きていく上でつきまとう根本的な矛盾を解決する唯一の場であり（自己を滅しながら自己が生きていく，自然の中にいながら自然を殺して生きて行く），⑥同時に人間の身体を場とする身振りであり，⑦今ここに生きる自分の，繰り返される構築であり調整であり肯定である［田辺 2010 : 8–9, 66, 322, 356–358, 487］。

それでは，広義の供犠の定義を理解した上で，イスラームの場合について見てみたい。実のところ，イスラームには儀礼が少ない。種々の手続きや道具，特別な執行者が必要となる儀礼は皆無で，ごく簡素なものならばいくつか見つかる程度である[(9)]。イスラームはレヴィ＝ストロースが言うところの成立宗教（供犠的世界）であるものの，その一方で，イスラーム研究者の間にはイスラームにはほとんど供犠が存在しないという共通認識がある。植物などを供物とする供犠はなく，唯一供犠の典型とも言える動物の殺傷・流血を伴う動物供犠が全地域に共通して見られるのみである。しかもそれはたった1種類しかなく，行程はきわめて簡素で時間がかからない。

そのようなイスラームの唯一の供犠について，以下に詳しく観察したい。社会的な実態の前に，クルアーンにおける語りを確認すると，以下の4つの箇所が重要となっている。豊潤〔108〕章2節（供犠の命令），巡礼〔22〕章27－37節（巡礼の儀礼の中の供犠，アッラーの名を唱えること，自分たちで食べかつ分けなさい），整列者〔37〕章101－110節（アブラハムによるイシュマエルの供犠）[(10)]，食卓〔5〕章3節（禁止された食餌，アッラー以外の名を唱えることの禁止）。

> それゆえ汝の主に礼拝し，犠牲を捧げなさい（wa-nḥar）。（豊潤〔108〕章2節）

> アッラーの儀礼（シャアーイル sha‘āir）の偉大さを認めるならば，それは心からの篤信による。それら〔の家畜〕は定められた時まで，〔乳を出すなど〕汝らの役に立つ。そして，犠牲に捧げる場所はいにしえの館〔カアバ聖殿〕の近くである。すべてのウンマ〔信徒の共同体〕に，われは〔供犠の〕儀式（マンサク mansak）を定めた。それは彼らが，アッラーの御名をかれ〔アッラー〕が糧として与えた家畜に唱えるようにである。汝らの神は，唯一の神である。それゆえ，かれに帰依しなさい。〔ムハンマドよ〕謙虚な者たちに吉報を伝えなさい。彼らの心は，アッラー〔の名〕が唱えられると畏敬に満たされ，彼らはどんな災厄でもしっかりと忍耐し，礼拝を確立し，また，われ〔アッラー〕が糧として授けたものから施しをする。犠牲獣（ブドゥン budn）〔ラクダや牛〕を，われ〔アッラー〕は汝らのために，アッラーの儀礼の一部とした。そこには，汝らにとって多くの益がある。列に並べて〔供犠する〕動物たちの上に，アッラーの御名を唱えなさい。それらが横ざまに倒れ〔絶命し〕たならば，汝らが食べ，また〔黙っていて〕請わない者にも請う者にも分け与えなさい。このように動物を汝らに供した。おそらく汝らは感謝するであろう。その肉も血も，アッラーに届くわけではない。しかし，汝らの篤信は届く。このように，われ〔アッラー〕は汝らのためにそれらを供した。導きに対して，汝らがアッラーの偉大さを称えるようにと。〔ムハ

ンマドよ〕善行者たちに吉報を伝えなさい。（巡礼〔22〕章 32－37 節）

そして，われ〔アッラー〕は彼〔イブラーヒーム〕に優しい男児〔が生まれると〕の吉報を伝えた。〔この子が〕一緒に働ける年頃になった時，彼〔イブラーヒーム〕は訊ねた，「わが息子よ，私はおまえを犠牲に捧げる（アズバフカ adhbaḥuka）夢を見た。何と思うか」。彼〔息子〕は答えた，「わが父よ，あなたが命じられたようになさってください。きっとあなたは，アッラーがお望みであれば（イン・シャー・アッラー），私が耐え忍ぶのを見るでしょう」。2 人が〔神の命に〕服して，彼〔イブラーヒーム〕が息子をうつぶせにした時，われ〔アッラー〕は彼に呼びかけた，「イブラーヒームよ，確かに汝は夢〔の命令〕を実行に移した。このように，われ〔アッラー〕は，善行者に報奨を与える。まことに，これは〔汝にとって〕明らかな試錬であった」。われ〔アッラー〕は彼〔息子〕に代えて偉大な犠牲〔犠牲獣〕で贖いとした。われ〔アッラー〕はそれを後世まで〔模範として〕留め置いた。イブラーヒームに平安あれ。このように，われ〔アッラー〕は善行者に報奨を与える。（整列者〔37〕章 101－110 節）

汝らに〔食することが〕禁じられたのは，死肉，血，豚肉，アッラー以外〔の名〕が唱えられた動物，〔と畜の方法として〕絞め殺されたもの・打ち殺されたもの・墜落死したもの・角で突き殺されたもの・野獣が食い残したもの。ただし〔これらの中で〕汝らがとどめを刺したものは別である。また〔偶像神の〕祭壇で供犠され〔くじで分配された〕もの〔も，禁じられている〕。それは堕落した行為である。今日，信仰を拒絶する者たちは，汝らの教えに打ち負かされている。彼らを恐れず，われ〔アッラー〕を畏れなさい。今日，われ〔アッラー〕は汝らのために汝らの教えを完成し，汝らに対するわが恩寵を完遂し，汝らのための教えとしてイスラームにわれ〔アッラー〕は満足した。罪を犯す意図なく飢えのためにやむをえなかった〔やむをえず禁じられたものを食べた〕者には，アッラーは限りなくお赦しになり慈悲深い。（食卓〔5〕章 3 節）

これらの語りに対して，現代のムスリム社会の実態はどうなっているか。**図 17-1～17-12** は行程を示している。中東と東南アジアでのフィールドワークから以下のような観察結果が得られた。豊潤〔108〕章 2 節（供犠の命令）に関連

図 17-1　中央ジャワ，婚姻儀礼の供犠

図 17-2　犠牲獣である牛を木に縛る

図 17-3　牛を引き倒す

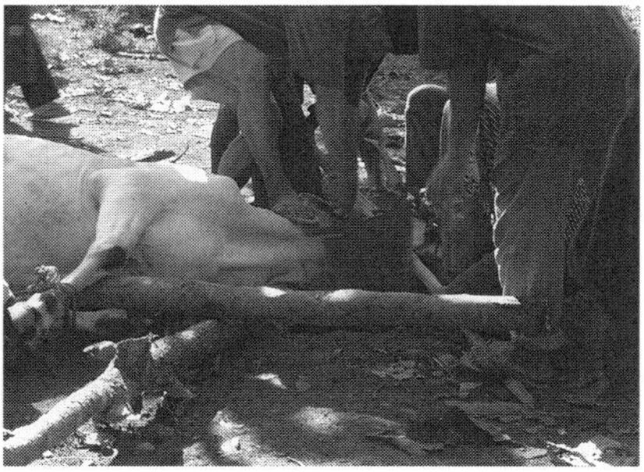

図 17-4　血が飛ばないように葉で覆う

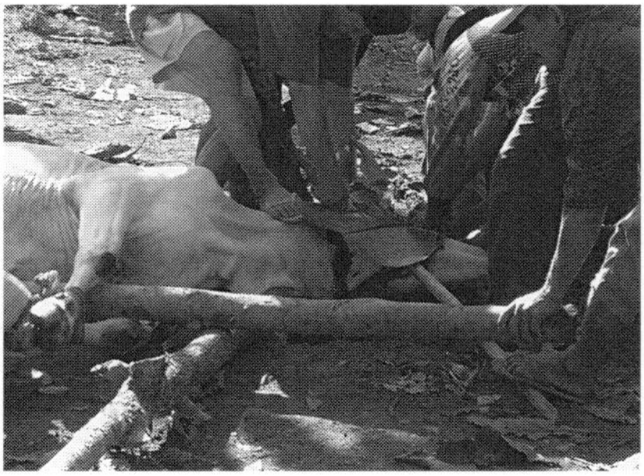

図 17-5　バスマラを唱えながら頸動脈を切断

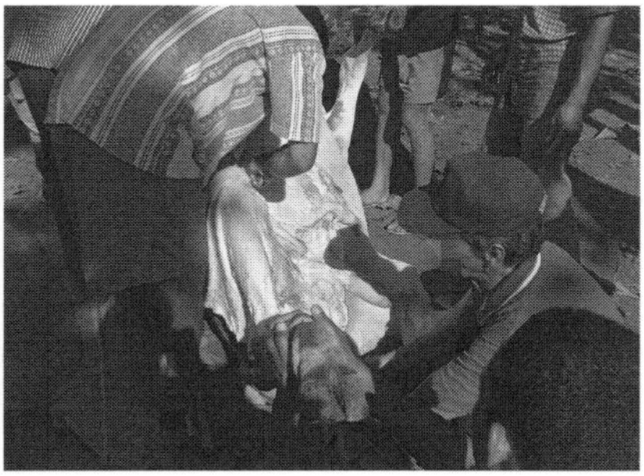

図 17-6　即座に皮をはぐ

図 17-7　供犠を見守る女性や子どもたち

図 17-8　すぐに婚姻をおこなう家で調理する

図 17-9　村民たちが寄り合って手伝う

図 17-10　男性たちは解体を担当する

図 17-11　作業中のまかない飯

図 17-12　ニワトリの供犠

図 17-13　キルギス，犠牲獣（牛）の炊き出し

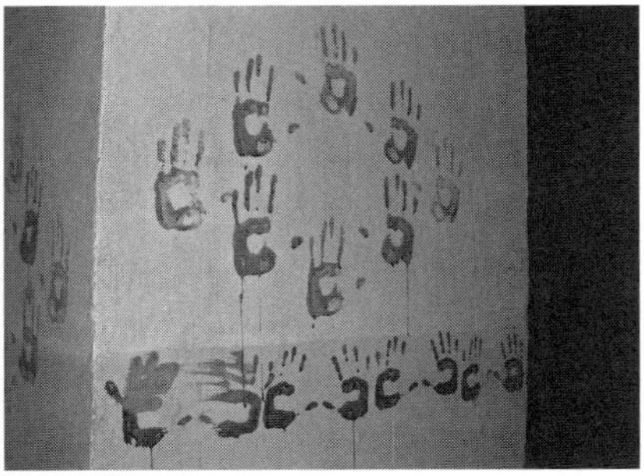

図 17-14　カイロ，犠牲獣（羊）の血の手形

図 17-15　クルアーンや聖地のポスターとともにお守りとして

して，①あらゆると畜が供犠（ザバハ dhabaḥa）[11] である。その方法は簡潔で同一，地域差がない。②犠牲獣は地域によって異なる（羊，山羊，牛，ラクダ，ニワトリなど）。③特別な来客や婚姻，新生児の命名式，男児割礼の祝いなどの際にもおこなわれ，④共食と⑤もてなしと施しを伴う。巡礼〔22〕章 27－37 節（巡礼の儀礼の中の供犠，アッラーの名を唱えること，自分たちで食べかつ分けなさい）に関連して，①毎年イスラーム暦の巡礼月（12 月）10 日に犠牲祭がおこなわれ，②犠牲獣はラクダや牛，羊などが使われ，③各地ではその日の朝に，その地域にある犠牲獣をほふって，共食する。④特別な供犠（犠牲祭のザブフ）と日常的な供犠（毎日のザブフ）にはその方法に違いが見られない。整列者〔37〕章 101－110 節（アブラハムによるイシュマエルの供犠）に関連して，①犠牲祭（巡礼中）の供犠は，イシュマエルの故事に由来するとの共通認識が見られる。食卓〔5〕章 3 節（禁止された食餌，アッラー以外の名を唱えることの禁止）に関連して，①と畜方法は徹底されており，②供犠（ザブフ）には純粋な食肉のた

めのと畜以外の要素が一切見られない[12]。③唯一の例外が神の名を唱える（バスマラ）部分であろう。④食用しないものを供犠に使わず（基本的に植物を使った供犠がない），⑤供物が食用されずに廃棄されることがない。**図 17-1〜17-12** はインドネシア，中央ジャワの農村における事例であるが，他の地域でも同様の実践は見られ，**図 17-13** はキルギスにおける犠牲獣を使った饗応のピラフである。なお，犠牲獣から出た血を使って，血の手形を邪視避けの意味を込めて壁に付けることもある（**図 17-14，17-15**）。

クルアーンの語りとムスリム社会の実態の比較から，次のような仮説が導き出せる。①供犠は2つの部分から構成される。神の名を唱える（数秒）＋動物をほふって（頸動脈を切る），共食する。②「神の名を唱える」部分がなければ，単なる肉を食べるための日常行為である。③供犠に用いられる動物は最初からコミュニティの人間が食べることが決まっている。一片の肉も無駄にしない。④イスラームの供犠はむしろ「肉をみんなが食べるための仕組み」に見える。⑤供犠が日常を調整するための非日常（秩序の回復，もしくは秩序の転覆の機能）であるとしたら，例外的な出費（生活費以外の，現実的な利益に転換されない余分な金銭とエネルギー）が払われていいはずで，日常生活にとっての余剰（ゆとり）が認められるはずである。それが見られない，とはどういうことであろうか。

⑥唯一バスマラ（神の名を唱えること）がその行為を聖化（供犠化）するのだとしたら，それは食肉行為のみならず，野菜を食べる，米を食べる，水を飲むといった行為にも同じことがおこなわれている。⑦さらに食事に留まらず，会議を開始する，ミニバスに乗り込む，布団にもぐりこむ，といった日常の瑣末な行為にまで同様のバスマラによる聖化が及んでいることが観察される。⑧イスラームの供犠（ザブフ）は日常のと畜行為および食肉行為を，献身行為に転化しているに過ぎない。⑨そうであるとすると，供犠の中心をなす巡礼月の供犠がイスラームの初期世代（ムハンマド時代）に直接由来しない故事に基づいていることの説明も付く。繰り返される物語がとりわけ重要であるから供犠となって繰り返されるのではなく，肉を食べるために供犠が必要であって，そのために物語が選ばれるのならば，それは当然クルアーンの中にただひとつだけ登場する供犠場面が選ばれる[13]。

5　欲望と帰依の主体

ここから導き出される結論は，動物供犠に表われているように，ムスリムとしての生き方には人間の誰もがおこなっている日常行為以外の行為がほとんど付加されていない[14]。純粋なハレの行為が極端に少ない。余剰がない。代わりに何がおこなわれているかというと，あらゆる日常行為の「聖化（供犠化）」である。水を飲む，ご飯を食べる，肉を食べる，夫婦が交わる……。特別なことは何も増えない，何も余分なことは加わらないが，その代わりに，すべての行為を神へと差し出すのである。

ただ普通の人間の生活に，帰依（アスラマ）の皮を被せる。日常と社会生活（衣食住，性生活，夫婦・家族関係，交友）にほんのわずかな仕掛け，節々に神の名を埋め込むだけの仕掛けで，三大欲求に基づく通常の生活全体を「ムスリムとしての生（神へのサブミッション）」の色を帯びさせる。

供犠的宗教として見た場合のイスラームの特徴をまとめたい。①イスラームは供犠の定義からすると，供犠的宗教であると言える。②イスラームでは供犠行為（献身行為）は日常生活の上に余剰として課されたり，もしくは日常生活を削減して確保される行為としてはほとんど存在していない。つまり供犠は非日常的な儀礼として徴付けられたものではない。③あらゆる日常生活の聖化（供犠化。献身行為への転化）が主たる手法であり，④その聖化を明示的に支えるのが「バスマラ（神の御名によって）」である。つまり，肉を食べる時に「バスマラ」を唱えればそれは献身行為となるが，唱えなければ単に自分の欲望を満たすための食事となる。欲望との実際の距離，行為が無私であるかどうかは関係がない。

⑤日常生活が聖化するとは，どういうことか。人間が通常おこなう行為（寝る，食べる，セックスする）を，個々人の欲望の範疇から取り上げることである。このことには次の2つの側面がある。⑥一つひとつ違う方向を向いているそれぞれの個体の欲望，その欲望に従って他者を自らの欲望の道具とする行為（他者への暴力）を個人から取り上げ，社会に秩序を作る側面であり，⑦場合によっては人間がおこないがたい行為を実践可能にする側面である。

たとえば，多くの人間にとって，花を摘むより，小麦を刈るより，牛の喉を切ることは難しい行為である。物理的に難しい（より高度な技術が必要である）と同時に，心理的な困難さがある（抵抗感，恐怖）。その行為を人間がおこなえるようにする，錯乱した精神で欲望のままに殺し傷つけ散らすのではなく，精神の安定を保ったままに食用や防御のために自らの手で一番害の少ない形（つまり，殺傷対象の苦痛の少ない形）でおこなうためには，おそらくよほど巧みな仕組みが必要である。神に許されていると思うだけでは，人はおそらく動物を殺せない。その行為のやり方と，意味を指定されて初めてその大きな一線を越えられる。神が動物の命を奪うことを人間に許可し，それを神の名を唱えながらおこない，神に捧げる行為として正しくおこなえという明確な命令が下されることによって，その社会では人びとが個別の欲望とは切り離された形で，困難な行為を日常化し，必要が生じるごとにその行為をおこなう。人口に膾炙した次のフレーズが象徴的である。

> アッラーはすべてにおいて善くあることをお命じになった〔すべてのことの上にイフサーンをお書きになった〕。それゆえ，殺める時には善く殺し，ほふる時には善くほふり，そしてあなたたちの一人ひとりは刃を研ぎ澄まし，ほふられるものが安らかになるようにしなさい。（預言者言行録より）

以上から，イスラームにおいて供犠は徹底して日常化（脱聖化）されており，それは同時にあらゆる日常の供犠化（聖化）であると推察できる。つまり，ベースとなっているがゆえに，際立って目につく突起した特徴にはなっていない。モースとユベールの指摘する聖化と脱聖化の「非常に緊密な相互依存」は，イスラームにおいてもっとも極端な形にまでつづめられていると言えるだろう。供犠がマイナーに見える理由は，メディア装置を通じたその日常化のゆえであり，従って，レヴィ＝ストロース的な「成立宗教＝供犠的世界」という指摘は，イスラームについても当てはまる。

メディア装置とは，特権的なモノを媒体として日常世界への神的介入を確保する仕組みである。イスラームにおいては，メディア装置はバスマラ（神の名を唱える）をはじめとしたクルアーン（神の言葉）が音や文字などのモノとなって人びとの日常生活の細部に埋め込まれることで発動している。クルアーンという特権的なモノが媒体として機能することで，人びとの生活はサブミッション（神への帰依）の色を帯びる。水を飲むことが，バスに乗り込むことが，神への献身行為として生まれ変わる。それはあらゆる日常の聖化であると同時に，聖（神の言葉）の徹底した日常化・俗化でもある。一人ひとりの人が自らの生を謳歌しているその毎日の中で，クルアーンはまぎれもないその個人的で現世的な欲求の追求のための細部としてはめ込まれ，活きている。本書では，その聖と日常が混然一体となったさま，すなわち，日常の聖化＝聖の日常化を具体的な事例，多種多様な事例とともに明らかにしようと試みてきたが，読者の皆様にそのことが伝わっただろうか。

第 18 章

受肉するソースコード

1　ディバインリーダブルから，ソサエティリーダブルへ

第Ⅰ部において，クルアーンは「ソースコードの集積」であるとする本書の立場を紹介した。本章では，このことが意味する裏面について論じたい。クルアーンの本文がソースコードであるということは，逆に言えばその単語列の持つ意味や，そこから引き出された実践はすべてソースコードが「受肉したもの」であって，ソースコード自体でもないし，すべて後天的かつ社会的，文化的，地域的に発生したものに過ぎないことを意味する。

クルアーンの本文は（音声によって再現されるにせよ，文字で再現されるにせよ），それ自体では厳密には意味を持たないと言ったら言い過ぎであろうか。膨大で多様な啓典解釈（タフスィール）の発展史にたどってみたら，預言者言行録（ハディース）の膨大なコーパス（真偽の不確かなものも含めればそれは途方もない量になる）に少しでも踏み込んで，ムハンマドの慣行，生前の彼が言葉で，身振りで，行動で，習慣で，クルアーンとの付き合い方を手本として示してみせた 23 年間の記憶や思い出を伝承した言葉を見たならば，そこにある説明があってこそ，クルアーンが何を語っているのか，クルアーンがどういう存在で，どのようにそれが受容されるものなのかを知ることができると了解することができる。21 世紀のわたしたちは，すでに 1300 年もの長きにわたる膨大な量の説明の上にクルアーンを理解するのであって，クルアーンはそれ自体として，意味の確定しやすいテクストではまったくない。

クルアーンの各単語の意味の幅は，言語的にある程度規定されるにせよ，それに対する解釈がほぼ無制限とも言えるほど多様化してきた歴史を見る限り，クルアーンの各フレーズには限定的な意味が乗っているわけではないと考えられる。単語列が意味することをめぐる解釈も，それがどう実践に結び付くかも，地域的・文化的に形成されたものであり，地域や文化を超えての統一性はない。

しかし，イスラームの価値システムが成立する上で重要なのは，解釈や実践が時代や地域・文化によって固有で，人間社会の多様性に比例して多様であり，ほとんどそこには均一的，単一的な現象が観察されない一方で，それらの個々固有の社会が標準点としては，共通のものを使っているという点である。標準点とは，言い換えれば評価基準点，参照点とも言え，人びとが自分たちの人生や社会を省みて，価値判断する時に用いることのできる教訓や思考法のプールのことである。

本章では，ムスリム社会において価値システムが生成された仕組みを，第Ⅰ部で提示した枠組みに沿いながら，詳論したい。ソースコードが一対一対応する実行へと結び付くコンピュータプログラムと異なり，人間社会では「ソースコード」と「ソースコードの実行内容」が単純に連動して，ソースコードに記されたプログラム（人の生き方，人生）が起動するわけではない。人間集団の中で生じている網の目のような権力を超えて，上位の権威が確立された地点で生成された言葉群（ソースコード）にとって，その摩訶不思議な「ご神体」＝「お言葉」を人間社会の中で有意で有用な言語（コンピュータで言えば機械語）へと変換し，人びとにその実行を促す媒介者（コンパイラー＝翻訳者，編集者）の存在が不可欠であり，これらが同時に揃うことで初めて正常な起動が可能となる。

通常は，ソースコードを記述し，プログラムを作成する者をプログラマーと呼び，彼らが読み書き可能な形式をヒューマンリーダブルと呼び，その形式で書かれたソースコードの言語をプログラミング言語と呼ぶ。それに対し，作成されたプログラムを実行する従属的な客体はコンピュータのプロセッサ（処理装置，ハードウェア）に当たり，プロセッサに出される指示は，最終的には機械に理解可能な機械語に変換される必要がある。

コンピュータを用いたこの比喩では，「世界の創造」と「人間の人生」をプログラムしたプログラマーは神に当たり，神が人間世界に指示を出すために記述したクルアーンは，形式としては「ディバインリーダブル（神言語）」と言い換えることができる。この言語がコンパイラーに当たるムハンマドによって，同時代の部族社会やアラビア半島とその周辺に流通しうる言語に変換されていく過程があり，その結果作られたのが「ソサエティリーダブル（社会言語）」であるところのクルアーンの解釈群（誦み方の確定されたクルアーンの本文と，注釈や議論などの二次言説，抜粋・組み合わせ等の形式を含んだ特定の社会の中で受け入れられる理解の集合）である。

クルアーン自体の中では，「明確なアラビア語で〔下された〕」（詩人たち〔26〕章195節），「われ〔アッラー〕が使徒を遣わす時は，必ずその民の言葉で〔遣わす〕。その民に〔啓示の内容が〕明らかとなるようにである」（イブラーヒーム〔14〕章4節）と語られているが，クルアーンのアラビア語は語彙も文法も，当時成立していたアラビア語を超える独自の言語であり，同時代的にその都度ムハンマドの言葉と行動によって説明されなければ，意味の成立は十全ではなかった。これらのクルアーンの自己規定のフレーズは，クルアーンが自らの超越的な言語的性質を主張しているというよりは，「神のメッセージを理解しようとする努力を放棄するな」という指示，あるいは「人間に語りかけてくださった神の慈愛を忘れてはいけない」といった指示の，レトリック的表現（言い換え）であると考えた方が，納得がいく。

2　前近代的バルクの形成

のちにクルアーンという総称のもと，単一のソースとして編成されることになる長短さまざまのフレーズ群は，ムハンマドの存命時は，彼を取り巻く激しい社会環境，変革期の部族社会の中で，もっとも有効な資本のひとつとして機能した。逆に言えば，彼が語りえたフレーズは彼の唯一の政治的・文化的資本であった。

古来，人類社会において，他の者が知りえない太古の物語（天地創造，神との原初の契約，人類の始祖たちの物語など）を知り，他の者が語りえない美しい言葉でそれらを語り誦んじられることは，同時代的な人的なネットワークの中できわめて有効な社会的・文化的・政治的な力として機能し，他者と政局を動かすことが可能であった。

クルアーンが，他のテクストに打ち勝ち，他者を動かす具体的な力となりえたことは，歴史記述などからもうかがえる。クルアーンの内容は，ムハンマドの詩才や創作能力の発揮というわけではない。旧約聖書や新約聖書の物語は，地中海東岸一帯で共有されていた文化的な基層であり，部族の始祖たちの物語は部族の間で流通しやりとりされる系譜学に属する知であった。すなわち，エピソード自体は他の者にも手に入るところに横たわっていた。これは口承文芸期にあった他の社会でも共通して確認できる事項であり，当時のアラビア半島やイスラーム史に特有のことではない。近代以前のクリエイティビティー（創作性）とはそもそも著者性（authorship，特定の個人が作者としての権利と占有する）とは無縁で，互いに共通の登場人物，出来事，エピソードを使いながら，いかに他の語り手よりも聴衆を感動へと導くか，という共有知に立脚するジャンルであった。

共有知であるところの「歴史」（太古の物語と昔々の物語）を，誰が語り，その語りの説得力ゆえに，その「歴史」の語り手（継承者）として社会的に認知されるかは，競合が生じる。人間が生きる世界よりもはるかに大きな宇宙のことを幽玄で不可思議な韻で奏で，その宇宙を支配する絶対的な神への畏怖や崇拝を祈りとして寿いでいく。それぞれの文化において，特権的な記号，すなわち象徴言語であるところの神話が語られる際には必ず日常言語とは異なる言語（語彙，文法，技巧）が用いられる。社会と時の審判にさらされない神話はなく，権威あるソース（テクスト）は競合の中から形成される。それと同じように，ムハンマドが口写した「神の言葉」もそれにふさわしい言語的神通力に満ちていた[(1)]。それゆえ，同時代のアラビア半島の人びとはそれが「神の言葉」であることを納得した。アラビア半島におけるセム的一神教の系譜の継承について言えば，勝利を収めたのはムハンマドであった。

神話は，ある時代には力を持ったソース（テクスト）として人びとの間に鳴り響いていたとしても，時代の移り変わりとともにその神通力を失うことが珍しくはない。20 世紀初頭にレヴィ＝ストロースがかろうじて生きた残り香をつかまえた北南米インディアンの神話は，信仰共同体の破壊とともに力を失った。クルアーンから約 1 世紀後，天武・元明両天皇の治世下の日本で成立した古事記も，真実を宿す力を保持できたのは江戸中期の本居宣長の時代くらいまでであり，現代ではそのテクストを諳んじ，テクストの持つ力によって自他に対して力を行使する人はほとんど残っていないし，そのような行為が可能になる共有知も薄れている。

現在から振り返ってみるならば，クルアーンはムハンマドの生とともに保有しえた神通力を，紆余曲折しながら，形や質を変化させながら保持した。現代でも，クルアーンの言葉を活き活きと諳んじ，自他に対して活発に，また時としてアグレッシブな働きかけをおこなうムスリムたちの姿が目撃される。しかし，重要なことは，それが決して単調で安定した継承の歴史ではなかった点である。

「大地を歩くクルアーン」と称されたムハンマド，すなわちその人の振る舞い，行動，クルアーンのフレーズや神意についての説明，教えがすべて「クルアーンの真なる体現」として受け止められたカリスマは，63 歳で天寿を全うした。彼の亡き後，共同体にとって「クルアーン」とは何であり，どれがクルアーンの正しい姿であり，クルアーンの真のメッセージは何であるのかは，常に模索の連続であり，人びとが努力を積み重ねるしかなかった。それぞれのターニングポイントで誰かが重要な舵を切り，そのたびごとにクルアーンは時代にあった形となった。クルアーンの継承＝保全の歴史とは，徐々にムハンマド時代の形（ムハンマドが放った生々しい神通力）から遠ざかり姿を変えていく喪失の記録でもあり，同時にその時々の危機を乗り越えて次の時代に「クルアーン」を持ち越した成功の記録でもある。

クルアーンはまず音として成立し，音として伝達された。ムハンマドと彼を取り巻く人たちの肉声によって響いたクルアーンが，どのように取捨選択され，成形され，削ぎ落とされ，型にはめられ，整えられていったのかについて，本書ではいろいろな形で論じてきた。

3　コンパイラーとバルクを失った時代

これらの歴史的変遷から，以下のことがわかる。①意味も音も時代や文化の境界線を越えて伝達されるわけではない，②それらが伝達されない中で「知を生成する作法」が作られた。すなわち，クルアーンについて物を申す（神意を解き語る）ためには遵守しなければいけないルールがあり，それにのっとる言説が知の覇権を握り，知のヒエラルキーの頂点に来ることが社会的に受容された。③しかしあくまでも「ウラマーは一般信徒の中から」という仕組みゆえに，ウラマー自身の出自も庶民性が強く[(2)]，また庶民との生活空間・血縁上の距離が近く，一般信徒の要求，意見が色濃く反映され，クルアーンの朗誦や写本の実践の展開と規制を見ても，庶民の要望や感覚からかけ離れたものは少なかった。

しかし，一般に「イスラームの伝統（伝統社会，知の伝統）」と表現される，この前近代的バルクは現代ではすでに崩壊しており，跡形もない。コンパイラー亡き後の世界，すなわち，前近代的なバルク（イスラーム的知の権威と伝達の作法・形式の確立）が崩壊した近現代は，「非専門家（一般信徒，大衆）の欲望と熱情」（しばしばそれは狂信的で，他者を踏みつけるような幅の狭いものである）によって特徴付けられる時代であろう。もちろん，ウラマーが人びとの尊敬を受け，それぞれの街区にひとりはハーフィズ（クルアーンの全文暗記者）がいたような前近代の古きよき時代でも，庶民はもちろん存在していたし，彼らは厳しく選択肢の少ない中でも欲求や悦びを殺すことなく生を送っていたであろう。しかし，その生は今日の生に比べると，それぞれの社会の中で受け入れられた権威の強い影響下にあり，文化的にも宗派的にも調和がとれており，それぞれの社会が自存し自律した文化圏をまっとうしていたであろう。

今の時代に溢れかえる，すべての大衆を巻き込んだイデオロギーやドグマの度を失った潰し合いなどは起こるべくもなかった。村の古老に，一介の主婦が扇動的なパンフレットで読んだことで賢しい口を利くということもなかった。失ったものは，知の伝統と知を持つ他者に対するアダブ（礼節，礼儀作法）である。

知のヒエラルキーが崩壊し，伝統的な知（クルアーンの読誦をめぐる総合知，ハディース学の基本，歴代の啓典解釈と，それらをめぐる師匠からの口伝の講釈）に対して，本を数冊読んで手に入れた情報，もしくは先輩ダーイー（宣教師）のアジテーションの受け売り，さらにはネット上のインフルエンサーの言説とが同じ土俵に置かれているのが，今の終着地点である。

八木久美子の『グローバル化とイスラム――エジプトの「俗人」説教師たち』は3つの世代からなる層が現代におけるイスラーム的知を支えているさまを描いたすぐれた書であり(3)，この有機的に機能する三層構造が発生しているのは，舞台となっているのがウラマーの総本山アズハルを擁し，そのウラマーの大群とともに生きてきたエジプト社会だからである。いわば，社会自体が世界一重厚なバルク（伝統知に従う民衆）であった。

ウラマーを輩出することができる（生産力が高い）ということは，単に教育機関がすぐれているということではない。そこに吸い上げられる人材は，カイロから遠く離れた農村からも来ており，吸い上げるもとの裾野と，輩出された後の受け皿となる需要先にまで，ウラマー文化が染みわたっているということである。他の社会では，必ずしも同じような状況が成立しているわけではない。

（1）現代へ（時代を超える）

ソースコードであるクルアーンは，その本文（単語列の集合）が人から人へ，コミュニティからコミュニティへ，時代から時代へ，伝達されて初めてそれぞれの社会の価値体系を形成する参照基準となりうる。本書を通じて明らかになったのは，師匠と弟子の対面の口伝えによる訓練を通じた伝達と，そこで写本クルアーンが果たした役割，専門的朗誦家のネットワークに支えられた朗誦圏の成立と，それらの近代化以降の展開である。クルアーンという聖典の本文が，比較的同型のまま，大きな増減をせずに時代から時代へ，共同体から共同体へと伝達されえた理由として以下のことが導き出される。

1）1冊のムスハフ（本の形のクルアーン）に収まり，容易に暗誦できる程度に，分量が少ない（他の副次的・二次的テクストとの差異化に成功し，ほかと異なる言語様式のものとして区分するという，ムハンマドが意図した認識方法を社会の共有知とすることができた）。
2）肉声での美的再生に依存している（美的心地よさをメディアとすることに成功した）。
3）暗記・再生を信仰行為とする考え方が浸透し，広く一般信徒によって日常的に実践された（広範囲の参加者を獲得し続けた）。
4）イスラーム以前は未発達だった言語をこのためだけに整備し，クルアーンの言語として固定し，文飾にこだわるような言語的発展が抑制された（独自の記譜法＝正書法が確立し，それが日常言語とは乖離し保存された）。
5）カリフ・ウスマーンによる大がかりな正典化事業の効果が長く生きて，朗誦・写本時代の広がりの幅を決定した（各地域的な展開に足かせがあった。太鼓などの楽器による伴奏や他のフレーズを挿入するといった追加的な行為ができない。写本もモデル＝先例を重視する態度が展開の幅を狭めた）。
6）本文の伝達は，前近代の朗誦圏（写本を含む）を継承した20世紀前半の正典化（刊本ムスハフとエジプトの大朗誦家）によって，現代へ持ち越すことがほぼ成功した。
7）現在争われているのは，意味の生成権（章句を解釈する権利）である。伝統的な意味解釈の持ち越しが上手くいかなかったことと（伝統の崩壊），クルアーンという聖典が庶民にとってもアクセスが比較的容易なテクストであったために，意味生成の仕組みをめぐって激しい競合が起こり，解釈する権利を求めて非専門家までも参入して，その末端においてはテロ組織までもが解釈の権利の主張するような悲惨な争いが生じている。

(2) 人びとの生活へ（地域を越える）

クルアーンの本文（単語列の集合）は，全体として規範的な形で継承されたほか，各時代や社会の中では人口に膾炙し，口伝えやモノの形で慣用的・慣習的に受け渡された。その際，多くの場合は断片となっており，一語や数語から章丸々ひとつなど，いくつかのレベルで断片化され使用される。これらは参照基準としてのクルアーンの表出形態ではあるが，本文自体の規範的な表出ではない。その社会に前時代や隣接地域から継承された規範的クルアーンをもとに，社会の構成員によって二次的に生産される日常使用のためのものである。第Ⅱ部で見た写本・刊本や第Ⅳ部の朗誦のクルアーンが，本文を継承するためのクルアーン（規範的表出）であるのに対し，第Ⅴ部で取り上げた事例は，その共同体の中で毎日の生活の価値方向性を構成するためのクルアーン的断片（実践的表出）である。

そこから明らかになったのは，宗教行為と日常行為の両方でクルアーン的断片の使用が見られることと，多種多様な形態と目的によって生活のさまざまな細部にクルアーンの本文が登場すること，非アラビア語圏でも口頭・文字の両方でアラビア語原文が使われ，多少の歪みや訛りを含みながらも流通していることである。

アラビア語のクルアーン的断片が非アラビア語圏にも伝達され，日常的な使用が定着した理由として，以下のことが導き出される。

1）地域色が加わることが否定されなかった（統一的権威の不在，アラブ至上主義の克服）。
2）地域的な歪みを厳しく矯正する仕組みがなかった（人びとの「快」「好」の感覚を妨げない程度のウラマーによる導き）。
3）地場生産のウラマー育成の仕組みが複数の地域で可能になった（外来のウラマーに従うのではなく，その文化の代弁者がその文化の中でリーダーの役割を果たす）。
4）力関係の実態として，大衆の行為が優先で，ウラマーは後追いで承認するしかなかった（写本や刊本の成立の時でさえそうだった。このことは，ウラマーはウンマ＝共同体の選良ではあるものの，最終的な決定権はウンマ全体にある，として正当化される）。
5）意味理解よりもアラビア語本文の再生優先なので，文字テクストもしくは音の断片のコピペで，大衆が容易に参加できる（特権階級の占有物にはならなかった）。
6）非アラビア語圏におけるアラビア語の魅力（魔力，呪術化。匂いなどとも結び付いた）。
7）現代で問題となっているのは，文化的表現の過剰（中華風やヒンドゥー風）や，大量生産品の流布による濫用，粗雑な扱い（クルアーンが書かれた紙片を焼却したり埋葬したりするなどの，クルアーン原文に対する前近代的マナーが弱まってしまった）など，「聖なるもの」が聖なるものでなくなってしまう，「聖なるもの」に対する感度の低い現代的な生活のあり方である。

(3) 生き方の競合へ

ソースコードであるクルアーンの各フレーズ（単語列）が何を意味し，そして複数のフレーズが結び付くことで次なるメッセージが生まれ，さらには総体としていかなる神命（神からのメッセージ）を持つか。これらの「クルアーンの章句の意味」は，ムハンマド時代以降共同体の中で生成され，歴史を通じて他の文化や他の言語の影響を受けながら精製されてきた。

クルアーンを一次言説とすると，その補足に当たるハディース・クドゥスィー（神聖ハディース）と，ムハンマドによる直接的・間接的解説，実践の記録であるハディース・ナバウィー（預言者言行録）が二次言説，さらに彼の直弟子の解説・実践を含んだ教友（サハーバ）たちの伝承，孫弟子（タービイーン）たちからの伝承が三次言説，そして学問が体系化された10世紀以降の専門家らの著述がクルアーンの意味とそこから引き出される実践にまつわる四次言説に当たる。

これらの一次から四次言説までを総合的に扱い，人びとの知恵袋となり，社会に教訓のプールを供給するのが，ウラマー（専門知識を修めたイスラーム学者）たちの役割であった。ウラマーたちの担う，クルアーンを中心に形成された複合テクストネットワークは，生き方の指針を生み出すソースであり，そこから引き出された知の伝統がイスラーム的教訓のプールとなって前近代の社会に生きていた。

しかし，そのあり方は20世紀以降大きく変化してきている。その変化をもたらした要因としては，以下の6点を挙げることができる。

1）刊本の成立（非識字依存の拓かれたテクストから，大衆の識字能力による自学自習へ）
2）原理主義の影響（二次から四次言説の軽視・無視。伝統の否定。個人のエゴの肥大化や暴力装置として宗教を悪用）
3）さまざまなバックグラウンドの非イスラーム知識人の出現（農村出身・学院育ちのウラマーに対抗）
4）近代国家の成立（国家による支援や統制，介入）
5）国際化，グローバル化による情報の交流（差異や統一をめぐる議論のアリーナの開始）
6）学術レベルでムスリム・非ムスリム間の垣根の消失（ウラマーや知的リーダーたちの欧米圏への亡命・移住，欧米のアカデミアが若手ムスリム研究

者をヘッドハンティング，移民2世・3世の非イスラーム圏育ちのムスリム研究者の増加）

本書は，クルアーンの形態に着目し，さまざまなモノ（メディア）の形で製造・流通・流布したクルアーンを介して，前近代においてイスラーム的価値体系（権威）が形成され，そしてそれがどのように姿を変えて現代に持ち越されつつあるかに迫った。総じて言えば，伝統社会から近代への移行によって，クルアーンをめぐる状況には劇的な変化も生じたが，その一方で，「神秘力のメディア」としてのクルアーンは，優れたメディア装置としての強靱な生命力によって危機的状況を生き延び，さらに音として伝わるテクストの強みが，20世紀半ばからのレコード，カセット，デジタル音源，インターネットの普及などによって，再び大きな強みを発揮するようになっている。それが，世俗化や脱聖化が急速に進む現代において，宗教が人びとにとって大きな意義を持つイスラームの実態を形成している。

次の「おわりに」では，これからの時代をも視野に入れつつ，本書の結論をまとめたい。

おわりに
——「現代のクルアーン」を追いながら——

21世紀に入って四半世紀を経ようとしている現在，地球上に生きる20億人，世界人口の25%，4分の1にも及ぶムスリムたちは，ほとんど全員が「普通の人びと」である。グローバル化やアメリカ化，マクドナルド化を免れているムスリム社会などないし，イスラームの人たちだけが21世紀から取り残された，宗教の支配する前近代を生きているわけではまったくない。

彼らは，この本を手にしてくださっている読者の皆さんの一人ひとりと寸分違わず，21世紀の宇宙船地球号の乗組員である。彼らもわたしたちも，同じ時代を生きている。

モダンなこの時代は，つらいであろうか。答えは，イエス。誰にとっても，つらい。その一方で，とても便利で楽な時代でもあることは否めない。

つらさの中には，もちろん古くからあるつらさもある。貧困や飢餓，戦争。あるいは不平等や疫病の蔓延。その一方で，さまざまに悲鳴を上げる生態環境への過重な負荷がもたらすこの時代特有の地球規模的な環境問題もある。

精神的なつらさは，どうであろうか。社会自体が前の時代ほど，シンプルでわかりやすくはなくなった。価値は混在し，混迷を極めている。選ぶ自由を与えられても，選ぶ方法は正しくは学べない。そのような複雑で，個人への負担が大きい時代に，イスラームというシステムを利用できる人たちはほんの少しつらさから免れているかもしれない。そのあり様を，本文で熱心に，時に執拗に追いかけた。

では，イスラームの人たちが抱えている特有のつらさは，何であろうか。それは，自分たちや自分たちの宗教が世界中が忌み嫌う「テロ」とイコールで結び付けられ，「イスラモフォビア（イスラーム嫌い）」があたかも正しい態度であるかのように扱われることである。「テロ」が好きな人間など，ありえない。自分や大切な人たちの命を理不尽なロジックで突然奪う犯罪や暴力が好きというほど愚かなことはありえないであろう。ムスリムは世界のいたるところで，一部が犯す愚かさ（テロ）と結び付けられ，同一視され，それに対する嫌悪を目線で，態度で，言葉で浴びせかけられる。

そのことを憤り，苦痛に感じ，反論したくてもだえ，自分たちの宗教や聖典はそんなものではないと言いたくて仕方がないムスリムたちは，どこにでもいる。しかし彼らは，なぜ，自分たちを生かし，導き，暗闇の中でも道を照らしてくれる美しいクルアーンが，暴力の旗印にされてしまうのか，にわかムスリムやイスラームぶったならず者集団に利用されてしまうのか，往々にしてその説明をできずにいる。

クルアーンは，決してテロを容認するテクストでもないし，ましてやそれを推奨するようなテクストでもない。クルアーンを保持し次の世代へと引き継ごうとする各時代の懸命な営みを見るならば，「クルアーン」とは，まさに歴史上のたくさんのムスリム社会がクルアーンを信奉し，解釈し，その内容の実践に努めてきた総体であり，それは「テロ」になど使いようもないはずのテクストだとわかる。

しかし，その仕組み，多様な解釈が可能で，断片化して庶民のニーズに合わせて使うことができるといった形態としての仕組みに着目するならば，もし誰かが意味世界を無視し，総体に込められた神からのメッセージを無視して，自分の都合で，ハンディ（お手軽）で，キャッチー（人目を引く）なシールにしてペタペタ貼り付けて悪用しようとするならば，それも不可能ではないことがわかる。イスラームには教皇も公会議も破門もなく，聖典としてのクルアーンの正しい使用は，長い年月をかけた伝統によって確立されたものであり，それを無視する者が現代に現われれば，悪用も可能となる。

ムスリムは，筆者の知る限りどこでも，世界中から嫌悪される追い詰められた醜い武装集団が，イスラームのターミノロジー（語彙の運用）を振りかざすことを嫌がっている。彼らにはクルアーンを触る権利はないし，触ってほしくないし，ましてやクルアーンを知った風に口にして，イスラームを貶める醜い発言を安っぽい動画で世界にばら撒くなど，してほしくない。そのような「イスラーム」のシールを貼り付けた，イスラームとは似ても似つかない醜悪な行為を，2000年代には「身内の恥」と思うムスリムがたくさんいたように思う。

2010年代半ばを過ぎてからは，多くのムスリムたちが，自分たちが使うのと似たような語彙を振りかざして，真逆の行為を見せびらかす者たちが誰なのか，困惑し，途方に暮れ，合理的に分析することを放棄しているかのようにさえ見える。本書は，メディア装置としてのクルアーンの仕組みを解明することで，過激派がおこなっているような逸脱が，仕組みの悪用によってどのように可能となっているか，についても光を当てようとしてきた。できれば，ムスリムたちにも，メディア装置のあり方を理解して，この問題についても，もっと深く考えてもらいたいと願っている。

最後に，本書で紹介したようなクルアーンの実態，すなわち，大小さまざまなサイズで鞄に入れられたり家の本棚に置かれたり，通勤電車の中や店頭勤務の休憩時間に誦まれる刊本，携帯電話，アクセサリー，日常会話の中の断片などについて概括し，それを分析する枠組みの問題についても立ち返ってみたい。

(1) メディアとしてのクルアーンが，ムスリム社会の中でさまざまな形で飛び交っている。

(2)「さまざまな形」の種類や豊富さには地域差があり，またいかなる物質が活用されているかにも土着の文化との融合が見られる。たとえば，日常会話の中で使用される慣用句は，アラブ圏の方が非アラビア語圏のインドネシアなどよりも豊富であるし，クルアーン・グッズはカリマンタンのヘナ細工やパレスチナのオリーブ工芸など，その地域の生態系的・文化的性質に大いに結び付いている。

(3) その一方で，イスラーム世界の中の地域間での共通した流行や，地域間でのつながりなどから見えてくる特徴がある。すなわち，中国の杭州で作られた安価でチープな作りのグッズが，世界各地で発見される。あるいは，かつてエジプトからプロの朗誦家を講師として招き，国内の朗誦家育成をおこなっていたインドネシアやマレーシアは，今や国際レベルで通用するまったく訛りのない自国出身の朗誦家の輩出に成功し，アラブ人の好事家を驚嘆させたりもしている（アラブ圏の諸地域から輩出される朗誦家は，耳慣れた好事家にかかれば，瞬時に厳密な出身地が当てられてしまうが，東南アジア出身の朗誦家は地域的特性がわからないという）。

(4) 前項からわかるのは，メディアとしてのクルアーンは特定の地域や人種に限定されないということである。クルアーンを正確に美しく音にできさえすれば，人種は問われないし，クルアーンが鮮やかにプリントされたポップでキャッチーなデザインのグッズならば，それがムスリムの手によるものである限り中国産でもかまわないのである。

(5) 第Ⅰ部で議論したように，クルアーンとは，この世界にはいない不可視の絶対神を代理し，この世界の中に神的介入を可能にする唯一の架け橋，すなわち特権的な媒体である。

(6) この媒体は一方では，人びとが神との原初の約束（神が人間を愛し，約束をくれた）を想い出し，この世を生きて行くことを可能にし，もう一方では，この世での活き活きとした生の欲求に満ちた日常生活の構築を可能にしている。

(7) イスラームでは神と人間をつなぐ媒体は唯一，「神のお言葉」（クルアーン）である。神の顕現である子なるイエス・キリストもいないし，その肉を代理するパンも血を代理するワインもその贖罪を代理する十字架もない。媒体をデフォルメ化した物質は何もない。「神のお言葉」という一種類の言葉群のみを媒体として，言葉のモノ化（音声化，文字化）とマテリアル化（グッズ化）を媒体として成立する，巨大でシンプルな代理システムである。どれほどモノ性や物質性，デザイン性（フォントやインクの色，製品の形）を獲得しようとも，どこまで行っても「神の語り」そのままの原文テクストが現われ続ける。

(8) その一方で，詳細なディテールを持つがゆえに，個人の人生において引き合いに出される（「今日稼いだこのお金は神からのいただきものだ」「避妊し損ねてまた子どもができてしまったけれど，子どもって神からの授かりものだし」等々）。人は自分の生活の上での選択を肯定したり納得したりする際に，クルアーンの断片を引き合いに出す。あるいは，連れ合いの浮気を咎めたり，身近な人の離婚を慰めたり，女同士集まって著名人の２番目の妻との結婚をわいわいがやがや，ああでもないこうでもないと罵る時などに，クルアーンの断片が顔をのぞかせる。

(9) ムスリムとして生きるとは，自分自身の欲求を抑制したり，望みを諦めたり，日常生活を中断したり，時間とエネルギーを犠牲にして禁欲的な宗教儀礼に励むことではない。第Ⅵ部で確認したように，メディア装置の作用によって聖の日常化＝日常の聖化が起こっている。すなわち，肉を食べる，水を飲む，布団に入る，バスに乗る，といった日常行為の節々にクルアーンの断片が埋め込まれることによって，あらゆる日常行為が献身行為へと転化する。

聖なるもの（クルアーン）は徹底的に日常に散りばめられていて，特別などこか清いところに安座していたりはせず，とことん俗的な生活の，俗なる人びとの喉に貼り着き，物質をまとい，俗なる世界を飛び回っている。そのことはつまり，俗なる生活はすべて聖なるもの（クルアーン）の刻印を刻まれて，帰依（神への服従）の色彩を帯びさせられているということである。喉が渇いて，飲みたいものを飲む。少し高いジュースを親にねだって買ってもらう。そんなことさえも，ある言葉の断片がつぶやかれるだけで善行に変えられてしまう。

言葉が唯一の代理（媒体）であること，媒体には条件付けがないこと（誰の喉から発されても，どこ産の物質でもいい），言葉ゆえにディテールを持ち日常構築の細部となりえること，聖の日常化＝日常の聖化の徹底――これらがイスラームのメディア装置であるクルアーンの特徴である。

これらの特徴を持った代理（媒体）システムは，何と呼ぶのが適切であろうか。レヴィ＝ストロースら，人類学の伝統は，代理システムを「供犠」と総称してきた。第 17 章の **4** で検討したように，イスラームも供犠的宗教と判断することができ，クルアーンを中心に成立している代理システムも広義の意味での「供犠」に含めることもできる。

レヴィ＝ストロースらの供犠概念の拡張も参照しながら，メディア装置の概念を本書では鍛えてきた。その概念を，第Ⅴ部で集めた事例の生（ナマ）の実態を余すところなく包括するように，広く強度のある枠組みとして試行してきた。その結果，先に挙げたようなクルアーン単体を中心媒体とした，全生活的で社会全体に広がるイスラーム独自のシステムが見えてきた。おそらくこれは，代理システムの中でも日常生活への浸透度合や，日常の実践を包括する拡がりが高い部類のものであろう。

とはいえ，このようなものまで「供犠」という言葉に押し込めてしまうのは，やや無理があるかもしれない。供犠という語はそこまで強度が高くない。そこで本書は，伝統的な供犠論に代えて，諸宗教が持つさまざまな日常生活への浸透度や規模，特性を持つ代理（媒体）システムを，「メディア装置」という語で共通に語るメディア装置論を提唱したい。メディア装置論は，それぞれの宗教で何を媒体とするかは異なっているものの，宗教が共通に持っている，この世界とこの世界に属さない神的存在を関係付け，神的存在のこの世界に対する介入を物質化させる仕組みを対象とする。その上で，その物質性に着目しながら，その代理（媒体）システムによって，いかなる仕方で二者が結び付けられると同時に，いかなる仕方で人びとの日常が構築されているのかを解明することを目的としている。

本書は，イスラームについて，この概念を適用して議論を展開した。クルアーンがどのようなものとしてムスリム社会の中で生きているのかの一端を，明らかにすることができたとすれば，筆者にとってこの上なく喜ばしい。もし，ここから，諸宗教における聖典をめぐる人類学の歩を進めることができるならば，望外の喜びである。

補論1　クルアーン研究史

第Ⅰ部の第2章では，「クルアーン研究の今日の地平」と題して，本書の議論の前提となっている研究史，つまり欧米や日本におけるクルアーン研究史と，イスラーム世界におけるクルアーンをめぐる学術的な営みを概観した。あくまで本書の議論を読者にご理解いただくための章であったため，膨大なクルアーン史をざっとまとめるに留めた。以下では，研究史に一層の関心をお持ちの読者のために，イスラームの聖典であるクルアーンを研究することがどのような意義を持ってきたのか，より詳細に検討を加えてみたい。

1　近代的学問としての東洋学におけるクルアーン研究

欧米や日本などの非イスラーム世界がイスラームにおける聖典であるクルアーンを研究対象とするようになったのは，西欧におけるクルアーン研究に始まる。その歴史を概括するならば，次のように言うことができる――クルアーンは最初のラテン語訳事業がおこなわれた1143年以来[(1)]，約9世紀にわたって，エクリチュール性と作者を有する「書かれたテクスト」として認識され続けてきた。それ以降も20世紀前半までは，クルアーン研究と言えば，近代的な「科学」として成立した，書かれたテクストにのみ依拠し，それ以外の形態についてはまったく射程に入れないクルアーン研究であった。このクルアーン研究は東洋学の一部として成立し[(2)]，歴史批判的・文献学的方法論に立脚していた。

クルアーン研究史の概述は一般に，キリスト教色の強い時代をスキップして，近代から記述が始まり，1930年代以前で言及されるのは，ほぼネルデケに限られている［Rahman 1984 ; Adams 1976 ; Rippin 1992 ; Madigan 1995 ; 小田 1995］。以下では，まず，近代的な学問としてのクルアーン研究を誕生するに至らしめた前史について概説する。

7世紀に「イスラームの大征服」が起きて，キリスト教世界は，地中海の東部・南部を失い，ヨーロッパの中にいわば閉じ込められたわけであるが，やがて，そこから脱却する試みとしての十字軍が始まると，ヨーロッパ・キリスト教世界とイスラーム世界は対決の時代を迎えた。早くも1143年にはクリュニー修道院長ペトルス・ヴェネラビリス（Petrus Venerabilis, 1092－1156）のもとで，「マホメットの異端」に対し「言葉の力によって理性的な根拠を通じてキリスト教的愛において反論する」ために，クルアーンの最初のラテン語訳が作られ，クルアーンの吟味がおこなわれた[(3)]。

1143年に始まったクルアーン研究前史は，3つの観点でキリスト教的であった。第一に，ムハンマドに従う人びとをキリスト教に改宗させるという宣教的必要性からおこなわれていた点，第二に，ムハンマドを「キリスト教の異端者」，クルアーンを「異端の書」としてキリスト教的枠組みの内部に位置付けた点である。第三に，クルアーン研究と不可分なアラビア語研究が「聖なる語学（フィロロギア・サクラ）」という聖書理解を目的とした枠組みの中でおこなわれていた点である。

以上のようなキリスト教的な——おおむねカトリック教会を中心とする——クルアーン研究に変化の兆しを最初にもたらしたのは，18世紀のイギリス人弁護士のセール（George Sale, 1697－1736）であった［Sale〔1734〕］。当時はヨーロッパ諸国の勃興とオスマン帝国の弱体化によって，イスラームに対する「恐怖心や敵意」が弱まり，異国情緒のロマン主義と啓蒙主義の時代を迎えていた［嶋田 2002 : 97］。1734年に出版されたセールの英訳クルアーンと解説は，広範に流通し，バランスの取れた「公正な」ものとして評価が高い［フュック 2002：87–88；嶋田 2002 : 97；大久保・鏡島 1950 : 179–180］。セール自身による序文から，セールはプロテスタントのキリスト教徒であったことがわかる。

18世紀後半からは，ド・サスィ（Antoine Isaac Silvestre de Sacy, 1758－1838）と彼の弟子たちの活躍が顕著であった［フュック 2002：116–131］。この時期にはムハンマドが「キリスト教中世が描いたほど悪党ではない」［フュック 2002：87］ことが徐々に発見され，宣教的情熱とは距離を取りながらクルアーンを研究する姿勢が見られ始めた。ド・サスィの弟子フリューゲル（Gustav Flügel, 1812－1900）のアラビア語クルアーンは学術的な場面ではしばしば原典（現地の第一次資料）よりも優先されてきた［Watt 1961：242（日本語版では289）］。

次なる転換は，19世紀前半に始まった歴史主義の大波によるものである。ルネサンス期に古典ギリシア語とラテン語のテクストが文学批評的・歴史批判的な方法論を用いて研究されるようになり，次いで18世紀には聖書が対象となり，さらに19世紀にはセム語の文献学の訓練を受け，旧約聖書・新約聖書の歴史批判的研究に精通した聖書研究者たちがクルアーンを研究の対象とし始めた［McAuliffe 2001 : viii］。

歴史主義的で文献学的なクルアーン研究の先駆者とされるのは，ドイツのガイガー（Abraham Geiger,1810－1874）である。歴史主義的方法論と認識は，『ムハンマドはユダヤ教から何を取り入れたか』（*Was hat Muhammed aus dem Judenthume aufgenommen?*）［Geiger 1971］という彼の著作の題名に端的に表われている。彼に続き，ヴァイル（Gustav Weil, 1808－1889）やネルデケ（Theodor Nöldeke, 1836－1930）らが登場し，歴史学的な分析が深まり，近代的な「科学」としてのクルアーン研究が成立した。

20世紀に入り，オーストラリア出身のジェフリー（Arthur Jeffery, 1892－1959）やフランスのクルアーン研究をリードしたブラシェール（Régis Blachère, 1900－1973），イギリスのベル（Richard Bell, 1876－1952）や彼らの批判的後継者であるワット（Montgomery

W. Watt, 1909－2006）を経て，その方法論や手法は精緻化していった［フュック 2002 : 147–148 ; Rippin 1992 : 642–643 ; Jeffery 1937, 1938 ; Blachère 1991 ; ベル 2003 ; Watt 1961, 1967］。なお，ワットはクルアーン研究者であるベルの弟子であるが，彼自身は初期イスラーム史研究者である（クルアーンではなく，ムハンマドを研究した）［Watt 1961］。ただし，ヨーロッパにおいては，クルアーンとムハンマドは「神の言葉とそれを預かる者」という関係ではなく，「著作と作者」（つまり，クルアーンはムハンマドが書いた）と認識されていた。そのため，歴史的にムハンマド研究とクルアーン研究が不可分で融合的であった点に留意する必要がある。その点は，イスラーム世界におけるクルアーン諸学や啓典解釈学とはまったく異なっていた。

20 世紀に発展した欧米での歴史学的・文献学的なクルアーン研究は，方法論と主題の範囲において，ネルデケを基礎としている。ネルデケが 1860 年の『コーランの歴史』において提示した学説が基軸となり，それに対する異説や修正説が出され，2000 年にはネルデケの著作が改訂の上，再刊されている［Nöldeke 2000］。さらに，英訳が 2013 年に刊行されたが［Nöldeke et al. 2013 ; Nöldeke 2015］，最初の刊行から 1 世紀半も経って英訳が出されることは，その学説の価値が高いとも言えるし，欧米での研究がネルデケ学説を軸とし続け，創意に溢れる研究が 20 世紀にも展開しなかったと批判的に見ることもできる。

一方，ベルはネルデケを全面的に修正した新たな説を 1953 年の著書の中で展開した。同書は，1970 年に弟子のワットによる編集を経て刊行され，2003 年には非常に優れた邦訳が出された［ベル 2003］。

2　東洋学の方法論的な問題点と内部からの批判

20 世紀前半までのクルアーン研究には，クルアーンをテクストとしてのみ扱うという方法論的な偏りの問題と，クルアーンの「起源」に関する認識論的問題が内包されていた。テクストに対しては通常，①テクスト発生のコンテクスト，②そのテクストが受容されるコンテクスト，③そのテクストに関するテクスト（研究など）が受容されるコンテクスト，という 3 つのコンテクストが生じる。ヨーロッパにおいて，広義のテクスト研究は，聖書研究を中心としたキリスト教的研究から「脱キリスト教」的研究，啓蒙主義的研究へ，さらには現象学からデリダらの「脱構築」などへと推移していった。それぞれの方法論がクルアーン研究に与えた影響の内容や度合いは一様ではないが，クルアーンのテクスト研究においては，①のコンテクストのみを考慮した研究が継続的におこなわれており，②や③は問題とされない（問題が認識されない）ことが多かった。

①発生，②受容，③テクストに関するテクストの受容という 3 つのコンテクストに関し，①のコンテクストのみ，すなわち，7 世紀のアラビア半島におけるクルアーンの成立のみにコンテクストを限定するならば，欧米の研究者が「ムハンマドの著作」とみな

しているクルアーンを史料として扱えるようにする歴史学的・文献学的なクルアーン研究は，妥当なものと考えられた。テクストのそれぞれの部分の成立時期を確定し，成立時期の違いに沿ってテクストを分解すること，さらに年代順に再編し，成立年代順のテクストを復元することがクルアーン研究の課題とされたのであった。

しかし，聖典の研究者にとって，ある社会の中で聖典とされているテクストを「聖典」として扱えなければ「聖典研究」が成立しなくなる。それは研究者にとって，「神の言葉(の記録)」と信じられるか否かの選択の問題ではないし，また，ただ単に対象社会の成員の認識をそのまま踏襲するかという問題でもない。テクストの中に組み込まれたコンテクスト（テクストの受け手）に対する規定と，聖典を受容する受け手の認識とが表裏一体となることによって，テクストが事実のレベルにおいてある社会の中で「聖典」として現前するのであり，その枠組みの中でテクストと人びととの動的な関係が作られている。それを事実として研究の枠組を作るのでなければ，研究として成立しない。欧米の研究者が「自分たちは聖典と思わないが，ムスリムがそう思っている文献」として，①のコンテクストのみを扱うのであれば，それは科学的な研究としての基本条件を欠くものとならざるをえない。

聖典を受容する社会の側のコンテクストの重要性は，おそらく多くの聖典に共通する性質であり，また近代以降に「小説」というきわめて特殊な性質のテクストが誕生する以前の多くのテクストにも，このことは共通性として見出せるであろう。近代以前のテクストを研究対象とした場合に，紙の上に文字によって採録されたテクストと，社会の中に生きたテクストとのうち，前者しか扱われないのは，多くの場合に後者がもはや死に絶えていて，研究が困難だからである。しかし，クルアーンの場合は，その両方が存在している。

クルアーンが「社会に生きたテクスト」となっている際に，そこに働く認識，すなわち，クルアーンのテクストと受容のコンテクストとが相補的に規定するクルアーン認識は，「至高のアッラーの言葉であり，ムハンマドにくだされた啓示であり，誦むことが信仰となるもの」である［Drāz 1957 : 10（英語版では 5)］。これを言い換えると，次の 3 点にまとめることができる――①唯一の神であり，超越的な存在であるアッラーから下された言葉であり，②それを人間の世界に下ろすための受け手となったのが「啓示の預かり手（預言者)」としてのムハンマドであり，③その言葉自体に特別な価値（聖性）があるために，神から下されたメッセージを信徒たちが声に出して誦み上げることはそれ自体が信仰行為となる。

近代的な学問としてのクルアーン研究は，クルアーンを単独の著者（＝ムハンマド）を持つ著作物として扱ってきた。その立場は「客観的」であるゆえに，キリスト教的偏見から脱却しえたと信じられてきたが，それはキリスト教中心主義から啓蒙主義的立場に転じたヨーロッパ中心主義ではなかったであろうか。この立場はさらに，ムスリムの研究を「主観的」であり「客観的」でないという理由で退け，劣位にあるとみなしたが，果たして19世紀以降の文献学的・歴史学的クルアーン研究は当人たちが自負していたほどに，妥当性が確保されていたのであろうか。以下に，イスラーム研究の内部から出されるようになった批判についてまとめる。

1960年代後半，アダムス（Charles J. Adams, 1924－2011）は，本節の冒頭で挙げた③テクストに関するテクストが受容されるコンテクストの観点，すなわち研究が受け取り手の価値観や社会認識と対立して成立しうるのかという一般的な命題を，欧米の研究をムスリムも読むようになったという20世紀の新しい状況に即して提示した［Adams 1967］。新しい研究が社会の常識に鋭い疑問を呈したり，一般的な常識と対立することはありうるが，当該社会の共通認識と全面的に対立し，社会の成員に嫌悪感を与えるようではいかなる研究も成立しない。19世紀以前のイスラーム研究はヨーロッパ人の手によってヨーロッパ人の読み手だけを対象におこなわれていた。しかし，20世紀には当のイスラーム世界も読み手の列に加わった以上，研究とその社会的意義について，ヨーロッパ中心的な立場を脱却せざるをえないと，アダムスは述べている。

この問題を解決するために，ワットはクルアーンに対する「中立的立場」というものを編み出し，文献学的・歴史主義的クルアーン研究に修正を加えた。彼は社会学的方法を持ち込むことによって，アダムスによって指摘された問題を解決したかのように見えた。しかし，ワットの「中立的立場」の虚構性を鋭く指摘し，その方法論的正当性を剥ぎ取ってしまったのが中村廣治郎（1936－2023）である［中村 1977］。ワットは神の存否を論じない立場を「価値中立的」としているが，中村の分析によるとワットの提案した方法は研究対象となっているイスラーム社会の聖典についての「認識論的事実」との間に深刻な齟齬を生じさせている(4)。つまり，ムハンマドを著者とみなす前提からは逃れられていない。これでは宗教研究として成立しえないというのが中村の結論であった。

3　井筒俊彦によるブレイクスルー

アダムスや中村が批判を展開したように，従来のクルアーン研究の問題性がはっきり把握されるようになった。それらの問題性を乗り越える活路を，クルアーン研究はどこに見出したであろうか(5)。解決は容易には得られなかった。困難性の原因は少なくとも2点指摘できる。第一に，文献学的・歴史学的研究の蓄積が非常に豊富であり，さらに批判や反省が出始めてからは，その手法が緻密化・微細化・複雑化の一途をたどったことである。第二に，既存の研究への批判が出発点となっており，代替的方法論の提示が具体的になされていない点である。

アダムスらの社会的文脈における提起とはまったく異なる地平から，ひとつの知的なブレイクスルーが井筒俊彦（1914－1993）によって国際的な水準でなされた。井筒は現象学的な方法論と意味論的手法を組み合わせ，クルアーンの内在的世界を描き出すという独特の方法をとった［Izutsu 2002；井筒 1972：5–6］。これは，クルアーンを文献学者がテクストとして操作する「客体」ではなく，ひとつの世界を構成しているものとして設定し，クルアーンの意味をクルアーンにおける語句の定義・用法の分析とジャーヒリーヤ時代（前イスラーム時代）における用法との比較から丹念に推察していく手法である。井筒の意味論的手法自体は，一見すると井筒以前の「伝播・還元主義」的な文献学的手法と共通するように見える。しかし，文献学がクルアーンの思想や用語の分析をユダヤ教，キリスト教などから伝播したものとして分析しているのに対し，井筒は外来的な要素によって説明することについてはきわめて禁欲的であった。

この方法においては，クルアーンは歴史的文脈にも固定されず，その起源や生成過程がことさらに問題とされることもなかった。その意味では井筒は，方法論的な袋小路に来ていたクルアーン研究に別の回路を開いたと言える。

なお，以上は前期の井筒の手法である。後期［井筒 1983］にはクルアーンをムハンマドの心性と結び付けて解釈するなど，ムハンマドの著作とみなす立場と通底する面が大きい。その背景には関心が主体的なクルアーン理解を基底のひとつとして，新しい東洋哲学の地平からイスラームを見通すという独自の大構想［井筒 1980：ⅰ－ⅵ］へと推移したことがあると考えられる(6)。

なお，日本においては井筒より少し前の世代によって，クルアーン研究が始められていた。1950（昭和 25）年 12 月に大久保幸次（1887－1950）と鏡島寛之（1912－1945）の『コーラン研究』が刀江書院から刊行された。これは，第二次世界大戦前・戦中に彼らが到達しえたクルアーン研究の集成であり，一瞥してその水準の高さがうかがえる。

日本において，クルアーンが最初に翻訳されたのは 1920（大正 9）年のことであり，それが「コーラン」の語が冠された最初の日本語書物であった。その後，1938（昭和 13）年にも別の翻訳が登場するが，いずれも英語からの重訳で，諸々の聖典翻訳事業の一部として依頼されて成されたものであり，研究の一環としておこなわれたわけではない。その観点で，『コーラン研究』は最初のクルアーンに関する学術書であり，まさに日本におけるクルアーン研究の出発点であった。

大久保は，トルコ研究を専門とする駒澤大学の教員で，戦前にイスラーム研究の中心を担った回教圏攷究所（1938 年創設。のちに回教圏研究所）の創設者であった。鏡島は曹洞宗の学僧であった(7)。『コーラン研究』は大久保による「イスラム教」「邦訳コーラン」，鏡島による「各国におけるコーラン翻訳」の 3 部から成り，後者 2 つが主要な部分となっている。それぞれ大久保が 1941－44 年に 24 回にわたり，鏡島が 1942－43 年に 7 回にわたり『月刊回教圏』に連載した記事をまとめたものである。大久保は 1938－39 年にも小林元（1904－1963）とともに同誌に邦訳を掲載したが，これは再録されていない。

『コーラン研究』は，戦前から戦中までにかけての忍耐強い真摯な努力の成果をまとめた，的確な視角を提示した名著である。キリスト教的偏見を引きずった西洋の前提と枠組みにほとんど影響されておらず，現地における実態の観察が活かされており，日本のクルアーン研究が引き継ぐべき最善の出発点であったが，実際にはその後の展開はこの著作を継承したものではなかった。鏡島は戦中ボルネオ島で戦死し，大久保も戦後まもなく他界した。

4　民族音楽学からの貢献

20世紀においてクルアーン研究が経験した2つのパラダイム転換のうち，1つ目が「テクストの成立過程や伝播元」の歴史学的な解明から，「テクストの記述内容」の文学的探究への移行だとしたら，2つ目は「紙の上のテクスト」に対する「声によるテクスト」の対置であった。その最大の功績はアメリカ合衆国出身の民族音楽学者であるクリスティーナ・ネルソン（Kristina Nelson, 1945－）による。

ネルソンはカイロに3年にわたって在住した後，1977－78年にクルアーン朗誦の調査をおこない，その成果を1985年に『クルアーン朗誦の芸術』（*The Art of Reciting the Qur'an*）［Nelson 2001］と題した民族誌として刊行した。クルアーン朗誦の世界は，外部の非ムスリムにとっても，ムスリムの非専門家にとってもかなり閉鎖的な職人芸の世界である。ネルソンは，国際的な朗誦家たちへのインタビューや朗誦訓練への参与観察を通じて，その世界を詳細かつ鮮明に叙述することに成功した。

そのため彼女の著作は，知られざる世界であった朗誦の世界を初めて記述したパイオニア的な業績となった。芸術家でありかつ宗教者である玄人朗誦家たちの世界に飛び込み，深くコミットした調査をおこなうことを許され，朗誦の本場であり世界的にもっとも水準の高いカイロにおいて調査をおこないえたことは驚くべきことである。しかもこの著作は，民族誌として価値が高いだけではなかった。ネルソンはその著作の中で，クルアーン研究において「誦まれるもの」としてのクルアーンが長らく無視され続けてきたことを強く批判しており，そのことによって，クルアーン研究がテクスト中心的なクルアーン認識を改めるには至らないまでも，現代にも生きているクルアーンの朗誦の存在を認め，重要な隣接領域として認知するに至ったことが，ネルソンの功績であった。

ネルソンと同様に音楽的な側面へのアプローチを土台としたものには，もっとも早いものでは1930年代に朗誦の音楽的側面をダマスカスとアルジェで録音されたデータをもとに研究したカンティノー（Jean Cantineau, 1899－1956）とバルベス（Léo-Louis Barbès, 1895－1986）の研究がある［Cantineau & Barbès 1942–47］。ネルソンよりやや早いものとして，パホルチック（Józef Pacholczyk, 1938－2021）の博士論文があり［Pacholczyk 1970］，同じ時期に日本では新井裕子がクルアーン朗誦の調査，分析を開始していた。(8)

人類学の分野では，ギアツ（Clifford Geertz, 1926－2006）［Geertz 1976］やアイケルマン（Dale F. Eickelman, 1942–）［Eickelman 1978］がクルアーンの朗誦や暗記について言及しているほか，マーティン（Richard C. Martin, 1938－2019）［Martin 1982］にも重要な論点が見られる。1990年代以降には，ネルソンの民族音楽学的アプローチや，ギアツらの人類学の流れを受けて，インドネシアにおけるクルアーンの朗誦学習や，クルアーンに関連する実践を対象とする研究が出始めた［Gade 2004, Rasmussen 2001］。ラスムッセン（Anne K. Rasmussen, 1959–）はその後も現地調査と研究を発展させ新著を上梓し［Rasmussen 2020］，音楽学からクルアーン研究に貢献を続けている。

一方，イスラーム史の初期における朗誦を扱ったものに，ユインボル（G. H. A. Juynboll, 1935－2010）の論文がある［Juynboll 1974］。同様の主題を扱った比較宗教学者のデニー（Frederick M. Denny, 1939–）は，同時に現代インドネシアにおける朗誦も対象とし，朗誦大会の報告記事も発表している［Denny 1980, 1986, 1988, 1989］。

同様に歴史研究と現地調査に基づく実態研究の両方をおこなった研究者に，日本の堀内勝（1942－）がいる。読誦学を体系的に論じきった堀内の初期の論文は［堀内 1971］，同一対象を扱うものの中で他の追随を許さない。また，読誦流派の違いの問題を扱った小論［堀内 1979］は，類似の研究が存在しないきわめて独創的で先駆的な着眼で，重要である(9)。1970 年初頭から 30 年以上にわたって，クルアーンの形態や伝達，民衆化の問題について，重要な主題を扱った著作を数多く発表しており［堀内 1972, 1976, 2002 など］，その関心の幅と抜群のセンスは比肩する者がない。

5　ミクロ化と啓典解釈学研究への移行

1970－80 年代に，クルアーン研究の中では 4 つほど新たな傾向が見られ始めた。①ムスリム研究者の受け入れ，信仰的立場と科学的立場の協力関係の志向，②オリエンタリズムの再復興，③「口誦的側面」の周知，そして④啓典解釈研究の台頭である。

1990 年代は研究史上インパクトの大きい著作も出されず，クルアーン研究はやや振るわなかった印象がある。2000 年代に入ってからは再び隆盛を迎え，ムスリムによる英語の一般書や非ムスリムによるノンフィクション類を含め，毎年おびただしい数のクルアーン関連著作が刊行されている。学術的なもので特に重要なのは，2001 年からの『クルアーン百科事典』（*Encyclopaedia of the Qur'an*，全 5 巻＋別巻）の刊行，2000 年代に相次いだ主要出版社による包括的なクルアーン概説書の刊行［McAuliffe（ed）2006 Rippin & Mojaddedi（eds）2017；Abdel Haleem & Shah（eds）2020］，過去の重要論文の網羅的な再録刊行［Rippin（ed）1999, 2001；Turner（ed）2004］などである。クルアーンの新旧さまざまな英訳の復刊も相次いでおこなわれた。

1999 年には国際的な学会であるクルアーン学会がロンドンを拠点に発足した。その学会誌である『クルアーン研究』（*Journal of Qur'anic Studies*）はおそらく唯一の国際的なクルアーン専門の学術誌として，現在（2023 年 25 巻）まで，毎年 2 号（2013 年からは 3 号）のペースで刊行を続けている。

この学会誌には，①イスラーム圏との協力関係（イスラーム圏の学者が編集委員として名を連ねる，アラビア語による寄稿を毎号確保している，など），②ムスリム研究者による論文の掲載，③イスラーム圏およびヨーロッパ双方にとっての周縁地域が，研究対象としても，研究をおこなう主体としても参入した，④ドイツ語圏の研究者が再び勢力を持ち始めた，などの特徴が見られる。しかし，全体としてもっとも顕著なのは，タフスィール（啓典解釈書）を用いた文学的テクスト研究が大半を占める点であり，そこにおける主題はきわめてミクロ化していることが見て取れる。

補論 2　ロンドンで見たクルアーン学会

ここでは，20 世紀も終わろうとする 1999 年にロンドンで設立されたクルアーン学会が，10 周年を迎えて開催した 2009 年の第 6 回「クルアーン──テクスト，歴史，文化」研究大会についての報告を，以下に再録したい。

この学会は，もともと，SOAS 付属イスラーム研究センター所長ムハンマド・アブドゥルハリーム教授（Muhammad A. S. Abdel Haleem, 1930–）の呼びかけで設立に至ったもので，20 世紀の欧米で主流であった「東洋学」ベースの学会ではなく，東洋学の伝統の中で科学的にうなずける部分は継承しつつも，クルアーンおよびそれをめぐる解釈学などが大量のアラビア語の原典から成っていることからも，原典を重視する姿勢を明確にしてきた。クルアーン研究の国際的な学界を代表するこの学会が，最初の 10 年で何を達成したかを論じることは，本書にとっても大きな意義がある。

なお，ムハンマド・アブドゥルハリーム教授は，クルアーン的なアラビア語に着目した成果を発表し続けて［Abdel Haleem 1999, 2005, 2017］，大きな貢献をしている。それと並んで，サイード・バダウィー教授（Elsaid Muhammad Badawi, 1929–）とともに，『クルアーンのためのアラビア語・英語辞典』［Badawi & Abdel Haleem 2008］を刊行したことの功績が，特筆に値する。本書でも論じてきたように，現代人にもアラビア語として理解できる反面，クルアーンの章句の解釈は非常に難しく，読解には古典アラビア語だけではなく，クルアーン的な表現に関する専門的な知識が必要とされる。そのためもあって，1000 頁を超える同辞典は，アラビア語を母語としない世界中の研究者から国際的にもっとも信頼できる辞典として重宝されている。

個人的には，イギリスでの調査の合間に，アブドゥルハリーム教授にお目にかかり，いろいろと教えていただいた。バダウィー教授とは，エジプトでのフィールドワークの折にお会いする機会を得た。お 2 人とも筆者に対して長時間，イスラーム世界と欧米の間の架け橋として，研究が正しく公正におこなわれるように基盤を整備してきた長年のご苦労を語ってくださり，ご自身らの努力の結晶である難解かつ明晰なクルアーン用語辞典が日本の研究者によっても大いに活用されることを望んでおられた。

《学会動向》

10周年を迎えたロンドン大学SOASクルアーン学会——第6回「クルアーン——テクスト，歴史，文化」研究大会

はじめに

クルアーン（コーラン）研究の国際的な学会が誕生し，専門誌が創刊されてから，10年が経った。1999年，ロンドン大学東洋アフリカ研究学院（SOAS）において，「クルアーン——テクスト，解釈，翻訳（The Qur'an：Text, Interpretation and Translation）」と名付けられた研究大会が創設され，『クルアーン研究』（*Journal of Qur'anic Studies*）が創刊された。

それ以降，研究大会は第2回（2001年10月11－12日），第3回（2003年10月16－17日），第4回（2005年11月10－12日），第5回（2007年11月7－9日）と，2年に1度秋に同学院において開催を重ね，昨年2009年11月には6回目を迎えた[(1)]。『クルアーン研究』も創刊年に1巻1号，翌年からは年に2号ずつ刊行され（4月と10月付け），2010年現在，最新刊11巻2号までの通算21冊が刊行されている。

この学会は，SOAS付属イスラーム研究センター所長ムハンマド・アブドゥルハリーム教授（Muhammad Abdel Haleem）の呼びかけのもとに開催されており[(2)]，クルアーンの多角的・全方向的な研究と，イスラーム世界／西洋の枠を超えた全世界からの研究者の参加を目指している。ラインナップは創設当初から現在まで，啓典解釈書（タフスィール）を活用し，クルアーンに表われる各エピソードや人物，用語，概念に取り組むテクスト分析が主翼を担う一方，古写本の科学的分析や記号分析，マイナーな諸言語における翻訳状況，非アラブ・イスラーム地域での解釈実践の展開など，狭義のテクスト研究にとらわれない自由なテーマが飛び交っている。参加者の分布に関しても，いわゆるクルアーン研究者やイスラーム研究者だけではなく，図書館や博物館に勤務する写本研究，文献学，美術史，地域研究などの多様な分野からの貢献も大きい。

アブドゥルハリーム教授の強力なリーダーシップのもとSOASの職員や教員が事務局を務め，多地域出身・多国籍・多分野の専門家たちが一堂に会して議論をおこなう稀有な場が作り続けられている。大会は毎回10月もしくは11月に，週の半ばから後半にかけての2－3日間でおこなわれてきた。20－30本前後の発表がおこなわれ，イギリス国内，ドイツやフランスなどの近隣のヨーロッパ諸国，北米を中心に，アラブ圏，南アジア，東南アジアなど，イスラーム圏からも発表者が集まる[(3)]。

日本を含む北東アジアからの参加はまだ少なく，日本人の発表者が立ったことはない。第1回に1999年当時SOASに留学中であった大川玲子氏が出席，第2回にも同氏が出席

している[(4)]。2004年刊行の『クルアーン研究』6巻2号に榮谷温子氏の論考が掲載されたのが，日本からの最初の寄稿である[(5)]。筆者は昨年開催された大会に出席した。以下に内容を紹介し，総合的なコメントを述べたい。

1 第6回大会の日程と内容

2009年11月12日−14日の3日間，ロンドン大学SOASブルネイ・ギャラリーにおいて第6回大会が開催された。連日雨が降りしきるロンドンの晩秋らしい天候であった。会場はロンドンの中心地区ブルームズベリー，ラッセル広場に面するブルネイ・ギャラリーの地下会議場で，大英博物館から徒歩5分，大英図書館から30分の好立地である。

ギャラリーの入り口を通って地下への階段を下りるとレセプションホールに着く。コーヒーと菓子類が豪勢に積まれた休憩スペースと，出版社による書籍の展示スペースがあり，その奥が会議場である。会議場内は前方にステージがあり，ステージから階段状・放射状に客席が広がっている。およそ350の席があり，おおむね半分ほどが埋まっていた[(6)]。

第6回は，大会名がそれまでの「クルアーン――テクスト，解釈，翻訳」から変更され，「クルアーン――テクスト，歴史，文化（The Qur'an : Text, History and Culture）」となっていた。より幅広くなった発表テーマに対応した包括的な名称である。

これまでで最多の11セクションが設けられ，計34本の発表がおこなわれた。各日大会は朝9時頃から夕方17時半まで休憩を挟みながら開かれ，90分のセクションが午前と午後に2つずつ割り当てられた。各セクション3−4名の発表者と座長から構成されており，全セクション名は以下の通りである。

1日目
午前：セクション1「クルアーンの構成と構文」，プロジェクトの紹介
午後：2「クルアーンと中世哲学」，3「クルアーンへの神学的アプローチ」
2日目
午前：1・2「タフスィール」
午後：3「クルアーンにおける倫理」，4「現代世界におけるクルアーン」
3日目
午前：1「初期写本」，2「初期クルアーン・テクスト」
午後：3「文化的表現」，4「文学的視座」

大まかに言って，1日目がクルアーンをめぐる哲学的・神学的文献についての研究，2日目が目玉とも言えるタフスィール研究のオンパレードで，朝から晩まで11本の報告が連続していた。これは，20世紀後半以降にクルアーン研究がクルアーン自体の歴史学

的・文献学的研究からタフスィール（解釈書）研究へと移行し，現在まで研究が蓄積されてきたことを示している。それと同時に，この分野は主催者代表のアブドゥルハリーム教授の専門である文体研究との結び付きも深く，いかにも力のこもった渾身の中日であった。

最終日となる3日目は，打って変わってテクスト研究の枠外に飛び出す研究が集められた。ハイライトのひとつは，写本の物質面からアプローチする古写本研究で，この系統のセクションは近隣の大英図書館所属の専門家からの関心も高い[(7)]。また，クルアーンの起源や章句の配列を扱う伝統的なクルアーン研究とも異なり，近年のタフスィール研究とも一線を画した，文学理論からのテクスト分析も異彩を放っている。このジャンルは新しいわけではないが，分析者の恣意性や枠組みの自由度が高く，手法自体が独創的で再現性が低いため，相変わらず異色でマイナーな位置付けである。しかしながら，個性的な一角を担い，大会の裾野の豊かさを示していた[(8)]。

2　クルアーン研究の動き

次に，会場の耳目を集めた話題性の高かったいくつかの発表について，紹介したい。まず2日目から，3本の発表を含むセクション1「タフスィール」と，夕方のセクション4中のジョアンナ・ピンク（Johanna Pink）によるタフスィールの大々的な東西比較である。

朝一番のセクションではロンドンのイスマーイール研究所のトビー・メイヤー（Toby Mayer）が座長を務め，ロバート・モリソン（Robert Morrison）「占星術とタフスィール」，ジャマール・エリアス（Jamal J. Elias）「スーフィー・タフスィール再考——ジャンル発展の探査」，ムスタンスィル・ミール（Mustansir Mir）「聖書を考慮してクルアーンを読む」と，アメリカ合衆国の研究者が3人並んだ。モリソンは8－9世紀の初期タフスィールが占星術，特に未来を予言する占星術についてどのような見解をとっているかを，タバリーやイブン・アッバースのタフスィールから分析した。エリアスはスーフィー・タフスィールの分類に対する西洋のスキームを批判し，代替案の抽出を試みた。ミールはクルアーンの特筆すべき特徴はユダヤ教，キリスト教のテクストとの間に関係性を持っていることであると改めて指摘し，クルアーンが語らない細部（固有名詞など）について聖書をどのように活用できるか，その具体的な試みの例として近代的な解釈学者ハミードゥッディーン・ファラーヒーとアミーン・アハサン・イスラーヒーの2人を取り上げた。

タフスィールセクションは質の高い精緻な発表続きであった。また，会場も欧米からの参加者，イスラーム圏出身者ともにタフスィールの素養が高く，議論にとりわけ熱が入っていたのもこのセクションである。会場からの批判が特に盛り上がったのはミールに対してであり，「聖書の使用への着目は時代遅れではないか」とする学術面からの批判や，「その手法はムスリムの研究者らしからぬ」，「具体的にこの節の解釈に聖書を用いることができるのか」といった批判が噴出した。いずれに対してもミールは辛抱強く，しかしかすかな徒労感をにじませながら品よく理知的に回答し続け，米国で培った独自のプロフェッションの底力を示しているとの印象を得た。

一方，ドイツのフリー大学のピンクの発表は，会場に集まった正統的なタフスィール研究者に大きな動揺をもたらした。「現代スンナ派タフスィールの類型――1967年以降のアラブ世界，インドネシア，トルコにおけるクルアーン解釈の典拠，方法，目的」と題された発表は，広大な3地域から3言語のタフスィール計数十を選定し，比較・分類するという大がかりなもので，個別のタフスィールを専門にする人びとからミクロな批判が相次いだ。ピンクが地域横断的な比較に基づくタフスィールの全体像の把握という，タフスィール研究にとって型破りな発想でエポックメイキングな研究を打ち出しえたのは，彼女がこの研究に取り組む以前は現代ムスリム社会におけるマイノリティ問題を専門としていたからであろう。その大胆な発想と個別地域へのかかわりから来る具体性・現実感覚は突き抜けており目を見張るものであったが，会場の反応はパラダイムの違いに対しての反発や反感に留まっているように見えた。

3日目では写本に関する2つの発表とアブドゥルハリーム教授の盟友エルサイード・バダウィー教授（Elsaid Badawi）の発表が会場を沸かせた。朝一番のエディンバラ大学の写本美術研究者アラン・ジョージ（Alain George）の「初期クルアーンの年代と出所」も非常に端正で，英国の写本研究の最新動向が筆者の目に鮮やかに映ったが，人気が高かったのはニューヨーク大学で博士論文を執筆しているシャノン・ウェアリング（Shannon L. Wearing）の新鮮な発表であった。「崇高な血，聖なるテクスト――「ウスマーン・クルアーン」の遺産」と題して，第3代正統カリフ・ウスマーンが暗殺された瞬間に誦んでいたとされる血付きのクルアーンが，各地でどのように聖遺物化しているかを現地調査をもとに報告した。彼女の専門は本来は中世スペイン美術であり，「ウスマーン・クルアーン」を聖人・聖遺物研究の枠組みの中に位置付け実態調査をおこなったところに独自性があるが，聴衆の一部は「（ムスリムがウスマーンのものだと信じている）クルアーンの年代を特定し，その真偽が明らかになったらいい」との期待感に湧いていた[(9)]。

2つ目はフランス国立科学研究センターのアスマー・ヘラーリー（Asma Helali）の「サヌア・パリンプセスト――文献学的・文学的側面への序説」である。この発表は大いに物議を醸した点で，注目に値する。その内容は，1970年代にイエメンのサヌアで発見されたパリンプセスト（パリンプセストはリサイクル使用された獣皮紙のこと[(10)]）を科学的に検査することで，正典＝ウスマーン版ではないクルアーンのバリエーションを発見することができた（「非ウスマーン版」なのか「前ウスマーン版」なのかはまだ断定できないにしろ），というものである。それに対して，聴衆の中のムスリムからはいささか感情的な批判が加えられた。そこには発表が20世紀初頭に確立した現代標準版クルアーンを疑うかのような印象を与えたことの問題もあるし，「クルアーンの別バージョン」を提示してみせることがムスリムにとってはあまりに刺激が強いという問題もあるだろう。発表者自身がイスラーム圏出身者でありながら，フランスの政府機関でそのような研究に従事しているアンビヴァレントさについて，ナイーブかつ自己弁護的であったことも感情的な対立を招いた。純粋に学術的な側面についての議論が十分なされなかったのは，残念であった。[11]

最後に，会場を一瞬にして独自の世界に染め上げたのは，バダウィー教授の「クルアーンの朗誦と聴衆のリズム――エジプト人朗誦家ムスタファ・イスマーイール（1905－78）の例」である。彼は壇上に立って，情感たっぷりにイスマーイール師の朗誦スタイルとそれに対する聴衆の反応とを臨場感をもって解説しながら，私的に保管されてきた貴重なリサイタル音源を流し，大会の参加者たちに朗誦の世界を身をもって追体験させるという彼ならではの手法をとった。エジプトの朗誦世界に通暁した大家の面目躍如であった。

もうひとつ付け加えるならば，会場の反応は特に大きくはなかったが，個人的に面白かったのが1日目のベルリン－ブランデンブルグ科学アカデミーの「クルアーンのテクスト史を実証する――クルアーン・コーパス・プロジェクト」である。ドイツではアンゲリカ・ノイヴェルト教授（Angelika Neuwirth）主導で写本テクストのコーパス化が進められており，その最新の動向は刮目すべき内容であったし，堅牢にテクスト偏重な学風がリバイバルしている様子も非常に興味深かった。

おわりに

筆者は人類学の立場から，現代のムスリム社会においてクルアーンがどのような役割を果たしているのかをフィールドワークに基づいて解明すること，そしてそこから人類学的な聖典の比較研究の方法を確立することを目指している。その一方で，歴史的な文脈におけるムスリム社会の中の聖典を理解するために，クルアーンの初期写本や正典化，タフスィールに示されているクルアーンの構成などをも研究対象としている。その両者の面において，今大会での数々の報告は筆者にとって意義が大きかった。

日本からの同大会への参加は創設期を除けば絶えていると推測され，また，今大会の会場には東アジア出身者は1人もいなかった。どのように迎えられるかまったく未知であったが，主催者や事務局はめったにない日本からの参加を驚きかつよろこび，大変歓迎してくれた。また，人類学からの貢献はもっとも待たれている，と言葉を重ねて奨励してくれた。

会場では，ムスリム聴衆の数の多さや，ムスリム研究者と西欧研究者の間の緊張を含んだ協力関係，北米研究者らの研究枠組みの自由さとそれとは対照的に伝統が絡み付くヨーロッパ，ヨーロッパ内の諸国間での主題・方向性の類似とライバル関係など，研究をめぐる協力と対抗が渦巻く現状が垣間見えた。そのような動向の中にあって，日本や東アジアの研究者はいずれの陣営や伝統ともほとんど関係を持たないが，それだけに新しい視点や主題からの貢献もできるのではないかと感じた。また会場での討論を通して，クルアーンという対象は共有していても，ディシプリンが異なる場合には容易に共通言語が成立しないこともあると実感した。それだけに，人類学という，クルアーン研究にとっての新しいディシプリンからの発信は刺激が大きく，有意義であろうと思われる。今後，日本からの研究発信に努めたい。

補論3　礼拝研究史

1　範疇をめぐる人類学と宗教学の溝

イスラームでは，「サラー」と呼ばれる宗教的な実践がおこなわれている。サラー（ṣalāt，礼拝）は定型の身体動作や文言を介して，神に祈る儀礼で，教義の観点からは「五柱」ないしは「五行」（al-arkān al-khamsa）と呼ばれる基幹的な信仰行為のひとつで，信徒の日常的な義務である。イスラーム世界の各地ではモスクをはじめ，家や学校，会社，路傍などのさまざまな場所で，昼夜を問わず，サラーをおこなう人びとの姿が観察される。

サラーは，信徒によってその信仰上の重要性が自明視されていることは当然としても，研究者にとっても無意識のうちに自明のものとして看過されてきたためか，サラー自体が法学研究や人類学の主題あるいは対象として取り組まれることはほとんどなかった。しかし，文献調査から，示唆に富む百科事典的な紹介や優れた観察報告の断片が蓄積されてきたことがわかる。

日本において，具体的な内容も含めたサラーの紹介が最初になされたのは，1928年のことである。それ以後，第二次世界大戦前・戦中を通じて，回教圏研究者によってサラーを主題とした小論が発表された。戦後には，わずかな例外を除いてサラーをめぐる論述は見られなくなり，サラー研究史はしばらくの空白の期間に入った。

再びサラーが主題となってくるのは，1970年代以降のことである。それは折から，宗教研究や宗教学において学問的な枠組みに対する抜本的な問い直しが始まったのと重なっていた[(1)]。社会全体の世俗化・脱宗教化に伴い，祈りなどの信仰行為や儀礼が公的な場での有意性を失い，より私的なものとなっていくとの社会的・学問的な大前提が揺らぎ始めた時期であった。70年代以降のサラーに関する論考は個別のフィールドにおける観察を基底にすえたものが多く，主として人類学の分野で現在までにいくつかの成果がある。

サラー研究の第一の課題は，これまでにサラーの実態がどれだけ研究の対象とされてきたかを明らかにすることにある。欧米および日本における研究史を丹念にたどることによって，サラーをめぐってこれまでに論述されてきたことは「何をすべきか」であり，人びとが「何をしているか」ではなかったことを明らかにしたい。

ではどのような方法論および手法によって，信徒たちが「何をしているか」を捕捉しうるのであろうか。これがサラー研究にとっての第二の課題である。サラーは信徒にとっても研究者にとってもイスラームの儀礼の中でもっともよく知られ，非常に可視的であるために，その実践を真の意味で理解し記述することは，人類学者たちにとっても決して容易ではなかった。フィールドワーカーたちによって書かれた記述は，その苦心と直観の結実した地点に成立している。そこで，閃きを含んだいくつかの報告を読解し，また筆者自身のフィールドワークの中での気付きの連続を契機として，サラーの「何をしているか」を理解するための方法論について検討したい。

まずはフィールドで確認しうる事実として，具体的な事例の観察によってサラーの外面的なありようが明らかにされる必要がある。人びとが実際に，どのように動き，どのような言葉を，どのように口にしているのか。それを観察し記述していくことがサラー研究の基盤となる。

サラーの「外面的なありよう」は，それを「見たままに」記述するレベルにおいて，多大な労力を必要とする。そのことがフィールドワークを通じて明らかになった。困難さの原因は，サラーの行程全体が簡潔に描かれた概説や百科事典的な記述(2)に親しんでいる人びとからは，意外感をもって受け止められる事実であろうが，実際にはサラーが多様な細部を含む複合的な実践であることにあり，それが観察から判明したことを強調したい。

大冊の専門的な法学書を見ると，サラーをめぐる法規定は，非常に詳細かつ膨大な記述を含んでおり，諸法学派間の相違まで含めるときわめて複雑で煩雑であることがわかる。しかし，一般信徒の実践もまた，フィールドにおいてそれを直視するならば，法学上の詳細さ複雑さとは異なった次元で，両義的で曖昧で多様なものであった。換言すれば，法規定の上では詳細で微細な区分が数多く設けられることによって，サラーは隣接する儀礼や祈りとの間で，またそれ自体の内部において，区分けされ整理され序列付けられていた。それに対して，実際の実践は，序列付けられた複雑さのかわりに，個々人の個別具体的な状況に応じた志向性や選択によって任意のサラーや他の祈り，あるいは他の行為と組み合わされ結び付けられ，容易に区分けができないような多層的な複雑さを持っている。

サラーの外面的なありようが記述されたあとには，さらに一歩踏み込んだ理解の構築を目指す。これがサラー研究の第三の課題である。その場合に，一体どのような理解が可能であろうか。本書では2つの観点から調査を進めた。すなわち，サラーの文言における聖典の関与の度合いについての分析と，サラーの内的な意味をめぐる探究である。本書第13，14章では，以上3つの課題の解明を通して，イスラームにおけるサラーがいかなるものであるかについての考察を進めた。

本書ではサラーを記述するための用語として「儀礼」，「祈り」といった用語を使用してきたが，ここでイスラーム学を含む宗教学および人類学における「儀礼」，「祈り」の定義を確認したい。サラーは「祈り」であるのか，「儀礼」であるのか。たとえば，『岩波イスラーム辞典』で東長靖は「祈り」を以下のように定義している。

> 神と人との直接的な交わり。イスラームにおける祈りは，定めの礼拝（サラート）と，その他の礼拝に分けることができる。前者は，回数や時間，動作，唱える言葉などが定式化され，義務行為として五行の第二に数えられる。後者は，ムスリム全体にとっての義務ではなく，はっきりとした定式をもたず，各人の自由に任されている。後者に属するものとしては，個人的な祈りを意味するドゥアーがあり，すべてをアラビア語で唱えなければいけないサラートと異なり，母国語などいずれの言語で祈ってもよいことになっている。その他，後者に属するもので，スーフィズムに特有な祈りとして，アッラーの名を含む唱句を唱えるズィクルや，師弟が向い合って瞑想を深めるタワッジュフなどがある。［東長 2002a : 149］

この定義からは，大枠を言えばイスラームの祈りは「定めのサラー＋その他」から成り立っており，サラーは「イスラームの祈り」のひとつであることがわかる。一方，「イバーダート」の項においては，

> アッラーへの崇拝，服従。転じて宗教儀礼。〔中略〕イバーダートの具体的な範囲は厳密に一定なわけではない。しかし法学書がイバーダートの記述から始まるのは一定しており，その配列は通常，礼拝前の浄め（タハーラ），礼拝（サラート），ザカート，斎戒（サウム），巡礼の順である。［東長 2002b : 149］

との記述が見られ，サラーが「イバーダート」，すなわち「宗教儀礼」であることがわかる。東長の2つの記述はイスラーム自体の持つ内的分節化に基づいており，同様に内的分節化に依拠した『イスラーム百科事典　第2版』（*Encyclopaedia of Islam*（2nd edition））や『クルアーン百科事典』（*Encyclopaedia of the Qur'ān*）の定義と共通している。

すなわち，イスラームの内的分節化の中には「祈り」や「儀礼」にあたる上位の包括的カテゴリーが存在せず，祈りと儀礼の区分は存在しない［Meri 2004 : 487］。その上で，祈りの種類を挙げるならば，サラー（儀礼的な祈り ritual prayer）があり，それ以外の祈りとしてドゥアー（祈願の祈り prayer of supplication），ズィクル（神名の想出 remembrance of the Divine Names），ウィルド（神秘主義教団の連祷 ṣūfī confraternities' litanies）がある［Monnot 1995 : 925］。あるいは，「イスラームは3つの主要な祈りを指す術語を持っており，サラー（儀礼的な祈り ritual prayer），ドゥアー（個人的な祈願 personal supplication），ズィクル（神秘主義的な想起 mystical recollection）のいずれもが，クルアーンの言葉に由来する」［Bowering 2004 : 215］と言われる。

人類学者である清水芳見もまた「イスラームの儀礼」を「すべてのムスリムが行なう

儀礼（五行と五行以外の宗教儀礼）」と「一部のムスリムだけが行なう儀礼（スーフィー教団の儀礼，地域に根ざした儀礼）」と「通過儀礼（産育，結婚，死）」の3つに大別し，第一の分類の中でサラーを挙げている［清水 1993 : 102–103］。以上からわかることは，宗教学的あるいは人類学的な定義からすると，サラーは祈りであり，儀礼でもあり，そのことはイスラームを専門とする研究者によって了解されているということである。

しかし，その一方で，「祈り」と「儀礼」が宗教学や人類学において，互いに親和的あるいは補完的な概念やカテゴリーとして議論されてきた経緯は存在しない。主として，「祈り」は宗教学の分野で――キリスト教的な枠組みに大きく依存した形で――論じられてきた。「儀礼」は人類学の分野で論じられてきた。

前者の宗教学における経緯を簡略に述べると次のようになる。①まずキリスト教的な祈りの理解があった。「祈りは人間の宗教性に本質的なものであって，通常何らかの応答可能とみられる人格神に向けられる。旧約にあって祈りは，詩編に典型的にみられるように賛美，信仰や罪の告白，嘆き，願いなどの形で義と憐れみの神に向けられた。預言者ではとりなしの祈りも際だつ。新約ではイエスこそ祈りのモデルである。特に「アッバ，父よ」の信頼にみちた祈りは宗教史上特筆に値する」［大貫ほか編 2002 : 96］。②次いでそれに依存した宗教学的な祈り理解が成立した。批判的検討が加えられながら議論が発展した(3)。

③その上である種アプリオリに，祈りは「宗教に本質的なものであり」，「祈りはたくさん論じられてきた」との共通理解が成立する素地が出来上がった(4)。④以上の経緯の中で生じた配置の中で，中心的なものには「呪術／祈り」という二項対立がある。関一敏は宗教学や人類学において利用されてきた前提に寄りかかることをせずに「祈り」に肉迫しよう試みており，いくつかの論考［関 1997a, 1997b, 2004, 2006］の中で自身の祈り論を垣間見せている。それらの論考においては「祝福（bénédiction）／呪い（malédiction）」と「義」の問題が提示されており，そこから祈りをとらえようとする志向性が読み取れる(5)。

後者の人類学における経緯を簡略に述べると次のようになる。①人類学の成立当初には，祈りと儀礼の両方を同時に研究の俎上に乗せ，学術的に使用できるカテゴリーへと練磨しようとする議論がモースによって提示された。祈りを定義するに当たり，「伝統的な行為 acte traditionnel」，「儀礼 rite」，「呪い incantation」と「祈り prière」がそれぞれ必要十分条件のどちら側に当たるのかを問うといった手続きで，順当な概念整備がおこなわれた。最終的に，祈りと他の口誦の宗教儀礼との区別ははっきりしないとした上で，「祈りは，宗教的な儀礼であり，口誦であり，聖なるものに直接的に向けられたものである（la prière est un rite religieux, oral, portant directement sur les choses sacrées.）」［Mauss 1968：402–414］と定義されている(6)。

②しかし，モースの祈り論はほとんど読まれることなく，人類学は「祈り」を主題のひとつとせず，この問題を取り残した形で進んでいった。③その後「儀礼」論がめざま

しく発展し，「流行」し［青木 1997 : 3］，人類学の花形となり，裾野が広がり細分化し現在に至る。[7] ④21世紀に入ってからも，儀礼をめぐる議論は非常に数が多く，「日常的実践」，「パフォーマンス」，「遊び」，「ゲーム」，「アート」などとの多様な組み合わせ例が生じた。同時に儀礼研究を抜本的に検討しようとする論考が提出されるようになっている。その傾向は暫定的には3つに大別できる。すなわち，人類学的な儀礼研究は行き詰まっているという認識に立ち，フィールド調査とより柔軟な理論的考察を組み合わせることによって活路を見いだそうとする流れ［杉島 2001；杉本 2001, 2003］，認知心理学などの隣接領域の成果を取り込み，視角を変化させることによって儀礼という枠組みを解体する流れ［田中 2002a, 2002b, 2004；福島 1992, 1993, 1995］，古典的な儀礼研究の再評価［飯嶋 2000］，である。⑤人類学の伝統的な流れの中では「儀礼／神話」という配置が根強く，現在でも廃れたわけではない。[8]

以上に，宗教学と人類学という2つの学問分野での議論を概括的に検討した。ここからわかることは，宗教学においては祈りは儀礼とは別なカテゴリーとして研究され，人類学においては祈りは儀礼に包摂されるものとされながらも，個別の研究は未発達のままに，儀礼全体の研究が蓄積されてきた，という点である。この結果として，一般的な祈りの認識は，祈り研究の蓄積を持つ宗教学における分節化を前提に「祈りは有神論的，個人的」で，「儀礼は集団的で，（必ずしも）有神論的ではない」という対比が広く共有されてきたと思われる。[9]

以上のように，主として宗教学が祈り論を受け持ち，人類学が儀礼論を受け持つという乖離的な状況を，まず踏まえる必要がある。ただし，宗教学的な祈り研究，あるいは人類学的な儀礼研究の，どちらか一方に依拠してサラーの研究をおこなうことにははじめから限界がある。明確な一神教であるイスラームでは，宗教行為のすべては有神論的な前提を持っており，儀礼的な側面を強く持つサラーであっても，非・有神論的とはならない。また，「個人的」，「集団的」という区分けは，個人的なサラーと集団的なサラーの両方が混在的に実践されるサラーに関しては，あまり有効性を発揮しない。

宗教学的な祈り研究の枠組みでは，多くの信徒がおこなっている義務的な実践であり，定型の文言や身体の動作が定められているといったサラーの儀礼的な性質は十分に加味できず，サラーをうまく対象とすることができない。他方，筆者が依拠している人類学は，[10] 祈りを儀礼の中に内包する点でイスラームへの適用を容易にする定義を持っているが，内的な分節化（祈りそのものの明確な定義）は不十分な状態にある。

特に問題と思われるのは，イスラームにおけるサラーや他の儀礼の実践は，世界中で広域的におこなわれているにもかかわらず，これまでの宗教学や人類学においては，「祈り」と「儀礼」をめぐる概念整備や理論的な探究ための事例として，ほとんど用いられてこなかった点である。その結果，「祈り」や「儀礼」を記述するために作られた述語は，イスラームの事例に対しては的確に当てはまらないことが多く，理論的な整理の面で照準が非常に合わせにくい。

以上のように，本書は，「祈り」と「儀礼」をめぐる枠組みのどこかにサラーを位置付けることが容易にはできない，という地点からスタートすることになった。祈りや儀礼をめぐる議論が，イスラームの事例からのフィードバックを得て，より豊かで鍛えられたものになるためにも，まずは第一に豊富な実態調査が必要である。そのためにも，本書ではサラーの実態の調査に基づいて，詳細な記述をおこなった。

2　東洋学における礼拝研究

本項では欧米および日本におけるサラー研究の歴史を概観する。(1) では欧米における研究を扱う。時期的な展開としては，ヨーロッパでは1910年前後に始まり，20世紀前半の早いうちには隆盛を迎えたものと考えられる。その後は次第に伝播主義的な認識に留保がつけられるようになったほかは，大きな進展やパラダイム転換を迎えることなく細々と続いている。サラー研究は初期にはドイツ語圏を中心としたヨーロッパの東洋学者たちによって担われ，ドイツ語圏以外，特にアメリカ合衆国の研究者による論考がサラー研究史に登場するようになったのは20世紀後半のことである。それらは主として文献に依存した研究であり，文献に現れる規範的な言説からサラーをとらえるものであった。

(2) では日本における研究を扱う。日本のサラー研究は1920年代末から始まった。それ以後の十数年の間に研究史上重要な成果はほぼすべて出つくしており，戦後の1950年代以降には「サラー (礼拝)」の語を冠した論考はあまり見られない。日本におけるサラー研究は，当初からフィールドの成果が取り入れられている点で，独自色がある。欧米の研究成果への直接的な依拠は少ない。

(1) 欧　米

サラーに関する最初期の論考はいずれも創刊されたばかりの『イスラーム』(*Der Islam*) (1910年創刊) に掲載されたものであった。ドイツの東洋学者であり，『イスラーム』の創刊者であったベッカー (Carl Heinrich Becker, 1876－1933) は1912年に「イスラームの祭儀の歴史について」(Zur Geschichte des islamischen Kultus) と題した論文 [Becker 1912] を発表した。次いで，1914年にはヴェンシンク (Arent Jan Wensinck, 1882－1939) が「ムスリムの浄めの規定の形成」(Die Entstehung der muslimischen Reinheitgesetzgebung) [Wensinck 1914] を発表した(11)。一方，1913年にはベルリン学派のミットヴォッホ (Eugen Mittwoch, 1876－1942) が「イスラームの祈りと祭儀の形成史」(Zur Entstehungsgeschichte des islamischen Gebets und Kultus) [Mittwoch 1913] を『プロイセン王立科学アカデミー論文集』(*Abhandlungen der Königlich Preussischen Akademie der Wissenschaften*) に発表している。

ベッカーの特徴はサラーを「(gefeierten) Feste (祝祭)」のひとつとして位置付けるこ

とから議論を始めている点である（この範疇分けは後にグルーネバウムにも引き継がれている）。「kultischer Handlungen der Gemeinde（共同体の礼拝）」として① Freitagsgottesdiensten あるいは Freitagsfeier（金曜礼拝），②断食祭，③犠牲祭が取り上げられ，その3つの間の異同が論じられる。それによって，②と③に対比し，金曜礼拝はイスラームの初期に作られたものではなく，誤った伝統であることが「証明」されている。

また，同時期にライデンとロンドンにおいて刊行が開始された『イスラーム百科事典』（*The Encyclopaedia of Islam*）の初版にもサラーの項目がある［Wensinck 1987］。前出のヴェンシンクが担当しており（彼はこの百科事典の編者の一人でもある），10頁に及んでいる。

1914年の論文中でも明言されているように［Wensinck 1914 : 62］，ヴェンシンクはミットヴォッホを自身の研究の先達と位置付けており，この項目の中でもミットヴォッホの研究が逐一指し示されている。ミットヴォッホやカエターニ（Leone Caetani, 1869－1935），ゴルトツィーハー（Ignaz Goldziher, 1850－1921）らの間の学説の対立についても詳しく述べており，実際の観察に基づく現地からの報告についてはレイン（Edward William Lane, 1801－1876）とヒュルフローニエ（C. Snouck Hurgronje, 1857－1936）によっている。以上のように，ヴェンシンクによるサラーの項は，まだ蓄積の多くないサラー研究の最新の論考を手広く細やかに参照しながら書かれており，彼の記述からは当時の成果の全体像をうかがい知ることができる。

第1節ではサラーの名称，訳語やサラーの回数をめぐる学問上の対立，第2節ではイスラーム法の規定から見たサラーの内容，第3，4節では一日5回の義務のサラー以外のサラー，第5節ではサラーの意義がそれぞれ論じられている。大半が特定の法学派における規定や法学派間の相違や規定に関係するハディース（預言者言行録）についての記述で占められている。実際の観察に基づく報告については第5節の中でわずかに2段落が割かれているだけであり，そこではヒュルフローニエの報告するオランダ領東インドの事例とレインの報告するエジプトの事例とが対照されている(12)。

全体を通じて特徴的なことは，①サラーの具体的な細部に至るまで，一貫してユダヤ教からの伝播，借用として説明されており，②さまざまな部分や制度が果たしてムハンマドの生前に定まっていたものか否かが主たる論点となっている。

のちに1979年から『イスラーム百科事典』の第2版の刊行が開始され，その際にはサラーの項はモノ（Guy Monnot, 1928－2016）によって書き下ろされ［Monnot 1995］，1995年刊の第8巻に収められた。全体の構成には旧版の項目とほとんど差はなく，「時代遅れ」となった伝播主義的な記述などを一掃しているが，新たな知見はほとんど盛り込まれていない。近年の研究は，かつて盛んであったユダヤ教あるいはキリスト教からの借用や伝播による説明を払拭しているが，これはバイアスの除去という意味でポジティヴな面を持っているとしても，研究の深化を必ずしも意味するわけではない(13)。

全体は5つの節から成り，Ⅰ節が「クルアーンの中で」，Ⅱ節が「儀礼的祈りの重要性」，Ⅲ節が「5回の日々の祈り」，Ⅳ節が「他の儀礼的祈り」，Ⅴ節が「サラーとイスラーム」である。9頁におよぶ全体の中で実践についての言及はⅢ節の一部分に見つかるのみであるが，わずか一段落の記述を見逃すべきではない。「この儀礼的な祈りのやり方（performance）について記述し，この儀礼を規定している他の諸規則について概説したので，今度はそれが現実においてどのように実践されているのか（practiced）を調査するのが適切であろう」と実証的な調査の必要性を指摘している。その上で，「この主題に関して綿密な研究は不足しているように思われる」［Monnot 1995 : 930］と述べ，実践の研究がほとんどなされていないことを確認している。ここで確認されていることは，まさに本書の主張するところと重なる。

サラーにかかわるの学問的な動向のひとつは，2006年に刊行された『イスラームの儀礼の発展』（*The Development of Islamic Ritual*）［Hawting（ed）2006］である。この論集は「古典的イスラーム世界の形成」シリーズ（The Formation of the Classical Islamic World）のうちの一冊でイスラームの（公的な）儀礼，すなわち信仰告白，礼拝，断食，喜捨，巡礼をめぐってこれまでに刊行されてきた新旧の論考を集めて再録したもので，Prayerの部には5論文が収められている。そのうちの3本が1900年，1912年，1914年と1900－1910年代のもので，あとの2本が1981年と1987年で，いずれも1980年代の刊行である。

論集には収められていないが，1950年代にもサラーをめぐるいくつかの論考が刊行された。グルーネバウム（Gustave E. von Grunebaum, 1909－1972）の『ムハンマド教の祭り』（*Muhammadan Festivals*）［Grunebaum 1951］の第1章は「イスラームの土台」として祈り（prayer）と金曜礼拝（Friday service）を扱っている。ここではサラーの形成についての説明が中心を占め，たとえば，サラーが5回となったことの理由をユダヤ教，ゾロアスター教の影響と見るなど，伝播主義的な記述が随所にある。わずかに見られるサラーの行程に関する説明部分はギブ（Sir Hamilton Gibb, 1895－1971）の『ムハンマド教』（*Mohammedanism*）から引かれたものであることが注からわかる。なお，2002年になって出版された邦訳書では，サラーの行程と浄めのやり方を説明した図版が挿入されているが，これは原著にはない。ゴイタイン（S. D. Goitein, 1900－1985）も1950年代に「金曜礼拝の起源と性質」（The Origin and Nature of the Muslim Friday Worship）と題した論文［Goitein 1966］を刊行している。

（2）日　本

日本では，もっとも早い時期のものに1928年に政教社の機関誌『日本及日本人』に掲載された佐久間貞次郎の「イスラムの祈祷――Salat-ul-Islam」［佐久間 1928］がある。次いで，1931年の内藤智秀「回教徒の祈祷作法」（『民俗学』，民俗学会）［内藤 1986］，1938年の大久保幸次・小林元の「礼拝の型」（『回教圏』，回教圏研究所）［大久保・小林 1986］がある。

これら佐久間，内藤，大久保・小林の著作はいずれも第二次世界大戦前に，当時の日本社会にとって未知のものであったイスラームの祈りを紹介するために書かれた簡略な概説である。佐久間貞次郎（1886－1979）は，十代で新聞記者を経験した後，中国にわたり当代一の中国回教通となった人物である。1913－14 年頃から 10 年前後上海に滞在し，ここでイスラームに改宗したと言われる［小村 1988 : 190–197］。「イスラムの祈祷――Salat-ul-Islam」の掲載はおそらく上海からの帰国後で，掲載時にはすでに著者はムスリムに改宗していたものと推測される。信仰に基づくと思われる確信的な断定も見られるが，ムスリムに対する教化のためにムスリム自身によって書かれたというよりは，現地をよく知る人間が異文化を日本人に理解させるために書いた文章である。

内藤智秀（1886－1984）は中近東・バルカン地域の専門家で，在トルコ日本大使館にも勤務していた外交官である［長場 2006a : 11–13］。佐久間と交流があり，上海滞在中の彼を 1924 年に訪れている［小村 1988 : 194］。「回教徒の祈祷作法」の中で使用しているサラーの名称がトルコ語であったり，アラビア語のサラーの文言がトルコ訛りなのは，彼の経歴を反映している。

大久保幸次（1887－1950）と小林元（1904－1963）は戦前にイスラーム研究の中心となった回教圏攷究所（のちに回教圏研究所）の創設者で，大久保はトルコ研究，小林は中東研究の専門家である［川村 1987 : 431–436；長場 2006b : 17, 2007 : 17］。2 人ともイスラームの教義を専門の一部としており，クルアーンの邦訳も試みている。

戦前の日本にはイスラームの祈りについての研究の蓄積はほとんどなく，研究の素材となる資料や報告は限定されていたはずであるが，それぞれが自らの専門に立脚した堅実なアプローチを加えており，現在からみるとむしろ新鮮である。三者の内容を比較すると，情報量は内藤がもっとも多く，大久保・小林がもっとも少なく，佐久間が中間である。しかし，情報の量が多ければサラーへの理解がより深まるかと言えば，そうではない。

内藤の論考はサラーの準備となる浄め，サラーの手順，文言，時間帯，サラーの種類について，ところどころ記述が極端なまでに細部に及びながら説明を展開する。この場合，浄めの際に履いている靴の条件に応じたやり方の違いなどの微細な点に言及していることは，マイナスの効果を生んでいる。というのも，その微細な手順が実際の実践上の手順ではなく「法規定」であることを内藤は説明しておらず，歴史資料の中に登場するエピソードと思われるものと，聞き取りや観察によって確認される人びとの実践や意識，法規定やそれに立脚した教科書の記述を混同して取り扱っているため，わかりにくい記述となっている。これらの記述から実際のサラーを再現することはほぼ不可能である。(14)

大久保・小林の記述は簡潔で，かつ重要な点を押さえながらサラーのイメージを喚起させることに成功している点で内藤と対照的である。17 連の図でサラーの行程を示し，その行程が「節」すなわち「ラカー〔本書ではラクア〕」の反復から成立していることを指摘し，さらに「ラカー」を7つの「段」に分けて説明しているのがわかりやすい。文言の邦訳については，当時すでに存在していた英訳からの重訳（坂本健一の『コーラン経（上・下)』）ではなく，アラビア語から直訳している[(15)]。

特徴的なこととしては，ファルド（義務）とスンナ（任意の追加）の区別を「集団礼拝」と「単独礼拝」ととらえ誤解していることが挙げられる。「集団／単独」という分節は佐久間にも見られ，佐久間はファルドとスンナの別を「集団／単独」と誤って説明しておきながら［佐久間 1928 : 37］，別の箇所では「絶対的義務として勤行すべき祈祷」と「教祖ムハマッドが，附加した祈祷」［佐久間 1928 : 40］と正しく定義付けている[(16)]。

大久保・小林は「回教徒の礼拝は，いはば人間の自然的運動を律動的に整理した作法のうちに行はれ，また彼等の心中に暗誦する章句も各コーランのうちから任意に選択する自由が与へられているところからいへば，それはその外観ほど煩雑でもなく，また形式墨守でもない」［大久保・小林 1986 : 55］と洞察している[(17)]。サラーはこのアンビヴァレントさ，すなわち一方では「外観の煩雑さ」や「形式」が観察され，同時に「任意」性や「自由」の余地が確認されるため，その捕捉に困難さがつきまとう。そのアンビヴァレントさを端的に言い表わしているところに，観察眼が光っている。

佐久間の記述には独創的な観点が随所に見られる。まず，日本社会に流布している「欧米崇拝」と表裏一体のイスラーム蔑視に対し，「回教と言ふものが，果して左様な宗教であるか如何か，兎に角も此祈祷に関する一般的記述を一読せられたならば，其大概を窺ひ得るであらうことを信ずる」［佐久間 1928 : 33］と文章の目的をまとめた後で，すぐに概述に入らず，サラーがなぜアラビア語でおこなわれるのか，そのことのもたらす性質について議論している点が珍しい。

また，佐久間の独創は，説明的な記述よりも感性に立脚した記述の中に色濃い。たとえば，内的な感覚の高まりと外側からの視線とを同時にまとめた以下のような記述がある。「殊にL音の多い亜剌比亜原語の祈祷の文句を，回教の導師（イマム）(Imam）が，極めて敬虔な態度を以て，荘重にして，而かも抑揚巧みなる声調で，之を唱へるを聴く時は，言ふ可からざる森厳さをもつた，微妙なる響きを教徒の琴線に伝へ，思はず知らず限りなき法悦に惝怳せしめると共に，異教徒としてさへもが，之れを聴いて一種の宗教礼讃の情に唆られずには居られぬ程である」［佐久間 1928 : 34］。また，サラーの本質を「精神的食物」と表現しているのが卓見である。「蓋し日に五回行ふところの回教徒の祈祷は彼等の精神的食物であつて，之れを多しと思ふものは，一体吾々人間が，其強壮と精力とを維持するのに，一日何回の食物を必要とするかを考ふ可きである」［佐久間 1928 : 34］と表現している[(18)]。

一方，ムスリムによってムスリムの指南を主たる目的として書かれたものも存在する。これらは客観的な研究ではないが，日本語によるサラー紹介として意味を持つため，戦前の事例についてひとつだけ取り上げる。現在確認できる最初のものは1941年に小林哲夫（ムスリム名はオマル・ファイサル, 1911－1943）によって刊行された『回教の礼拝』

［小林 1941］である。[19]

小林哲夫は日本イスラーム史上最初期のマッカ巡礼者のひとりで，シーア派の聖地にも巡礼を遂げた戦前唯一の人とされ，「ハッジ」（巡礼者）と「ケルベライ」（カルバラー巡礼者の意）の2つの称号を持つ。日本大学在学中に二・二六事件に連坐し，事件後トルコの日本大使館付陸軍武官府の預かりの身となったのを契機に，イスラームに改宗したとされる。1936年，イスラームの最高学府であるカイロのアズハル大学に留学し，第二次世界大戦直前の帰国の後に，今度はインドネシアにわたり対現地民衆宣伝宣撫工作とインドネシア独立運動に従事することになった［小村 1988 : 253–268］。

『回教の礼拝』の構成は3つの章「礼拝の意義」，「洗浄」，「礼拝」と，附録「回教徒が好んで礼拝の時に唱える「スウラア〔スーラ。クルアーンの章〕」」，「クヌゥト〔クヌート。敬虔の祈り〕」，「エヂプトの回教大学」から成り，第3章にあたる「礼拝」が本全体の大半を占めている。

第1章の「礼拝の意義」で提示されている観点はいずれも，佐久間や大久保・小林とほぼ似通っている。「回教では礼拝を以て神への奉仕のもっとも貴くもっとも厳なる表示で内外倶浄の状態に於いて神人合一の聖境に導くものとされて居る」［小林 1941 : 6］という観点は，大久保・小林の「回教徒の信仰によれば，礼拝は神への敬虔な奉仕を表はし，内外倶浄の状態において神人合一の妙境に導くものであるといふ」［大久保・小林 1986 : 52］と重なっている。[20]サラーが「精神的糧」［小林 1941 : 6］であるという点も，佐久間の「精神的食物」［佐久間 1928 : 34］，大久保・小林の「霊の糧」［大久保・小林 1986 : 52］と通底する。また，前述のサラーのアンビヴァレントさに関しても，佐久間，大久保・小林らと同様の表現で記している［小林 1941 : 7］。

一方，新たな点としては，偶像崇拝の禁止との関係でサラーの意義を規定していることが挙げられる。「神を偶像其の他容易に意識され得べき物象を以つて表現する事を絶対に拒否して居る。回教では他に何等かの方法で神の不断に存在せる事を記憶し続けなければならないので，モハメッドは礼拝を回教修行中のもっとも重要なる勤行とした」［小林 1941 : 5–6］との説明がある。

第3章の「礼拝」では，以下の7つの節に分けて，写真を使用しながら簡潔にわかりやすく説明している。「礼拝の時間」，「フアルドとスンナート及びウイトル〔義務，推奨，準義務を指す〕」，「アザアン」，「礼拝の方法及び順序」，「金曜日の礼拝」，「儀式の礼拝」。日本におけるイスラーム通史を著した小村はこの手引きを「嚆史（ママ）」として高く評価し，[21]その理由を「彼〔小林哲夫〕のようにイスラームの本場で，しかもその最高の学府でイスラーム神学の深奥に専心参究すること5年という豊富なキャリアの主は，戦前では彼をさしおいては他になかったからであった」と述べている[22]［小村 1988 : 261］。

第二次世界大戦以降に，イスラームの祈りやサラーを題名に冠した著作はほとんど見られない。代わって，数多く出されるようになったイスラームの概説書の中にサラーに関する記述が登場する。右翼の政治理論家であり，東京裁判のA級戦犯としても有名な大川周明（1886 − 1957）は，イスラームの思想や教義に関して 2 つの重要な業績がある。戦前に出版されたイスラームの本格的な概説書である『回教概論』[23]，東京裁判の期間中に入院先で訳出され 1950 年に刊行されたクルアーンの全訳『古蘭経』である。

この概説書の中には，「回教の儀礼」という章がある。この章は「清浄 Ṭahâra」，「礼拝 Ṣalât」，「捐課 Zakât」，「斎戒 Ṣaum」，「参詣 Haji」の 5 節から成り，2 番目の節がサラーを扱っている。大川はまずヒュルフローニエの議論を援用し，サラーがたびたび「祈祷」と翻訳されていることを批判している。イスラームにおいては，祈祷に相当するのはドゥアーであり，「サラートはアルラーを讃頌する宗教的儀礼なるが故に，これを「礼拝」と翻訳するを至当とする」［大川 1992：148］と結論付けている。

大川の概述において特徴的なのは，ヨーロッパの研究を踏まえている点である。サラーの様式や手順の根拠としてクルアーンの章句を直接的に提示する方法や，サラーの起源をユダヤ教やキリスト教に還元して解釈するのは東洋学の正統的な踏襲である。

大川が日本のサラー研究の中では珍しく，ヨーロッパの研究に直接的に依拠しているのに対し，1958 年の蒲生礼一（1901 − 1977）の概説書『回教』［蒲生 1958］は戦前の大久保らの成果を受けた朴訥なもので，見聞に基づいたサラーの叙述が含まれている[24]。

以上に述べてきたことから，東洋学におけるサラー研究の歴史は以下のように概括できる。1910 年前後に，ドイツ語圏の東洋学者の間で始まったサラー研究には，2 つの大きな特徴があった。ひとつは基本的にユダヤ教やキリスト教からの借用・伝播としてイスラームのサラーを説明する伝播主義であり，もうひとつは，史料や神学書，法学書などの文献を基本資料とするため，規範的言説を主要な研究対象としている点である。この規範主義は，規範的な言説に価値を置く結果，実践についてはたとえ観察がなされた場合でも，その内容は付加的な扱いをされるに過ぎない。

しかし，伝播主義は，イスラームに固有のものを他の宗教からの伝播だけで説明する方法論に対する批判もあって，徐々に研究から省かれるようになり，規範主義の側面だけが強く残るようになった。そのことが，『イスラーム百科事典』の記述の変化にも如実に表われている。

一方，日本におけるサラー研究は，ユダヤ教あるいはキリスト教からの伝播によって説明しようとする認識ないしは方法論はなかった。当初から，教義をめぐる研究と現地における見聞とが混在しており，実践への比重が決して軽くない点で，独自色がある。欧米の研究成果への直接的な依拠は少なかった[25]。

欧米と日本におけるサラーの研究史を概観した結果，イスラームの基本としての「五柱」に含まれるサラーであるにもかかわらず，ムスリムたちの実践に基づく報告と研究はごくわずかであることがはっきりとした。本書第Ⅴ部では，クルアーン研究の一環としてサラーを取り上げ，クルアーンの章句の朗誦が信徒の生活に浸透するにあたって，サラーが大きな役割を占めていることを明らかにした。メディア装置としてクルアーンが機能するにあたっても，サラーの役割は大きいと言わざるをえない。

以上のサラー研究史の検討から，本書で細かな報告をおこなった「実践としてのサラー」が研究上の重要な空白を埋め，新しい視座からサラーの知見を提供することを，読者の皆さまに了としていただけるならば幸いである。

註

■序章

(1) 故・渡辺公三先生は，立命館大学文学部で筆者が人類学の初学者であった頃，卒業論文の研究・調査対象のことを「あなたたちが愛する相手」と呼び，愛する（興味を持ち，研究する）ことの欺瞞，自己愛との区別（調査者が対象にかこつけて自分語りをするのではなく，対象に語らせること）の難しさ，純粋な衝動（自分の関心の向くままに対象を選ぶこと）の大切さを教えてくれた。筆者にとって，それはずっと，人類学という方法によって対象にアプローチする際の原点となっている。補論3の註（10）も参照。

(2) アメリカ人類学の第2世代とも言うべきクライド・クラックホーン（1905－1960）の1949年に刊行された古典的著作のタイトルはまさしく『人間のための鏡』（*Mirror for Man : Anthropology and Modern Life*）である［クラックホーン 1971］。

(3) 一例を挙げると，2017年にYouTube上で発表され，2021年末の紅白歌合戦に取り上げられるほどにヒットした「命に嫌われている。」（作詞・作曲カンザキイオリ）は，筆者が長年感じていた現代日本社会の空気感を2010年代的なフワッとしていながらも細く突き刺さる言語観で表現しており，衝撃を受けた。全文が弱く細く突き刺さるような，この時代特有の痛みを抱えた柔らかい言葉で構成されており，特に「僕らは命に嫌われている。／軽々しく死にたいだとか／軽々しく命を見てる僕らは命に嫌われている。」「自分が死んでもどうでもよくて／それでも周りに生きて欲しくて／矛盾を抱えて生きてくなんて怒られてしまう。」の部分に現われる複数形の主語，自分の目が届くこの小さな数メートルの中で完結する自己憐憫にも似た弱々しい連帯感（愛情の残滓）と強烈で巨大な前提的自己否定。この歌の内容を2022年におこなわれた安倍晋三元首相の葬儀のために来日されたアラブの知人に，「今の日本は？　若者は？　この国の文化はどう？」と案じられ，驚くだろうなと思って紹介したら，こちらの予想以上に絶句していた。

(4) 筆者が「脆弱」（fragile）という言葉の重要性に深く印象付けられたのは，スロヴェニアのラカン派精神分析の哲学者であり，マルクス主義者のスラヴォイ・ジジェクの著作『脆弱なる絶対――キリスト教の遺産と資本主義の超克』によってである［ジジェク 2001］。

(5) 非ムスリムや非イスラーム地域に対するテロ行為も21世紀には大きな話題となり，耳目を集めているが，近代化の中で生じた原理主義による伝統の否定や破壊，ムスリムによるムスリムの断罪もウンマ（イスラーム世界）の一体感や連帯感を蝕む大きな問題となっている。

(6) 崎山政毅はラテンアメリカにおける抵抗運動研究が持つ欺瞞，つまり語らない人びとの代わりに語ることを，歴史学の立場から真摯に問い詰めた『サバルタンと歴史』の中に，「サパティスタ民族解放軍のたたかいに，心より敬意を表するとともに日本の地からの連帯の挨拶を送る」という檄文を潜ませた［崎山 2001 : 132］。研究者は，自分が全存在で向き合っているはずの対象に対して，無責任・無立場ではありえない。筆者自身もかつて，崎山のこの雷のような一文に打たれたことを記憶している。それ以降，高みの見物から脱し，学問的良心（客観性）と主体的コミットメント（対象に対して立場を言明すること）の折り合う地点をまだ模索している。特に欧米圏で研究者として活躍するアラブ出身の友人から,「イスラーム関連の研究をしていると,まったく政治や社会問題が専門でなくとも,そのことに関して立場や意見を表明することばかりを強いられる」ということを聞いて,知識人のコミットメントに対する時代的要請が強まっているのだと痛感する。

(7) 偶然によって長期的なフィールドワークをおこない,フィールドワークの創始者となったマリノフスキー以降の,フィールドワークに基づいておこなわれる人類学が主流になっていった中で,それ以前の,宣教師などの持ち帰った資料などに依拠して研究をおこなっていた時代の人類学者をかつては皮肉を込めて armchair anthropologist と呼称したとされる。筆者が学生だった時分には,先生たちがこの単語を口にするのを聞いたが,人類学＝フィールドワークが当たり前になった今の時代となっては,この言葉を聞くことはない。『旧約聖書のフォークロア』の訳者の一人である江河徹が「タイラーやフレイザーはいわば書斎の学者で,椅子に腰かけたままあの厖大な資料を比較分類し,資料提供者は宣教師,旅行家,行政官といったアマチュアで特殊な立場にある人々だった。それに対して 20 世紀の場合は,マリノフスキーの例でも明かなように,研究者が自ら現地で数年間を過し,専門家の眼を通して現地の実態を観察するようになる」[フレイザー 1975：573] と書き残しており,古い時代の香りが伝わってくる貴重な表現である。

(8) 『金枝篇』は,1890 年に 2 巻本として刊行され,1911－1915 年に決定版とされる第 3 版,全 12 巻が刊行された [フレイザー 2003]。広く読まれている日本語訳は,1922 年の簡約版を底本とした岩波文庫版が 1951–1952 年に刊行され (1966 年に改版),さらに 2003 年に新たに初版の翻訳が刊行されている。1987 年に刊行されたフレイザーの評伝は,2009 年に日本語訳が刊行されているので [アッカーマン 2009],いかに影響力の息が長い作品を著した作者であったかがわかる。『文化人類学文献事典』の小田亮による解説も,『金枝篇』がその時代特有の問題点への批判を受けながらも現在に至るまで長く読み継がれてきた理由を伝えており,優れている [小田 2004]。

なお,この節では『金枝篇』をはじめ,多くの神話研究に言及しているが,本書の立場は啓典と神話を分けることを自明視せず,両方の研究分野から影響を受けている。最近のものに村松・山中編 [2007],角南・丸山編 [2022] があり,その中でも近藤 [2022] は神話研究としてクルアーンを扱った珍しい論考である。

(9) 原著の副題は「オゴテメリとの対話」である [グリオール 1997 : 322, 326]。『水の神』は,著者と現地人,白人と黒人,キリスト教徒とドゴン族の対話の形式を取っており,「オゴテメリ」はドゴン側の語り手のことである。

(10) 筆者の人類学の師である故・渡辺公三先生は,わかりやすく華美な言葉でレヴィ＝ストロースを称えるということをしなかったが,2 冊の繊細で情熱に満ちた著作がレヴィ＝ストロースの探究に捧げられている [渡辺 2019, 2020]。これらの著作からわかるのは,渡辺先生がレヴィ＝ストロースを 20 世紀に大流行した一過性の著名人や,押さえておくべき人類学の先達の一人とみなしているのではなく,一生涯その知的な思索の中を戯れて探索するに相応しい数少ない知の巨人として,敬愛すべき思想家として認識していたことである。「大抵のことは,すでにレヴィ＝ストロースが言っています」「贔屓の引き倒しかも知れませんが,それについてはレヴィ＝ストロースがこんなことを述べています」と,少しはにかみながら嬉しそうによくおっしゃっていたのが思い出される。渡辺先生は後の世代に人類学の古典を手渡すことにも強い使命感を持っており，先生が尽力された小松ほか編［2004］にも，序章で言及した古典的著作の多くが載っている。

(11) オングの『声の文化と文字の文化』の日本語訳に出会わなければ，本書の研究は不可能であった。それほど，筆者がクルアーン研究を始めるよりも前，2000年代よりも以前には日本語の研究世界には，書物として認識されているがもともとは口誦テクストであったものを，元の文脈に戻すという発想も，口誦テキストの特徴についての知識も，口誦性ゆえにそれが「聖典」（聖なる特別なテクスト）として流通し得たという理解も，手の届くところにはなかった。2022年3月の時点で前掲書は20刷を数えており，この本の大きな影響によって口誦性についての知識がさまざまな文系研究分野の著作や大学の授業等で聞かれるようになった。同様に，土屋［2002］からも大きな影響を受けた。

(12) 「スター・ウォーズ」シリーズの監督であるジョージ・ルーカスがキャンベルから受けた影響を明言し，キャンベルと友人になった経緯が，キャンベルの晩年の対談の中で紹介されている［キャンベル＆モイヤーズ 2010］。文庫版に付された解説では，文学や音楽の世界へ与えたキャンベルの影響が綴られているが，その中でも目を引くのは，『ダ・ヴィンチ・コード』シリーズの主人公・宗教図像学者のラングドン教授（映画版ではトム・ハンクスが演じた）のキャラクター造形のヒントになり，ディズニーのストーリー開発部門のマニュアルとして使用され，『アラジン』や『ライオン・キング』など，今もなお実写化や舞台化などを通じて新しく生まれ変わり続け，愛され続けているストーリーを生み出した事実である［キャンベル 2015 : 297–298］。本人は1987年に没しているが，近年，全18巻の全集（The Collected Works of Joseph Campbell）が刊行されており，その一部はAmazonのAudible版（朗読）としても頒布され，現在でも英語圏での人気の高さがうかがえる。

(13) 近代化がイスラーム世界にもたらした変容については，日本語ではスミス［1974］やスミスの著作の翻訳者である中村廣治郎による中村［1997］などがある。

(14) 日本では長らくイスラームに関して，中国や西欧からの伝播による訛音や誤称（アラーの神，回教，マホメット，コーランなど）が広く使われていたが，現在では，イスラーム研究の学術書では「アッラー」「イスラーム」「ムハンマド」「クルアーン」と原音に近い日本語で表記することが主流になっている。

(15) 総勢41名の執筆者の中で，わずかにエチオピアを研究する人類学者の石原美奈子と西アフリカでフィールドワークをおこなう伊東未来のみがイスラームの事例を扱っており，この大きなプロジェクトの中の稀少なイスラーム研究者として貢献している。

(16) 秋山聰は，殉教者の魂は天上の祭壇に，遺体は地上に留まり続け，天と地をつなぐ役割を担ったとみなされ，彼らの肉体には「神からもたらされる特別な力（ウィルトゥス virtus）」が宿ると説明しており［秋山 2022 : 380–381］，メディアとしての聖遺物（殉教者の遺体）を論じている。実際，秋山は「神の力のメディア」という表現を使っている［秋山 2018 : 20］。場所や言葉ではなく，人間の肉体が神的介入の場（結節点）を拓くという強い物質性を有している点でイスラームの場合とは対照的である。当然，秋山が対象としてるキリスト教圏と本書が対象とするイスラーム圏は，一神教という点では同根の文化圏なので，神の恩寵（バラカ）が特定の事物に宿り，それとの接触によって伝染するという考え方や民間信仰は共通しているが，遺体というメディアは言葉がメディアになったケースよりも，管理の難易度が高そうなことが秋山の研究から伺える。水野千依は，イメージ，それを演出する空間の構造，組み合わされる他の聖遺物や展示装置をパラテクスト的に複製することで，新たに「神聖空間（ヒエロトピア）」を創出する現象について説明しており，これらの説明の中で使用される用語の運用が参考になった［水野 2022 : 446］。テクスト学において，少し古いところでは小森ほか編［2003］，最近の成果では明星・納富編［2015］などの優れた成果があるが，宗教遺産テクスト学の成果を学ぶ中で，クルアーンの場合は図像研究の方がテクスト研究よりも親和性が高いという実感に筆者自身も驚いている。

（17） 詳しくは小杉［2005］。

■第 1 章

（1） 旧約聖書に外典，偽典の両方，新約聖書には外典がある。ユダヤ教にとっては，キリスト教で「旧約聖書」と呼ぶ部分だけが正典で，しかも，それは 1 冊 2 冊と数えられる書物ではなく，巻物の集合体である。ユダヤ教では，クルアーンや新約聖書に比べて，さらに長い歴史の中に徐々に聖典（正典）が形成されていったので，そこに含まれる文書の分類や境界線はより複雑である［加藤 2011；土岐 2010；伊藤 2015；山折ほか 2012 : 549–563］。

（2） 中村ほか編［2002 : 17–18, 45, 205–206, 275–276, 269, 286–287, 351–352, 392–393, 667–669, 670–671, 673–674, 836–837, 920–921, 1021–1022, 1050］，山折ほか［2012 : 564–568］。インドから，チベット，中国，韓国，日本へと広がる仏典の広大な世界については，斎藤ほか編［2020］や船山［2013］に詳しい。

（3） 近年，ヨーロッパではフランスを中心に最新の科学調査によって，クルアーンの獣皮紙写本から表面には表われていない情報，すなわちこれまで肉眼では見ることのできなかった情報を取り出すことが可能になり，結集（正典化）の過程がもう少し具体的にわかるのではないかという期待が生じている。実際に，最初期の獣皮紙の下層のインク跡が解読できるようになり，ごく一部の章句について，採用されなかった選を漏れたもの，もしくは間違いとして修正の対象となった可能性がある異バージョンを復元することに成功した。ただし，その場合でも正典との違いは微細な用語の違いに留まり，大差は見られないため，現行版に含まれる以外の文書が存在するといった仮説にはつながっていない。しかし，これまで物証のなかった結集や正典化の過程の手がかりが最新技術によって得られるようになったことは画期的で，具体的なプロセスの一端が解明できるとの期待が膨らむ。詳しくは Hilali［2017］。なお，正典と微細な違いが何であるかについては，写本調査を徹底して異同を示した事典［al-Ḥimyarī 2015］と，緻密な検証と膨大なとデータを収録した研究書［Nasser 2020］が出されている。第 4 章の註（1）も参照。

（4） アブー・バクル自身はムハンマドとほぼ同い年の非常に近しい間柄の長年の直弟子であり，彼の娘がムハンマドに嫁いでいるため義父にあたる。ムハンマドの死の時点では最重要の高弟であり，共同体の長老であった。ウマルの娘ハフサはムハンマドに嫁いでいる。ウスマーンはムハンマドの次女と結婚しており，さらに彼女の死後には三女と結婚している。アブー・バクル同様に最初期からの直弟子であり，かつ娘婿という近しい存在であった。

（5） キリスト教との大きな違いであるが，礼拝を先導するイマームはミサを執りおこなう神父や牧師とはまったく違う。会衆に向かって説教をするわけではないし，何かを指示したり監督したりするわけでもない。会衆とまったく同じ動作を，会衆から一歩前に出て会衆と同じ方向を向いたままおこなうだけなので，会衆は一人でおこなう時と同じことを，集団でおこなう際に全員がイマームのタイミングに合わせておこなう，というだけである。イマームが留守であったり，そもそもいないような場所の場合には会衆のうちの一人がその役を務めるので，固定的な職位ではない。

(6) ブッダ（ガウタマ・シッダールタ，釈尊）はインド北東部のガンガー（ガンジス）河中流域を中心に活動し，悟り（真理＝ダルマに目覚めること）を得て，すべての煩悩（心身を悩ます汚れた心的作用）から解脱（束縛から解放され自由になること）し，安らかな涅槃の境地に到達した。自らが体得した真理を対話形式の口承で伝達し，それがやがて経蔵（スッタピタカ），律蔵（ヴィナヤピタカ）としてまとめられていった［山折ほか 2012 : 235］。仏教の文献は，経・律・論の3つに分類され（三蔵），経はブッダの直説（とされるもの）のことであり，その全集が経蔵である。律は集団生活を営む僧侶の生活規則，論が仏弟子による解釈・解説である［中村ほか編 2002 : 216, 1042, 1077］。三蔵は「経・律」と「論」に二分できる。前者は「ブッダが説いたもの」，後者は「ブッダ以外が説いたもの」である。経と律を説く資格があるのはブッダに限られているのに対し，論は理屈の上では誰でも説くことが可能で，論であれば比較的容易に聖典に加えることができる。ブッダは定住せず，さまざまな場所で教えを説き，すべての弟子が同じ教えを聞いているわけではないため，最初から多様な記憶（多様な経や律，その原形）が存在していた可能性がある。現在の仏教は，部派（南伝）と大乗（北伝）に大別でき，それぞれが所有する仏典は大きく異なっている。日本で知られている経のほとんどは大乗仏教のものであり，それらもブッダが説いたという形式を取っているが，彼の入滅後数百年を経てから成立したものであり，部派仏教からすれば大乗の経は経とは認められない［山折ほか 2012 : 564–568］。ブッダ自身は，肉身は消滅するが真理（法）は不滅であるから，自分の亡きあとは不変の真理である法を拠り所とするようにと遺言した［中村ほか編 2002 : 875］。ブッダの三種の身体（三身）は，法身・報身・応身で，永遠不滅の真理を法身，衆生の救済のために変化して現われた身体を応身，現われることを応化，応現と呼び，報身はその両者を統合したものである［中村ほか編 2002 : 105, 108, 390］。

(7) キリスト教の開祖は紀元前後に活動したガリラヤ地方ナザレ出身とされるイエスという人物である。彼がどのような生涯を送ったのかは，その誕生から死と復活までを描くマルコ，マタイ，ルカ，ヨハネによって書かれたとされる4つの福音書を通じてうかがうことができる。もっとも古いとされるマルコのものでも死後40年ほど経ってまとめられたと言われ，福音書によってイエスの描かれ方には違いが見られ，1世期末に成立するヨハネ福音書は他の福音書と大きな違いがある［山折ほか 2012 : 73–74］。新約聖書は，イエスや彼の弟子たちはセム系諸語のひとつであるアラム語を話していたと思われるが，ヘレニズム時代の地中海世界で共通語だったコイネー・ギリシア語で書かれている。新約聖書の文書群が成立した紀元後50年頃から2世紀中頃にかけての時代には，イエスも弟子たちも生存しておらず，70年のエルサレム陥落後は宣教活動の中心はギリシア語を公用語とするヘレニズム社会に移った［山折ほか 2012 : 559］。キリスト教は，旧約聖書と新約聖書の2つの聖典を持ち，先行するユダヤ教の聖典のひとつである律法（トーラー）・預言者（ネヴィーイーム）・諸書（クトゥービーム）（ユダヤ教ではこれらの頭文字を取ってタナハ（TaNaKh），読誦を意味するミクラーと呼ぶ）の三部から成るヘブライ語聖書を旧約聖書として受け継いでいる［山折ほか 2012 : 549, 559；大貫ほか編 2002 : 274］。唯一神教であるユダヤ教から出発したキリスト教が直面したもっとも深刻な教義上の問題は，教祖イエスと神との関係をどう考え，さらにイエスの人性をどう理解するべきなのかということである。この問題は3世紀半ばから深刻さを増し，4世紀初頭に顕在化した。論点は両性説（人性と神性が両立している）と単性説（神性が人性を吸収して神性のみが留まっている）に集約された［山折ほか 2012 : 78］。イエスやその弟子たちを取り巻く言語状況についての踏み込んだ考察については土岐・村岡［2016］に詳しい。

■第2章

（1） イスラームで用いる太陰暦は，預言者ムハンマドとその弟子たちがマッカからマディーナに移住したヒジュラ（聖遷）を紀元としている。西暦622－623年がヒジュラ元年に相当する。西暦2024年中にヒジュラ暦1446年に入るが，この太陰暦は太陽暦より1年が約11日短く，太陽暦では1402年に相当する。クルアーンの啓示の始まりは，ヒジュラの12年前（610年）とされるから，2024年現在では，クルアーンの開始から太陽暦で1414年が経過したことになる。クルアーンの啓示が完了した632年（ムハンマドの没年）からは，1392年が経過している。

（2） メディオロジーについては，49－51，72－74頁を参照。

（3） この表現は人口に膾炙しており，ムハンマドの晩年の愛妻アーイシャが伝えるハディースには「彼の本性はクルアーンである」という表現がある。

（4） 近年，井筒に対する研究と再評価がおこなわれており，彼の業績はイスラーム研究よりも広い文脈で論じられることが多い［若松 2011；澤井・鎌田編 2018］。本書では，あくまでクルアーン研究における井筒の貢献を扱う。井筒［2017］が刊行されたことで，より井筒の方法論が精査しやすくなったことも喜ばしい。

（5） 1972年に両方の版を用いた邦訳『意味の構造――コーランにおける宗教道徳概念の分析』が出版されており［井筒 1972］，以下では邦訳書の頁数を示す。

（6） この頃の方法論は，後期の『意識と本質』［井筒 1983］における独自の言語哲学に比べて哲学的思索の側面は強くなく，欧米の（文化人類学的な）言語理論を正統的に援用した事例研究である。

（7） この方法の先例として，井筒は東洋学的イスラーム学の創始者であるハンガリー出身のゴルトツィーハー（1850－1921）による「ジャーヒリーヤ」の意味の解明方法を挙げている［井筒 1972 : 40］。ゴルトツィーハーは，前イスラーム時代の詩の中から実例を多く集めることで，「ジャフル」が「イルム（知）」ではなく，むしろ「ヒルム（寛容・自制）」の対立語であることを明らかにした。

（8） アブドゥルハリームとバダウィーによる『クルアーン的用法のアラビア語――英語辞典』は井筒と同様の手法を採っている［Badawi & Abdel Haleem 2008］。

（9） 同学会については，本書巻末の補論2を参照。

（10） 「道徳コード」を「命令コード」と呼び変えるのは，結果としてコンピュータプログラミングの用語を援用することになる。本書ではさらに18頁以降で「ソースコード」という用語もプログラミング用語から借用する。

（11） 井筒の記号論的クルアーン分析の中で，神が人間にメッセージを渡すという「啓示」現象についての理論的考察は「言語現象としての「啓示」」［井筒 1988］，実際の文言を用いた分析は『コーランを読む』［井筒 2013］が重要である。

■第３章

(1)　一方，民俗宗教（神道など）におけるカミはこの世界に属する存在である。

(2)「供犠」は動物供犠や植物供犠を指すことが多いが，成立宗教を説明する原理としての供犠は，捧げるものは帰依でも祈りでもかまわない。供犠のこの広義の概念については，本書第 17 章参照。

(3)　メディア論のさまざまな理論については，最新の成果として伊藤［2023］を参照のこと。

(4)　ドブレは「メディア装置」という複合語は使用していないが，「メディア」の一語によって 2 つのレベルのものを指していることは明らかである。個々のメディウムから形成される全体のことを「（強い意味での）メディウム」と表現している［ドブレ 1999 : 17］。また，「同じ機械装置類でも，場所によって感染したり不活性を見せたりするのである」［ドブレ 1999 : 9］，「天空と地上のコミュニケーション装置」「ヒューズが飛んでしまえば，恩寵のネットワーク全体が遮断されてしまう」［ドブレ 2001 : 150］のように装置のアナロジーで語っている。

(5)　ドブレは「製造（fabrication）／流通（circulation）／保管（stockage）」［Debray 1994 : 31；ドブレ 1999 : 24］の語を使用しており，そこに「分配・使用（あるいは消費）」が含まれていないところにドブレのネオマルクス主義的特徴が現れている。

(6)　邦訳では「補給体制（ロジスティックス）」となっているが［ドブレ 1999 : 24］，logistique（logistics）は補給のみではなく，製造，流通も含む。

(7)　ドブレによると，キリスト教世界（西洋）の推移を「口承性の制約を受けながらその経路上を，文書が中心をなして流通する時期を「言語圏（ロゴスフエール）」，印刷物が象徴界全体にその合理性を突きつけてくる時期を「文字圏（グラフオスフエール）」，視聴覚媒体によって書物が力を失う時期を「映像圏（ビオスフエール）」」とまとめている。イギリスの民族学者のジャック・グディ（1919–2015）がブラック・アフリカの調査から措定した「記憶圏（ムネモスフエール）」は西洋にはない［ドブレ 1999 : 32–33；Goody 1987］。

(8)　なお，ドブレの議論の中では宗教とイデオロギーは厳密には区別されていない。イデオロギーを「組織化の手段」「同化の手段」「集団の具象化の手段」［ドブレ 1999 : 6］と理解し，その観点から宗教はもはや「民衆の阿片」ではなく「弱者のビタミン剤」であるとして，従来のマルクス主義よりは宗教への悪評価を緩和させている。しかし，イデオロギー論の問題は，下部構造が上部構造を決めるという決定論にある。ドブレの主張するメディオロジーの方法論をまっとうするならば，宗教（キリスト教）がいかなるメディアによって成立し，社会に影響力を持ったかを歴史的に描写した時点で分析は終わるはずである。ところが，ドブレはそのような分析に，宗教はイデオロギーである（支配構造の道具としての教会制度，生産構造が権力を支え権力がイデオロギーを支える）という唯物論的価値判断を付加しており，筆者はその点には賛成しているわけではない。

(9)　聖なる存在についての伝承を「聖伝」として主題化した著作に，宮本要太郎『聖伝の構造に関する宗教学的研究――聖徳太子伝を中心に』がある［宮本 2003］。ある存在が特権的な媒体として機能する仕組みを聖伝の構造から明らかにしようとしている。

(10)　字義は「神に語りかけられし人」。

(11)　アヴァターラの語源は，複合動詞アヴァ・トリーから派生した名詞で，「降下すること」，引いては「神の地上への降臨，神の地上での顕現」を意味し，伝統的にはヴィシュヌ神の 10 のアヴァターラについて言われることが多い。日本では神仏が救済のために特定の姿をとって地上に現れることを権現（ごんげん），権化と言う［赤松 2021 : 210–217；山折編 1991 : 204, 684, 1613–1615；星野ほか編 2010 : 4–9, 428–429］。グルは，重いと言う意味のサンスクリット語の形容詞で，転じて「重んずべき人」を指す名詞。「師」の意味で用いることがもっとも多く，インドではヴェーダ時代以来，少年期に師の下でヴェーダを学習することになっており，グルは精神的指導者として最上級の尊敬を受けた［山折編 1991 : 563］。

(12) スーフィズムの理論家アブドゥルカリーム・ジーリー（1365 – 1424）は，神の御名を4つに分け，最上段を「本質の神名」として，10の絶対次元の名を挙げ，他の名はほかの3次元に区分している［al-Jīlī 1981 vol.1 : 91–93, Morrissey 2020］。

(13) ソースコードは，プログラム（ソフトウェア）自体の元となる文字列のことで，ここからすべてのプログラムの作成が始まる。ソースコードはコンピュータに対する指示を人間がプログラミング言語を使用して記述したもので，これを直接コンピュータが実行することはできない。人間が使用する（ヒューマンリーダブル）言語で記述された指示は，いくつかの段階を経てコンピュータが直接実行可能な（マシーンリーダブル）コード群，すなわち，命令コードに変換されていく。コンピュータプログラミングにおいてはテクスト（ソースコード）とコマンド（命令コードとその実行）は一対一対応であるが，クルアーンでは神の命令は，時代時代によって異なる形で再生され（メディアによって発現が異なり），無数のコマンドへと帰結する。「よめ！(iqra')」というソースコードは，クルアーン学習におけるマルチメディア化にも帰結するし，逆にカセットで朗誦を再生することを逸脱（ビドア）として断罪する動きにも帰結する。

(14) クルアーンの文言の成立年代の特定については，個別の事件との関係から具体的な年を推定できるものや，複数の章や断片の間に前後関係があるため順序を推定できるものは，一部に過ぎない。おおよその成立時期が判明しているものの，説が複数ある場合も少なくはなく，厳密な確定は原則不可能で成立順による配列の復元はありえない。そのような状態はイスラーム内部の学問（クルアーン学，歴史学）とヨーロッパの歴史学との両方に共有されているが，異なっているのは前者がその状態を不服としていない（復元が完全に実現できるとは思っていない）のに対して，後者が復元へのあくなき欲求を持ち続けていることである。その結果，前者が統一的な方法論によって導き出された手堅い説から構成される合意に落ちついているのに対して，後者では個人的な感性や恣意的な読解に依拠した新奇な説が並列しており，いまだに統一的な見解ははい。ドイツ，イギリス，フランスのクルアーン研究者たちの間では先行する説に対して，いかに新奇な説を提示できるかどうかがポイントとなっているとも言える（意外なことのように思えるが，「歴史学的」クルアーン研究における文言の年代特定は，歴史資料などの物証には基づいていない。ネルデケやベル，ブラシェールなどのある種カリスマ的学者のインスピレーションによる思い付きがまかり通っており，先行する説に変更を加える新説であっても根拠が示されてないことは頻繁である。また，実証があるから他の諸説に対して有力となっているわけではない）。なお，本文で取り上げている文言については，クルアーン学の通説ではこの順序となっており，ネルデケ説でもマッカ期（約13年）を3つに分けたうちの第1グループ，すなわち最初期の啓示に選定されている［Nöldeke et al. 2013 : 64–95］。

(15) 時間帯についての指示が，クルアーンの朗誦にかかっているかどうかは解釈者（ムファッスィル）によって異なり，時代によっても異なる。

(16) アラビア語の動詞は活用形によって人称が区別されており，従って命令形の動詞それ自体が人称を含んでいる。iqra' は文法上 iqra' anta（あなたは，よめ）の意味であり，英語の命令形が含意としてのみ命令の対象を指し示しているのとは異なる。

(17) クルアーンにおける命令コードは，実行を要求するコマンド型と，受容を要求する宣言型とに大別することができるだろう。ここでも，第一の命令コードが行動を要求しているのに対して，第二，第三は，真実の宣言と，その受容の要求という形をしている。

(18) 広がりと種類は小杉［2004］で素描した。Mir［1995］や Esack［2004］も参照。

(19) ブルデューのプラチック理論は，サルトルやマルクス主義の日常的な実践（プラクシス）をいかに位置付けうるかという問題意識を前提とし，観察者の主体の問題を議論の一部としている。本書との関係において，特に「信念と身体」に言及されている部分をやや限定的に援用した。

(20) 正則アラビア語ではアーヤートゥ・クルアーニーヤで，口語アラビア語ではアーヤ・クルアネイヤ，インドネシア語ではアヤトゥ・アヤトゥ・クルアンなどと呼ばれる。

(21) ブルデューからのドブレに対する批判はブルデュー［2000］。

■第４章

(1) 近年の研究動向を参照するに，もしかすると配列や発音といった比較的軽微な異同だけではなく，語彙（単語）という大きな単位での差異も存在した可能性がなくはない。X 線を用いて獣皮紙の下の層から廃棄された文書を取り出す類いの研究については，本書の「補論２　ロンドンで見たクルアーン学会」を参照。新たに発見された文書が「前ウスマーン版」（正典化のプロセス以前のバリエーション）なのか，「非ウスマーン版」（時系列的な前後関係ではなく，並列関係にあるバリエーション）なのか，科学的に決することは難しいであろうし，かつそれを決しようとする議論は，ムスリムの中からは「敵対的な行為」（自分たちの聖典の正統性を破壊しようとする外部からの攻撃）とみなすセンシティブなリアクションが出てき続けることが容易に予想される。現在のアメリカに主導された敵味方に分かれた（実際はきれいに二分されずに入り乱れているが）世界の中で，一部の当事者がそのような感じ方をすることがやむをえない一方で，第三者視点の，研究者的な感想を言えば，前ウスマーン版であろうが，非ウスマーン版であろうが，それはどちらの場合でも「ムハンマドに下された通りのクルアーンを自分も，そして次世代へも受け継ぎたい」という熱情の表われであり，クルアーン成立初期の取捨選択のプロセス（似通った類語の中で一方が残っていく）が科学の発展によって十数世紀もの時間を超えて具体的に蘇ることは，感動に値することであろう。一般のムスリムたちはほとんど知らないことであるが，新しいクルアーンの刊本を校訂する読誦学者や，朗誦のパフォーマンスの際に文言の解釈に合わせながらメロディを編曲したりする朗誦者は，常に複数の可能性の中からひとつに確定する行為（それが間違っているリスクを負いながら）を今日でもおこなっているのであり，語句や発音が一切の可能性なく，ひとつに最初から確定しているということ自体が，近現代的なムスリムの思い込みであり，研究者もその思い込み以外の実態を想定してはいないことが問題であることを指摘しておきたい。

(2) 一般に，精緻で華麗な写本が作られた時期・地域として，ティムール朝，オスマン朝，サファヴィー朝，ムガル朝が挙げられることが多いが，クルアーン写本の特性からすると，ややマイナーである。本章では，①アラブの王朝を主として扱い，②「神の言葉を正確に表現する（素材も書体も文法も文様も最良のものを使う）」という命題が保持されている時期のものを主たる対象とした。のちの時代にイスラーム化が進んだ非アラブ系の王朝の写本は，基本的に民族・地域色が強く，また西洋美術などの非イスラーム美術の流入による統一性の崩壊や，本来滅私性や透明性を重視されるはずの書道家や装飾家のエゴ（自己表現）の暴走がクルアーン写本の美術的分析の上では価値を減ずるものとして問題にされることがある。地域的展開や地域間の伝播，影響関係を見る上では，ティムール朝，オスマン朝（トルコ），サファヴィー朝（イラン），ムガル朝（インド），マレー系（ジャワ，アチェなど），中国などのクルアーン写本が重要である。写本の分析には直接引用したもののほかに Fraser & Kwiatkowski［2006］, George［2010］, James［1980, 1988, 1992］, Lings［1976］, Lings & Safadi［1976］, Roxburgh［2007］, Safwat［2000］, Salameh［2001］, Stoilova & Ivanova［1995］も用いた。大川［2005］はさまざまな時代のクルアーン写本の写真を1冊で見ることのできる貴重な日本語文献である。クルアーン以外の，人間や動物，想像上の生き物の姿などが活き活きと描かれている彩色写本については，桝屋［2014］が詳しく分析している。Sayyid［2008］は，エジプト国会図書館が写本の保存において果たしてきた役割について詳しい。

(3) 第4代正統カリフ・アリーも同様で，この二人はさらに識字能力にも精通していたため，ムハンマドが口頭で伝達したクルアーンの章句を書き留める役割を担っていたとされる。なお，朗誦者とはクルアーンの全文を暗記し，美声と音楽的才能に恵まれ，正しい朗誦方法を師から継承した者を指す。のちの時代により専門化し，アーティスティックな職業集団となっていくため，「朗誦家」の訳語が当てられる場合もある。読誦学者はさらに高度な読誦規則に通じ，一般の朗誦家たちに教授する立場にある人間で，のちの時代には「ウスマーン版」の範囲外の読誦諸流派（「シャーッズ」と呼ばれる少数流派）をも修めることなどが必須となった。

(4) 特に初期写本の書体について，Déroche［1992］が書記法に基づくより詳細で厳密な分類を試みている。美術史上は通常「ヒジャーズィー体」と「初期クーフィー体」のどちらかで表現され，移行期の細かい分類は使わない。ただし，これらの地域名を使った名称は，誤解を生むとの批判もなされている。

(5) 金属のタンニン酸塩から作られたもので，獣皮紙には適しているが紙には適していないため，のちの時代にはインクの種類が変わった［Bloom 2001 : 107-108］。

(6) 1960年代にアラビア半島のサヌアで，ごく最初期の写本（7－8世紀のもの）が大量に発見されたことをきっかけに，ドイツやフランスを中心に初期写本の研究が大いに発展した。その中にはX線や紫外線照射を使って，獣皮紙の下層に残されていた文字列を読み取るものが含まれる。これらの発見によって，クルアーン研究史上ほぼ初めて，「非ウスマーン版」もしくは「前ウスマーン版」テクストの物証が出たが，これらの写本の年代特定やウスマーン版原本との関係はまだ明らかにされていない。サヌア写本についての日本語での紹介は［大川 2005］参照。一方，イスラーム圏で伝統的にウスマーン版の原本として民衆の信仰を集めている写本が2つある。ティムール朝以後に重要なイスラーム都市として大きく発展したサマルカンドで保管され，タシュケントの宗務局図書館に現存する「サマルカンド本」と，オスマン朝下のイスタンブルで保管され，現在トプカプ宮殿美術館に所蔵されている「イスタンブル本」の2冊である。

(7) これらの点がそれぞれ何を示しているかの解読に成功した画期的な著作に Dutton［1999, 2000］がある。なお，本文と点は必ずしも同じ時に書かれたとは限らない。

(8) チェスター・ビーティー図書館，ボストン美術館，バーレーン・クルアーンの館ほか所蔵。おそらくマグリブ地方で製作されたもので，写本ディーラー Sam Fogg によると，この「ブルー・クルアーン」の大部分はチュニスに所蔵されており，そのバラの頁が 20 世紀初頭から市場に出回っている。アッバース朝第 7 代カリフ・マアムーン（786－833）が父ハールーン・ラシード（766－809）の墓廟のために作らせたという説もある［Sam Fogg 2003 : 24］。

（9） 中国から伝来した製紙法が広がり，獣皮紙から紙に移行したことによって，①インクが変わり，また②文字の修正が難しくなったことが挙げられる。一般に，表面をこすれば文字を消すことができる獣皮紙に対して，文字を消すことが難しく，文書の偽造を防止できる点は紙の長所と考えられるが，クルアーンの場合は本文に書き間違いがあった場合には，修正する必要があり，写本の場合はそれが欄外や余白に書き込まれることになる。

（10） 母音符号の改良自体は 7 世紀におこなわれていたが，クーフィー体の写本には導入されておらず，東方クーフィー体に移行した 11 世紀頃の写本から見られるようになった。

（11） クルアーンの写本圏は，基本的には 2 つのエリアに分けられる。マグリブ地方（北アフリカとアンダルスを指す）とそれ以外である。クーフィー体（東方クーフィー体），ナスヒー体，ムハッカク体，ライハーニー体という主たる書体が出そろって以降は，イスラーム圏の中心地（アラブ，イラン，トルコ）ではそれらの書体は共通の遺産として併用されている。それに対して，マグリブ地方で使われる書体は，現在に至るまで西方クーフィー体であり，正書法も読誦規則もアラブ以東とは異なった独自のものである。ちなみに，このエリアの分布は音声の世界（朗誦圏）の分布とも重なっており，大半の地域がハフス流であるのに対して，マグリブ地方は独自のワルシュ流が流通している。

（12） https : //manuscripta-orientalia.kunstkamera.ru/files/mo/2012/02/im_DAVIDJAMES.pdf.（2023 年 11 月12 日閲覧），https : //www.rte.ie/radio/doconone/646638-radio-documentary-chester-beatty-islamic-art-david-jame（2024 年 4 月 14 日視聴）

■第 5 章

（1） 南アジアではさらに早く，1850 年代以降に複数の都市で刊行されている［Albin 2004 : 265–266］。さらに，イスラーム圏外で言えば，最初のクルアーン印刷・出版は 16 世紀のルネサンス期ヨーロッパにおいてであり，最初期の試みは 16 世紀半ばに教皇がすべてのクルアーン刊本の焼却を命じる以前になされた（1514 年のファーノ，1537 年頃のヴェネツィアなど）。ヨーロッパにおけるクルアーン印刷史の全体は，ライデンで刊行されたマイクロフィッシュ資料で詳細に追うことができる［Anonymous 2003］。その一部は Albin［2004］にも図版が掲載されている。

（2） 刊本のあとがきの日付はヒジュラ暦 1337（西暦 1918/19）となっており，刊行よりも 5 年ほど前に完成していたと推測される。

（3） 本書では 1960 年代の再編までをモスク／学院／ウラマーの複合体として「アズハル学院」，60 年代以降を「アズハル機構」と呼ぶことにする。

（4） 読誦（キラーア）は読誦規則のっとって正確に誦まれることを指し，朗誦（ティラーワ）はさらにそれに豊かなメロディがついたものを指す。日本の堀内勝はクルアーンの口誦性を早くから指摘し，丹念な研究を続けてきた稀有な学者であり，刊本ムスハフをまるで楽譜のようにムスリム社会における実践と補完しながら鳴り響かせるような優れた文章がある［堀内 1976］。

（5） 当時ジェッダの巡礼研究センターの教授であった方のご厚意により，この刊本を入手することができた。

（6） https://qurancomplex.gov.sa/kfqqpc/statist/（2023年11月15日閲覧）

（7） 章名（アスマーウ・アッ＝スワル）については後章で詳しく論じる。

（8） 2010年10月のスランゴール州の当該財団における代表者および現場スタッフへの聞き取り調査による。

（9） 本章で扱っている刊本はすべて読誦のハフス流にのっとったものであるが，現存している伝承でマグリブ地方の刊本にのみ採用されているワルシュ流がある。アラブの朗誦家は基本的にハフス流で読誦をおこなうが，フサリー師はクルアーン全体をワルシュ流でも録音している数少ない朗誦家でもある。フサリー師については本書第11章でも取り上げている。

（10） https://www.altafsir.com/はヨルダンの啓典解釈のウェブサイトで，この分野での先駆者。http://quran.al-islam.com/はエジプトのクルアーン検索サイト，http://www.islamicity.com/mosque/quran/はアメリカのクルアーン検索サイトである。

（11） 通勤や通学の途中で刊本ムスハフを誦む若い女性たちが小さな携帯用のものを使用しているのに対し，クルアーン教室に習いに来る主婦や年配の女性たちは重いのをいとわずハードカバーのものを持ち歩くので，驚かされることが多い。一般の男性が日常的に読誦を学習している姿はあまり見かけないが，師匠について読誦を専門に学習する男子学生たちは携帯用の小さいものを使用していることが多い。

（12） 筆者も常用しているポピュラーなもので，約50人の朗誦家の音声がダウンロードでき，その数は更新される。本書で紹介したフサリー師やミンシャーウィー師，アブドゥルバースィト・アブドゥッサマド師など，エジプトの昔の伝説的な大朗誦家たちの音源も含まれている。

■第6章

（1） フランスで1930年代頃から興ったアナール派による新しい歴史学は国際的なトレンドとなり［フランドロワ編 2003］，日本でも1960年代以降に網野善彦によって同じような分野が開拓された［網野 1996；網野・阿部 1994］。復元が難しいはずの五感などの感覚の研究をおこなったアラン・コルバンは，アナール派の中でも特に人気が高く，著作は数多く和訳されている［コルバン 1993；赤坂 2007］。日本の歴史学においては，これらは学問の刷新として定着しきれずに，一時的な流行として退潮したようにも見える。あるいは，人類学者・宗教学者の中沢新一は，失われた時代，文化の古層にワープするイマジネーションに富んだ型破りな研究者である［中沢 2005, 2012, 2021］が，彼は網野の甥にあたる［中沢 2004］。中沢は「歴史人類学」の枠さえも超えて，異なる文化や時代の古層へとワープを果敢に繰り返す点で，網野の知脈を受け継いでいるのかもしれない。

（2） ⑤や⑥は，クルアーンに関するもうひとつの学問分野である啓典解釈学（ʻilm al-tafsīr）の対象でもある。また，③は多分に，欧米の東洋学での主題の立て方であり，クルアーン学にはない［cf. Gilliot 2005］。

（3） 比較的丁寧な記述としてベルによるものがある［ベル 2003：129–130］。「章名といっても題材にちなんでいるわけではなく，スーラの内容からひときわ印象的な言葉を選んで章名としている。普通は冒頭付近の言葉を章名とするが，そればかりとも限らない」といった説明は典型的である。しかし，「以上のことから，コーランにはもともと章名がなく，後世の学者や編纂者が参照の便宜を図って付け加えたのではないか，という推測が成り立つ」［ベル 2003：130］という結論は文献偏重の推論に過ぎず，実証的なテクスト分析においてもクルアーンの口誦的性格が考慮されるようになった今日ではもはや十分とは言えないであろう。

(4) たとえば Mir［1993］。

(5) 以下，各文献の題名は，辞典等で定訳のある場合を除いて筆者が訳した。

(6) 5 部あったとされるウスマーン本はいずれも現存していない。現存する最古のものは，7 世紀後半の初期ヒジャーズィー体で書かれたサヌア写本［Déroche & Noseda 1998］。本文のみが一色のインクで書かれている。

(7) 初期のムスハフでは，アラビア語の正書法が未整備であったために子音識別の点や母音符号が書かれておらず，また本文以外のものを書き加えることが忌避され章ごとの見出しも書かれていなかった［Blair 2006 : 77–83］。

(8) イブン・アーシュールも諸写本における章名の調査をおこなっており，その結果を啓典解釈書に記述している［Ibn ʻĀshūr 1984］（ただし，使用したサンプルは不明）。ドゥーサリーはバハレーンおよびサウディアラビアの大学や美術館において，9 世紀頃から 1925/26 年までの写本ムスハフ約 40 点を調査した［al-Dūsarī 2005/06 : 723–726］。その記述から，ムスハフでは比較的早い時期から，章名がおおよそ決まっていたことが推測される。本書で「標準版」といった際には，すでに写本期に固まりつつあったそのような章名を指すものとして，刊本版ムスハフが確立されて以降（第 5 章参照）の現代の標準版については「現代標準版」と記して，これと区別する。

(9) ハディースは，ほとんどのハディースが預言者時代の後期（マディーナ期）に関するものであり，ハディース本体（伝達内容 matn および伝達経路 isnād についての情報）からはそのハディースの成立年代を確定することができないため，「章」に対して「名付け」が始まったのがいつ頃からなのか，前期（マッカ期）の名付けがどのようなものであったのか等を確認することは非常に困難である。

(10) 実際の使用については，イブン・アーシュールが「この章名はクッターブ（クルアーン塾）で使用されている」といった注釈を時折述べていて，非常に参考になる。

(11) ただし，スユーティーはここで列挙した 40 の章について（残りの 74 章は複数の名前を持たないものとみなされているため言及されていない），そのうち 9 章については現代標準版と異なる章名を見出し語に採用している。

(12) たとえば Zaqzūq（ed）［2003 : 220–222］。現代のクルアーン学の文献でも章名論の扱いにはさほど変化がなく，現代の主要なクルアーン学文献であるザルカーニー『クルアーン学の智の源泉』（全 2 巻）には章名に関する記述がない［al-Zarqānī 2006］。

(13) 114 章のうち，約 45 の章に現代標準版とは異なる章名を採用している。「その中において何々が述べられているところの章」型が多いのが特徴である。

(14) 13 世紀もの間に生み出された多くの啓典解釈書の中で，何がスタンダードであるかについての研究上の見解はまだほとんど出されていない。イスラーム世界においてスタンダードとして確立している啓典解釈書の全体像を表わす文献としては［Ībish（ed）1997 ; Ayoub 1984, 1992］が有用である。本研究では，スタンダードな啓典解釈書として，タバリー（839 – 923）のほかにザマフシャリー（1075 – 1144）『啓示の真理を開示するもの』，ファフルッディーン・ラーズィー（1149 – 1209）『不可視界の鍵（大啓典解釈）』，イブン・カスィール（1300 頃 – 1373）『偉大なるクルアーンの解釈』，アールースィー（1802－1854）『意味の真髄』などを参照した。なお，1999年にヨルダン発のal-tafsir.comが嚆矢となって以降，タフスィール文献を網羅するウェブサイトがいくつも登場するようになった。ウェブサイトは刊本のように量的制限を受けないので，掲載されるタフスィール数は大きくなっている。

（15） 筆者による調査。さらに徹底した悉皆調査によって10－20程度追加することは可能と思われる。

（16） 彼の啓典解釈書について論じたものには以下があるが，章名論についてはほとんど触れられていない。また，自伝は著しておらず，彼について書かれたものも数が非常に少ないというのが，以下の著者たちの一致した見解である［Nafi 2005 ; ʻAlī 1994 ; Ṣaqr 2001］。

（17） ナフィはこのことについて，才能のある若手ウラマーとしても異例の速さで，家系の影響力が関係していただろうと推測している［Nafi 2005 : 8–9］。

（18） スンナ派の4大法学派のひとつで，北アフリカ，西アフリカなどに大きな勢威を持つ。学問的中心は，チュニスのザイトゥーナ学院とフェス（モロッコ）のカラウィイーン学院。

（19） ナフィは同書を，「イブン・アーシュールのもっとも驚異的な現代イスラーム文化への貢献であり，彼の最高傑作」と評している［Nafi 2005 : 17］。

（20） Ibn ʻĀshūr［1984］。1956年に，序文と開扉章およびアンマ巻（第30巻）に対する啓典解釈が収められた一冊が刊行され［Nafi 2005 : 17, 29］，1964－65年に第1，2巻［Ṣaqr 2001 : 12］，最終的に全30巻が印刷されたのは1970年である。

（21） 現代での出版物にはこのほかに，章名および啓示の順番について論じた小冊子［Khalīfa 2004］などがある。

（22） ジェフリーはこの語の語源をヘブライ語もしくはシリア語と推定している［Jeffery 1938 : 180–182］。『クルアーン百科事典』でアンゲリカ・ノイヴェルトは，この説を提示した上で語源についてはいずれも決定的な説得力に欠けるとしている。アラビア語においては，この語はクルアーンの中で最初に登場し，本文中に10回，いずれも後期（マディーナ期）のもので，かつクルアーンの章を指す用語として使われていると断定できる根拠はないとしている［Neuwirth 2006 : 167］。最近刊行されたクルアーン用語辞典の決定版とも言うべき『クルアーンのためのアラビア語・英語辞典』では，ペルシア語からの借用語であるʼaswiratunから派生した6つの語形で17回出てくるとしており，そのうちのsūratunを「クルアーンを114に分割したうちのひとつ」としている。用例として「われが下し，われが定めたスーラ（sūratun anzalnāhā wa faraḍnāhā）」（光〔24〕章1節）を挙げている［Badawi & Abdel Haleem 2008 : 465］。なお，現代アラビア語では，この語はクルアーンの章以外には使われない。

（23） スユーティーにはその語が見られる［al-Suyūṭī 1974 : 186］。

（24） なぜ章がそのような順になっているかは，章名論とは別にムスリム，非ムスリムの双方からさまざまな議論が出されている。

（25） イブン・アーシュールが依拠した諸分野の文献についての詳細は［Ṣaqr 2001］。

（26） 大幅に不採用としている例は，開扉章でスユーティーの集めた20数個を典拠が定かではないものとして落としているところのみである［Ibn ʻĀshūr 1984 vol. 1 : 131］。

（27） なおイブン・シュール自身は自らの章名論の方法論については明示していない。序文に章名論に関する記述があるが，概説である［Ibn ʻĀshūr 1984 vol. 1 : 90–91］。

(28) イブン・アーシュールは前者がマディーナ啓示で後者がマッカ啓示であり，後者の啓示時期が早かったことも選別の理由に加えている。

(29) クルアーンが頻繁に朗誦される聖典であることから言えば，口頭でのクルアーンの参照に際してどのような章名が用いられるか，それらが文献資料から確認される章名とどの程度重なるのか，章名の選好において違いがあるのか等々は重要な論点である。

■第７章

(1) なぜ「非常に狭い範囲」であるかというと，刊本ムスハフは印刷量・流通量が膨大であっても，版数そのものはきわめて少ないからである。マレーシア版やインドネシア版はエジプト版やサウディ版を使って，カイロで新たに刊行される版は今度はサウディ版を使用してというように，原版となる版の数が増える機会は少なく，どこかの国でオリジナルな版を出すということになれば話題になる。主要なものでおそらく５つ前後であろう。

■第８章

(1) これについては，章相互の連関性を論じる文献や論考が 20 世紀終わりから生まれているが，独立したジャンルとするには時期尚早である。Robinson［2010］，ʻAbd al-Qādir［2016］などを参照。

(2) 現代では「ジュズウ」は 30 等分のことと理解されているが，ハディースにおける用法を調べると，「ジュズウ」の語は単に「部分」の意味で使われており，30 等分したものを指していない。また，『構成の書（キターブ・アル＝マバーニー）』などの古典文献におけるジュズウ論を見ると，ジュズウ論は「分けること」全般を論じたものであり，それは 30 等分を指してはいない。同文献では，クルアーンの分け方は２分の１から始まって，３分の１，４分の１，５分の１から 10 分の１まであり，それぞれの分け目のはじまりがどこにあるか（何章の何節のどの語のどの文字であるか）は諸説ある［Anonymous 1954 : 235–246］。なお，日本語では「ジュズウ」を「巻」と訳することが定着しているが，ジュズウは読誦のための分割に過ぎず，「巻」の語が暗示するような主題上のまとまりはない。

(3) レセプター（receptor）は免疫学の用語で，ここではリンパ球系の T 細胞の抗原レセプターに関する多田富雄の議論を念頭に置いている［多田 1993］。T 細胞抗原レセプターは T 細胞がどのようにして異物を認識するかの謎を解く鍵となった発見で，細胞の表面に存在する特定の突起が外部との接触を担当し，情報の受容と処理をおこなっていることが明らかになった。表面に付着した突起物が外界との接触窓口となって，自己と他者の識別をおこなっているというアイデアを言語化するために，ここではレセプターの概念を援用した。

(4) 高野太輔の著作の中に，この古事記に則った区分けと重なる興味深い記述がある［高野 2008］。ムハンマドの系譜（人類の祖アーダムからムハンマドまでの 50 代分）を分析した箇所で，高野は典拠となる情報源の違いから性格の異なる３つの部分に分けることができるとし，①ムハンマドからアドナーンまでの 22 代，②アドナーンからイスマーイールまでの９代，③イスマーイールからアーダムまでの 21 代に分けている。①はアラブの伝承によって確定できる部分，③は旧約聖書の記述が引き写され，忠実にアラビア語訳されている部分，②が旧約聖書の記述が不十分であったり，アラビア語史料でも異説があり，見解が統一されていない部分である［高野 2008 :

17–19]。なお，本書は歴史的に実在した可能性がかなり高い聖者についての伝記（ハギオグラフィー，聖伝，聖者伝）やそれのみから成る聖典（新約聖書など）も含め，「神話」という語を用いている。神や神代についての語りと，人代についての語りに区別を設けていないのは，ハギオグラフィーも人間についての語りではなく，神聖なものについて語るためのものであり，語りの対象は本質的な違いではないとする宮本の定義に賛成しているためである［宮本 2003 : 12–35］。②の時期については，実証性を問うならば，聖書考古学の成果が役に立つ。それを利用する理由は，イスラームの内部では独自の発掘による研究が発展していないからである。クルアーン考古学が生まれない理由として，クルアーンの記述の信憑性が問題になることがない，史実性を問う近代的なメンタリティの生成がない，7 世紀に直接の起源がある比較的新しい宗教なので考古学研究の必要性が薄い，サウディアラビアで近年なされている考古学ではイスラームを対象とすることが許されていない等が挙げられる。

(5)　『文化人類学』に「中間集団」の特集号（2006 年 71 巻 1 号）があり，真島一郎，田辺明生ら屈指の理論派人類学者らがこの古い概念に 21 世紀的な光を当てている。

(6)　一般にイスラームでは神から人間（その代表であるムハンマド）に下されたメッセージはクルアーンである（クルアーンだけである）と思われていることが多いが，ムスリム社会ではクルアーンに伴走するものとして，ハディース・クドゥスィー（ハディースの中でも神のセリフを含む特殊なもの）や神秘的なインスピレーション（ムハンマドを筆頭とした歴代のスーフィー／聖人たちに下される非言語的な閃き）があると信じられている。その意味では，クルアーンは神から人間への主要なルートであるが，唯一のルートではない。

(7)　ユダヤ教，キリスト教，イスラームで共有されている人類滅亡についての伝承。もっとも大きなものとしてノア（アラビア語ではヌーフ）の洪水の物語があり，クルアーンではヌーフは 34 回言及があり，23 番目の章（信徒たち章）でその物語の詳細が語られている。71 番目の章はヌーフの名が章名として採用され，「ヌーフ章」と呼ばれる。

(8)　イスラームが始まるまでのアラビア半島とその周辺における一神教（ユダヤ教，キリスト教）の配置については，家島［1991 : 83–92］，松本［2009 : 118］。少し古い文献になるが，嶋田襄平は，イエメン，ヒジャーズ，ナジュラーンにもキリスト教徒がおり，単性論派はシリア，パレスチナ，エジプト，ネストリウス派はメソポタミア，ペルシアにいたとし，ムハンマド時代のマッカのキリスト教徒が単性論派かネストリウス派かはわからないとしている［嶋田 1966：38–41］。前イスラーム期，イスラーム開始時のアラビア半島の宗教状況については，近年の著作に Al-Azmeh［2001, 2014］がある。

(9)　人類学の中でも「今を生きる人たち」の「文化」を扱う文化人類学（cultural anthropology）ではなく，かつての人間（人骨）や人間以前のもの（霊長類）を中心に扱う自然人類学／形質人類学（biological anthoropology, physical anthropology）の動向を学んでいると，「文化は人間に特有のものではない」「動物も文化を持っている」といった刺激的な考えに触れることができ，啓発される［中村 2009；井原・梅﨑・米田 2021］。その中で痛感したのは，文化や言語は，個体としての完成度の低い，他の個体への依存度合いが高い，他の個体との連帯なしには生き延びられない（あるいは連帯ゆえに長寿である特権を獲得できた）人間にこそ必要なものであることがわかる。逆に，驚くほどにサルは共同作業をしないし，他の個体から学習するということをほどんどしない，他の個体への依存度が低い（にもかかわらず，一見人間より上手に群れを形成しているように見えるが，その群れは安定的に維持されてはいない）。人間は高尚だから，知性が高いから，言語や文化や芸術を発展させてきたとおこがましく言ってもいいが，今日の学界のトレンドを見ていると，人間は弱くて，他者を必要として，一人では生きられないからこそ，他者とつながるための「グルーミング」に代わるものとして，言葉やアートを磨いてきた，という方が説得性が高く感じられる［ミズン 2006；ルロワ＝グーラン 2012；ダンバー 2016；スコット＝フィリップス 2021］。

■第９章

(1) 判型によって頁数が異なるのは当然であるが，普及版の場合600頁前後のことが多い。サウディアラビアのマディーナ版は604頁となっている。

(2) 筆者のフィールドであるエジプトでは朗誦学院（マアハドゥ・アル＝キラーアート），インドネシアでは朗誦家の館（バイトゥル・クッラー）がそれに相当する。イスラーム圏の他地域についても，文献でそのような機関の存在は確認しうる。クルアーンを保持する者は，朗誦者（カーリウ）や保持者（ハーフィズ）などと呼ばれる。女性の朗誦者はカーリアであるが，アラブ，イラン，トルコなどにはほとんど存在しないため，めった使われない。東南アジアでは訛ってコリ，コリアとなる。ハーフィズはクルアーンの全文を暗記した人に対して使われる称号であり，厳密には専門的な（職業的な）朗誦家を指すとは限らないが，日常の用法では「クルアーンの朗誦に長けた人」の意でも使われることがある。ムクリウ（原義はクルアーンの朗誦を教える人）は，読誦学者と訳されることもあり，読誦や朗誦に関する知識を担う学者である。

(3) 2008年7月，インドネシア，ジャカルタのクルアーン学学院（Institut Ilmu Al-Quran（IIQ））でのインタビュー。

(4) この流れは実際の朗誦大会でも観察された。

(5) フサリー師やアブドゥルバースィト・アブドゥッサマドゥ師，ミンシャーウィー師とともに，ラジオを通じて名声を確立したエジプトの大朗誦家。

■第10章

(1) 略称は，インドネシア語でMTQ National（エム・テー・キー・ナショナル）。

(2) 調査の期間を確保し実際に行けることが決まっても，毎週のように開催日が変更となった旨の連絡が入り苦労した。今回調査地となったクンダリのように，普段は外国人が来ないような地方都市が開催地となる場合もあり，人びとが全国，他の島々から一都市に集まってくるのを容量の低い特設の飛行場で迎えるため，便の確保に非常に手間がかかることが多い。便が取れたとしても，大統領や副大統領が臨席するセキュリティの関係上，現地入りは厳しく制限される。身元が保証されたとしても，いずれかの州の選手，審査員，VIP，報道関係者などの資格が確保できなければ現地入りはかなわない。いざ現地入りできたとしても，一般人が足を踏み入れられる場所はきわめて少なく，VIPや実行委員であってもそれぞれの等級に応じて，進入可能な区域が制限されていた。そのような条件下で，ましてや外部の研究者が，一般の観客に許されている以上の場所に入り込み，審査員や選手たちへのアクセスを確保することはきわめて困難である。従って，このような機会に筆者が徹底したフィールド調査をできたのは，僥倖のきわみであった。

(3) インドネシアのクルアーン朗誦大会は，20世紀半ばに始まった。1946年の北スマトラ州のアサハンでの開催がさきがけとも言われる。この大会はプサントレン（宗教的な寄宿塾）の指導者であるムハンマド・アリー・ウマルの主催で300人の朗誦家の参加があった。1949年には南スラウェシ州のマカッサル，ジャカルタでは1952年から毎年6月22日の創立記念日に大会が開催されるようになった。これらはいずれも地方レベルの一過性の大会であり，継続的で系統だった現在のような朗誦大会おこなわれるようになったのは，1960年代以降である。宗教省が1962年に，学校教育におけるクルアーンの読誦プログラムを制定した。最初の全国大会は，1968年の南スラウェシ州マカッサルにおいて開催された（http : //www.mariaulfah.com/second.html 2007年4月25日閲覧，https : //www.detik.com/sumut/wisata/d-6022453/melihat-masjid-tempat-lomba-mtq-pertama-di-indonesia-bahkan-dunia 2023年11月5日閲覧）。

(4) 当初は7月上旬の開催が予定されていたが，大統領のスケジュールの調整や洪水の影響で延期された。クンダリ地元民によると，空港が実際に開港できたのは7月20日になってからであり，この遅延も延期の一因であった。日程変更は大会が始まった後にも起こり，そのことが選手に心労をかけているとの批判が新聞記事にもあった（http : //www.depag.go.id/index.php?menu=news&opt=detail&id=409 2007年4月19日閲覧）。また，ある審査員は開催が遅延したために，サウディアラビアのマッカへの小巡礼をキャンセルせざるをえなかったと語っていた。

(5) 参加者数は，宗教省のホームページに再掲された新聞記事による（http : //www.depag.go.id/index.php?menu=news&opt=detail&id=410 2007年4月19日閲覧）。開会式当日放映の国営テレビの放送では，「2500人以上の選手」とされていた。

(6) どの種目でも観客の反応は鮮明で，拍手や嘆息，驚嘆，どよめき，笑い声，ブーイングなどでにぎやかであったが，中でもファハミルはいうなればクイズのようなものであり，観客の参加感も高く大いに盛り上がっていた。出題の合間に出題者から「観客は落ちついてよく聞くようにお願いします。会場が落ち着くように……」といった指示が出されることもあった。宗教の聖典の朗誦大会というものに対して抱く厳粛さや荘厳さといった一辺倒のイメージを覆すものであった。また，読誦や暗誦，啓典解釈，書道の内容が比較的固定的で研究者にとっても周知であるのに対し，ファハミルの内容はあまり知られておらず，新鮮であった。出題者と回答者の間のやりとりはインドネシア語，アラビア語，英語が併用され，出題の内容も多岐にわたっていた。筆者が観戦した試合では，たとえばイスラーム暦，アジアの書道大会，クルアーンに出てくるカインとアベルの物語，アチェ王国の成立，クルアーンの写本などについての質問が出されていた。

(7) アラビア語ではジュズウ（juz'）であるが，インドネシア語ではジュズ（juz）となる。

(8) ①および②の評価項目の用語はすべてアラビア語の術語が外来語としてインドネシア語に入ったものである。

(9) 閉会翌日の事務局関係者への聞き取りによる。

(10) 2006年8月7日付の *Kendari Ekspres* において以上の結果が掲載され，同日付の *Kendari Pos* では，リアウ諸島は9位に入れられており，10位は西スマトラ，西ヌサ・トゥンガラ，北スマトラとされていた。

(11) 2006年8月7日付の *Kendari Pos*，三面記事による。

(12) このコイネージの比喩は，かつてディナール金貨がイスラーム世界の東西に流通し，民族や出自を問わなかったのと同じように，国際的な水準に達した場合の読誦・朗誦もそのような質を持つことを意味している。すなわち，インドネシア産の金貨（読誦・朗誦）が国際的な水準に達すれば，それが国際的な流通性を持つことを表わしている。そこでは貨幣が流通するためには共通の単位が認証されてなければならず，また，共通の単位が認証されることによって流通が保証されることが含意されている。

(13) 非アラブ人の例として，国際的に著名なトルコ人書道家ハーミド・アイタシュや，広く流通したパキスタンのマウドゥーディーによるウルドゥー語の啓典解釈などがある。

■第 11 章

(1) 特に功績が大きかったのはグラハム［Graham 1987］。詳しくは本書第 6 章の **1** 参照。後述のネルソンについては補論 1 の **4** を参照されたい。

(2) 読誦学者（ムクリウ）は，実演能力と同時に，読誦学を教授する能力を持つ学者を指す。通常，著名な朗誦家で「シャイフ」（師）と呼ばれている人たちは，実演者であると同時に読誦学者でもある。

(3) 検閲の実態については，文献資料が存在しない。検閲委員会のメンバーとの接触は容易ではなかったが，2008 年にカイロおよびジャカルタ，2009 年のジャカルタでの現地調査で，当事者たちへの聞き取りが実現した。

(4) 現代における師弟間相伝の実際の現場や伝播については，小杉［2006, 2023］を参照。

(5) 用いた CD は，Al-Shaykh Maḥmūd Khalīl al-Ḥuṣarī, *Qiṣār al-Suwar*（*1*）*:Tasjīl Ḥayy*, ʻĀlam al-Fan, n.d. である。比較に用いたミンシャーウィー師の CD は，Mohammad Siddiq Al-Minshawi, *Al-Qur'ān al-Karīm*, Nora, n.d. である。

(6) ハッジャ・マリア・ウルファによる来日リサイタル（2006 年 11 月，京都）。

■第 12 章

(1) アレキサンドリア在住の女性朗誦家は，長年自宅で弟子をとっており（公の場で教えることはできない），多くの弟子たちが輩出された。その結果，晩年彼女を公の場で朗誦させたいと考えた弟子たち（その多くは男性であった）を中心に，その是非をめぐってエジプト国内で論争が起こったという。結局は彼女が 2006 年に他界したこともあり，実現せずに終わった。

(2) 2007 年 8 月，ジャカルタ，女性朗誦家の自宅における筆者によるインタビュー。

(3) ウンム・クルスーム（1904 頃－1975）は，20 世紀のアラブ世界で人気のあった歌手で，若い時にクルアーンの朗誦をしたことがあり，「女性は朗誦をしない」という現象のほぼ唯一の例外とみなされてきた。

(4) 2008 年 7 月，ジャカルタ，対象者の勤務先であるクルアーン学学院における筆者によるインタビュー。

■第 13 章

(1) とは言うものの，イスラームは無限に多様化するわけではない。そのことを筆者に深く教えてくれたのは，吉本康子先生の周りに集った国立民族学博物館の共同研究（2010－2013 年）のメンバーの方々だった。ベトナムや中国など，非アラブ圏をフィールドとする人類学者によって構成されるチームにおいて，宗教の中心とも言える聖典や儀礼を研究していた筆者は「どこからどこまでが宗教で，どこからは文化なのか」を問われるというきわめて貴重な経験をさせていただいた。また，イスラームの少数派を研究し続ける稀有な先達である故・上岡弘二先生（1938－2024）からブルガリアなど，特殊な事情のある地域のムスリムたちの習慣を教えていただき，蒙を啓かれる思いを持った。境界に生きる人たちを丹念に研究し続ける研究者たちが現地から直送で届けてくれる事例は，どれも人間の生々しい逞しさに満ちていて，本人たちがムスリムと自称していない集団のクルアーンを使った事例や，他の宗教のメロディを取り入れたクルアーンの朗誦，イスラームの食餌規定を維持していない集団をどう考えるかなど，示唆の大きい問いかけをくださった。記して，深謝申し上げる。

(2)「イスラーム的」であるとはどういうことかという問いを提起して，捕捉したのは，大塚和夫である［大塚 2015］。これぞ中東，これぞ人類学，これぞイスラームというリアリティに満ちた力強い著作の中でも，大塚［1989, 2000］が特にエポックメイキングである。イスラームは，欧米の研究がそうであるように，ユダヤ教やキリスト教と比較している場合，その特有のあり方が言語化されにくい。なぜなら，同じ文化圏で発生し，隣接する地域で発展してきた，共通の土台を持つ一神教の姉妹宗教同士は，異同で言えば共通点の方が遥かに多いからである。それに比べて，北東アジア，特にその中でも大陸から切り離された列島である日本の風土，文化，精神的土壌は，イスラームとの共通点の方が珍しいため，それとの比較はイスラームの輪郭をきわめて鮮明に浮き上がらせてくれる。この比較の感覚に最初に遭遇したのは，日本学術振興会・特別研究員（PD）の時代に京都大学で田辺明生先生の指導下で，ヒンドゥー教との対比をおこなった時であった。現在の職場である関西大学文学部の比較宗教学専修においては，日本の非主流宗教が専門の宮本要太郎先生と，日本に古来からある精神的土壌が近代においてどのような転換・発展を遂げたかに詳しい水野友晴先生との対話を通じて，一層イスラームや一神教の系譜全般との比較の感覚を磨いている。

(3) たとえば，現代の重要な法学書であるワフバ・ズハイリーの『イスラーム法学とその典拠』［al-Zuḥaylī 2002］では，第1章で信仰行為の前提となる清め（タハーラート）を論じた後，すぐに第2章でサラーが論じられている。

(4) 現在標準テクストとなっているのは，1860年に出された改訂増補版の第5版である。大場正史による邦訳書の題名は『エジプトの生活――古代と近代の奇妙な混淆』［レイン 1964］および『エジプト風俗誌――古代と近代の奇妙な混淆』［レイン 1977］となっている。

(5) 浄めについて研究をおこなったカッツ［Katz 2002, 2005］もまた，「関心を持つ学者たちが合意するであろうように，イスラームの儀礼の学術的な研究はひどく無視されてきた」［Katz 2005 : 106］と，この問題に関して言及している。やや以前のものではデニーらの議論［Denny 1985 ; Graham 2006］がある。

(6) 1965年5－7月にサウディアラビアを訪れ，内陸部のネジド（ナジュド）地方のベドウィンと生活をともにした約20日間の体験に基づいて書かれた。1965年8－10月に朝日新聞の夕刊に連載され，1967年に1冊の本にまとめられた。

(7) たとえば，湯川武の以下の言葉がある。「イスラム圏に旅行したり住んで，さまざまな見聞をして，つくづく自分たちとは違った文化伝統を持つところに居るのだなと実感することがある。たとえば，路上で礼拝する人の姿を見た時である。／ムスリムは一日に5回礼拝をすることになっている。もちろん毎日である。しかし，実際には，必ずしもすべてのムスリムが毎日礼拝しているわけではない。また礼拝をよくする人でも，毎日欠かさず5回やっているとは限らない。

しかし，イスラム圏に来てまず目につくのが，そして強い印象を受けるのが，礼拝するムスリムの姿である。／空港の廊下で，事務所の片隅で，家の中で，また屋外で礼拝する人が見うけられる。礼拝する人は，まわりに人が通っていようが，自動車の騒音があろうが，まったく気にならないかのように礼拝の動作と祈りの文句を唱えている」[湯川・佐藤 1986 : 185]。

(8)　2005 年 3 月，マアーディー（カイロ）におけるインタビュー。このシャイフの語った言葉は，ハディースにある預言者ムハンマドの言葉に近似したもので，このハディース自体は有名なものではある。しかし，この時シャイフはハディースを引用したわけではない。

(9)　この観点からは，宗教学における「祈り」の定義，すなわち「人間の神的あるいは霊的な存在との交信」[Gill 2005：7367] や「神的なものと認められた力との内面的な交わりないし対話」[ジェイムズ 1970：307] が思い起こされるであろう。

(10)　調査期間は 2002 年 7 月から 2005 年 9 月の間の通算 7 か月半である。調査をおこなった場所は，主に個人宅の公共スペースおよび私室，会社や学校内の礼拝室，礼拝所，町内・村内の小規模なモスク，百人単位の中規模モスク，千人単位の大規模モスクである。そのほか，路傍や果樹園，構内の中庭，商店の売り場など，通常はサラー以外の目的で使用されている場所がその時だけサラーに使用されている場合も調査をおこなった。

(11)　ここに例示したのはジャカルタのモスクで採集した事例であるが，この例には各地において観察されたサラーとその他の行為の連続性が端的に現われているため，例として使った。サラーと他の行為の連続性自体は，この事例に固有のものではない。たとえば，エルサレムのアクサー・モスクはイスラーム世界中から人びとが集まるため，地域性や土着性が低いと考えられるが，そこでもサラーの前後にはドゥアーやタスビーフ（神を称える句を繰り返し唱える），クルアーンの朗誦，グループでの読誦学習などが盛んにおこなわれている様子が観察された。

(12)　アラビア語にサラーやドゥアー，ズィクルなどを包摂する語はない。インドネシア語にはイスラームに限らず「祈り」を意味する語に sembahyang がある。

(13)　斎藤剛も「祈りを超越的存在との直接的交流としてとらえるという視点を提示したが，この見方に立つならば，何も礼拝のみが神との交流の場ということにはならないといえる。というのも，イスラームでは，礼拝とは区別された神との関係の持ち方としてドゥアーというものがあるからだ」と述べており [斎藤 2005 : 8]，ここでも「サラー＋その他（ドゥアー）」という図式が読み取れる。

(14)　この組み合わせには，いくつかのパターンが見られることは確かであるが，個人や家庭，社会的な階層など，どのレベルでパターンの共有があるのかは明かではない。広く，文化圏で流通しているパターンがある一方で，ヨルダンやエジプトの家庭の調査では，家庭の中でもズィクルとドゥアーの組み合わせ方に個人によって著しい違いがあり，またサラーの細部が一致していないということもしばしば観察された。

(15)　ドゥアーをおこなうのに適したサラーはタハッジュド礼拝（深夜のサラー）であるとの理解が優勢であり，義務のサラー中にドゥアーをおこなうことは禁じられていると断言するインフォーマントもいたが，聞き取り調査や参与観察では，実際義務のサラー中にドゥアーの言葉を発話している事例も確認された。

(16)　ヤースィンナンは，クルアーンの「ヤースィーン章」を誦むことから付いた名称である。葬儀などの際に「ヤースィーン章」を誦む行為自体はエジプトにおいても確認されたが，それ自体が名称を帯びた独立的な儀礼とはされていなかった。また，インドネシアでも聞き取り調査の中で，ヤースィンナンをおこなう周期等がヒンドゥーなどの非イスラーム的な要素に基づいていることからヤースィンナンを強く批判する語りがなされることもあった。

(17) 2005年3月，マアーディー（カイロ），筆者によるA師へのインタビュー。

(18) どの地域でも，男性の集団サラーが奨励されているのに対して，女性はより人目につかないところで個人サラーをおこなうべきであるといった語りが，男女両方の語り手によってなされることがたびたびあった（たとえば「女性がサラーをおこなう場所としてもっとも好ましいのは寝室であり，その次が応接間，その次がテラス，その次がモスク」といった表現がある）。実際に観察をおこなうと，ほとんどのサラーを寝室において個人サラーでおこなう習慣の女性の割合は少なくなかった。モスクで観察をおこなっていても，男性の集団サラーが十数から数十人と大規模になりがちであるのに対して，女性の場合は少人数の組がいくつかあっても合同にならずに，それぞれの組が別々にサラーをおこなっていることが多かった。ジャカルタのある大学モスクで女性が集団を作るか否かを観察していたところ，集団を作る割合は全体の1，2割程度で，集団サラーのすべてが2人組で，3人以上の集団サラーは一例もなかった。

(19) 動作の名称については5，6割程度はフィールド調査中に採集できたが，サラーの実践者が動作の名称を知らない場合も多く，人によって表現の仕方が異なる場合もある。フィールドでは名称を確定できなかった動作については，サラー教科書（サラーのやり方を説明したり指南したりする小冊子）などとの対照作業の際に名称を確定した。この表はその作業後の名称を用いている。サラー教科書はal-Ḥajjār［1998］，Rifa'i［1976］，Syafi'i［1999］など，約50冊ほど収集した。インドネシア語での名称はアラビア語と若干異なるが，ここでは基本的にアラビア語を用いる。辞典等で和訳に定訳があると思われる場合は，訳語を用いた。

(20) サラーは，集団でおこなわれる際に導師を立てるために，時として，人類学者からは専門家（聖職者）の領分で執行される儀礼とみなされることがある。一般信徒は導師に従ってやっており，文言を唱える必要がない，もしくは厳密には文言を唱えられないと考えられていることがある。サラーの文言が古典的な正則アラビア語であるため，特に非アラビア語圏の一般信徒がそれを唱えることができないと予見されている場合が多い。本節で見たように，筆者が複数の地点で調査をおこなった限りでは，導師と導師以外の人の間に生じる差異は，声量の大きさの違いであって，唱える唱えないの違いではないことが確認された。また，人びとは常に集団サラーに参加するとは限らず，女性であれば個人でサラーをおこなうことも多かった（個人でおこなう際には，自分で文言を唱えていた）。

(21) 一般信徒が，他人に対して面と向かって相手のサラーのやり方を「誤っている」と指摘したり矯正しようとしたりすることはそれほど頻繁ではない。サラフィー主義の人たちが，そのような言動をとっていることが複数の地域でしばしば観察された。ただし，それは，多数派の人びとの「伝統的な」やり方に対して，批判的に「誤っている」と断じているのであって，個人の誤りを直そうとする場合とは意味が異なる。

(22) エジプトおよびインドネシアの法学派については，現地のイスラーム法学者に教示を受けた。

(23) サラフィー主義は，サラフ（初期世代）に回帰することを主張する考え方で，従来の法学派とは異なる法解釈をすることも少なくない。ヨルダンやエジプトのフィールドで，年齢の比較的若い層にしばしば見受けられた。

■第 14 章

(1) 共通している部分を数え，バリエーションは含めない。文の数は，任意のクルアーンの章句を誦む箇所は通常は 3 節よりも長い章句が誦まれており，ここでは最小の数を採って 3 文とした。この箇所は必ずクルアーンの章句がそのままの形で引用されるため，3 文以上の事例では，①の割合がさらに高くなる。語数については，任意のクルアーンの章句を誦む箇所がどの章句であるかによって合計が異なってくる。任意の章句以外の語数が 352 語で，もっとも短い章句のうちで，非常に多くの事例において誦まれていた純正〔112〕章であれば 18 語，人びと〔114〕章であれば 22 語となるので，その合計で 400 語前後となる。

(2) 人類学における儀礼の定義は，細かい内容を見ればいくつものセットがあるが，「形式」という属性はおおむねいずれの定義にも含まれているように思われる。たとえば，清水昭俊は儀礼の外延を定めるための儀礼の特徴を 5 点挙げている。すなわち，①宗教（「超越的世界」とそこに所在する諸存在への信仰）との関連，②行為の形式性（ひとまとまりの行事としての一定の筋立て，個々の役割の個々の場面での行為の型づけ）と，同じ機会ごとの同型的反復，繰り返し，③通過儀礼としての構成，④体験の拡大，⑤現実構成，である［清水 1988 : 118］。

(3) 杉島が指摘したような儀礼研究の限界について，それを乗り越えようとさまざまな試みがなされている［田中 2004］。本研究において，人びとがサラーについて語らなかったという事実に対して，象徴論的アプローチ，あるいは機能主義的アプローチ，あるいはそれへの批判から出てきたさまざまな試みを直接的に援用せずに，やや回りくどいやり方をとったことの理由はいくつかある。ひとつは，それらの試みがいずれも，キリスト教，あるいは「未開」の宗教のいずれかに照準を合わせて構築されたものであり，結果としてイスラーム（およびユダヤ教）を度外視していることが挙げられる。そのため，イスラームに対して援用できるように再構築することは，今後の課題とせざるをえない。ある特権的な地位を与えられたテクストが，儀礼の典拠として存在しているような社会，膨大なテクスト群へのリフレクションを重要な要素とするフィールドを，人類学はまだ十分射程に入れられていない。

(4) 非構造化面接は心理学に依拠した用語であり，固定した質問項目を含まない聞き取り調査の手法を指す。また，後掲の半構造化面接は，構造化面接と非構造化面接の中間のものである［ウィリッグ 2003：30–4］。

(5) 「ヒクマ」についての聞き取りはモスクにたむろする老婆たちを対象にしたものが最初であったが，その後の聞き取りの対象は特に特定の階層や職種に限定しておこなったわけではない。全体としてはそのような老婆からシャリーア学部（イスラーム法学部）やプサントレン（宗教寄宿塾）の学生たち，高等教育を受けた者を含めて，教育水準はさまざまであった。

(6) イスラームにおける知には「マアリファ（ma‘rifa）」，「イルム（‘ilm）」，「ヒクマ（ḥikma）」の 3 種類がある。ここで扱っている「ヒクマ」は専門的には「叡智」を意味するが，聞き取りの際に一般信徒が使用した場合と，神秘主義の訓練を積んでいる専門家が使用した場合と，神秘主義を専門としない学者が使用する際では指し示すものは異なっていると考えるのが順当である。実際，法学書でもサラーの「道徳」と呼べるようなものが「ヒクマ」として議論されている。インドネシア語における「ヒクマ hikmah」は，より一般的な用語で「効用」のような意味になる。一般信徒が自らは語らない知として名指す「ヒクマ」は広義の意味でのヒクマで，そこには神秘主義的なヒクマ以外にも，「サラーの道徳」として説教などで説かれるものも含まれている。ただし，いずれのレベルのヒクマについても一般信徒が語ることは稀である。イスラームにおける知のあり方については，鷹木［2000b］も重要な論考である。

(7)　ムスリムがサラーを習得するプロセスやその時期については，チュニジアの村でフィールドワークをおこなった鷹木恵子やヨルダンの村で調査をおこなった清水芳見の民族誌の中にも断片的な記述が見られる。たとえば鷹木は以下のように書いている。「礼拝の実践は，男女とも年輩者に多くみられ，青少年層は少ないが，しかしなかには中学生くらいから礼拝を習慣としている者もみられる。また親が子供に礼拝を強制するようなことはなく，また家族の一部の者の礼拝中に，他の者が特に神妙になるようなこともなく，礼拝者の前に立つなど邪魔となる行為は避けるが，会話などはそのまま続けられる」［鷹木 2000a : 173］。一方，清水は村人にサラーのやり方を習った時期について尋ねている［清水 1992 : 123–124］。サラーの習得プロセスに関連して，第75回東南アジア史学会研究大会（2006年6月，名古屋大学）のパネルが提示した「ムスリムはイスラムをどう学ぶのか」との問いが鮮烈である。ここで報告した人の多くは，東南アジアをフィールドに，サラーを含めたイスラームの知が教育の中でどのように伝達されているのかを継続して調査している。その重要な成果に『変貌するインドネシア・イスラーム教育』がある［西野・服部 2007］。

(8)　エジプトでは多様なタリーカが広範に普及しており，カイロでも一般の人びとがタリーカに所属している事例が多くあった。ジャカルタや中央ジャワで聞き取りをおこなった際にはタレカッ（ト）（tarekat, tarekah）は時に否定的なニュアンスで語られ，タリーカの存在は一般的に浸透しているものではなかった。

(9)　2005年3月，ファトワー庁（カイロ），筆者によるAW師へのインタビュー。

(10)　2005年3月，マアーディー（カイロ），筆者によるA師へのインタビュー。

(11)　たとえば，説教を録音した市販のカセットテープの中には，サラーを主題にしたものがある。これまでに，アラビア語のもの11本，インドネシア語のもの2本の内容を調べた。2002年7月から2005年9月のフィールドワーク時に市場に出回っていたもので，刊行年は（記載がないものもあるが），1993年から2003年の間である。説教の題名と説教者の名前は以下の通りである。①アラビア語（イスマーイール・サーディク・アダウィー『サラーの道徳』，アムル・ハーリド『サラーにおける集中』，同『モスクでのサラー』，ムハンマド・イブン・ムハンマド・ムフタール・シンキーティー『サラーにおいて集中すること』，ムハンマド・フサイン・ヤアクーブ『あなたはどのようにサラーをするべきか（1）－（2）』，同『なぜあなたはサラーをおこなわないのか』，ムハンマド・ハッサーン『サラーをおこなわない者』，アブドゥルハミード・キシュク『サラーをおこなわない者』），②インドネシア語（アブドゥッラ・ギムナスティアル『集中したサラーで成功した人生を得る』，ムハンマド・アリフィン・イルハム『集中したサラーのためには何が必要か』）。サラーのやり方を，カイロ市内のマイクロバスの運転手に対して，懇切丁寧に教えている内容（ヤアクーブ）から，クルアーンやハディースを多数引用して高度な議論をおこなうもの（アダウィー）まで，程度には幅があるが，主張の核となる部分，根拠付けの様式や作法，繰り返される鍵概念等に大差は見られない。フィールドにおいて，サラーについての説教を大衆がどう受け止めているかを聞いてみると，重要だ，大切なことだと力説される一方で，政府批判や社会情勢などと違って目新しさを持たない，内容が変わりばえしない，どちらかと言えば退屈，飽きた，などといった反応も見られた。

(12) 聞き取りによれば，「清浄な場所」という条件は存在するので，トイレや風呂場は除外されるが，他宗教でもそのような場所を礼拝に用いることは一般的ではないであろう。

(13) ラマダーン月の開始は，近年では日本のメディアでも報道され，イスラーム世界中で同時進行していることが確認される。

■第 15 章

(1) ヘブロンのある村では，調査のために特別に認められてモスクに行かせてもらった際，単身では村内を出歩くことが許されないために，まず同世代の女性が付き添いに付き，さらにモスクに行くためにその女性の親族である男性が付き添いに付くという二重の付き添いを付けられた。

(2) のちに調査地を広げてからはそれが地域的にも限定された行為ではないことも判明した。それについては後述する。

(3) 聖句が日常生活の中で発語される機会は，これらのほかに，説得，議論，説教における引用がある。

(4) なお，この主題に関連する数少ない著作としてイスラーム的表現を含んだ日常発話を収集・収録した語学資料集［Piamenta 1979］がある。

(5) ヘブライ語から日本語，中国語まで，21 の言語を取り上げている［Morrow（ed）2006 : 15–37］。

■第 16 章

(1) これとは対照的なのが，伝統的なクルアーンの表出形態としての書道作品（ハット）である。モロッコ国王の宮廷書道家を務めていたモロッコ出身の書道家に話をうかがい，また，彼の書道教室で数回の参与観察をさせてもらった。その際，クルアーンの書道家という職業が歴然として「聖なる職業」であり，すでに存在するムスハフの文面の再生産・加工業などではまったくないことに驚いた。可能性として存在する不可視の聖典を引っ張り出してきて，人間の持つ限界と可能性の狭間に，自らの手で有形の文字として留め置くという，重責にまみれた営みであり，高度な能力と人並みはずれた才能が必要であることを，彼の沈着で穏やかな，しかし滔々とほとばしる言葉から理解した。

(2) スルタン・ハサン・モスクのこと。現地の専門家によると，装飾部分の面積の合計は，全文が刻まれるだけの面積に満たないと外部の研究者が主張し，論争があるとのこと。

■第 17 章

(1) ただし，身体的な能力による免除や（礼拝は足の悪い老人は座ってやってもよい，断食は妊婦や老人，子どもには課されないなど），社会的な条件による免除（兵役は成人男性のみの義務で，跡継ぎ息子は免除されるなど）は，入念に細部にわたって存在する。

(2) 以下を参照。田辺［2010 : 20–21］，田中［2002a］，田中・松田編［2006］。

(3) バーガーによる宗教社会学の用語である［バーガー 1979］。

(4) 原義はそれぞれアスラマが「帰依する」，イスラームが帰依すること（または絶対服従），ムスリムが帰依者。いずれも同語根の語である。

(5) ここでの「流行」と「不易」の語は，俳人の長谷川櫂の用法を援用している。長谷川は金子兜太の「人体冷えて東北白い花盛り」という句について，2段階の意味が言葉に乗っていると説明している。ひとつは金子が時代の文脈の中で東北農民を描写している層であり，もうひとつが時代の空気とは関係なく存在する「冷やかなエロスの想念」が表現されている層である［長谷川 2001：156］。実際，句は時代の空気の手を借りながら，それを突き抜けて別の何かに到達しているという。この句ができた瞬間には「社会的な「人体冷えて東北白い花盛り」と，宇宙的な「人体冷えて東北白い花盛り」が，二枚の透明な膜のように重なりあっていた。そのうち時代が代わると，時代の風俗の部分に根ざしていた社会的な「人体冷えて東北白い花盛り」は剥がれ落ち，宇宙的な「人体冷えて東北白い花盛り」だけが残った」。長谷川はこの句の「社会的な部分」を「流行」，「宇宙的な部分」を「不易」と表現している［長谷川 2001：158］。20世紀以降，現代の啓典解釈は「不易」部分がより強く出る傾向にあるように思われる。

(6) レヴィ＝ストロース自身は「歴史」という用語を用いながらも，「歴史なき民族」とそれ以外として表現することについては慎重である［レヴィ＝ストロース 1976：280］。いずれの用語を使うにせよ，神話世界と成立宗教や近代とを分ける区分自体については，レヴィ＝ストロース以降も議論が続いた。レヴィ＝ストロースのチューリンガをめぐる議論の上で，近代，神話世界，成立宗教の歴史（時間）について論じたものとして，真木悠介『時間の比較社会学』［真木 2003］参照。

(7) モースとユベール，レヴィ＝ストロースが念頭に置き批判の対象としていたのは，ロバートソン・スミスによる供犠論で（『セム族の宗教』），レヴィ＝ストロースはスミスの説のうちトーテミスムを供犠（宗教）の原初形態とみなす側面を批判し，モースとユベールはひとつの原初的で単純な形態から生じて，あらゆる種類の多様で複雑な供犠へと発展したとする説を批判した。

(8) モースとユベールは前述の「聖化と脱聖化」の問題と同時に，供犠における暴力の問題に焦点を当てており，田辺も同様である。言うまでもなく，人類学において「宗教と暴力の関係」は重要な主題群を成している。その一方で，イスラームの事例からこの問題を論じた研究は日本ではほとんどない。宗教と暴力をめぐる普遍的な問題と並んで個別の宗教における暴力の位置付けが検討される必要がある。イスラームの場合には，たとえば自爆攻撃などもこの問題の射程に入れられなければならない。タラル・アサド『自爆テロ』［アサド 2008］を参照のこと。

(9) 信仰告白，礼拝，断食，喜捨。唯一の例外が巡礼で，巡礼は非日常的でスケジュールもハードで複数の儀礼を含む。3日の間に，サウディアラビアのマッカおよびマッカ郊外において，アブラハム（イブラーヒーム）の逸話に由来する種々の儀礼を次から次におこなう。準備や道具の観点で言えば，必要なものはほぼ身にまとう白い2枚の布切れのみであるが，規模は数百万人単位の大規模なものである。

(10) ここで語られている「息子」が長男イシュマエル（イスマーイール）であるか，次男イサク（イスハーク）であるか，イスラームの啓典解釈学でも両説あったが，10世紀初頭には前者が主流になった［McAuliffe et al.（eds）2002 : 564］。現代のムスリム社会では後者の説はまったく聞かれない。

(11) 上記に参照した箇所で使われている用語は n-ḥ-r, dh-b-ḥ, n-s-k, sh-ʻ-r の4種類である。n-ḥ-r と dh-b-ḥ が犠牲を捧げる（動物の喉を切る。2つの語は動物の首の長さによって使い分け，前者がラクダのように首の長い動物の喉の下部を切ってほふることを意味する），n-s-k が儀礼もしくは供犠儀礼，sh-'-r が儀礼，特に巡礼中の諸儀礼［Badawi & Abdel Haleem 2008 : 325, 487–488, 921–922, 934–935］。日常語および法学用語ではと畜を指す語としてザバハ dhabaḥa（供犠をおこなう）が使用される。イスマーイールと，ムハンマドの実父であるアブドゥッラー・イブン・アブドゥルムッタリブを指す語としてザビーフ dhabīḥ（犠牲に捧げられた者）がある。犠牲獣はザビーハ dhabīḥa。一方，巡礼月（12 月）中の「犠牲の日」はヤウム・アン＝ナフル yawm al-naḥr。4 語のほかに，犠牲祭はイード・アル＝アドハー 'īd al-aḍḥā で ḍ-ḥ-w 語根の語，ダヒーヤ ḍaḥīya（犠牲となったもの）は現代語で事故や犯罪の被害者を指すのにも使われる。日常語で使われる肉屋を指すジャッザール jazzār はジャザラ jazara（と畜する）から来ているが，クルアーンには出てこない語で，「殺傷」のニュアンスがある。

(12)　たとえば対照的なのが，モースとユベールの議論にも重要な素材を提供しているヒンドゥーの供犠である。田中雅一の『供犠世界の変貌——南アジアの歴史人類学』は現代のフィールドからの貴重な報告であるが，そこに記述された供犠は①種類が豊富で，②そのそれぞれがディテールを持っている点でイスラームの供犠と非常に異なっていることがわかる［田中 2002b : 204–207］。ココヤシを持って寺院の周りを転がったあとココヤシを叩き割ったり，山羊の頭を打ち落としたあと切り口から血をすするなどの描写が出てくる。通常，供犠がそのような形であると想定すると，イスラームの供犠が実に簡素で余剰がないことが特徴的であるかがわかる。

(13)　のちに，なぜイスラームの巡礼の主要な儀礼がアブラハム（イブラーヒーム）に由来しており，ムハンマドに由来していないのかを検討して，別の角度からの発見があった。それは後代のムスリムにとってはムハンマドこそが権威と崇敬の対象そのものとなったが，ムハンマドの同時代，つまり巡礼の儀礼の確立期には，ムハンマドの正統性が大きな系譜に連なっていると示すことが重要だったということである。また，アラビア半島とその周辺の地域には，ムハンマド以前の古い預言者の血脈が染み込んでおり，アラビア半島という舞台に「神との邂逅」の劇場を展開するにあたっては，ムハンマド自身に至る古い歴史を持つ血脈によって，参加者たちにスケールの大きい臨場感を与えることが大きな意味を持った。

(14)　巡礼はほぼ唯一の日常が中断され（仕事や日常活動の休止），日常の場から遠く離れて（巡礼地への参集）おこなわれる非日常の行為であると言える。

■第 18 章

(1)　日本語では「魔力」と言いたいが，クルアーンは魔力を繰り返し否定している上に，日本語では善人が使う「白魔術」の概念もあまり普及していないので，本書では，人の心を捉えて放さない強烈な魅力を「神通力」と呼ぶ。ムハンマド時代の圧倒的な力で迫るものを「神通力」と呼ぶのであれば，本書の題名にある「神秘力」は，そのような神的な力を感じさせるメディア装置のパワーを指していることになる。

(2)　10 世紀頃にマドラサ（学院）制度とそれを支えるワクフ（寄進財産）制度が整備されてから，学問は権力と富から遠い階層の「神童」たちが社会的に上昇する回路となった。多くのウラマーが下層の出自を持つには，経済的・社会的な理由があった。現代でも，エジプトでは，ウラマーは農村と都市の下層の出身者が多いという（カイロでの調査時にインフォーマントから教示を受けた）。

(3)　「宗教と社会」学会での書評参照［小杉 2013］。

■補論 1

(1)　さらに早い時期にダマスコスのヨアンネス（Iōannēs Damaskos, 675 頃－749）が［小高 1984 : 119］,『知識の泉』においてイスラームをアリウス派の異端に分類し，検討をおこなったとされる。

(2)　東洋学やイスラーム研究の成立や展開，また「オリエンタリズム」の問題についてはマーティンなど［Martin 1985 ; Hussain et al.（eds）1984 ; 佐藤 2000 ; Neuwirth 2007］がある。正統的な東洋学におけるクルアーン研究とは別に，文芸批評などの分野でベンスラマに代表されるようなポストモダンのテクスト分析もなされている［ベンスラマ 2002］。学問の世界でクルアーンをめぐって，当事者の認識と外部からの無理解が鋭く対立してきた歴史は小杉［2008］にも詳しい。

(3)　これが「トレド集成」として広まり，キリスト教ヨーロッパにおけるイスラームに関する知識の基礎文献となった［Burman 2007］。また，以下の文献も参照［フュック 2002：4；ハーゲマン 2003：48–58 ; McAulifee 2001 : vi］。

(4)「一般に，ムハンマド自身を含めてムスリムの神の言葉に対する態度と人間の言葉に対するそれとの間には，本質的に大きな違いがある。事実，ムハンマドとその信徒たちが，神の絶対的断言命令であり，神聖不可侵と考えているコーランと，人間ムハンマド自身――たとえ彼がカリスマ的人格ではあっても――の言葉との間に厳密な区別をし，そのような前提に立って行動している時に，たとえ事実上ではあっても，両者を同一視することによって，ムハンマド（およびムスリムたち）の宗教的行為を正しく理解することができるであろうか」［中村 1977 : 146，強調は原著者］。

(5)　中村の問題提起に対し小田淑子は「宗教現象学の立場」からの解答を試み［小田 1985］，牧野信也は日本独自の「第三の立場」を主張している［牧野 1991：20–21］。クルアーン研究の方法論に関して，日本において重要な論考は［小田 1999］である。1985 年の論考［小田 1985］で示した既存の方法論への決別と新たな方法論の模索が，日常的な聖典使用への洞察と，聖典の成立過程・保存・宗教共同体への独創的な着眼から構成された具体的なものとして立ち現れている。小田［2014］も重要である。

(6)　なお，井筒の意味論的のクルアーン分析の方法は，現代のタフスィール（啓典解釈）の手法と重なる。井筒の方法論を検討する上では，2 つの問題性と 3 つの時代的な影響を考慮する必要がある。すなわち①タフスィールと重なるという問題（オリジナリティーは果たしてあったのか）と，②後期の視点変更の問題。それを考察するために少なくとも 3 つの時代的な影響関係が考慮されなければならない。①大久保ら回教研究所を含めた戦時下の回教圏研究・政策からの影響（戦前・戦中の研究との意図的な断絶，関係性の隠蔽によって影響関係がわかりにくくなっている），②折口信夫からの影響（井筒の憑依的分析の手法は折口由来か），③井筒の個人教師を務めた在日ムスリム知識人からの取り入れたイスラームの内在的学問の知識（どのような啓典解釈の手ほどきがあったのか）。

(7)　大久保の研究手法については，本書第 13 章の **2** の（2）も参照のこと。鏡島については以下の文献がある［東 2002］。

(8)　これらの研究について，新井裕子先生から貴重なご教示と資料のご提供をいただいた。クルアーン朗誦と音楽の両方を射程に入れ，長年理論と実践の両面から探究を続けた成果が新井

［2015］である。堀内［2000］はクルアーンとそれを取り巻く音楽的世界の全体を「音文化」として分析した貴重な論考である。

(9) 2010年代に入って，ようやく欧米でも読誦流派への着眼がメジャーな主題に含まれるようになってきた。ドイツのベルリン－ブランデンブルグ科学アカデミーによるクルアーンコーパスプロジェクトは写本に見られるテクストの異同に合わせて，読誦流派間の異同を集積している。

■補論2

(1) 第4回以降の概要やプログラムについてはSOASのHPで見ることができる（http://www.soas.ac.uk/islamicstudies/conferences/）。開催報告記事は第3回以降，『クルアーン研究』の以下の号に掲載されている。*Journal of Qur'anic Studies* 6（1）: 143–145（2004年），8（1）: 154–159（2006年），9（2）: 128–131（2007年），11（2）: 149–153（2009年）。

(2) 第1回から第5回まで単独主催，第6回で初めて主催者が連名となった（アイマン・シハーデ Ayman Shihadeh博士との連名）。

(3) 開会の辞によると，発表申し込みの総数はプログラム確定時の最終発表数35の7倍近い230以上であった。事務局に聞き取りをおこなったところ，発表の申し込み自体はイランなどからも多数あるとのことであった。

(4) 詳細な参加報告記事がある［大川（黒宮）2002］。

(5) 同誌には大会で発表された数十本の口頭報告の中から，そののち数本が論文として掲載されるのが通例であるが，榮谷氏の論文［Sakaedani 2004］は脚注によると別所での発表を元にしている。

(6) 事務局によると，来場者数も1日当たり100超であった。会場では日ごとに一定程度顔触れの変化が見られたが，事務局では来場者数は厳密には把握していない。

(7) 同館の研究者との意見交換から判明した。第6回には大英博物館からの発表者はいなかったが，第5回ではペルシャ・トルコ写本研究の重鎮と言うべきムハンマド・イーサー・ウェイリー（Muhammad Isa Waley）が「有形の物質性」パネルの座長を務めている（*Journal of Qur'anic Studies* 9（2）: 130（2007年））。

(8) 今回は「叙事詩としてのクルアーン――様式的・主題的要素の考察」（トッド・ローソン Todd Lawson），「クルアーンにおける（不在の）父親たち」（シャウカット・トーラワ Shawkat Toorawa），「クルアーンにおける空想――モーセとヒドルの物語（18章60－82節）研究のための構造的アプローチ」（ハナディ・M. ベハイリー Hanadi M. Behairi）の3本があった。

(9) 「アラン・ジョージ教授と組んで，年代特定をしたらいい」との熱烈な応援なども寄せられていたが，彼女自身の研究の主眼はそこにはまったくないと思われる。討論の際に話を振られたアラン・ジョージは「聖遺物として扱われていてじかに触れられないならば，科学的な検査をする必要はない。ごく近くから観察するだけで多くのことがわかる。ざっと見ただけでも最初期のモノである可能性は十分ある」と答えていた。

(10) このような獣皮紙では，経年とともに表面の文字が薄れた上に重ね書きをしていく。そのため，ひとつの獣皮紙に多層的に複数の文書群が内蔵された状態になる。肉眼では下層の文書は見えないが，科学的な検査によって下層の文書が読み取れるようになったことがクルアーン古写本の研究に劇的な展開をもたらした。

(11) 学術的には，この研究が正しければ，クルアーンの結集や正典化事業の具体的なプロセスがつまびらかになる糸口ができたと評価することができる。クルアーンが7世紀以降ひとつの正典として確立・流通したことと，下層文書の内容は矛盾するものではない。ましてや，下層文書の問題と20世紀初頭に活版印刷による正典の確立作業があったこととは直接関係するものではないであろう。

■補論3

(1) 欧米では1960年代以降徐々にこの傾向が強まっていた。詳しくは深澤らの著作［深澤 2003, 2004, 2006；磯前 2006］を参照のこと。

(2) たとえば，森［2002］。

(3) 『宗教百科事典』（*Encyclopedia of Religion*）および『宗教倫理百科事典』（*Encyclopaedia of Religion and Ethics*）の項目［Gill 2005 ; Fallaize et al. 1971］，祈り論のもっとも著名な業績であるハイラー［Heiler 1932］を見よ。日本語の成果は少ない［棚次 1997, 1998］。

(4) その端的な表明は，たとえば日本の八重垣神社における祈りをめぐる宗教学的な研究報告の冒頭でも見られる［鈴木 1995 : 79］。そこではウィリアム・ジェイムズとハイラーへの言及が見られる。なお，イスラームの祈り研究でもハイラーの定義への依拠が見られる［中村 1982 : 149；大川 1997 : 101］。

(5) 「呪い／祈り」の二項対立には「呪術／宗教」というフレイザー的配置が絡んでおり，その背景には，12－13世紀以降にカトリックを中心に起こった事効論と人効論の対立がある。この点については，九州大学の関一敏教授のご教示を受けた。フレイザーについては6－7頁を参照。

(6) 前出の関は，モースの祈り論を参照している数少ない例である。モースの祈り論に対する関の評価は両義的あるいは留保的で，「もうひとつは宗教と呪術という二分法そのものの認識史の問いである。これは，祈りと呪文を同じ範疇におさめようとした先駆的な祈り研究のなかで，「オーストラリア原住民に祈りはあるのか」（Mauss 1909 : 428）とモースが大まじめに問わなければならなかった西洋的な認識地図の由来にかかわる」と指摘している［関 1997b : 404］。

(7) その広がりは，たとえば『文化人類学事典』の記述からもわかる。まずリーチの分類が登場し，次いで集合的な行為としての儀礼に6つの特性を指摘するムーアとマイヤーホフが取り上げられる。続いて，青木保のあいさつを例にとった3類型（あいさつ＝動物的，敬礼＝社会的，拝礼＝超越的），儀礼のパフォーマンス性に着目したタンバイア，それをさらに発展させたゴフマンの議論が紹介される。その後，「儀礼の領域をはっきりと確定するためには，儀礼と日常行動の違い（境界をひくことは困難だが）を明らかにするだけでなく，儀礼と遊び，ゲームとの関係に注目する必要がある」と問題の所在を示した上で，レヴィ＝ストロース，ベイトソンの議論へと話が進む。最後に，時代をさかのぼって人類学史上の重要な儀礼理論へと移る。まず，ファン・ヘネップの「通過儀礼」，ヘネップの理論を発展させたターナーの「境界状態」，「コムニタス」概念が紹介される［梶原 1994 : 213–214］。

(8) たとえば少し古いものになるが，幅広い紹介として Segal（ed）［1998］がある。

(9) たとえば，日本における宗教学の成立に尽力した岸本英夫に以下の表現がある――「儀礼が，多分に集団的な性格をもっているのに対して，祈りは，むしろ，個人的な傾向が強い」［岸本 2004 : 56，強調は原著者］。「祈りが行なわれるのは，有神的な宗教体系に限る」［岸本 2004 :

57]。

(10) 本書は人類学的な方法論・手法を出発点としている。本書が「人類学的」といった際に想定しているのは，渡辺公三のいくつかの論考に表出しているような人類学のことである。それはひとつには，1980年代にアフリカにおける病気の経験について書かれたものであり［渡辺 1982, 1983］，そこでは「病いの経験」を手がかりに「言葉と経験」の関係について考察されている。また，西欧における形成期の人類学がテクストから出発してフィールドへ向かった軌跡についての洞察［渡辺 1993］，および「歴史」と「人類学」の関係性を問うた歴史人類学をめぐる論考［渡辺 2003］では，人類学が対象をフィールドに限定することの限界性を念頭に，テクスト（歴史）とフィールドとの往還をとらえる学問として人類学を設定し直そうとしている。これらの多岐にわたる論考は，本人の手で論集の形で再構成され，さらに奥深さを増して読み手に届いた［渡辺 2009a, 2009b, 2018］。第3巻は存命中の刊行が間に合わず，長年懇意にされていた編集者の手によって死後に刊行された。

(11) 2006年に『イスラームの儀礼の発展』（*The Development of Islamic Ritual*）と題された論集［Hawting（ed）2006］が刊行され，この2本の論考も英訳されて再録された。

(12) ここで対照されたヒュルフローニエとレインの記述は，似通ってはいない。レインがサラーの動きを含む視覚的な情報の多い画家的な報告であるのに対して，ヒュルフローニエの記述は学術的な論考の中に散見するもので，ヴェンシンクが自らの師でもあるヒュルフローニエの著作集 *Verspreide Geschriften*（全6巻7冊）［Hurgronje 1923–1927］などから記述を拾い出したと思われる。

(13) 伝播主義に対する評価については，学問上の最終的な決着が付いたとは言いがたく，さしあたり伝播主義を含む東洋学的なイスラーム研究の問題性については，別稿において論及した［小杉 2005 : 16–18］。

(14) 戦後，1966年に再び「イスラム教徒の祈祷」［内藤 1966］という文章を発表しているが，これは1931年のものと大筋にはほとんど変化がない。全ムスリムの連帯と覚醒といった問題意識を維持しており，多くの誤ったデータも訂正せずに掲載している。簡略化されており，情報量は減っている。新しい点としては，「礼拝」の語が使用されていることが挙げられる。

(15) クルアーンの邦訳についてはKosugi［2006］参照。大川［2004］にもまとまった紹介がある。

(16) 本書第13章で述べたように，実践において，サラーには2名以上が一緒におこなう集団サラーと個々人でおこなう個人サラーとがあることが確認された。義務のサラーは個人の選好によって，集団でおこなわれることもあれば個人でおこなわれることもあり，どちらの事例が多いとは言えない。それに対して任意の追加のサラーが集団でおこなわれる事例はなく，追加のサラーは個人でおこなわれるものであることがわかった。以上から，「集団／単独」の区分が，義務のサラーと任意の追加のサラーの区分とは部分的にしか重ならないことがわかる。

(17) 佐久間はこの点を以下のように表現している。「かうした回教の祈祷に於ては，無論定めらたれ（ママ）時間特殊な様式を守らす為の，種々なる掟に不変性を与へられて居るが，然しまた前にも言ふやうに簡明を期して，個人的には其好む所のコーラン経中の，何れの章句をも撰ぶことや，乃至其憧憬する魂（ソール）に祈願することや（ママ）に対して自由に広い余地を残されて居る。換言すれば祈祷に関する一般的指示は，明かに規定されて居て，回教の全世界は是等の指示が規定通り，正しき方法と様式とを保つことに，一致して居るのであるが，然し個人として，彼れ自身の感情を宇宙の造物主たるアラーの前に，吐露するの自由も亦た十二分に存するのである」［佐久間 1928 : 35］。

(18)　大久保・小林は「礼拝は人間の霊の糧として日常不可欠のものである」［大久保・小林 1986 : 52］と記している。

(19)「序」の日付は刊行より 2 年前の 1939 年，エジプトとなっている。

(20)　内藤の 1966 年のものには，これらの記述とやや重なる以下の一文がある。「これ〔サラー〕は神アラハに対する奉仕的行為を最も厳格に表わすもので，忘我の境まで，到達することを理想とする」［内藤 1966 : 5］。

(21)　以上，本論では何箇所か小村の著作を引用しているが，小村の著作中の最初の日本人ムスリムをめぐる記述については間違いが指摘されている［Misawa and Akçadağ 2007 : 90］。

(22)　なお，戦後，小林本人の死後に刊行された『月刊インドネシア』に「イスラム教の礼拝勤行」という文章［ファイサル 1954］が掲載された。内容は 1941 年のものと大差ないが，写真の代わりに手描きの素朴な絵でサラーの行程が示されている。

(23)『回教概論』は戦前の 1942 年に初版が慶応書房から出されているが，1992 年に中央公論社から文庫化された版が現在普及している。

(24)　戦後における概述以外の作品としては，サラーに関するハディースとその解説を邦訳したものがある［三田 1977, 1978a, 1978b］。

(25)　本書は事例としてサラーを対象としており，ドゥアーやズィクルに主軸をおいた研究については言及していないが，ドゥアーに焦点を当てたイスラームの祈り研究としては，『ガザーリーの祈祷論』に代表される中村廣治郎の一連の研究［中村 1971, 1972, 1982 ; Nakamura 1990, 2001］が特筆に価する。また，中村が後年に刊行した概説書［中村 1998］では，「イスラム教の実践」と題される章の中でサラーが扱われている。イスラーム法が「イバーダート（儀礼的規範）」と「ムアーマラート（法的規範）」の 2 つに大別できるとし，前者のひとつとしてのサラーに簡単な説明を加えている［中村 1998 : 114–117］。その際大川周明の『回教概論』からサラーの動作を示す図が引かれているが，その図はもともとは，レイン（本書 234 頁参照）によるものである。

参照文献

1. 日本語

青木保 1997「儀礼という領域」 青木保ほか編『儀礼とパフォーマンス』（岩波講座文化人類学第9巻）岩波書店 pp. 1–19.

赤坂憲雄 2007『民俗学と歴史学――網野善彦，アラン・コルバンとの対話』藤原書店.

赤松明彦 2021『ヒンドゥー教10講』岩波書店（岩波新書）.

秋山聰 2018『聖遺物崇敬の心性史――西洋中世の聖性と造形』講談社（講談社学術文庫）.

――― 2022「聖なるモノの来し方，行く末――教会宝物をめぐって」木俣元一・近本謙介編『宗教遺産テクスト学の創成』勉誠出版 pp. 379–395.

アサド，タラル 2008『自爆テロ』苅田真司訳，磯前順一解説 青土社（原著2007）.

東隆眞 2002『日本の仏教とイスラーム』春秋社.

アッカーマン，ロバート 2009『評伝　J・G・フレイザー――その生涯と業績』玉井暲訳 法藏館（原著1987）.

阿部泰郎 2013『中世日本の宗教テクスト体系』名古屋大学出版会.

――― 2018『中世日本の世界像』名古屋大学出版会.

網野善彦 1996『増補 無縁・公界・楽』平凡社（初版1978）.

網野善彦・阿部謹也 1994『対談 中世の再発見――市・贈与・宴会』平凡社（平凡社ライブラリー）（初版1982）.

アルチュセール，ルイ 2005『再生産について――イデオロギーと国家のイデオロギー諸装置』西川長夫ほか訳 平凡社（原著1995）.

新井裕子 2015『イスラムと音楽――イスラムは音楽を忌避しているのか』スタイルノート.

飯嶋秀治 2000「儀礼論再考――行為の遡及的再編とその様式」『宗教研究』326 : 1–23.

磯前順一 1994『土偶と仮面・縄文社会の宗教構造』校倉書房.

――― 1998『記紀神話のメタヒストリー』吉川弘文館.

――― 2006「宗教研究とポストコロニアル状況」磯前順一・タラル・アサド編『宗教を語りなおす――近代的カテゴリーの再考』みすず書房 pp. 7–22.

――― 2009『記紀神話と考古学――歴史的始原へのノスタルジア』角川学芸出版.

市川裕 2004『ユダヤ教の精神構造』東京大学出版会（増補新装版2020）.

――― 2022『ユダヤ的叡智の系譜――タルムード文化論序説』東京大学出版会.

井筒俊彦 1972『意味の構造――コーランにおける宗教道徳概念の分析』 牧野信也訳 新泉社（英語原著1959）.

――― 1980『イスラーム哲学の原像』岩波書店（岩波新書）.

――― 1983『意識と本質――精神的東洋を索めて』岩波書店.

――― 1988「言語現象としての「啓示」」 長尾雅人ほか編『岩波講座　東洋思想第4巻　イスラーム思想2』岩波書店 pp. 3–47.

——— 1991『超越のことば——イスラーム・ユダヤ哲学における神と人』岩波書店.
——— 2013『コーランを読む』岩波書店（岩波現代文庫）（初版 1993）.
——— 2017『井筒俊彦英文著作翻訳コレクション　クルアーンにおける神と人間——クルアーンの世界観の意味論』鎌田繁監訳・仁子寿晴訳 慶應義塾大学出版会（原著 2015，原著初版 1964）.
伊藤博明 2015「第 3 章　聖なるテクストを編集する——新約聖書」 明星聖子・納富信留編『テクストとは何か——編集文献学入門』慶應義塾大学出版会 pp. 49–78.
伊藤守 2023『メディア論の冒険者たち』東京大学出版会.
井上忠 1974『根拠よりの挑戦——ギリシア哲学究攻』東京大学出版会.
——— 1980『哲学の現場——アリストテレスよ語れ』勁草書房.
——— 1985a『哲学の刻み 1　性と死を超えるもの』法藏館.
——— 1985b『哲学の刻み 2　言葉に射し透されて』法藏館.
——— 1986a『哲学の刻み 3　知の階梯を昇りつつ』法藏館.
——— 1986b『哲学の刻み 4　運命との舞踏』法藏館.
——— 1988『モイラ言語——アリストテレスを超えて』東京大学出版会.
——— 1992『超＝言語の探究——ことばの自閉空間を打ち破る』法藏館.
——— 1998『究極の探究——神と死の言語機構分析』法藏館.
——— 2004『パルメニデス』青土社.
井原泰雄・梅﨑昌裕・米田穣 2021『人間の本質にせまる科学——自然人類学の挑戦』東京大学出版会.
ウィリッグ，カーラ 2003『心理学のための質的研究法入門——創造的な探求に向けて』上淵寿ほか訳 培風館（原著 2001）.
エヴァンズ＝プリチャード，E. E. 1978『ヌアー族——ナイル系一民族の生業形態と政治制度の調査記録』向井元子訳 岩波書店（原著 1940）.
——— 1982『ヌアー族の宗教』向井元子訳 岩波書店（原著 1956）.
大川周明 1992『回教概論』中央公論社（初版 1942）.
大川玲子 1997「イスティアーザの祈祷句に見られるクルアーンの受容に関して」『オリエント』40（1）：90–105.
——— 2004『聖典「クルアーン」の思想——イスラームの世界観』講談社（講談社現代新書）.
——— 2005『図説 コーランの世界——写本の歴史と美のすべて』河出書房新社.
——— 2010「ウズベキスタンのウスマーン写本——「世界最古」のクルアーン（コーラン）写本」『明治学院大学国際学研究』37：87–93.
大川（黒宮）玲子 2002「クルアーン学学会の誕生——The Qur’an—Text, Translation and Interpretation 学会報告」『イスラム世界』58 : 111–115.
大久保幸次・鏡島寛之 1950『コーラン研究』刀江書院.
大久保幸次・小林元 1986「礼拝の型」『月刊回教圏』（復刻版）1（6）：52–55（初版 1938）.
大塚和夫 1989『異文化としてのイスラーム——社会人類学的視点から』同文舘.
——— 2000『近代・イスラームの人類学』東京大学出版会.
——— 2015『イスラーム的——世界化時代の中で』講談社（初版 2000）.
大塚和夫ほか編 2002『岩波イスラーム事典』岩波書店.

大貫隆ほか編 2002『岩波キリスト教辞典』岩波書店.
小田淑子 1985「聖典への宗教学的アプローチ」『宗教研究』59（2）：21–45.
——— 1995「コーラン・ハディース」 三浦徹ほか編『イスラーム研究ハンドブック』栄光教育文化研究所 pp. 17–22.
——— 1999「宗教学と聖典研究」『関西大学哲学』19 : 175–196.
——— 2014「イスラーム研究と宗教学」 市川裕編『世界の宗教といかに向き合うか——月本昭男先生退職記念献呈論文集第 1 巻』聖公会出版 pp. 68–83.
小高毅 1984『古代キリスト教思想家の世界——教父学序説』創文社.
小田亮 2004「フレーザー，ジェームズ・G.『金枝編』『初版 金枝編』」 小松和彦ほか編『文化人類学文献事典』弘文堂 pp. 196-198.
落合仁司 2001『ギリシア正教——無限の神』講談社.
オング，ウォルター・J. 1991『声の文化と文字の文化』林正寛・糟谷啓介・桜井直文訳 藤原書店（原著 1982）.
加地伸行 1984『「論語」を読む』講談社（講談社現代新書）.
——— 1994『沈黙の宗教——儒教』筑摩書房.
——— 2009a『「論語」再説』中央公論新社（中公文庫）.
——— 2009b『論語』（増補版）講談社（講談社学術文庫）（初版 2004）.
梶原景昭 1994「儀礼」 石川栄吉ほか編『文化人類学事典』（縮刷版）弘文堂 pp. 213–214.
片倉もとこ 1979『アラビア・ノート——アラブの原像を求めて』日本放送出版協会.
——— 1991『イスラームの日常世界』岩波書店（岩波新書）.
加藤隆 2020『旧約聖書の誕生』筑摩書房（ちくま学芸文庫）（初版 2008）.
蒲生礼一 1958『イスラーム（回教）』岩波書店.
川村光郎 1987「戦前日本のイスラム・中東研究小史——昭和 10 年代を中心に」『中東学会年報』2 : 409–439.
岸本英夫 2004『宗教学』原書房（初版 1961）.
木俣元一 2022a「聖なるものと遺産に関する覚書——研究への助走として」 木俣元一・近本謙介編『宗教遺産テクスト学の創成』勉誠出版 pp. 367–378.
木俣元一 2022b「まとめと展望」 木俣元一・近本謙介編『宗教遺産テクスト学の創成』勉誠出版 pp. 683–687.
木俣元一・近本謙介編 2022『宗教遺産テクスト学の創成』勉誠出版.
キャンベル，ジョゼフ 1995『神の仮面——西洋神話の構造』（上・下）（新版）山室静訳 青土社（原著 1964）.
——— 2015『千の顔をもつ英雄』（上・下）（新訳版）倉田真木・斎藤静代・関根光宏訳 早川書房（原著 1949）.
キャンベル，ジョーゼフ&ビル・モイヤーズ 2010『神話の力』飛田茂雄訳 早川書房（原著 1988）.
クラックホーン，クライド 1971『人間のための鏡』光延明洋訳 サイマル出版会（原著 1949）.
グリオール，マルセル&ジュルメーヌ・ディテルラン 1986『青い狐——ドゴンの宇宙哲学』坂井信三訳 せりか書房（原著 1965）.
グリオール，マルセル 1997『水の神——ドゴン族の神話的世界』（新装版）坂井信三・竹沢尚一郎訳せりか書房（原著 1948，訳書初版 1981）.
黒澤直道 2007『ナシ（納西）族宗教経典音声言語の研究――口頭伝承としての「トンバ（東巴）経典」』雄山閣.
――― 2011『ナシ族の古典文学――『ルバルザ』・情死のトンバ経典』雄山閣.
高野太輔 2008『アラブ系譜体系の誕生と発展』（山川歴史モノグラフ 16）山川出版社.
小杉麻李亜 2004「イスラームにおける啓典と社会のかかわり――クルアーン研究序説」『立命館文学学生論集』10 : 312–377.
――― 2005「クルアーン研究における文化装置論的アプローチ――プラチックとしての聖典」『コア・エシックス』1 : 15–27.
――― 2006「読誦の技」 小杉泰・江川ひかり編『ワードマップ　イスラーム――社会生活・思想・歴史』新曜社 pp. 138–141.
――― 2013「会員業績の紹介『グローバル化とイスラム――エジプトの「俗人」説教師たち』世界思想社，2011 年 9 月刊，B6 判，254 頁，2,300 円＋税，八木久美子著」「宗教と社会」学会『宗教と社会』19 : 224.
――― 2014「写本クルアーンの世界」「聖典の刊本とデジタル化」 小杉泰・林佳世子編『イスラーム　書物の歴史』名古屋大学出版会 pp. 66–83 pp. 373–395.
――― 2023「クルアーン（コーラン）朗誦」 イスラーム文化事典編集委員会編『イスラーム文化事典』丸善出版 pp. 358–359.
小杉泰 1986「現代イスラームにおける宗教勢力と政治的対立――カイロにおけるアズハル＝フセイン複合体とサラフィー主義」『国立民族学博物館研究報告』10（4）：959–1000.
――― 2008「クルアーン」 小杉泰・林佳世子・東長靖編『イスラーム世界研究マニュアル』名古屋大学出版会 pp. 62–71.
小林哲夫（ハッヂ・オマル・フアイサル（ママ））1941『回教の礼拝』小林哲夫.
小松和彦ほか編 2004『文化人類学文献事典』弘文堂.
小村不二男 1988『日本イスラーム史』日本イスラーム友好連盟.
小森陽一ほか編 2003『テクストとは何か』（岩波講座文学 1）岩波書店.
コルバン，アラン 1993『時間・欲望・恐怖――歴史学と感覚の人類学』小倉孝誠・野村正人・小倉和子訳 藤原書店（原著 1991）.
近藤久美子 2022「アダムとイブの楽園追放――『コーラン』にみる描写とその思考」 角南聡一郎・丸山顕誠編『神話研究の最先端』笠間書院 pp. 287–298.
サイード，エドワード・W 1986『オリエンタリズム』板垣雄三・杉田英明監修 今沢紀子訳 平凡社（原著 1978）.
西郷信綱 1967『古事記の世界』岩波書店（岩波新書）.
――― 1993『古代人と夢』平凡社（平凡社ライブラリー）（初版 1972）.
――― 2008『古代人と死――大地・葬り・魂・王権』平凡社（平凡社ライブラリー）（初版 1999）.
――― 2010『記紀神話・古代研究Ⅰ　古事記の世界』〈西郷信綱著作集第 1 巻〉平凡社.
――― 2012『記紀神話・古代研究Ⅱ　古代人と夢』〈西郷信綱著作集第 2 巻〉平凡社.
斎藤明ほか編 2020『仏典解題事典〈第三版〉』春秋社（初版 1966）.
斎藤剛 2005「イスラームの祈りのかたち――礼拝と祈願から」『月刊みんぱく』29（1）：8–9.

崎山政毅 2001『サバルタンと歴史』青土社.
佐久間貞次郎 1928「イスラムの祈祷――Salat -ul-Islam」『日本及日本人』158 : 33–44.
佐藤次高 2000「西アジア・イスラーム学の継承と発展――ヨーロッパ・中東・日本」『東方学』100 : 163–177.
澤井義次・鎌田繁編 2018『井筒俊彦の東洋哲学』慶應義塾大学出版会.
ジェイムズ, W. 1970『宗教的経験の諸相（下)』桝田啓三郎訳 岩波書店（岩波文庫）（原著 1901–02).
ジジェク, スラヴォイ 2001『脆弱なる絶対――キリスト教の遺産と資本主義の超克』中山徹訳 青土社（原著 2000).
嶋田襄平 1966『預言者マホメット』角川書店.
――― 2002「イスラム学」 嶋田襄平ほか監修『新イスラム事典』平凡社 pp. 97–98.
嶋田義仁 2001「イスラームの「祈り」について――アフリカで考える」 末木文美士・中島隆博編『非・西欧の視座』大明堂 pp. 55–80.
――― 2004「儀礼とエートス――「世俗主義」の再考から」 池上良正ほか編『宗教への視座』（岩波講座宗教第 2 巻）岩波書店 pp. 75–106.
清水昭俊 1988「儀礼の外延」 青木保ほか編『儀礼――文化と形式的行動』東京大学出版会 pp. 117–145.
清水和裕 2014「第 5 章　イブン・ナディームの『目録』」 小杉泰・林佳世子編『イスラーム書物の歴史』名古屋大学出版 pp. 84–98.
清水芳見 1992『アラブ・ムスリムの日常生活――ヨルダン村落滞在記』講談社（講談社現代新書).
――― 1993「イスラームの儀礼」『イスラム世界』42 : 101–118.
杉島敬志 1991「リオ族における農耕儀礼の記述と解釈」『国立民族学博物館研究報告』15（3）：573–846.
――― 1997「承認と解釈――プラクティスとしての儀礼と社会のかかわり」 青木保ほか編『儀礼とパフォーマンス』（岩波講座文化人類学第 9 巻）岩波書店 pp. 241–268.
――― 2001「人類学の設計主義」 杉島敬志編『人類学的実践の再構築――ポストコロニアル転回以後』世界思想社 pp. 226–245.
杉本良男 2001「儀礼の受難」 杉島敬志編『人類学的実践の再構築――ポストコロニアル転回以後』世界思想社 pp. 246–270.
――― 2003「儀礼の受難――楞伽島綺談」『国立民族学博物館研究報告』27（4）：615–681.
スコット＝フィリップス, トム 2021『なぜヒトだけが言葉を話せるのか――コミュニケーションから探る言語の起源と進化』畔上耕介ほか訳 東京大学出版会（原著 2015).
鈴木岩弓 1995「祈りと信仰圏――信仰現象における中心と辺境」 東北大学文学部編『社会と文化における中心と辺境（教育研究学内特別経費研究報告)』pp. 79–84.
角南聡一郎・丸山顕誠編 2022『神話研究の最先端』笠間書院.
スミス, ウィルフレッド・カントウェル 1974『現代におけるイスラム』中村廣治郎訳 紀伊國屋書店（原著 1957).
関一敏 1997a「罰と呪い」『創文』391 : 17–20.
――― 1997b「キリスト教世界の祈りと呪い」『民族学研究』62（3）：402–407.

——— 2004「祝う・呪う・笑う」 池上良正ほか編『言語と身体』(岩波講座宗教第5巻) 岩波書店 pp. 298–317.
——— 2006「呪術とは何か——実践論的転回のための覚書」『東南アジア・オセアニア地域における呪術的諸実践と概念枠組みに関する文化人類学的研究(平成16年度〜平成17年度科学研究費補助金(基盤研究(C))研究成果報告書)』pp. 84–105.
鷹木恵子 2000a『北アフリカのイスラーム聖者信仰——チュニジア・セダダ村の歴史民族誌』刀水書房.
——— 2000b「イスラームにおける2つの「知」の在り方と音文化」『民族学研究』65 (1):9–24.
高野太輔 2008『アラブ系譜体系の誕生と発展』(山川歴史モノグラフ 16) 山川出版社.
竹田敏之 2014「第3章 アラビア語正書法の成立」 小杉泰・林佳世子編『イスラーム書物の歴史』名古屋大学出版 pp. 46–65.
多田富雄 1993『免疫の意味論』青土社.
田中雅一 2002a「主体からエージェントのコミュニティへ——日常的実践への視角」 田辺繁治ほか編『日常的実践のエスノグラフィ——語り・コミュニティ・アイデンティティ』世界思想社 pp. 337–360.
——— 2002b『供犠世界の変貌——南アジアの歴史人類学』法藏館.
——— 2004「儀礼とイデオロギー」 小松和彦ほか編『文化人類学文献事典』弘文堂 pp. 741–742.
田中雅一・松田素二編 2006『ミクロ人類学の実践——エージェンシー/ネットワーク/身体』世界思想社.
棚次正和 1997『祈りの現象学』(京都大学博士論文).
——— 1998『宗教の根源——祈りの人間論序説』世界思想社.
田辺明生 2010『カーストと平等性——インド社会の歴史人類学』東京大学出版会.
ダンバー, ロビン 2016『言葉の起源——猿の毛づくろい, 人のゴシップ』(新装版) 松浦俊輔・服部清美訳 青土社 (原著 1996, 訳書初版 1998).
近本謙介 2022「宗教遺産テクスト学序説」 木俣元一・近本謙介編『宗教遺産テクスト学の創成』勉誠出版 pp. (1)–(8).
土屋博 2002『教典になった宗教』北海道大学図書刊行会.
東長靖 2002a「祈り」 大塚和夫ほか編『岩波イスラーム辞典』岩波書店 p. 149.
——— 2002b「イバーダート」 大塚和夫ほか編『岩波イスラーム辞典』岩波書店 p. 149.
土岐健治 2010『旧約聖書外典偽典概説』教文館.
土岐健治・村岡崇光 2016『イエスは何語を話したか?——新約時代の言語状況と聖書翻訳についての考察』教文館.
ドブレ, レジス 1999『メディオロジー宣言』(レジス・ドブレ著作選 1) 西垣通監修 嶋崎正樹訳 NTT出版 (原著 1994).
——— 2000『メディオロジー入門——「伝達作用」の諸相』(レジス・ドブレ著作選 2) 西垣通監修 嶋崎正樹訳 NTT出版 (原著 1997).
——— 2001『一般メディオロジー講義』(レジス・ドブレ著作選 3) 西垣通監修 嶋崎正樹訳 NTT出版 (原著 1991).
内藤智秀 1966「イスラム教徒の祈祷」『アジア・アフリカ文化研究所研究年報』1:3–8.

——— 1986「回教徒の祈祷作法」『民俗学（復刻版）』3（7）: 1-12（初版 1931）.
中沢新一 2004『僕の叔父さん　網野善彦』集英社（集英社文庫）.
——— 2005『アースダイバー』講談社.
——— 2012『大阪アースダイバー』講談社.
——— 2021『アースダイバー　神社編』講談社.
長場紘 2006a「内藤智秀——トルコ研究の先達」『アナトリアニュース』116 : 10-15.
——— 2006b「大久保幸次と回教圏研究所（1）」『アナトリアニュース』117 : 16-20.
——— 2007「大久保幸次と回教圏研究所（2）」『アナトリアニュース』118 : 16-20.
中村廣治郎 1971「ガザーリーの神秘修行論——Dhikr と Du'ā'を中心として」『東洋文化研究所紀要』53 : 101-180.
——— 1972「ガザーリーの神秘修行論（承前）——Dhikr と Du'ā'を中心として」『東洋文化研究所紀要』57 : 215-301.
——— 1977「理解の学としての宗教学——問題提起のための一試論」 田丸徳善編『宗教理解への道』（講座宗教学第 1 巻）東京大学出版会 pp. 131-176.
——— 1982『ガザーリーの祈祷論——イスラム神秘主義における修行』大明堂.
——— 1997『イスラームと近代』岩波書店.
——— 1998『イスラム教入門』岩波書店（岩波新書）.
中村元ほか編 2002『岩波仏教辞典』（第 2 版）岩波書店.
中村美知夫 2009『チンパンジー——ことばのない彼らが語ること』中央公論新社.
西尾哲夫 2009「『コーラン（クルアーン）』とイスラム共同体（ウンマ）——儀礼的音声言語の社会的機能に関する言語情報学的考察」 笹原亮二編『口頭伝承と文字文化——文字の民俗学　声の歴史学』思文閣出版 pp. 357-379.
西野節男・服部美奈 2007『変貌するインドネシア・イスラーム教育』東洋大学アジア文化研究所・アジア地域研究センター.
日本ムスリム協会　2018『日亜対訳・注解　聖クルアーン』日本ムスリム協会（原版 1972，改訂版 1982）.
バーガー，ピーター・L. 1979『聖なる天蓋——神聖世界の社会学』薗田稔訳 新曜社（原著 1967）.
ハーゲマン，L. 2003『キリスト教とイスラーム——対話への歩み』八巻和彦・矢内義顕訳 知泉書館（原著 1999）.
ハヴロック，エリック，A. 1997『プラトン序説』村岡晋一訳 新書館（原著 1963）.
長谷川櫂 2001『俳句の宇宙』花神社（原著 1989）.
浜日出夫 2009「メディアはメッセージ」 井上俊・伊藤公雄編『メディア・情報・消費社会』（社会学ベーシックス第 6 巻）世界思想社 pp. 3-12.
浜本満 2001a「対比する語りの誤謬——キドゥルマと神秘的制裁」 杉島敬志編『人類学的実践の再構築——ポストコロニアル転回以後』世界思想社 pp. 204-225.
——— 2001b『秩序の方法——ケニア海岸地方の日常生活における儀礼的実践と語り』弘文堂.
フアイサル，オマル 1954「イスラム教の礼拝勤行」『月刊インドネシア』91 : 6-12.
フーコー，ミシェル 1986『性の歴史Ⅰ　知への意志』渡辺守章訳 新潮社（原著 1976）.
深澤英隆 2003「「宗教」の生誕——近代宗教概念の生成と呪縛」 池上良正ほか編『宗教とはなにか』

（岩波講座宗教第 1 巻）岩波書店 pp. 23–54.
——— 2004「「宗教」概念と「宗教言説」の現在」 島薗進・鶴岡賀雄編『〈宗教〉再考』ぺりかん社 pp. 15–40.
——— 2006『啓蒙と霊性——近代宗教言説の生成と変容』岩波書店.
福島真人 1992「説明の様式について——あるいは民俗モデルの解体学」『東洋文化研究所紀要』 116 : 295–360.
——— 1993「儀礼とその釈義——形式的行動と解釈の生成」 民俗芸能研究の会・第一民俗芸能学会編『課題としての民俗芸能研究』ひつじ書房 pp. 99–154.
——— 1995「儀礼から芸能へ——あるいは見られる身体の構築」 福島真人編『身体の構築学——社会的学習過程としての身体技法』ひつじ書房 pp. 67–99.
船山徹 2013『仏典はどう漢訳されたのか——スートラが経典になるとき』岩波書店.
ブハーリー 1993–1994『ハディース——イスラーム伝承集成』（上・中・下）牧野信也訳 中央公論社（原著 1896）.
フュック，ヨーハン 2002『アラブ・イスラム研究誌——20 世紀初頭までのヨーロッパにおける』井村行子訳 法政大学出版局（原著 1955）.
フライ，ノースロップ 1995『大いなる体系——聖書と文学』伊藤誓訳 法政大学出版局（原著 1967）.
——— 2001『力に満ちた言葉——隠喩としての文学と聖書』山形和美訳 法政大学出版局（原著 1990）.
——— 2012『ダブル・ヴィジョン——宗教における言語と意味』江田孝臣訳 新教出版社（原著 1991）.
フライ，ノースロップ（ロバート・D. デナム編）2004『神話とメタファー——エッセイ 1974–1988』高柳俊一訳 法政大学出版局（原著 1991）.
フランドロワ，イザベル編 2003『「アナール」とは何か——進化しつづける「アナール」の 100 年』尾河直哉訳 藤原書店（初出 2000–2003）.
ブルデュー，ピエール 1997『ホモ・アカデミクス』石崎晴己・東松秀雄訳 藤原書店（原著 1984）.
——— 2000『メディア批判』櫻本陽一訳 藤原書店（原著 1996）.
——— 2001『実践感覚 1，2』今村仁司ほか訳 みすず書房（原著 1980）.
——— 2020『ディスタンクシオン——社会的判断力批判 Ⅰ，Ⅱ』（普及版）石井洋二郎訳 藤原書店（原著 1979，日本語訳初版 1990）.
フレイザー，J. G. 1966『金枝篇』（全 5 巻）（改版）永橋卓介訳 岩波書店（岩波文庫）（原著 1925，日本語初版 1951–1952）.
——— 1975『旧約聖書のフォークロア』江河徹他訳 太陽社（原著 1923）.
——— 2003『初版金枝篇』（上・下）吉川信訳 筑摩書房（ちくま学芸文庫）（原著 1890）.
プロップ，ウラジーミル 1983『魔法昔話の起源』斎藤君子訳 せりか書房（原著 1946）.
——— 1987『昔話の形態学』北岡誠司・福田美智代訳 水声社（原著 1969，原著初版 1928）.
ベル，リチャード 2003『コーラン入門』医王秀行訳 筑摩書房（ちくま学芸文庫）（原著 1970，原著初版 1953）.
ベンスラマ，フェティ 2002「イスラムの発話」石田英敬訳 石田英敬・小森陽一編『社会の言語態』（シリーズ言語態第 5 巻）東京大学出版会 pp. 137–160.

保坂修司 1998「世界電子本事情・中東編　デジタル版コーランと海賊版 CD-ROM」『季刊・本とコンピュータ』1998 年秋号 大日本印刷 ICC 本部 pp. 164–171.
——— 2008「ウェブサイト，電子媒体」小杉泰・林佳世子・東長靖編『イスラーム世界研究マニュアル』名古屋大学出版会 pp. 19–27.
星野英紀ほか編 2010『宗教学事典』丸善出版.
堀内正樹 2000「モロッコの音文化――イスラームと音の関係について」『民族学研究』65（1）: 25–41.
堀内勝 1971「QIRĀ'AH（コーランの読誦）に関するノート」『アジア・アフリカ言語文化研究』4 : 189–231.
——— 1972「QIRĀ'AH（コーランの読誦）の文末機能に関するノート――WAQF（休止）空間及び脚韻技法の視点から」『アジア・アフリカ言語文化研究』5 : 231–280.
——— 1976「『コーラン』の口誦的性格について」日本サウディアラビア協会・日本クウェイト協会編『アラビア研究論叢――民族と文化』日本サウディアラビア協会・日本クウェイト協会 pp. 113–149.
——— 1979「現存する二種の『コーラン』の相違について――al-Fātiḥah（開扉の章）に見られる Qirā'ah（コーラン読誦）学派の相違を中心に」日本オリエント学会編『日本オリエント学会創立 25 周年記念　オリエント学論集』刀水書房 pp. 547–562.
——— 2002「預言者時代のコーラン読み達――第一層 Qurrā'（コーラン読誦者）を中心に」『中部大学国際関係学部紀要』28 : 71–91.
本多勝一 1981『アラビア遊牧民』朝日新聞社（朝日文庫）（初版 1967）.
牧野信也 1991『コーランの世界観――イスラーム研究序説』講談社（原著 1971）.
真木悠介 2003『時間の比較社会学』岩波書店（岩波現代文庫）（原著 1981）.
マクルーハン，M. 1987『メディア論――人間の拡張の諸相』栗原裕・河本仲聖訳 みすず書房（原著 1964）.
桝屋友子 2014『イスラームの写本絵画』名古屋大学出版会.
松本宣郎 2009『キリスト教の歴史〈1〉 初期キリスト教～宗教改革』山川出版社.
三浦佑之 2002『口語訳古事記』（完全版）文藝春秋.
——— 2010『古事記を読みなおす』筑摩書房（ちくま新書）.
——— 2012『古代研究――列島の神話・文化・言語』青土社.
——— 2020『神話と歴史叙述』（改訂版）講談社（講談社学術文庫）（初版 1998）.
ミシュレ，ジュール 2001『人類の聖書――多神教的世界観の探求』大野一道訳 藤原書店（原著 1864）.
水野千依 2011『イメージの地層――ルネサンスの図像文化における奇跡・分身・予言』名古屋大学出版会.
——— 2022「天の原型を計測する――有形・無形宗教遺産としての聖地エルサレムとその複製」木俣元一・近本謙介編『宗教遺産テクスト学の創成』勉誠出版 pp. 441–446.
ミズン，スティーヴン 2006『歌うネアンデルタール――音楽と言語から見るヒトの進化』熊谷淳子訳 早川書房（原著 2005）.
三田了一（オマル）1977「礼拝の報償」『アッサラーム』9 : 44–49.

——— 1978a「礼拝の報償」（第 2 回）『アッサラーム』10 : 48–53.
——— 1978b「礼拝の報償」（第 3 回）『アッサラーム』11 : 44–51.
宮本久雄 1992『宗教言語の可能性——愛智の一風景・中世』勁草書房.
——— 1999『福音書の言語宇宙』岩波書店.
——— 2004『愛の言語の誕生——ニュッサのグレゴリオスの『雅歌講話』を手がかりに』新世社.
宮本要太郎 2003『聖伝の構造に関する宗教学的研究——聖徳太子伝を中心に』大学教育出版.
明星聖子・納富信留編 2015『テクストとは何か——編集文献学入門』慶應義塾大学出版会.
村松一男・山中弘編 2007『神話と現代』（宗教史学論叢 12）リトン.
モース，M. & H. ユベール 1983『供犠』小関藤一郎訳 法政大学出版局（原著 1899）.
森伸生 2002「サラート」 大塚和夫ほか編『岩波イスラーム辞典』岩波書店 pp. 417–418.
森伸生・柏原良英 1994『正統四カリフ伝』（上）日本ムスリム協会.
家島彦一 1991『イスラム世界の成立と国際商業——国際商業ネットワークの変動を中心に』岩波書店.
山折哲雄編 1991『世界宗教大事典』平凡社.
山折哲雄監修・川村邦光ほか編 2012『宗教の事典』朝倉書店.
山本聡美 2022「第三部　日本における宗教美術の形成・伝来・復元　（冒頭解説）」 木俣元一・近本謙介編『宗教遺産テクスト学の創成』勉誠出版 p. 306.
湯川武・佐藤次高 1986「儀礼と社会の慣行」 佐藤次高編『イスラム・社会のシステム』（講座イスラム 3）筑摩書房 pp. 183–222.
リーチ，エドマンド 1984『聖書の構造分析』鈴木聡訳 紀伊國屋書店（原著 1983）.
——— 2002『神話としての創世記』江河徹訳 筑摩書房（ちくま学芸文庫）（原著 1969）.
ルロワ＝グーラン，アンドレ 2012『身ぶりと言葉』荒木亨訳 筑摩書房（原著 1964）.
レイン，ウイリアム 1964『エジプトの生活———古代と近代の奇妙な混淆』大場正史訳 桃源社（桃源選書）（原著 1836）.
——— 1977『エジプト風俗誌——古代と近代の奇妙な混淆』大場正史訳 桃源社.
レヴィ＝ストロース，クロード 1976『野生の思考』大橋保夫訳 みすず書房（原著 1962）.
——— 1977『悲しき熱帯』川田順造訳 中央公論新社（原著 1955）.
——— 1990『やきもち焼きの土器つくり』渡辺公三訳 みすず書房（原著 1985）.
——— 2006–2010『神話論理』（全 4 巻）みすず書房（原著 1964–1971）.
——— 2011『アスディワル武勲詩』西澤文昭訳 筑摩書房（ちくま学芸文庫）（原著 1961）.
——— 2016『大山猫の物語』渡辺公三監訳 みすず書房（原著 1991）.
レーナルト，モーリス 1990『ド・カモ——メラネシア世界の人格と神話』坂井信三訳 せりか書房（原著 1947）.
若松英輔 2011『井筒俊彦——叡知の哲学』慶應義塾大学出版会.
渡辺公三 1982「病いの「語り（ディスクール）」分析に向けてのスケッチ——カメルーン南部サンメリマにおける予備的調査報告及び見通し」『リトルワールド年報』4 : 1–29.
——— 1983「病いはいかに語られるか——二つの事例による」『民族学研究』48（3）: 336–348.
——— 1993「古代文学と人類学——テクストからフィールドへ」 古橋信孝ほか編『古代文学とは何か』（古代文学講座 1）勉誠社 pp. 208–219.

——— 2003「歴史人類学の課題」 綾部恒雄編『文化人類学のフロンティア』ミネルヴァ書房 pp. 283–318.
——— 2009a『身体・歴史・人類学Ⅰ アフリカのからだ』言叢社.
——— 2009b『身体・歴史・人類学Ⅱ 西欧の眼』言叢社.
——— 2018『身体・歴史・人類学Ⅲ 批判的人類学のために』言叢社.
——— 2019『増補 闘うレヴィ＝ストロース』平凡社（平凡社ライブラリー）（初版 2009）.
——— 2020『レヴィ＝ストロース——構造』講談社（講談社学術文庫）（原版 1996）.
渡辺公三・福田明男 2000『アフリカンデザイン——クバ王国のアップリケと草ビロード』里文出版.

2. 欧文

Abdel Haleem, M. A. S. 1992. Grammatical Shift for Rhetorical Purposes : Iltifāt and Related Features in the Qur' ān. *Bulletin of the School of Oriental and African Studies* 55（3）: 407–432.
——— 1999. *Understanding the Qur'an : Themes and Style*. London/ New York : I. B. Tauris.
——— 2005. *The Qur'an*. Oxford : Oxford University Press.
——— 2017. *Exploring the Qur'an : Context and Impact*. London : Tauris Academic Studies.
Abdel Haleem, M. A. S. & Mustafa Shah（eds）2020. *Oxford Handbook of Qur'anic Studies*. Oxford : Oxford University Press.
Adams, Charles J. 1967. The History of Religions and the Study of Islām. In Joseph M. Kitagawa（ed）*The History of Religions : Essays on the Problem of Understanding*. Chicago : University of Chicago Press, pp. 177–193（松本滋訳「宗教学とイスラム研究」J. M. キタガワ編 堀一郎監訳『現代の宗教学』東京大学出版会 1970）.
——— 1976. Islamic Religious Tradition. In Leonard Binder（ed）*The Study of the Middle East : Research and Scholarship in the Humanities and the Social Sciences*. New York : John Wiley & Sons, pp. 29–95.
Albin, Michael W. 2004. Printing of the Qur'an. In Jane Dammen McAuliffe et al.（ed）*Encyclopaedia of the Qur'an*, vol. 4. Leiden/ Boston : Brill, pp. 265–276.
Altıkulaç, Tayyar 2007. *Al-Muṣḥaf al-Sharif : Attributed to 'Uthmān bin 'Affān（The Copy at the Topkapı Palace Museum）*. Istanbul : IRCICA.
Ayoub, Mahoud M. 1984, 1992. *The Qur'an and its Interpreters* vol. 1, 2. Albany : State University of New York Press.
Al-Azmeh, Aziz 2001. *Muslim Kingship : Power and the Sacred in Muslim, Christian, and Pagan Polities*. London : I. B. Tauris（初版 1997）.
——— 2014. *The Emergence of Islam in Late Antiquity : Allāh and his People*. Cambridge : Cambridge University Press.
Badawi, Elsaid M. & Muhammad Abdel Haleem 2008. *Arabic-English Dictionary of Qur'anic Usage*. Leiden / Boston : Brill.
Beatty, Andrew 1999. *Varieties of Javanese Religion : An Anthropological Account*. Cambridge : Cambridge University Press.
Becker, C. H. 1912. Zur Geschichte des islamischen Kultus. *Der Islam* 3 : 374–399（A. Gwendolin Goldbloom tr., On the History of Muslim Worship In Gerald Hawting ed. *The Development of Islamic Ritual.*

Aldershot : Ashgate, 2006, pp. 49–74).

Bell, Richard (W. Montgomery Watt rev. and enl.) 1970. *Bell's Introduction to the Qur'ān*. Edinburgh : Edinburgh University Press (医王秀行訳『コーラン入門』筑摩書房 2003).

Benthall, Jonathan 2001. Book Review : Parkin, David & Stephen Headley (eds) *Islamic Prayer across the Indian Ocean*. *Journal of the Royal Anthropological Institute* 7 (3) : 580.

Berman, Marshall 1988. *All that is Solid Melts into Air : the Experience of Modernity*. London : Penguin Books (初版 1982).

Blachère, Régis 1991. *Introduction du Coran*. Paris : Maisonneuve et Larose (初版 1959).

Blair, Sheila S. 2006. *Islamic Calligraphy*. Edinburgh : Edinburgh University Press.

Bloom, Jonathan M. 2001. *Paper before Print : The Histry and Impact of Paper in the Islamic World*. New Haven & London : Yale University Press.

Bourdieu, Pierre 1980. *Le sens pratique*. Paris : Minuit (今村仁司ほか訳『実践感覚 1, 2』みすず書房 2001).

Bowen, John R. 1989. Salāt in Indonesia : The Social Meanings of an Islamic Ritual. *Man* (N. S.) 24 : 600–619.

——— 1993. *Muslims through Discourse : Religion and Ritual in Gayo Society*. Princeton : Princeton University Press.

Bowering, Gerhard 2004. Prayer In Jane Dammen McAuliffe et al. (eds) *Encyclopaedia of the Qur'ān* vol. 4. Leiden/ Boston : Brill, pp. 215–231.

Brockopp, Jonathan E. (ed) 2010. *The Cambridge Companion to Muḥammad*. Cambridge : Cambridge University Press.

Brown, Jonathan A. C. 2018. *Hadith : Muhammad's Legacy in the Medieval and Modern World* (revised edition) Oxford : Oneworld.

Burman, Thomas E. 2007. *Reading the Qur'ān in Latin Christendom, 1140–1560*. Philadelphia : University of Pennsylvania Press.

Cantineau, Jean & Léo Barbès 1942–47. La récitation coranique à Damas et à Alger. *Annales de l'institut d'études orientales*. 6 : 66–107.

Debray, Régis. 1994. *Manifestes médiologiques*. Paris : Gallimard.

Denny, Frederick M. 1980. Exegesis and Recitation : Their Development as Classical Forms of Qur'ānic Piety. In Frank E. Reynolds and Theodore M. Ludwig (eds) *Transitions and Transformations in the History of Religions : Essays in Honor of Joseph M. Kitagawa*. Leiden : E. J. Brill, pp. 91–123.

——— 1985. Islamic Ritual : Perspectives and Theories. In Richard C. Martin (ed) *Approaches to Islam in Religious Studies*. Tucson : University of Arizona Press, pp. 63–77.

——— 1986. The Great Indonesian Qur'an Chanting Tournament. *The World and I : A Chronicle of Our Changing Era*. 1 (6) : 216–223.

——— 1988. Qur'ān Recitation Training in Indonesia : A Survey of Contexts and Handbooks. In Andrew Rippin (ed) *Approaches to the History of the Interpretation of the Qur'ān*. Oxford : Clarendon Press pp. 288–306.

——— 1989. Qur'ān Recitation : A Tradition of Oral Performance and Transmission. *Oral Tradition*. 4 (1–

2）: 5–26.
Denny, Frederick M. & Rodney L. Taylor（eds）1985. *The Holy Book in Comparative Perspective*. Columbia : University of South Carolina Press.
Déroche, François 1992. *The Abbasid Tradition : Qur'ans of the 8th to the 10th Centuries AD*. New York : Nour Foundation.
Déroche, François & Sergio Noja Noseda 1998. *Sources de la transmission manuscrite du texte coranique I Les manuscrits de style ḥiǧāzī. vol. 1 Le manuscript arabe 328（a）de la Bibliothèque nationale de France*. Lesa : Fondazione Ferni Noja Noseda.
Dutton, Yasin 1999, 2000. Red Dots, Green Dots, Yellow Dots and Blue : Some Reflections on the Vocalisation of Early Qur'anic Manuscripts（Part I, II）. *Journal of Qur'anic Studies* 1（1）: 115–140, 2（1）: 1–24.
Eickelman, Dale F. 1978. The Art of Memory : Islamic Education and its Social Reproduction. *Comparative Studies in Society and History* 20（4）: 485–516.
Esack, Farid 2004. Qur'an. In Richard C. Martin et al（eds）*Encyclopedia of Islam and the Muslim World*. vol. 2. New York : Macmillan Reference USA, pp. 562–568.
Fallaize, E. N. et al. 1971. Prayer. In James Hastings（ed）*Encyclopaedia of Religion and Ethics* vol. 10. Edinburgh : T. &T. Clarks, pp. 154–205（初版 1918）.
Fraser, Marcus & Will Kwiatkowski 2006. *Ink and Gold : Islamic Calligraphy*. London : Sam Fogg/Berlin : Museum für Islamische Kunst.
Gade, Anna M. 2004. *Perfection Makes Practice : Learning, Emotion, and the Recited Qur'ān in Indonesia*. Honolulu : University of Hawai'i Press.
Geertz, Clifford 1976. Art as a Cultural System. *MLN*. 91（6）: 1473–1499.
Geiger, Abraham 1971. *Was hat Mohammed aus dem Judenthume aufgenommen?* Osnabrück : Biblio Verlag（初版 1902）.
George, Alain 2010. *The Rise of Islamic Calligraphy*. London : SAQI.
Gill, Sam D. 2005. Prayer. In Lindsay Jones et al.（eds）*Encyclopedia of Religion*（2nd edition）vol. 11. Detroit : Macmillan Reference USA, pp. 7367–7372（初版 1987）.
Gilliot, Claude 2005. Traditional Disciplines of Qur'ānic Studies. In Jane Dammen McAuliffe et al.（ed）*Encyclopaedia of the Qur'ān* vol. 5. Leiden/ Boston : Brill, pp. 318–339.
Goitein, S. D. 1966. The Origin and Nature of the Muslim Friday Worship. In S. D. Goitein *Studies in Islamic History and Institutions*. Leiden : E. J. Brill, pp. 111–125（原著 1959）.
Goody, Jack 1987. *The Interface between the Written and the Oral*. New York : Cambridge University Press.
Graham, William A. 1987. *Beyond the Written Word : Oral Aspects of Scripture in the History of Religion*. Cambridge : Cambridge University Press.
——— 2006. Islam in the Mirror of Ritual. In Gerald Hawting（ed）*The Development of Islamic Ritual*. Aldershot : Ashgate, pp. 349–367（初出 1983）.
Grunebaum, G. E. von. 1951. *Muhammadan Festivals*. London : Curzon Press and Rowman and Littlefield（伊吹寛子訳『イスラームの祭り』法政大学出版局 2002）.
Hatina, Meir. 2003. Historical Legacy and the Challenge of Modernity in the Middle East : the Case of al-

Azhar in Egypt. *The Muslim World* 93（1）: 51–68.
Hawting, Gerald（ed）2006. *The Development of Islamic Ritual*. Aldershot : Ashgate.
Haykal, Muḥammad Ḥusayn（Ismaīl Rāgī A. al Fārūqī tr.）1976. *The Life of Muḥammad*. n.p.: North American Trust Publications.
Headley, Stephen C. 2004. *Durga's Mosque : Cosmology, Conversion and Community in Central Javanese Islam*. Singapore : Institute of Southeast Asian Studies.
Heiler, Friedrich（anon. tr.）1932. *Prayer : A Study in the History and Psychology of Religion*. Oxford : Oneworld（初版 1918）.
Hilali, Asma 2017. *Sanaa Palimpsest : The Transmission of the Qur'an in the First Centuries AH*. Oxford : Oxford Univ Press.
Hurgronje, C. Snouck 1923–1927. *Verspreide Geschriften*. Bonn/ Leipzig : Kurt Schroeder.
Hussain, Asaf et al.（eds）1984. *Orientalism, Islam, and Islamists*. Brattleboro : Amana Books.
Ibn Kathīr（Trevor Le Gassick tr., reviewed by Ahmed Fareed）1998–2000. *The Life of the Prophet Muḥammad* vol. 1–2. Reading : Garnet Publishing.
Izutsu, Toshihiko 2002. *Ethico-Religious Concepts in the Qur'ān*. Montreal : McGill-Queen's University Press（初版 1959）.
James, David 1980. *Qur'ans and Bindings from the Chester Beatty Library : A Facsimile Exhibition*. [London] : World of Islam Festival Trust.
——— 1988. *Qur'āns of the Mamlūks*. London : Alexandria Press.
——— 1992. *The Master Scribes : Qur'ans of the 10th to 14th Centuries AD*. United Kingdom/ New York/ Oxford/ Tokyo : Nour Foundation.
Jeffery, Arthur（ed）1937. *Materials for the History of the Text of the Qur'ān : The Old Codices*. Leiden : E. J. Brill.
——— 1938. *The Foreign Vocabulary of the Qur'ān*. Baroda : Oriental Institute.
Juynboll, G. H. A. 1974 The Position of Qur'an Recitation in Early Islam. *Journal of Semitic Studies*. 19 : 240–251.
Katz, Marion H. 2002. *Body of Text : The Emergence of the Sunnī Law of Ritual Purity*. Albany : State University of New York Press.
——— 2005. The Study of Islamic Ritual and the Meaning of Wuḍū'. *Der Islam* 82（1）: 106–145.
Kosugi, Maria 2006. Japanese Comprehension of Islam : An Inquiry on the Translation of the Qur'an from the Taisho Era to Contemporary Times. In *Searching for a New Partnership with the Middle East : Comparative Perspectives from East Asia*. The 4th Forum for Korea-Middle East Cooperation and the 15th International Conference of the Korean Association of Middle East Studies, pp. 435–447.
Ladd, John 2004. *The Structure of a Moral Code : Navajo Ethics*. Engene : Wipf & Stock（初版 1957）.
Lambek, Michael 1993. *Knowledge and Practice in Mayotte : Local Discourses of Islam, Sorcery, and Spirit Possession*. Toronto/ Buffalo/ London : University of Toronto Press.
Lane, Edward William（Edward Stanley Poole ed.）2007. *An Account of the Manners and Customs of the Modern Egyptians*（the 5th edition）（reprint）. [Whitefish] : Kessinger Publishing（初版 1860）.
Levering, Miriam（ed）1989. *Rethinking Scripture : Essays from a Comparative Perspective*. Albany : State

University of New York Press.

Lings, Martin 1976. *The Quranic Art of Calligraphy and Illumination*. [London] : World of Islam Festival Trust.

Lings, Martin 2005. *Splendours of Qur'an Calligraphy and Illumination*. Liechtenstein : Thesaurus Islamicus Foundation.

Lings, Martin & Yasin Hamid Safadi 1976. *The Qur'ān : Catalogue of an Exhibition of Qur'ān Manuscripts at the British Library 3 April-15 August 1976*. London : World of Islam Festival Publishing Company.

Madigan, Daniel A. 1995. Reflections on Some Current Directions in Qur'anic Studies. *The Muslim World* 85（3–4）: 345–362.

Martin, Richard C. 1982. Understanding the Qur'an in Text and Context. *History of Religions* 21（4）: 361–384.

——— 1985. Islam and Religious Studies : An Introductory Essay. In Richard C. Martin（ed）*Approaches to Islam in Religious Studies*. Tucson : The University of Arizona Press, pp. 1–21.

Mauss, Marcel 1968. La prière. In Victor Karady（ed）*Les fonctions sociales du sacré*. Paris : Les editions de minuit, pp. 357–524（Leslie Susan tr., On Prayer. Durkheim Press, 2003）（初出 1909）.

McAuliffe, Jane Dammen 2001. Preface. In McAuliffe et al.（eds）*Encyclopaedia of the Qur'ān* vol. 1. Leiden/ Boston : Brill, pp.i-xiii.

———（ed）2006. *The Cambridge Companion to the Qur'ān*. Cambridge : Cambridge University Press.

McAuliffe, Jane Dammen et al.（eds）2002. *Encyclopaedia of Qur'ān* vol. 2. Leiden/ Boston : Brill.

Meri, Josef W. 2004. Ritual and the Qur'ān In Jane Dammen McAuliffe et al.（eds）*Encyclopaedia of the Qur'ān* vol. 4. Leiden/ Boston : Brill, pp. 484–498.

Mir, Mustansir 1993. The Sūra as a Unity : A Twentieth Century Development in Qur'ān Exegesis. In G. R. Hawting & Abdul-Kader A. Shareef（eds）*Approaches to the Qur'an*. London : Routledge, pp. 211–224（Colin Turner ed. 2004. *The Koran : Critical Concepts in Islamic Studies*. London/ New York : RoutledgeCurzon に再録）.

——— 1995. Qur'ān : The Qur'ān in Muslim Thought and Practice. In John L. Esposito et al.（eds）*The Oxford Encyclopedia of the Modern Islamic World* vol. 3. New York/ Oxford : Oxford University Press, pp. 394–396.

Misawa, Nobuo & Göknur Akçadağ 2007. The First Japanese Muslim, Shôtarô Noda（1868–1904）『日本中東学会年報』23（1）: 85–109.

Mittwoch, Eugen 1913. Zur Entstehungsgeschichte des islamischen Gebets und Kultus. *Abhandlungen der Königlich Preussischen Akademie der Wissenschaften* 2 : 1–42.

Monnot, G. 1995. Ṣalāt. In C. E. Bosworth et al.（eds）*Encyclopaedia of Islam*（2nd edition）vol. 8. Leiden : Brill, pp. 925–934.

Morrissey, Fitzroy 2020. *Sufism and the Perfect Human : Ibn 'Arabī to al-Jīlī*. Rondon /New York : Routledge.

Morrow, John A.（ed）2006. *Arabic Islām, and the Allāh Lexicon : How Language Shapes Our Conception of God*. Lewiston/ Queenston/ Lampeter : The Edwin Mellen Press.

Motzki, Harald（ed）2000. *The Biography of Muḥammad : The Issue of the Sources*. Leiden : Brill.

Nafi, Basheer M. 2005. Ṭāhir ibn 'Āshūr : the Career and Thought of a Modern Reformist 'ālim, with Special Reference to His Work of tafsīr. *Journal of Qur'anic Studies* 7 (1) : 1–32.

Nakamura, Kojiro 1990. *Al-Ghazālī Invocations and Supplications* (revised edition). Cambridge : The Islamic Texts Society (初版 1973).

——— 2001. *Ghazali and Prayer*. Kuala Lumpur : Islamic Book Trust.

Nasr, Seyyed Hossein 2010. *Islam in the Modern World : Challenged by the West, Threatened by Fundamentalism, Keeping Faith with Tradition*. New York : HarperCollins.

Nasr, Seyyed Hossein et al. 2015. *The Study Quran : A New Translation and Commentary*. New York : HarperOne.

Nasser, Shady Hekmat 2012. *The Transmission of the Variant Readings of the Qur'ān : The Problem of Tawatur and the Emergence of Shawdhdh*. Leiden : Brill.

——— 2020. *The Second Canonization of the Qur'ān (324/936) : Ibn Mujahid and the Founding of the Seven Readings*. Leiden : Brill.

Nelson, Kristina 2001. *The Art of Reciting the Qur'ān*. Cairo : The American University in Cairo Press (初版 1985).

Neuwirth, Angelika 2006. Sūra(s) In McAuliffe et al. (ed) *Encyclopaedia of the Qur'ān* vol. 5. Leiden/ Boston : Brill pp. 166–177.

——— 2007. Orientalism in Oriental Studies? Qur'anic Studies as a Case in Point. *Journal of Qur'anic Studies* 9 (2) : 115–127.

Nöldeke, Theodor (Friedrich Schwally rev.) 2000. *Geschichte des Qorans*. Hildesheim/ New York : Georg Olms Verlag (原著 1860).

——— 2015 (N. A. Newman ed.) *The Qur'ān : An Introductory Essay* (Annotated) (English Edition) Hatfield : Interdisciplinary Biblical Research Institute.

Nöldeke, Theodor et al. 2013. *The History of the Qur'ān*. Wolfgang H. Behn tr. Leiden /Boston : Brill.

Ong, Walter J. 2002. *Orality and Literacy : The Technologizing of the Word* (2nd edition). New York : Routledge (初版 1982) (櫻井直文ほか訳『声の文化と文字の文化』藤原書店 1991).

Pacholczyk, Józef Marcin 1970. *Regulative Principles in the Koran Chant of Shaikh 'Abdu'l-Bāsiṭ 'Abdu'ṣ-Ṣamad*. dissertation : University of California.

Parkin, David & Stephen C. Headley 2000. *Islamic Prayer across the Indian Ocean : Inside and Outside the Mosque*. Richmond : Curzon Press.

Piamenta, M. 1979. *Islam in Everyday Arabic Speech*. Leiden : E. J. Brill.

Rahman, Fazlur 1984. Some Recent Books on the Qur'ān by Western Authors. *The Journal of Religion*. 64 (1) : 73–95.

——— 1989. *Major Themes of the Qur'an* (2nd edition). Minneapolis : Bibliotheca Islamica (初版 1980).

Rasmussen, Anne K. 2001. The Qur'ān in Indonesian Daily Life : The Public Project of Musical Oratory. *Ethnomusicology*. 45 (1) : 30–57.

——— 2020 *Women, the Recited Qur'ān, and Islamic Music in Indonesia*. Berkeley/ Los Angeles/ London : University of California Press.

Rippin, Andrew (ed) 1988. *Approaches to the History of the Interpretation of the Qur'ān*. Oxford : Clarendon Press.

——— 1992. Reading the Qur'ān with Richard Bell. *American Oriental Society*. 112 (4) : 639–647.

——— (ed) 1999. *The Qur'an : Formative Interpretation*. Aldershot : Ashgate Publishing.

——— (ed) 2001. *The Qur'an : Style and Contents*. Aldershot : Ashgate Publishing.

——— 2006. Cyberspace and the Qur'an. In Oliver Leaman (ed) *The Qur'an : an Encyclopedia*. Oxon : Routledge, pp. 169–163.

Rippin, Andrew & Jawid Mojaddedi (eds) 2017. *The Wiley Blackwell Companion to the Qur'ān*. Hoboken : Wiley Brackwell (初版 2006).

Robinson, Neal 2010. *Discovering the Qur'an : A Contemporary Approach to a Veiled Text* (2nd edition) London : SCM Press.

Roxburgh, David J. 2007. *Writing the Word of God : Calligraphy and the Qur'an*. Houston : The Museum of Fine Arts.

Safwat, Nabil F. 2000. *Golden Pages : Qur'ans and Other Manuscripts from the Collection of Ghassan I. Shaker*. Oxford : Oxford University Press.

Sakaedani Haruko 2004. The Correlation between Definite Noun Phrases and Verb Forms in Qur'anic Narrative Text. *Journal of Qur'anic Studies* 6 (2) : 56-68.

Salahi, Adil 2002. *Muhammad Man and Prophet : A Complete Study of the Life of the Prophet of Islam*. Leicestershire : The Islamic Foundation.

Salameh, Khader 2001. *The Qur'ān Manuscripts in the Al-Haram al-Sharif Islamic Museum, Jerusalem*. Reading : Garnet Publishing/ Paris : UNESCO Publishing.

Sale, George 〔1734〕. *The Koran Commonly Called the Alcoran of Mohammed : Translated into English Immediately from the original Arabic with Explanatory Notes Taken from the Most Approved Commentators*. London : Frederick Warne and Co.

Sam Fogg 2003. *Catalogue 27 Islamic Calligraphy*. London : Sam Fogg.

Segal, Robert A. (ed) 1998. *The Myth and Ritual Theory : An Anthology*. Malden/ Oxford : Blackwell Publishers.

Smith, Wilfred Cantwell 1993. *What is Scripture? : A Comparative Approach*. London : SCM Press.

Starrett, Gregory 1995. The Political Economy of Religious Commodities in Cairo. *American Anthropologist*. 97 (1) : 51–68.

Stoilova, A. & Z. Ivanova 1995. *The Holy Qur'ān through the Centuries : A Catalogue of the Exhibition of Manuscripts and Printed Editions Preserved in the SS Cyril and Methodius National Library*. Sofia : SS Cyril and Methodius National Library, Centre for Manuscripts and Documentation, Oriental Department.

Turner, Colin (ed) 2004. *The Koran : Critical Concepts in Islamic Studies* 4 vols. Abingdon : RoutledgeCurzon.

Watt, W. Montgomery 1961. *Muḥammad : Prophet and Statesman*. London : Oxford University Press (牧野信也・久保儀明訳『ムハンマド――預言者と政治家』(新装版) みすず書房 2002 (訳書初版 1970)).

——— 1967. *Companion to the Qur'ān : Based on the Arberry Translation*. London : George Allen & Unwin Ltd.

Wensinck, A. J. 1914. Die Entstehung der muslimischen Reinheitgesetzgebung. *Der Islam* 5 : 62–80 (A. Gwendolin Goldbloom tr., The Origin of the Muslim Laws of Ritual Purity. In Gerald Hawting ed. *The Development of Islamic Ritual*. Aldershot : Ashgate, 2006, pp. 74–93).

——— 1987. Ṣalāt. In M. Th. Houtsma et al. (eds) *E. J. Brill's First Encyclopaedia of Islam 1913–1936* (reprint) vol. 7. Leiden : E. J. Brill, pp. 96–105 (初版 1927).

3. アラビア語，インドネシア語

'Abd al-Qādir, 'Adnān 2016. *Qawā'id al-'Ināq li-Ma'rifa Mā bayna al-Āyāt min al-Tanāsub wa al-Ishtiyāq*. Riyadh : Dār Kunūz Isbīliyā.

'Alī, Hayā Thāmir Miftāḥ 1994. *al-Shaykh Muḥammad al-Ṭāhir ibn 'Āshūr wa-Manhajuhu fī Tafsīrihi "al-Taḥrīr wa-al-Tanwīr*. Doha : Dār al-Thaqāfa.

Anonymous 1954. "Muqaddima Kitāb al-Mabānī." In Arthur Jeffery (ed) *Muqaddimanatān fī 'Ulūm al-Qur'ān*. Cairo : al-Khānijī.

Anonymous 2002. *Sultan Baybars's Qur'an* (CD-ROM). London : British Library Publishing.

Anonymous 2003. *Early Printed Korans : The Dissemination of the Koran in the West*. Leiden : IDC Publishers.

Drāz, Muḥammad 'Abudllāh 1957. *Al-Naba' al-'Aẓīm : Naẓarāt Jadīda fī al-Qur'ān*. (Adil Salahi tr., *The Qur'ān : An Eternal Challenge*. The Islamic Foundation, 2001).

al-Dūsarī, Munīra Muḥammad Nāṣir 2005/06 *Asmā' Suwar al-Qur'ān wa Faḍā'iluhā*. Dammam : Dār Ibn al-Jawzī.

al-Ḥajjār, Muḥammad 1998. *'Allimīnī Yā Ummī Kayfa Uṣallī*. (3rd edition). Beirut : Dār al-Bashā'ir.

al-Ḥimyarī, Bashīr b. Ḥasan 2015. *Mu'jam al-Rasm al-'Uthmānī*. 7 vols. Riyadh : Markaz Tafsīr lil-Dirāsāt al-Qur'ānīya.

Ibn 'Āshūr, Muḥammad al-Ṭāhir 1984. *Tafsīr al-Taḥrīr wa al-Tanwīr* 30 vols. Tunis : al-Dār al-Tūnisīya li-l-Nashr.

Ībish, Yūsuf Ḥusayn (ed) 1997. *Kashshāf Tafāsīr Āyāt al-Qur'ān al-Karīm*. Beirut : Turāth.

al-Jīlī, 'Abd al-Karīm. 1981. *al-Insān al-Kāmil fī Ma'rifa al-Awākhir wa al-Awā'il*. 2 vols. Cairo : Maktaba Muṣṭafā al-Ḥalabī.

Khalīfa, Ibrāhīm 'Abd al-Raḥmān 2004. *Baḥsān ḥawla Suwar al-Qur'ān*. Cairo : Dār al-Bashā'ir.

Rifa'i, Moh [1976]. *Risalah : Tuntunan Shalat Lengkap*. Semarang : Pt. Karya Toha Putra.

Ṣaqr, Nabīl Aḥmad 2001. *Manhaj al-Imām al-Ṭāhir ibn 'Āshūr fī Tafsīr "al-Taḥrīr wa-al-Tanwīr*. [Alexandria] : al-Dār al-Miṣrīya.

Sayyid, Ayman Fu'ad 2008. *Dār al-Kutub al-Miṣrīya : Bayna al-Ams wa al-Yawm wa al-Ghad*. Cairo : Dār al-Kutub al-Miṣrīya.

al-Suyūṭī, Jalāl al-Dīn 'Abd al-Raḥmān (Muḥammad Abū al-Faḍl Ibrāhīm ed.), 1974. *Itqān fī 'Ulūm al-Qur'ān* 4 vols. [Cairo] : al-Hay'a al-Miṣrīya al-Āmma li-al-Kitāb.

Syafi'i, Kh. M. [1999] *Penuntun Shalat untuk Perempuan*. Surabaya : Arkola.

al-Ṭabarī, Abū Ja'far Muḥammad ibn Jarīr 1968. *Jāmi' al-Bayān Ta'wīl Āy al-Qur'ān* (3rd edition). Cairo : Sharika Maktaba wa Maṭba'a Muṣṭafā al-Babī al-Ḥalabī wa Awlādihi.

Zaqzūq, Maḥmūd Ḥamdī（ed）2003. *al-Mawsū'a al-Qur'ānīya al-Mutakhaṣṣiṣa*. Cairo： Wizāra al-Awqāf, al-Majlis al-A'lā li-al-Shu'ūn al-Islāmīya.

al-Zarkasī, Badr al-Dīn Muḥammad ibn 'Abdullāh（Abī al-Faḍl al-Dimyāṭī ed.）2006. *al-Burhān fī 'Ulūm al-Qur'ān*. Cairo： Dār al-Ḥadīth.

al-Zarqānī, Muḥammad 'Abd al-'Aẓīm（Aḥmad 'Īsā al-Ma'ṣarāwī ed.）2006. *Manāhil al-'Irfān fī 'Ulūm al-Qur'ān*. 2 vols.（2nd edition）. Cairo： Dār al-Salām.

al-Zuḥaylī, Wahba 2002. *Al-Fiqh al-Islāmī wa Adillatuh u*（4th edition）. Beirut： Dār al-Fikr（初版 1984）.

あとがき

読者の皆様とイスラーム世界に対する「出会いと冒険」の旅をご一緒したいという願いを持って，本書はスタートした。終わりに来て，なにがしかそれが実現していれば，筆者にとって無上の喜びです。

自分自身を振り返って今思えば，筆者のイスラーム世界との知的な交わりは，実のところ筆者が研究者を志すよりも，ずっと前に始まっていた。欧米とイスラーム圏を股にかけてご活躍されていた政治学者の故ユースフ・イービシュ先生は，小・中学生だった筆者を連れて博物館や美術館，動物園や植物園を巡り，一つひとつの事物や建造物の技術や歴史，生き物の生態等について教えてくれながら，イスラームでは自然界に神との結び付きを見出し，それらを美術品などの人工物を刻むのだと，語り聞かせてくださった。20世紀前半に名を馳せたトルコの書道家ハーミド師に師事しアラビア書道の腕前も見事だった先生は，たった2文字の書道作品，「フワ」（かれ，かの御方。アッラーを指す）が非常にパワフルな神へのチャンネルであることも教えてくれた。

ワシントンDCのご自宅のキッチンで，中東の伝統的なイチジクジャムの作り方をのんびりと教えてくださった時も，先生はそれにまつわる深い蘊蓄を静かな言葉で語っておられた。わたしは小学生から中学生にかけて，イギリスのケンブリッジや米国のワシントンDCなど，知的な街で先生と過ごし，先生の目を通して物の世界に触れたことで，物に意味を見出し，物が愛おしく感じる子どもになった。

事物や出来事の表面に現われる違いや多様性だけではなく，その奥に潜む形而上学的な普遍性を教えてくださったのは，ニューヨークで教鞭を取る回儒（中国のムスリム儒学者）の専門家であるサチコ・ムラタ先生と，イブン・アラビーやルーミーといった大神秘思想家の研究者として世界的に有名なウィリアム・チティック先生であった。人生の要所要所で滞在したニューヨークにある先生たちのご自宅で，先生たちの語る言葉はすべて謎めいていて，すべて哲学的な謎かけだった。わたしは，表面に見えている文化を愛するだけではなく，その奥にある普遍原理（今ならば「構造」や「システム」「仕組み」「装置」などと呼びたいかもしれない）を探す若者へと成長した。

欧米や日本だけではなく，イスラーム圏に深く根を下ろし，現地の人びとから深く愛されていた両親のおかげで，イスラーム圏で過ごした経験は幼少期からあったが，それを語る言葉の多くは，欧米で活躍していたイスラームに精通する世界的な学者の方々からヒントをいただいた。

譲り受けたものを手に，今度は自分自身で世界の姿を確かめるために選んだ道は，歴史学と人類学で，その道の上には，立命館大学での江川ひかり先生と亡き渡辺公三先生との出会いがあった。わたしは自分が日本の大学に進学したことを，当時現実感がなく感じていた。幼き頃の師たちが勧めるように，自分はいつか英語圏で学問の研鑽を積んで生きていくのだと信じていた。いつも海外に出ている自分が本当で，日本で学生をやっている自分は仮初の自分だと感じていた。

父の「これ以上日本人離れしていくのではなく，日本の社会のことももう少しわかる人間になってほしい」という切望を汲んでの進路選択は実は納得がいかなかったが，予想と違う進路で腐らずにいられたのは，立命館の先進的で国際的な空気と江川先生・渡辺先生の魅力的なお人柄，研究者としての国際的なお力のおかげだった。

オスマン帝国史をご専門とし，トルコの研究者とも共同研究をおこなう歴史学者の江川先生，中央アフリカでフィールドワークをおこない，学説史にもお強い渡辺先生，お二人にとって，フィールドワーク先の現地の人たちと人間同士として尊敬し合う関係を築くことと，さまざまな伝統や主義主張を持つ他国の研究者と仲間として交流し合えることは当たり前のことで，それゆえにお二人とも厳しかった。「ここでだけ通用すればいい（日本や先進国，歴史学・人類学といったひとつを他から切り離した見方）」「研究の時だけいいことを言えばいい（私生活や生き様は関係ない）」「日本語でだけ表現できればいい（他の言語は道具に過ぎない）」といった小さな尺度が入る余地は一切なく，360 度，どこに出ても愛される人間，どこに出ても愛される研究者という像を，ご自身の姿で，そして愛に溢れたたくさんの言葉で，わたしに叩き込んでくださった。

学部 4 年間と一貫制博士課程の 5 年間（渡辺先生は学部を 3 年に，博士課程も 3 年に短縮していち早く研究者としてのスタートを切っていいと提案してくださったが，これも父が「普通の人と違う時間の過ごし方をすると，普通の人の感覚がわからなくなる」と言って妨げた），自分が見聞きしたフィールドのリアルな実態を，使い勝手のむずかしい日本語で表現していくのはつらかったし，頭がおかしくなりそうな気もした。イスラーム世界のリアルは，まだ十分に日本語にはなっておらず，日本語でそれを表現する術はなかなか見つからなかった。

そんな苦しみをやさしく掬い取ってくださったのは，アラブ・イスラーム人類学の偉大な大先達である故・片倉もとこ先生と故・大塚和夫先生だった。人類学を夢見る学生にとって雲の上のお二人は，実際にお目にかかっても，尽きぬ泉のような豊かなご著書の中のフィールドワーカーそのままのお人柄，人生観を見せてくださった。日本語でイスラーム世界のリアルを学知化する難しさにのたうち回っていた駆け出しの筆者に対して，お会いした時にもお手紙の中でも，いつも「あなたの悩みは全部わかっているよ」というようなやさしい眼差しで見守り，とっておきのご助言をくださった。

日本の学生としてはかなり型破りで，日本語で表現し難いものを表現したくてもがいていた筆者は，外に出ても風変わりであったのではないかと思うが，人類学の巨塔である国立民族学博物館での共同研究のチームでは，独特で不思議な同業者の方々にたくさん出会えた。いくつものチームにお誘いいただいて，目上のビッグネームの方々から少し上の中堅の方々，同世代の瑞々しい方々まで，フィールドを愛する方たちと膝を突き合わせて，それぞれのフィールドのリアルを言葉に落とすこと，その上で理論を生成することに明け暮れた。北アフリカ・アラブ圏の人類学のリーダーであった堀内正樹先生，民族音楽学の大御所・水野信男先生，クルアーン朗誦への情熱を共有してくださり，音楽の手ほどきをしてくださった新井裕子先生には，本当にお世話になった。

わたしは，人類学という学問と，人類学者が好きでたまらない。それは，日本での研究生活で出会ったほとんどすべての人類学者が，ユニークでおもしろかったからに違いない。人類学者の情熱と人間臭さを愛している。これまでに出会った愛おしい人類学者のお名前が心の中で次々と思い出される。もうお一方だけ，ここでお名前を挙げさせていただきたいのは，博士号取得後に3年間，京都大学でお世話になった田辺明生先生である。理論派人類学者としても情熱的なフィールドワーカーとしても名高い，ヒンドゥーをご専門とする田辺先生の下では，渡辺先生に教えていただいたフランス系人類学理論の理解をさらに広げ発展させ，また英語圏の理論についての最新動向をご教授いただき，「聖なるもの」に向かい合う人類学者としての独自のスタンスによる煌めきを惜しみなく浴びさせていただいた。

筆者は，京都大学でのポストドクター生活のあと，海外に研究の拠点を移した。そのおかげで，研究（説明原理，理論の生成）と調査（フィールドワーク）を同時並行で実践できる生活や，多国籍の研究者らと同じ空間で，英語やアラビア語，マレー語・インドネシア語などの複数の言語で物を考え，発見を説明し，切磋琢磨し理論を闘わせる環境に入ることができた。とはいえ，立命館や京大での日々に，カナダ出身の政治哲学者のポール・デュムシェル先生やパレスチナ出身の政治思想家アッザーム・タミーミー先生ら，専門の違う海外の先生たちとの真正面からの議論に挑戦させていただいたハードな経験がなければ，どの国の出身者であっても，どの学問を専門にしていても，我が身ひとつで，自分の知的キャパシティの限り言葉を使って異なる分野の人たちと闘い続けないといけない毎日は，そんなにスッと自然には行かなかっただろう。

過酷で自由であった海外での修練の日々の中，アメリカではクルアーン学を専門とするハーバード大学のシャディ・ヘクマト・ナーセル博士と意気投合した。自分のフィールドでの観察が，彼の研究で復元された中世のクルアーンの実像と合致していく様には，興奮を覚えた。ダーウード・ケイスウィット先生からクルアーン読誦を言語学的にご解説いただいたことも忘れられない。フランス語圏のイブン・アラビー研究の第一人者であるデニ・グリル先生，マレーシアのイスラーム哲学の大学者オスマン・バカル先生，ガーナ出身の現代イスラーム思想の専門家ジャバル・ブアベン先生にも，本当に親身にたくさんのことをご指導いただいた。

書き切れないほどたくさんの方々に，数え切れないほどお世話になった。わたしの研究生活は，たくさんの方々の薫陶に満ちており，彼らの知脈を受け継ぐものとなっている。また，フィールドで出会った一人ひとりの人が，わたしに，人生とこの世界，この時代のリアルをまざまざと見せてくれた。特に，インドネシアのハッジャ・マリア・ウルファ先生・ムフタル先生ご夫妻，エジプトの故ムハンマド・アブドゥッラティーフさん・ヌーラさんご夫妻が，温かく筆者とフィールドの架け橋となり，たくさんのことを教えてくださった。

そうしたすべての方々に，心から感謝と敬愛を伝えたい。

本書のもととなった調査に際しては，斉藤稜兒イスラム研究助成基金ならびに日本学術振興会科研費（課題番号 JP06J03646，JP09J04031）の助成をいただいた。関係者各位に深甚の感謝の意を表したい。

フィールドでの発見を，なんとか言葉にすること，さらに，それを本の形に仕上げていくこと，つまり，単著の本作りは，未知で，新しい世界であった。筆者にとって未知の行程をプロフェッショナルな手腕で導いてくださった編集者の石崎雄高さんには，幾重にも御礼申し上げたい。また，グローバル・ハダーリー・ネットワーク（本部マレーシア）にサポートされたイスラーム文明研究奨励基金の出版助成にも，厚く御礼申し上げます。

細かな編集作業において惜しみなく才能と情熱を注いでくれた大賀瑠奈さんは，現在の勤め先である関西大学での元教え子にあたる。世界中を駆け回ったわたしの旅を読者の皆様にお届けする上で，大賀さんの助けはかけがえのないものでした。本当にありがとう。

校正のお手伝いをしてくれた前谷怜奈さん，工藤茉依さん，西田菜月さんにも感謝いたします。わたしのゼミで卒業論文を執筆した 3 人が，意欲的に人類学の知識やフィールドワークのノウハウを学び，学会の専門的で細かなルールまで習得してくれたことを誇らしく思います。

読者の皆様との本書を通じた出会いが，次の新しい出会いへとつながっていくことを，そして読者の皆様が，さまざまなメディアを通して，さらには日本や世界の日常の中で実際に，イスラーム世界と出会い続けることを願ってやみません。

2024 年 6 月

小杉麻李亜

初 出 一 覧

はじめに――書き下ろし

序章――書き下ろし

第 1 章――書き下ろし

第 2，3 章――「生き方のソースコードとしてのクルアーン」『小田淑子先生退職記念論文集』小田淑子先生退職記念論文集刊行委員会，2018 年，7－50 頁を加筆修正

第 4 章――「写本クルアーンの世界」小杉泰・林佳世子編『イスラーム　書物の歴史』名古屋大学出版会，2014 年，66－83 頁を加筆修正

第 5 章――「聖典の刊本とデジタル化」小杉泰・林佳世子編『イスラーム　書物の歴史』名古屋大学出版会，2014 年，373－395 頁を加筆修正

第 6，7，10，12，15 章――博士論文「イスラームの聖典クルアーンの人類学的研究――テクスト性と口誦性を統合する文化装置論的アプローチから」立命館大学，2009 年をもとに加筆修正

第 8 章――「聖典クルアーン――声に出されて誦まれるもの」小杉泰・黒田賢治・二ツ山達朗編『大学生・社会人のためのイスラーム講座』ナカニシヤ出版，2018 年，74－91 頁の一部をもとに書き下ろし

第 9 章――「声が運ぶ聖典クルアーン」西尾哲夫・堀内正樹・水野信男編『アラブの音文化――グローバル・コミュニケーションへのいざない』スタイルノート，2010 年，154－165 頁を加筆修正

第11章――「イスラームの聖典クルアーンの朗誦実演の計量分析――メロディ，リフレイン，ポーズと章句理解の表現」日本認知科学会「文学と認知・コンピュータⅡ研究分科会」（LLCII）第16回定例研究会，2008年11月，於広島大学をもとに書き下ろし

第13，14章――「イスラームにおけるサラー（礼拝）の総合的理解をめざして――中東と東南アジアの事例を中心に」『イスラーム世界研究』1巻2号，2007年，165－209頁を加筆修正

第16章――「現代イスラーム社会における聖典グッズ――モノの種類と使用例」日本宗教学会第67回学術大会，2008年9月，於筑波大学（『宗教研究』359号，290－291頁）をもとに書き下ろし

第17章――「イスラームにおける供犠と聖典の社会機能――人類学からの考察」日本宗教学会第69回学術大会，2010年9月，於東洋大学（『宗教研究』367号，2011年，274－275頁）をもとに書き下ろし

第18章――書き下ろし

おわりに――書き下ろし

補論1，3――博士論文をもとに加筆修正

補論2――「学会動向　10周年を迎えたロンドン大学SOASクルアーン学会――第6回「クルアーン――テクスト，歴史，文化」研究大会」『イスラム世界』76号，2011年，51－58頁を再録

人名索引

ア　行

カ　行

サ　行

タ　行

ナ　行

ハ　行

マ　行

ヤ　行

ラ　行

ワ　行

事項索引

ア　行

カ　行

■著者紹介
小杉麻李亜（こすぎ・まりあ）
1981年生まれ。立命館大学文学部卒業，同大学院先端総合学術研究科博士課程（一貫制）修了。博士（学術）。日本学術振興会・特別研究員（DC1,PD），京都大学大学院研修員（アジア・アフリカ地域研究研究科），ニューヨーク州立大学客員研究員，ブルネイ・ダルサラーム大学客員研究員などを経て，現在関西大学文学部准教授（比較宗教学専修）。文化人類学，宗教聖典研究，比較イスラーム社会論専攻。『アラブの音文化――グローバル・コミュニケーションへのいざない』〔共著〕（田邉尚雄賞受賞）（スタイルノート，2010年），『イスラーム書物の歴史』〔共著〕（名古屋大学出版会，2014年），『大学生・社会人のためのイスラーム講座』〔共著〕（ナカニシヤ出版，2018年），他。

生き続ける聖典クルアーン
――人類学者が見た実態イスラームと神秘力のメディア――

2024年10月29日　初版第1刷発行

著　者　小杉麻李亜
発行者　中西　良

発行所　株式会社　ナカニシヤ出版
〒606-8161　京都市左京区一乗寺木ノ本町15
TEL（075）723-0111
FAX（075）723-0095
http://www.nakanishiya.co.jp/

印刷・製本／亜細亜印刷
＊乱丁本・落丁本はお取り替え致します。
ISBN978-4-7795-1776-1　Printed in Japan